Bark

Segelführerschein BK

Axel
Bark

segel führer schein BK

GROSSE
KÜSTENFAHRT

und Sportsee-
schifferzeugnis

Delius Klasing Verlag

4. Auflage

ISBN 3-7688-0441-0

Bildnachweis:
Friese (1), Kai Greiser (3), Gerken/Kaczmarek (1), YACHT-Archiv (2), YACHT-Kiesel (3), YACHT-Matzek (1).

Printed in Germany 1988
Graphische Gestaltung und Zeichnungen:
Françoise Pierzou
Einband: Siegfried Berning

Ausschnitte aus der amtlichen nautischen Literatur werden mit freundlicher Genehmigung des Deutschen Hydrographischen Instituts wiedergegeben. Die Tabellen auf Seite 28 und 43 wurden mit freundlicher Genehmigung dem Sammelwerk *Fulst, Nautische Tafeln* entnommen.
Druck: Kunst- und Werbedruck, Bad Oeynhausen 2

Vorwort

Der Segelführerschein BK für Große Küstenfahrt des Deutschen Segler-Verbandes (DSV) und das Sportseeschifferzeugnis der Seefahrtschulen sind Führerscheine für die Sportschiffahrt, die vertiefte Kenntnisse der Navigation und Gezeitenkunde, der Wetterkunde und Rechtsvorschriften verlangen. Insbesondere der Segelführerschein BK geht davon aus, daß der Kandidat bereits Grundkenntnisse der Küstenfahrt durch den Besitz des Segelführerscheins BR (Küstenfahrt), der Voraussetzung zum Erwerb des BK-Scheines ist, erworben hat.
Da sich der theoretische Wissensstoff für die Küstenfahrt inhaltlich nur schwer in Grundkenntnise und Aufbaukenntnisse trennen läßt, ist es unvermeidlich, daß im BK-Schein-Kurs Grundwissen der einzelnen Prüfungsfächer wiederholt wird. Dies ist sogar ein erwünschter Nebeneffekt, der zur Vertiefung der Grundkenntnisse beiträgt. So ist es zum Beispiel kaum sinnvoll, in der Gezeitenkunde etwa das Passieren einer Barre zu behandeln, ohne wiederholend auf die wesentlichen Begriffe der Gezeitenkunde und den Umgang mit den Gezeitentafeln einzugehen.
Diesem Vorgehen schließt sich das vorliegende Buch an, das dem didaktischen Prinzip meiner übrigen Lehrbücher folgt: nämlich die Gliederung des gesamten Lehrstoffes in kurze und übersichtlich gestaltete Lerneinheiten, die meist auf einer Doppelseite abgehandelt werden. So kann der Prüfungskandidat oder der Kursleiter die Teile der Grundkenntnisse, die bereits sicher beherrscht werden, bei der Vorbereitung nur knapp behandeln oder gar auslassen. Auf jeden Fall war es so möglich, den Prüfungsstoff für die genannten Führerscheine im Zusammenhang verständlich darzustellen.

Und nun: viel Spaß und Erfolg!

Axel Bark

Inhaltsverzeichnis

1 NAVIGATION

Kurse und ihre Beschickung

Standlinien und Schiffsorte

2 FUNKNAVIGATION

1

Navigation

Zur Einführung: Die Kurse

Der Kurs ist die Bewegungsrichtung unseres Schiffes. Man bezeichnet ihn mit dem Winkel zwischen Nord und der Rechtvoraus-Richtung unserer Yacht. Wir unterscheiden:

– **Rechtweisender Kurs (rwK)**
Dies ist der Winkel zwischen rechtweisend Nord und der Rechtvoraus-Richtung unserer Yacht.

– **Mißweisender Kurs (mwK)**
Dies ist der Winkel zwischen mißweisend Nord und der Rechtvoraus-Richtung unserer Yacht.

– **Magnetkompaß-Kurs (MgK)**
Dies ist der Winkel zwischen Magnetkompaß-Nord und der Rechtvoraus-Richtung unserer Yacht. Statt von Magnetkompaß-Kurs sprechen wir einfach oft nur von **Kompaßkurs,** da auf Sportbooten der Kreiselkompaß, der den Kreiselkompaß-Kurs (KrK) angibt, nicht verwendet wird.

Die **Rechtvoraus-Richtung (rv)** wird uns von der Kiellinie unserer Yacht angegeben.

Fast alle Probleme im Umgang mit den Kursen ergeben sich daraus, daß wir den vom Kompaß angezeigten Kurs nicht ohne weiteres in die Karte übertragen können. Und umgekehrt dürfen wir auch den der Karte entnommenen Kurs nicht unmittelbar als zu steuernden Kompaßkurs verwenden.

Denn **in der Karte** beziehen wir den Kurs stets auf rechtweisend Nord (rwN), also auf die Richtung des Ortsmeridians. Unter Ortsmeridian versteht man den durch unseren augenblicklichen Schiffsort laufenden Meridian.

Der Kompaß dagegen orientiert sich nicht an der Meridianrichtung, sondern bezieht sich auf Magnetkompaß-Nord (MgN), das von rwN meist abweicht.

Oder anders gesagt: Der Kompaß, auf den wir uns auf See verlassen müssen, bezieht seinen Kurs nicht auf dieselbe Nordrichtung wie die Karte. Kompaß und Karte sprechen verschiedene Sprachen. Wir müssen deshalb – um im Bild zu bleiben – lernen, die Kartensprache in die Kompaßsprache und die Sprache des Kompasses in die der Karte zu übersetzen. Der Navigator nennt diesen Vorgang Kursbeschikkung.

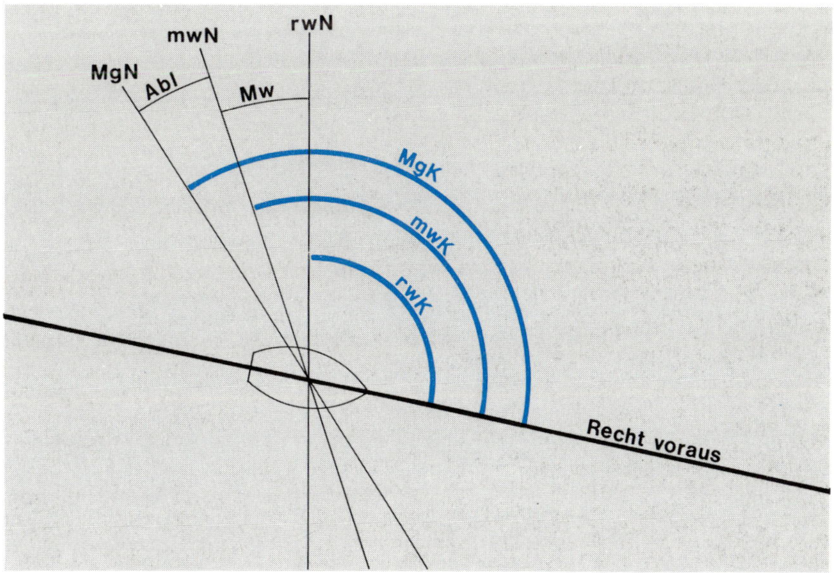

Der rwK ist der Winkel zwischen rwN und rechtvoraus, der mwK der Winkel zwischen mwN und rechtvoraus und der MgK der Winkel zwischen MgN und rechtvoraus.

Kompaßfehler

Der Unterschied zwischen den verschiedenen Nordrichtungen – und somit auch zwischen den verschiedenen Kursen – wird im wesentlichen durch zwei sogenannte Kompaßfehler verursacht: die Mißweisung und die Ablenkung.

Die Mißweisung (Mw)

Die Mißweisung (Mw) oder Variation ist der Winkel zwischen rwN und mwN. Ursache für diesen Winkelunterschied ist die Wirkung des **Erdmagnetismus.** Denn eine freischwingende Kompaßnadel orientiert sich am Magnetfeld der Erde, dessen Feldlinien in den meisten Fällen nicht mit der Meridianrichtung in der Seekarte übereinstimmen.

Die **Größe der Mißweisung,** die wir berücksichtigen müssen, hängt bekanntlich von unserem Schiffsort ab. Denn sobald wir unsere Position wesentlich ändern, ändert sich auch der Einfluß des Magnetfeldes der Erde auf unseren Kompaß. Man spricht deshalb auch von der **Ortsmißweisung.** Den genauen Wert der jeweils herrschenden Mißweisung gibt uns die Mißweisungsrose oder ein entsprechender Kurzaufdruck in der Seekarte an. Manchmal finden wir statt dessen auch den Aufdruck eines Isogonennetzes. (Isogonen sind die Verbindungslinien von Punkten gleicher Mißweisung.) Auf jeden Fall müssen wir immer die unserem Schiffsort am nächsten liegende Angabe verwenden.

Für das **Vorzeichen der Mißweisung** gilt die bekannte Regel: Die Mw ist positiv (+), wenn die Kompaßnadel in östlicher Richtung (E) abgelenkt wird, und negativ (–), wenn sie in westlicher Richtung (W) abgelenkt wird. Also:

östliche Mißweisung: +
westliche Mißweisung: –

Dieser Zusammenhang ist deshalb wichtig, weil die Mw in manchen Karten nur mit W oder E, nicht aber mit dem Vorzeichen bezeichnet wird.

Da das Magnetfeld der Erde zeitlichen Änderungen unterliegt, ändert sich im Laufe der Zeit auch die Größe der Mißweisung an einem bestimmten Ort. Die Angabe in unserer Seekarte gilt also immer nur für ein bestimmtes **Bezugsjahr.** Für andere Jahre müssen wir deshalb die **jährliche Änderung** berücksichtigen, die wir ebenfalls der Seekarte entnehmen können.

Gelegentlich finden wir in der Karte **Gebiete unsicherer Mißweisung** *(Uns. Mißw.).* Hier müssen wir außerordentlich genau navigieren und unseren Schiffsort möglichst ohne Kompaßhilfe bestimmen.

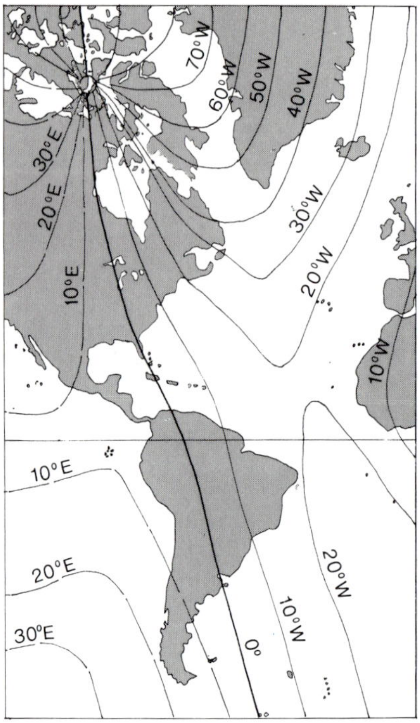

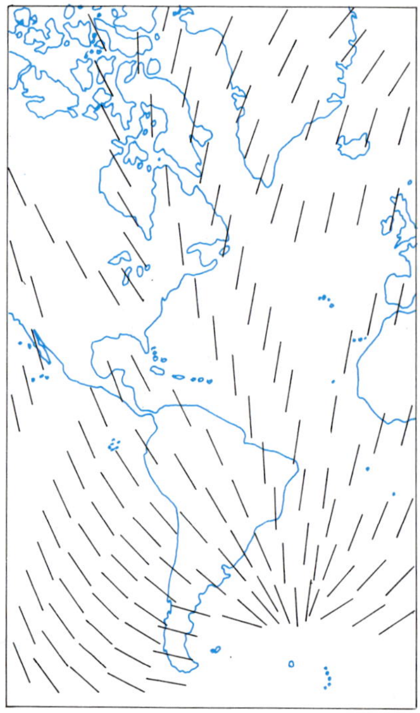

Links erkennen wir Isogonen, das sind Verbindungslinien von Orten gleicher Mißweisung.
Rechts sind die Stellungen von Magnetnadeln an verschiedenen Orten eingetragen. Beide Abbildungen zeigen uns, daß die Mißweisung an manchen Orten vernachlässigt werden kann, in Westeuropa aber bereits Werte über +10° annehmen kann.

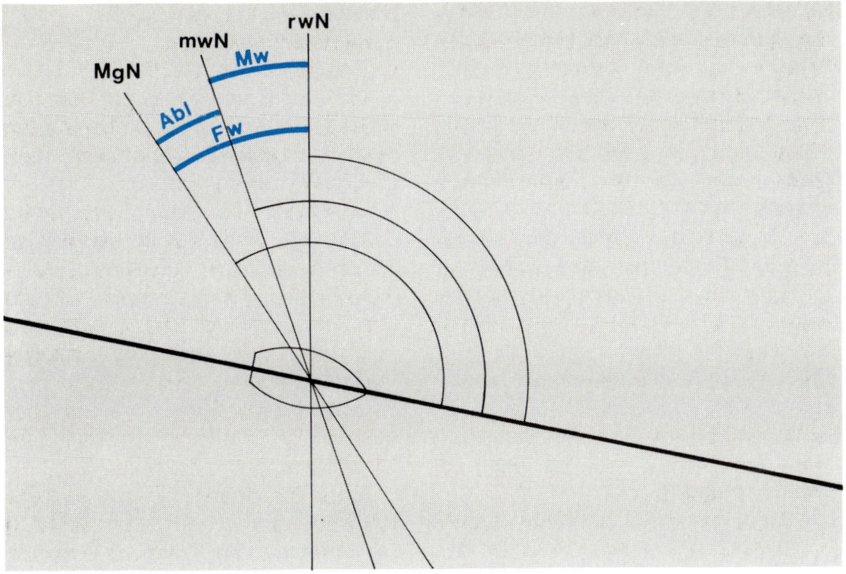

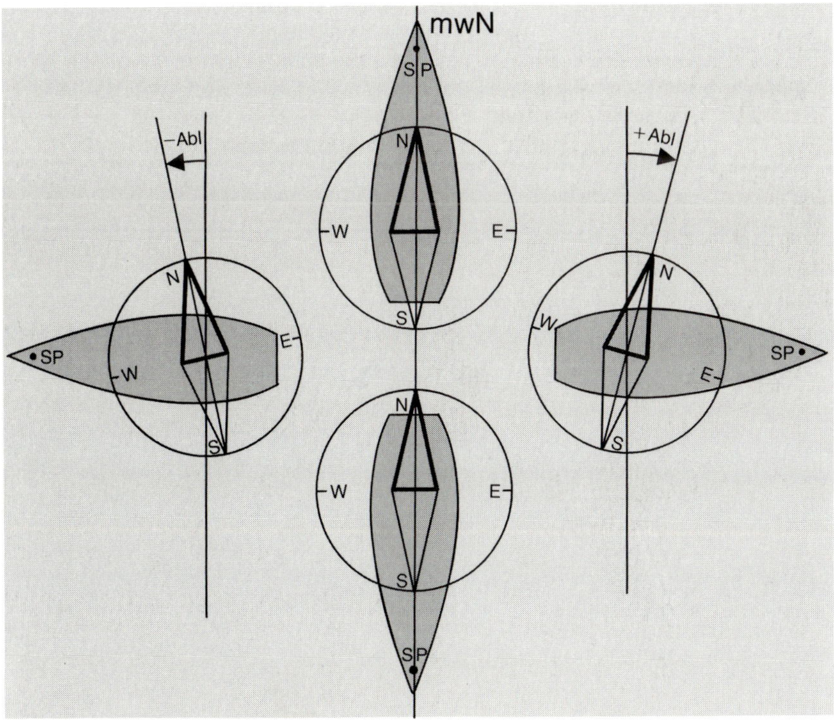

Die Ablenkung (Abl)

Die **Ablenkung (Abl) oder Deviation** ist der Winkel zwischen mwN und MgN. Ursache für diesen Winkelunterschied ist der Einfluß des sogenannten **Schiffsmagnetismus.** Das ist die Summe aller von Bordgegenständen ausgehenden Ablenkungseinflüsse auf unseren Kompaß.

Die **Größe der Ablenkung** ist vom jeweils anliegenden Kurs abhängig. Wir können uns nämlich die Summe aller Ablenkungskräfte an Bord als den Einfluß eines gedachten Magneten vorstellen, dessen Südpol (SP) meist vor dem Kompaß liegt.

Wenn wir unsere Yacht nun gedanklich von Nordkurs über Ost auf Südkurs drehen, wird die Ablenkung von Null auf einen bestimmten (positiven) Wert bei Ostkurs wachsen, um anschließend wieder auf Null bei Südkurs abzufallen. Beim Weiterdrehen der Yacht wächst die Ablenkung erneut auf einen bestimmten (negativen) Wert bei Westkurs an und fällt anschließend wieder auf Null bei Nordkurs ab. Stellen wir diesen idealen Verlauf graphisch dar, so erhalten wir eine sinusförmige Deviationskurve.

Für den Bordgebrauch arbeiten wir mit einer **Deviationstabelle,** in der die Kurse mit den entsprechenden Ablenkungswerten von 10° zu 10° angegeben sind. Übersteigt die Ablenkung Beträge von 5°, so arbeitet man besser mit zwei Tabellen, mit der **Ablenkungstafel** und mit der **Steuertafel.** Die erste gibt die Ablenkung für den jeweiligen MgK, die zweite für den entsprechenden mwK an.

Oben: Mw ist der Winkel zwischen rwN und mwN, Abl der Winkel zwischen mwN und MgN. Fehlweisung ist die algebraische Summe aus Mw und Abl.
Unten: Größe und Vorzeichen der Ablenkung sind kursabhängig.

Ein Kompaß, dessen Ablenkungswerte wesentlich mehr als 10° betragen, muß **kompensiert** werden, indem man einige kleine Magnete unter dem Kompaßhaus anbringt, die den Verlauf der Deviationskurve dämpfen. Mit der Deviationsbeschickung sollten also nur noch kleine Restfehler ausgeglichen werden. Natürlich muß die Yacht beim Kompensieren seeklar ausgerüstet sein – Anker, Rigg, Motor und elektrische Geräte müssen an ihrem Platz sein –, da ja im wesentlichen gerade diese Gegenstände die Kompaßablenkung verursachen. Das Kompensieren eines Kompasses erfordert außerordentlich viel Erfahrung und Wissen. Wir sollten deshalb nicht versuchen, unseren Kompaß selbst zu kompensieren, sondern stets einen Fachmann beauftragen.

In Deutschland gibt es in allen größeren Häfen vom Deutschen Hydrographischen Institut (DHI) benannte **Beauftragte für Kompaßregulierungen.**
In gewissen Grenzen kann der Fachmann auch die zusätzlich wirkende **Krängungsdeviation** ausgleichen. Hierunter versteht man eine bei Krängung zusätzlich wirkende Ablenkung, die sich daraus ergibt, daß sich durch die Krängung die relative Lage der die Deviation bewirkenden Gegenstände zum Kompaß ändert. Hierdurch kann die Deviation nicht unwesentlich beeinflußt werden.

Die Fehlweisung (Fw)

Die Fehlweisung (Fw) ist die algebraische Summe aus Ablenkung und Mißweisung. Also:

$$\text{Fw} = \text{Abl} + \text{Mw}$$

Die Fehlweisung ist also ortsabhängig, zeitabhängig und kursabhängig, da sie die Mißweisung und die Ablenkung enthält.

Kurzgefaßt

1 Die Mißweisung ergibt sich aus dem Einfluß des Erdmagnetismus, die Ablenkung aus dem Einfluß des Schiffsmagnetismus auf den Kompaß.
2 Die Mißweisung ändert sich von Ort zu Ort und von Jahr zu Jahr. Ihre Größe und jährliche Änderung entnehmen wir der Seekarte.
Die Ablenkung dagegen ändert sich von Schiff zu Schiff und von Kurs zu Kurs. Ihre Größe entnehmen wir der Deviationstabelle.

Ein Beispiel: Die Kompasse zweier Schiffe, die auf gleichem Kurs nebeneinander laufen, unterliegen der gleichen Mißweisung, aber unterschiedlichen Ablenkungseinflüssen. Beide Schiffe laufen also den gleichen rwK und den gleichen mwK, doch werden zwei verschiedene Kompaßkurse gesteuert.

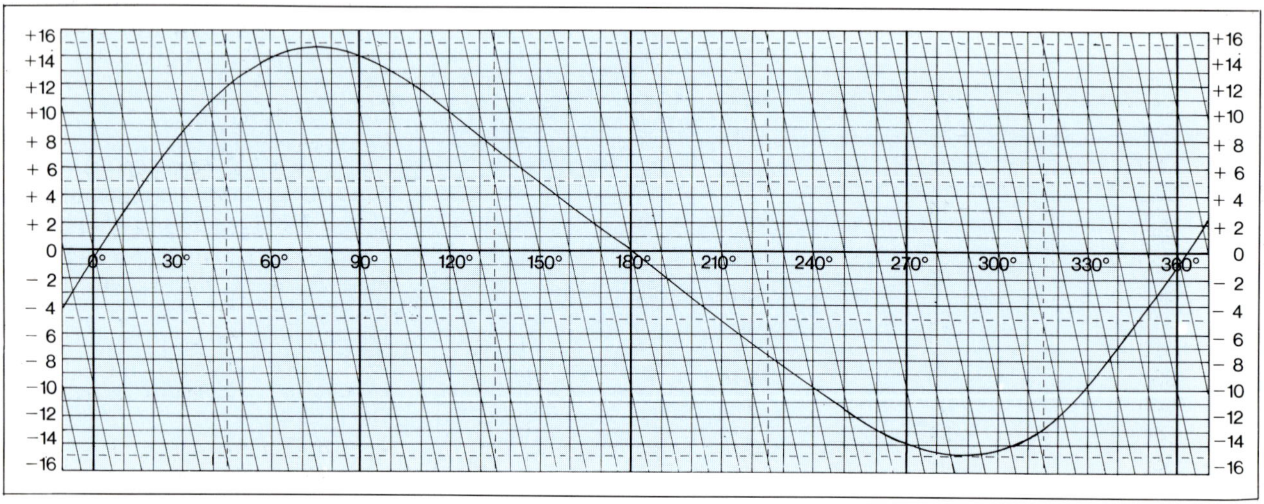

Aus diesem Deviationsdiagramm können wir die Ablenkung für den MgK an der senkrechten Achse, die Ablenkung für den mwK an der etwas nach links geneigten Achse ablesen. Für den MgK von 350° beträgt die Ablenkung also –04°, für den mwK von 350° jedoch –03°.

Deviationstabelle

Ablenkungstafel		Steuertafel	
MgK	Abl	mwK	Abl
000	−01	000	−01
010	+02	010	+02
020	+06	020	+04
030	+08	030	+07
040	+11	040	+09
050	+13	050	+11
060	+14	060	+12
070	+15	070	+13
080	+15	080	+14
090	+14	090	+15
100	+13	100	+14
110	+12	110	+13
120	+10	120	+12
130	+08	130	+10
140	+07	140	+08
150	+05	150	+06
160	+03	160	+04
170	+02	170	+02
180	00	180	00
190	−02	190	−02
200	−03	200	−04
210	−05	210	−06
220	−06	220	−08
230	−08	230	−10
240	−10	240	−12
250	−11	250	−13
260	−13	260	−14
270	−14	270	−15
280	−15	280	−15
290	−15	290	−14
300	−15	300	−13
310	−14	310	−12
320	−12	320	−10
330	−10	330	−08
340	−07	340	−06
350	−04	350	−03
360	−01	360	−01

Zur Schreibweise

1 Um Verwechslungen zu vermeiden, schreiben wir Kurse und Peilungen stets mit drei Stellen, also beispielsweise 001° oder 097°.
Mißweisung und Ablenkung, Abdrift und Strom schreiben wir dagegen zweistellig.
2 Ost kürzen wir stets mit **E,** nicht mit O ab, das allzu leicht mit Null verwechselt wird. E kommt vom englischen *East.*
In französischen Unterlagen müssen wir besonders vorsichtig sein: Hier wird West mit O für *Oest (=* West) abgekürzt.

Winkelangaben im Uhrzeigersinn

In der Navigation werden Winkel grundsätzlich im Uhrzeigersinn, also rechtsherum gezählt. Bei Kurswinkeln messen wir deshalb – von Nord ausgehend – über Ost, Süd und West zurück nach Nord. Es gilt also:
Ostkurs = 090°
Südkurs = 180°
Westkurs = 270°
Nordkurs = 360° oder 000°
Das gleiche Prinzip gilt für die Kompaßfehler Mißweisung und Ablenkung sowie für die Versetzung durch Abdrift und Strom: Eine rechtsdrehende Ablenkung oder Versetzung erhält ein positives Vorzeichen, eine linksdrehende Ablenkung oder Versetzung dagegen ein negatives Vorzeichen. Also:
rechtsdrehender Einfluß: +
linksdrehender Einfluß: –

Die Kursbeschickung

Im Logbuch finden wir meist die horizontale Schreibweise zur Kursumwandlung. Es genügt, die Beschickungen mit dem richtigen Vorzeichen einzutragen und die Vorzeichenregel „vom falschen zum richtigen Kurs mit richtigem Vorzeichen, vom richtigen zum falschen Kurs mit falschem Vorzeichen" zu beherrschen.

Zwischen den einzelnen Kursen besteht also folgender Zusammenhang:

MgK		rwK
+ Abl		+ entg. Mw
mwK	oder	mwK
+ Mw		+ entg. Abl
rwK		MgK

Die Abkürzung „entg." bedeutet hier, daß wir das Vorzeichen, das wir für Mw und Abl aus der Karte oder Tabelle erhalten, umkehren: Aus + wird also – und aus – wird +. Als Faustregel können wir uns auch merken:

Vom richtigen (= rechtweisenden) Kurs zum falschen Kurs (= Kompaßkurs) rechne mit falschem (= umgekehrtem) Vorzeichen, vom falschen Kurs zum richtigen mit richtigem Vorzeichen.

Noch sicherer dürfte das Verfahren sein, sich nur das linke Rechenschema einzuprägen und je nach Bedarf „von oben nach unten" oder „von unten nach oben" zu rechnen. Beachte: Zuerst den Schematurm hinschreiben, dann rechnen!

↓ MgK ↑
Abl
———
mwK
Mw
———
rwK

Hierbei verwenden wir natürlich die gleichen Rechenregeln wie oben, nur ändern wir die Vorzeichen beim Rechnen „von unten nach oben" mehr oder weniger unbewußt.

In der Bordpraxis hat sich auch die horizontale Schreibweise bewährt, die dem Eintrag ins Logbuch sehr nahe kommt. Aber auch hier kommen wir um die Vorzeichenregeln der Algebra nicht herum, auch wenn es auf den ersten Blick den Anschein hat.

Fahrt: .... **Tag:** ...., **den** .... **19** ....

Uhrzeit Wache	Wind		See-gang	Strom		Wetter		Kurs								Log	Seemeilen	
	Richt.	Stk.		Richt.	sm		hPa	Uhrzeit	Komp.	Dev.	MW	Abtr.	Strom	Ges. Ber.	Karte	Fahrt sm/h	Segel	Motor
						○												
						○			210	–05	–02	+05	–	–02	208			
						○			100	+13	–02	–05	–	+06	106			
						○												
						○												
						○												

Abdrift und Strom

Kurs und Abdrift

Windeinfluß kann unsere Yacht nach Lee versetzen. Dann entspricht der tatsächlich gelaufene Kurs, mit dem wir in der Karte arbeiten müssen, nicht mehr der Kielrichtung. Er weicht also vom rwK, mit dem wir ohne Windeinfluß in der Karte arbeiten, ab.

– **Kurs durchs Wasser (KdW)** ist der Winkel zwischen rechtweisend Nord und der Bewegungsrichtung der Yacht durchs Wasser, also dem Kielwasser.
Den Winkel, um den wir durch Windeinfluß versetzt werden, nennt man Beschickung für Wind (BW) oder Abdrift oder Vorhalt.

– **Beschickung für Wind (BW) oder Abdrift oder Vorhalt** ist der Winkel zwischen der Rechtvoraus-Richtung (rv) und der tatsächlichen oder beabsichtigten Bewegungsrichtung unserer Yacht durchs Wasser – oder einfacher: der Winkel zwischen der Kiellinie und dem Kielwasser einer Yacht.
Es gilt also:

KdW = rwK + BW

Die Beschickung für Wind ist positiv (+), wenn die Yacht nach Steuerbord versetzt wird, und negativ (–), wenn sie nach Backbord versetzt wird. Also auch hier gilt:

rechtsdrehender Einfluß: +
linksdrehender Einfluß: –

Die genaue **Größe der BW** können wir nur schätzen. Sie hängt ab von der Einfallsrichtung und Stärke des Windes, vom Seegang und auch von der Bauart des Schiffes. So kann ein langgezogener Lateralplan die Abdrift vermindern. Und bei halbem Wind beobachten wir eine geringere Abdrift als am Wind, auf raumen Kursen nahezu keine Abdrift mehr.

Kurs und Strom

Ebenso kann unsere Yacht durch Strom versetzt werden. Auch hierdurch erfolgt meist eine Änderung der Fahrtrichtung, also unseres Kurses.

– **Kurs über Grund (KüG)** ist der Winkel zwischen rechtweisend Nord und der Bewegungsrichtung der Yacht über Grund.
Den Winkel, um den wir durch Strom versetzt werden, nennt man Beschickung für Strom (BS) oder Stromvorhalt.

– **Beschickung für Strom (BS) oder Stromvorhalt** ist der Winkel zwischen der Bewegungsrichtung unserer Yacht durchs Wasser und der tatsächlichen oder beabsichtigten Bewegungsrichtung der Yacht über Grund.
Es gilt also:

KüG = KdW + BS

Natürlich gilt auch für die Beschickung für Strom die bekannte Vorzeichenregel:

Versetzung nach Stb: +
Versetzung nach Bb: –

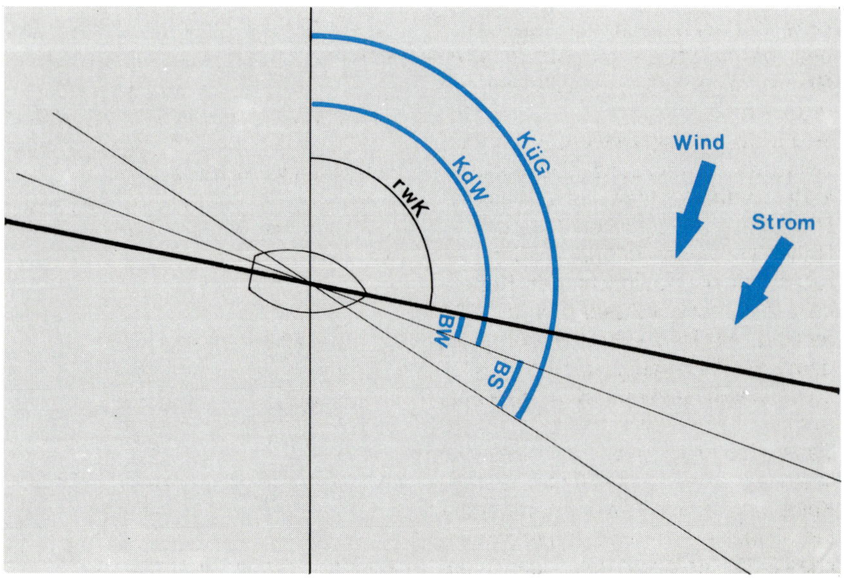

Der KdW ist die Summe aus rwK und Beschickung für Wind (BW), der KüG die Summe aus KdW und Beschickung für Strom (BS).

Kursbeschickung mit BW und BS

Bei Wind- und Stromeinfluß müssen wir auch unser Schema zur Kursbeschikkung um die BW und die BS ergänzen:

MgK
Abl
mwK
Mw
rwK
BW
KdW
BS
KüG

Wenn wir uns streng an dieses Schema halten und die jeweiligen Beschickungen (Abl, Mw, BW und BS) mit den entsprechenden Vorzeichen eintragen, dürften uns eigentlich keine Vorzeichenfehler unterlaufen.

Kartenkurs (KaK)

Unter Kartenkurs versteht man die von uns **beabsichtigte Richtung über Grund.** Mit dem KaK arbeiten wir also in der Karte.
– **Der Kartenkurs (KaK)** ist der Winkel zwischen rwN und der der Navigationskarte entnommenen beabsichtigten Richtung des Weges über Grund.
Haben wir weder BW noch BS zu berücksichtigen, entspricht der Kartenkurs dem rwK. Müssen wir mit BW rechnen, so ist der Kartenkurs gleich dem KdW. Und haben wir Stromeinfluß zu beachten, so ist der Kartenkurs der KüG.
Es ist also falsch, wie man manchmal liest, daß man stets mit dem rwK in der Karte arbeiten muß. In der Karte arbeiten wir mit dem Kartenkurs, der in manchen Fällen dem rwK entspricht, in anderen Fällen aber mit dem KdW oder dem KüG übereinstimmt.

Zwei Beispiele

1. Beispiel: Bei südwestlichem Wind steuert man am Kompaß 160°. Die Abdrift wird mit 05° geschätzt. Mit welchem Kurs muß bei einer Mw von –02° in der Karte gearbeitet werden?

↓		
MgK	160°	
Abl	+ 03°	
mwK	163°	
Mw	– 02°	
rwK	161°	
BW	– 05°	(linksdrehend)
KdW	156°	

In der Karte arbeiten wir also mit dem KdW von 156°.

2. Beispiel: In der Karte wurde ein Kurs von 330° abgesetzt. Wegen des Nordostwindes will man 07° vorhalten. Was muß bei einer Mißweisung von + 04° gesteuert werden, um das Ziel zu erreichen?

↑		
MgK	340°	
Abl	– 07°	
mwK	333°	
Mw	+ 04°	
rwK	337°	
BW	– 07°	(linksdrehend)
KdW	330°	

Als MgK ergeben sich also 340°.

Beschickung für Wind und Strom (BWS)

Manchmal werden BW und BS zusammengefaßt in eine Beschickung für Wind und Strom (BWS), also:

BWS = BW + BS

Wir sehen in dieser Zusammenfassung keine Arbeitserleichterung, eher eine Gefahrenquelle für unsere Navigation. Denn Wind und Strom wirken meist in unterschiedlicher Stärke und aus verschiedenen Richtungen auf unsere Yacht. Läßt einer von beiden in seiner Wirkung nach oder ändert einer von beiden seine Richtung, so können wir die BWS als solche nicht korrigieren, sondern nur ihre Komponenten. (Anders verhält es sich dagegen bei der Fehlweisung, der Summe aus Mißweisung und Ablenkung. Daß es sinnvoll ist, mit der Fehlweisung zu arbeiten, werden wir später bei der Beschickung von Peilungen erkennen.)

Stromermittlung mit Hilfe einer Tonne

Haben wir keine Information über die gerade herrschenden Stromverhältnisse, kann uns eine angeströmte Tonne Hinweise auf Stromrichtung und Stromstärke geben.
Aus der Neigungsrichtung der angeströmten Tonne können wir die ungefähre **Stromrichtung (StR)** erkennen. Die **Stromgeschwindigkeit (StG)** können wir mit Motorhilfe ermitteln, indem wir unter Motor neben der Tonne genau gegen den Strom halten. Sobald die Tonne neben uns zum Stehen kommt, sind wir genauso schnell wie der Strom. Die Logge zeigt uns in diesem Moment also die Stromgeschwindigkeit an.

Einige Abkürzungen für die Stromnavigation

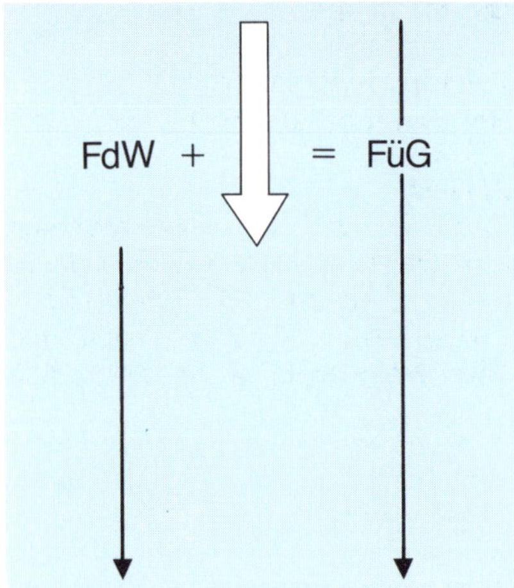

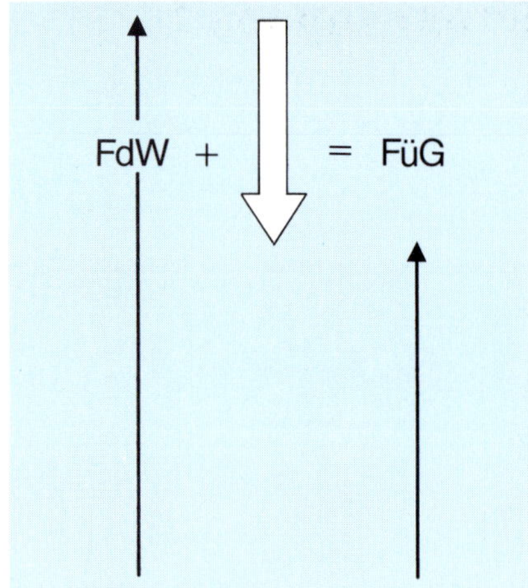

Strom: Richtung und Geschwindigkeit

Der Strom wird durch zwei Größen bestimmt: seine Richtung und seine Geschwindigkeit.
Als **Stromrichtung (StR)** gibt man die Richtung an, in die der Strom setzt. Spricht man von NW-Strom, so wissen wir also, daß der Strom nach NW setzt. NW-Wind bedeutet dagegen, daß der Wind aus NW weht.
Die **Stromgeschwindigkeit (StG)** wird in sm/h angegeben.
Zum Beispiel finden wir im Seehandbuch folgende Angabe: Strom 135° −2 sm/h. Dieser Strom setzt also nach Südosten mit einer Geschwindigkeit des Oberflächenwassers von 2 sm/h.
Der Strom kann den Kurs und die Fahrt unserer Yacht erheblich beeinflussen. Wir unterscheiden zwei grundsätzlich verschiedene Fälle:
– Der Strom läuft genau mit oder gegen unseren Kurs.
– Der Strom und unser Kurs bilden einen Winkel; der Strom setzt also seitlich.

Mit- oder gegenlaufender Strom

Mit- oder gegenlaufender Strom beeinflußt die Geschwindigkeit, nicht aber die Fahrtrichtung unserer Yacht. Mitlaufender Strom beschleunigt die Yacht, entgegensetzender Strom bremst sie ab. Wir müssen deshalb mit zwei verschiedenen Geschwindigkeiten arbeiten:
– **Fahrt durchs Wasser (FdW)** ist die Geschwindigkeit einer Yacht relativ zum Wasser, also ohne Berücksichtigung von Strom. Sie wird vom Log angezeigt.
– **Fahrt über Grund (FüG)** ist die Geschwindigkeit einer Yacht relativ zum Meeresgrund. Sie ergibt sich also durch das Mitwirken des Stroms.
Es gilt also:

FdW ± Stromgeschwindigkeit = FüG

Zum Beispiel: Bei einem rwK von 145° zeigt das Log einer Yacht 6 kn an. Dem Seehandbuch entnimmt man, daß folgender Strom setzt: 325° – 2 sm/h. Wie groß ist die FdW, wie groß die FüG?
Die FdW entspricht der Anzeige des Logs, sie beträgt also 6 kn. Da der Strom genau entgegensetzt, gilt:
FüG = 6 + (−2) = 4 kn.

Distanz durch Wasser (DdW) – Distanz über Grund (DüG)

Das Log gibt uns auch den durch das Wasser zurückgelegten Weg, die Distanz durch Wasser (DdW) an. In der Karte arbeiten wir aber mit dem tatsächlich über Grund zurückgelegten Weg, der Distanz über Grund (DüG).

Stromaufgabe 1

Seitlich setzender Strom

Seitlich setzender Strom beeinflußt neben der Fahrt auch den Kurs unserer Yacht. Wie wir bereits wissen, versetzt er die Yacht vom KdW um die BS zum KüG.

Alle Probleme bei seitlich setzendem Strom lösen wir mit Hilfe des **Stromdreiecks.** Hierbei handelt es sich um nichts anderes als die graphische Darstellung vektorieller Additionen. Unter Vektor versteht man eine physikalische Größe, die durch mindestens zwei Angaben bestimmt wird, wie etwa der Strom, der durch Richtung und Geschwindigkeit definiert wird.

Im Prinzip gibt es drei Grundaufgaben, die wir zeichnerisch mit Hilfe des Stromdreiecks in der Karte lösen. Bei den folgenden Überlegungen gehen wir davon aus, daß eine Abdrift nicht zu berücksichtigen ist, so daß der KdW dem rwK entspricht.

Stromaufgabe 1

Bekannt: KdW, FdW, Strom
Gesucht: KüG und FüG

Beispiel:
Eine Yacht läuft bei einem MgK von 067° nach Log 6 kn. Dem Seehandbuch entnimmt man einen Strom von 160° – 2 sm/h. Mw = –03°. Wie lautet der KüG, wie schnell ist die Yacht über Grund?

Konstruktion:
1 Beschicke den MgK zum KdW und trage ihn vom Ausgangspunkt A in die Karte ein.

MgK		067°
Abl	+	15°
mwK		082°
Mw	–	03°
rwK		079° = KdW

2 Trage auf dieser Kurslinie den Betrag der FdW ab, das heißt 6 sm. Man erhält B.
3 Füge in B den Strompfeil in Richtung und Stärke an, das heißt 2 sm in 160°.
4 Verbinde den Ausgangspunkt A mit dem Ende des Strompfeiles C. Dies ist die Distanz über Grund, an der der KüG abgelesen werden kann: KüG = 096,5°.
5 Nimm die Distanz von A zu C in den Zirkel und miß ihre Länge am seitlichen Kartenrand. Dies ist der Betrag für die FüG: FüG = 6,6 kn.

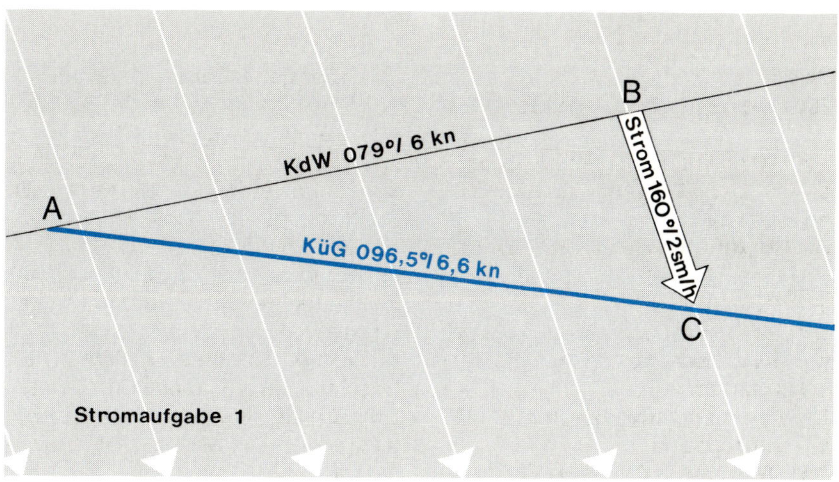

Stromaufgaben 2 und 3

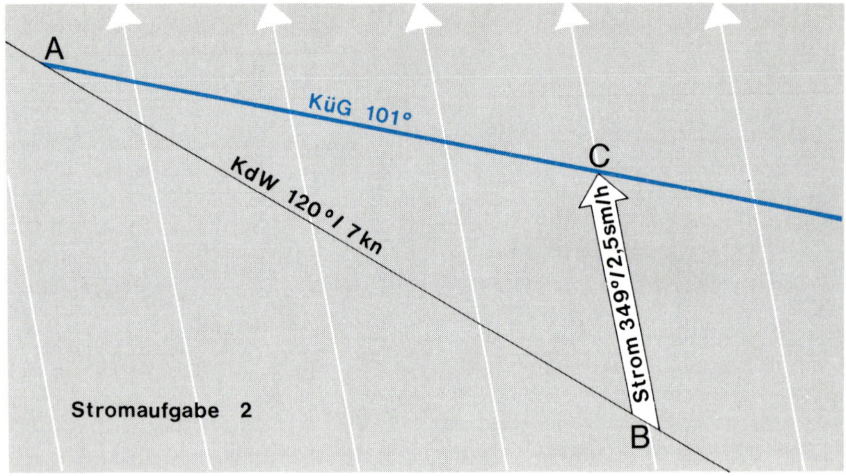

Stromaufgabe 2

Bekannt: KdW, FdW, KüG, FüG
Gesucht: Strom, BS

Beispiel:
In A setzt man bei einer Fahrt von 7 kn Kurs mit 120° ab. Nach einer Stunde wird jedoch statt des Koppelortes B die Tonne C passiert, da unbekannte Stromverhältnisse herrschen. Welcher Strom hat die Yacht versetzt? Wie groß ist die Stromversetzung?

Konstruktion:
1 Trage den Koppelkurs von A nach B (KdW = 120°) in die Karte ein.
2 Trage den tatsächlichen über Grund gelaufenen Kurs von A nach C in die Karte ein. Dies ergibt den KüG = 101°. Für die Stromversetzung gilt:
BS = KüG − KdW = 101° − 120° = −19°.
3 Verbinde B mit C. Wir erhalten die Stromrichtung: 349°. Die Distanz von B nach C ergibt den Betrag der Stromstärke: 2,5 sm/h.

Stromaufgabe 3

Bekannt: KüG, FdW, Strom
Gesucht: MgK, FüG, Ankunftszeit

Beispiel:
Auf einer Yacht will man Kurs von A nach B absetzen. Es setzt Strom von 020° −2 sm/h. Mw = + 04°. Fahrt = 6,5 kn. Was muß am Kompaß gesteuert werden, um B zu erreichen? Wie groß ist die Fahrt über Grund? Wann wird man voraussichtlich B erreichen, wenn man um 1600 bei A stand?

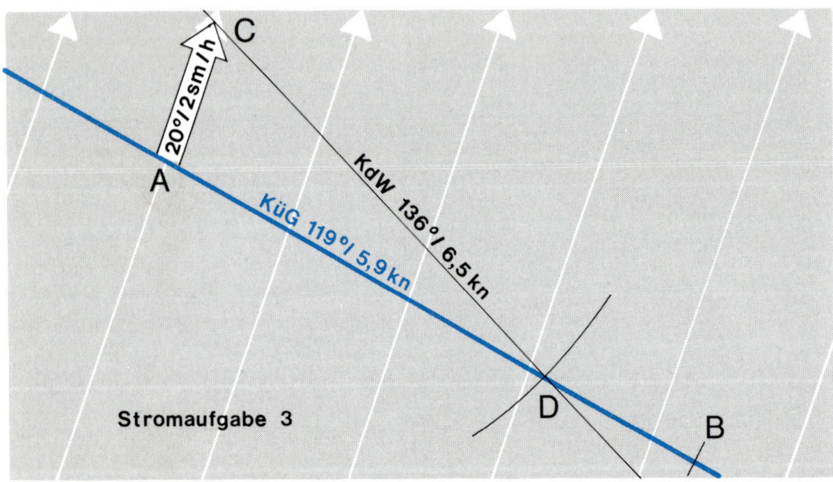

Konstruktion:
1 Man verbindet A mit B und erhält den KüG = 119°.
2 In A wird der Strom in Richtung und Stärke angetragen, das heißt 2 sm in 020°.
3 Schlage einen Kreis um den Endpunkt des Strompfeiles C mit dem Radius der FdW = 6,5 kn. Man erhält so den Punkt D.

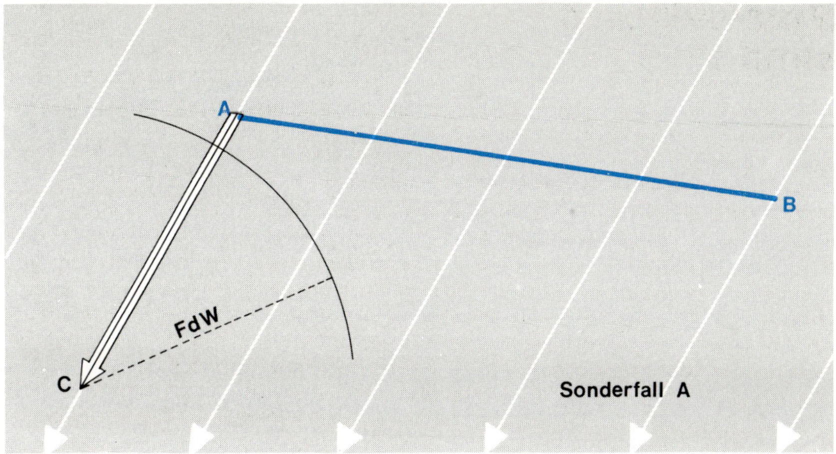

4 Die Richtung von C zu D ist der KdW.

KdW =	rwK	136°
entg.	Mw	– 04°
	mwK	132°
entg.	Abl	– 10°
	MgK	122°

5 Die Distanz von A zu D entspricht der FüG = 5,9 kn.

6 Man ermittelt die Fahrtdauer aus der Entfernung zwischen A und B von 8,25 sm. Diese Entfernung ist die zurückgelegte Distanz über Grund (DüG). Es gilt:

$$\frac{\text{DüG}}{\text{FüG}} = \frac{8{,}25 \times 60}{5{,}9} = 84 \text{ min}$$

Voraussichtliche Ankunftszeit also:

Schiffsort bei A	1600
Fahrtdauer	0124
Ankunft bei B	1724

Möglich ist auch die Rechnung mit FdW und DdW aus $\frac{\text{DdW}}{\text{FdW}}$ wobei allerdings zunächst durch Parallelverschiebung im Stromdreieck die DdW ermittelt werden muß.

Sonderfälle

Bei der Stromaufgabe 3 können zwei Sonderfälle auftreten:

Fall A: Der Strom setzt so ungünstig oder die eigene FdW ist so gering, daß das gewünschte Ziel B mit einem Schlag nicht erreichbar ist. Dies ist dann der Fall, wenn der um C gezogene Kreisbogen die KüG-Linie nicht schneidet.

Fall B: Die Stromverhältnisse und die eigene FdW erlauben es, das Ziel B mit zwei verschiedenen KdW zu erreichen. Dies ist dann der Fall, wenn der um C geschlagene Kreisbogen die KüG-Linie zweimal schneidet, in D_1 und in D_2. Selbstverständlich wählen wir in diesem Fall die schnellere Möglichkeit, nämlich den KdW von C nach D_1.

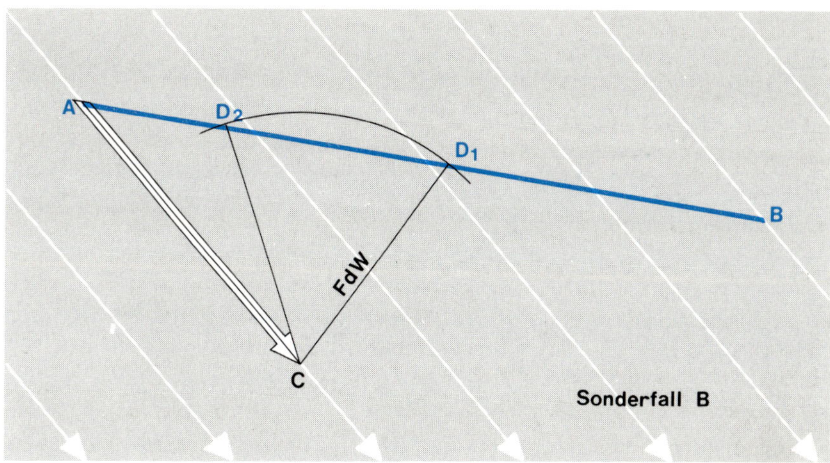

Der Gezeiten-stromatlas

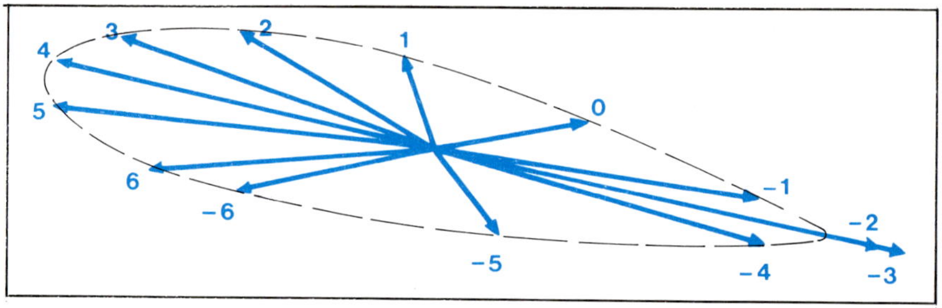

Angaben über Stromrichtung und -stärke in der Deutschen Bucht finden wir in dem vom DHI herausgegebenen *Atlas der Gezeitenströme.* Er gibt in vektorieller Darstellung die Stromverhältnisse in Abhängigkeit von den Gezeitenverhältnissen in Helgoland an. Auf 13 großformatigen Blättern werden Stromrichtung und -stärke von 6 h vor bis 6 h nach Eintritt des Hochwassers in Helgoland dargestellt. Diese Karten nutzen also die Tatsache, daß in der Deutschen Bucht die Gezeiten und der Gezeitenstrom halbtägige Form haben und somit eine feste Beziehung zwischen den Gezeitenströmen und dem Eintritt des Hochwassers in Helgoland besteht.

Der nebenstehende Ausschnitt aus dem Gezeitenstromatlas des DHI gilt für die Stromverhältnisse 2 h vor HW Helgoland. Die Pfeile weisen in Richtung des Stromes, die Zahlen geben die Stromgeschwindigkeit in sm/h an, wobei auf die vor dem Dezimalpunkt stehende Null verzichtet wird. Die Geschwindigkeitsangaben sind Mittelwerte zur Springzeit, bei Nippzeit sind sie etwa 20 % geringer.

Langfristig zuverlässig sind nur die Stromangaben in Gebieten mit einer Wassertiefe über 10 m. In den Wattgebieten und Flußmündungen ändern sich die örtlichen Gezeitenstromverhältnisse im Laufe der Zeit, da die ständigen Sandbewegungen wechselnde Wassertiefen bewirken. In diesen Gebieten sollten wir die entsprechenden Tabellen im Seehandbuch benutzen, vgl. Ausschnitt unten.

Betrachtet man einen Punkt in einem Gebiet, wo der Gezeitenstrom nur wenig von Rändern und Rinnen beeinflußt wird, so ändert der Strom fortlaufend seine Richtung und Geschwindigkeit. Dies kann man mit einem vektoriellen Diagramm darstellen, das für die Dauer der halbtägigen Gezeit eine Art „Stromellipse" ergibt, vgl. Abb. oben. Erkennbar ist, daß es im freien Seeraum kein Stillwasser gibt, wie wir es von den Flußmündungen her kennen, wo der Strom gezwungen ist, nur in zwei Richtungen zu setzen *(alternierender Gezeitenstrom).*

Das DHI und *The Hydrographer of the Navy,* das britische Gegenstück zum DHI, geben einen ähnlichen Gezeitenstromatlas für die Nordsee, den Englischen Kanal und die die Britischen Inseln umgebenden Gewässer heraus, dessen Angaben sich auf den Eintritt des HW in Dover beziehen.

Auszug aus dem Nordseehandbuch des DHI: Im Mündungsbereich der Ströme sind die Angaben des Seehandbuches genauer als der Stromatlas. Hier haben wir es mit alternierendem Strom zu tun, das heißt, es gibt nur zwei Stromrichtungen, einlaufenden Strom oder auslaufenden Strom.

Gezeitenstromangaben für ausgewählte Positionen auf der Elbe (Zeiten bezogen auf H. W. Cuxhaven)

Ort	Position		Einlaufender Strom					Auslaufender Strom				
			max. Geschw.	Beginn	Stärkster Strom			max. Geschw.	Beginn	Stärkster Strom		
					von	Max.	bis			von	Max.	bis
	° ′N	° ′O	sm/h	h m	h m	h m	h m	sm/h	h m	h m	h m	h m
bei Elbe 1	54 00,0	8 06,6	2,0	—6 20	—5 10	—4 20	—3 10	1,8	—0 30	+1 00	+2 10	+4 00
Reede für große Schiffe	54 01,0	8 15,0	1,4	—5 50	—4 50	—4 00	—2 50	1,4	—0 10	+1 50	+2 50	+4 40
N-lich Scharhörn	53 59,2	8 25,0	2,8	—5 10	—4 30	—3 40	—2 30	3,0	+0 20	+2 00	+3 10	+5 10
Norderrinne	53 59,2	8 34,0	2,6	—5 00	—4 10	—3 30	—2 10	3,4	+0 30	+2 40	+4 10	+5 40
Mittelrinne	53 58,2	8 34,0	2,2	—5 00	—4 10	—3 20	—2 10	2,0	+0 30	+2 10	+3 30	+5 30
SW-lich Zehnerloch	53 57,2	8 39,1	2,2	—4 40	—3 50	—3 00	—1 40	3,3	+0 50	+2 40	+4 20	+5 40
querab Alte Liebe (Cuxhaven)	53 52,5	8 43,0	3,6	—4 10	—3 30	—2 30	—1 10	4,2	+1 30	+3 10	+4 50	+6 10
Medem-Reede	53 51,6	8 50,3	3,2	—4 00	—3 10	—2 00	—0 50	3,4	+1 40	+3 40	+5 20	+6 30
querab Glameyer Stack	53 50,3	8 50,0	3,4	—4 00	—3 00	—2 00	—0 50	3,2	+1 50	+3 50	+5 20	+6 30

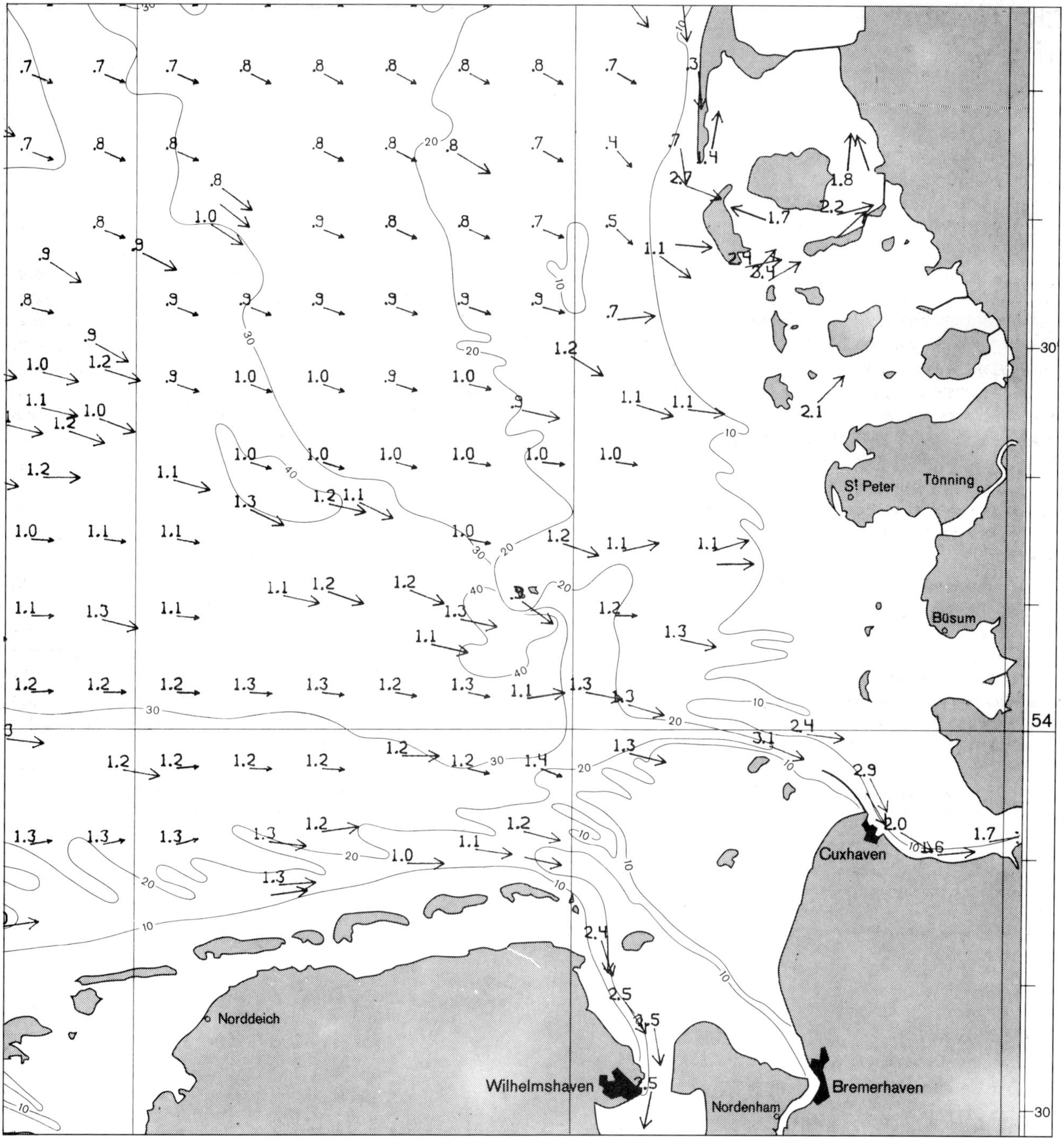
St Peter
Tönning
Büsum
Cuxhaven
Norddeich
Wilhelmshaven
Nordenham
Bremerhaven
54
30

Windbedingter Strom

Der im Stromatlas dargestellte „reine“ Gezeitenstrom wird häufig von Strömungen überlagert, die andere Ursachen haben, wie zum Beispiel windbedingte Strömungen oder Strömungen, die auf die unterschiedliche Dichte des Wassers in benachbarten Gebieten aufgrund verschiedener Wassertiefen und -temperaturen zurückzuführen sind. In der Deutschen Bucht kommen vor allem windbedingte Strömungen zur Wirkung, die etwa 2–3 % der Geschwindigkeit des längerfristig herrschenden Windes erreichen.

Auch für solche, im wesentlichen windbedingten Stromverhältnisse gibt es vektorielle Kartendarstellungen. So finden wir für die westliche Ostsee im *Hafenhandbuch Ostsee* der Kreuzer-Abteilung des DSV einen Auszug aus *„Oberflächenströmungen im Kattegat, im Sund und in der Beltsee“* von Günther Dietrich. Diese Karten zeigen für die vier Hauptwindrichtungen die Stromverhältnisse bei 3 und 6 Bft. Die Strom- und Windangaben beziehen sich auf Tagesmittelwerte, die Windangaben außerdem auf die mittlere Luftbewegung auf Meeresniveau im Gebiet Skagen – Kopenhagen – Fehmarn – Blåvandshuk.

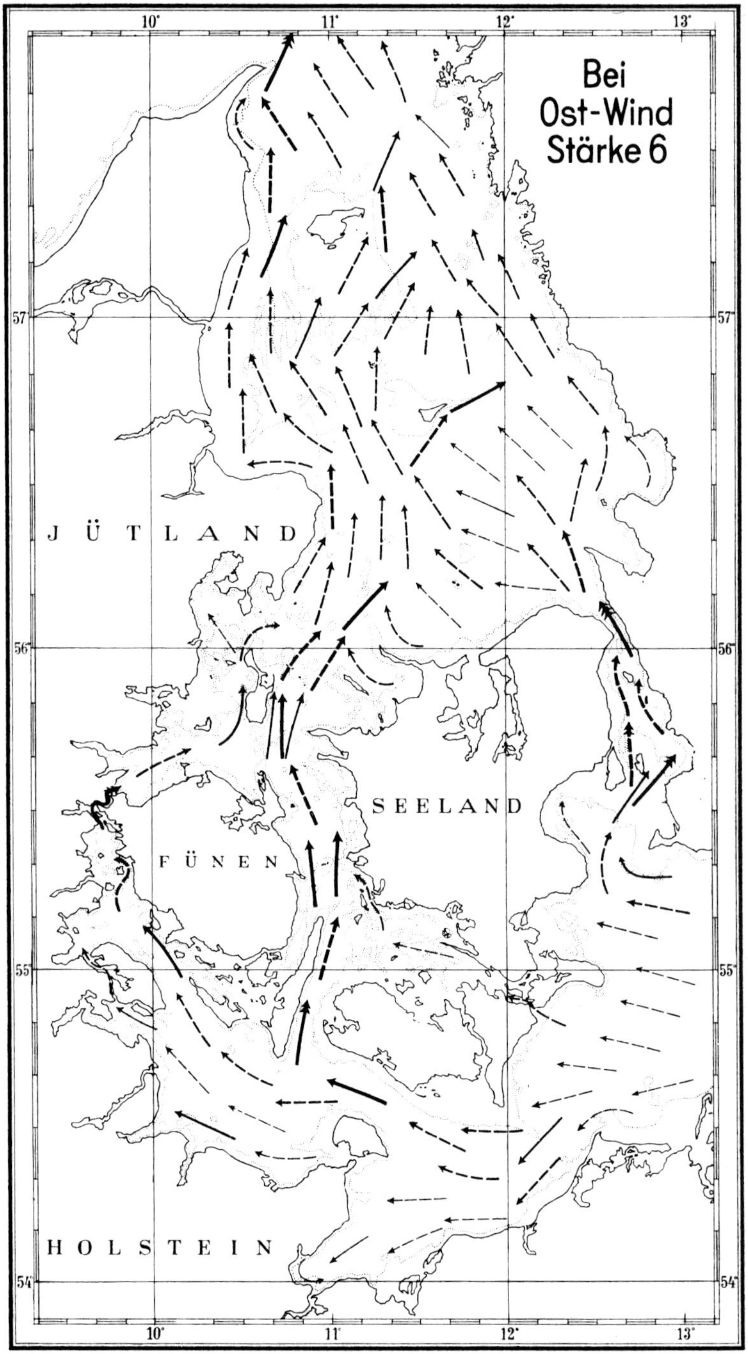

Stromgeschwindigkeit in sm/Std
(gilt für die Mitte des Pfeilschaftes)

<0,2
0,2–0,5
0,5–1,0
1,0–1,5
1,5–2,0
>2,0

Häufigkeit der Stromrichtung in %

>75
50–75
25–50

Unterbrochene Stromsignaturen stützen sich nicht auf Beobachtungen

10 m Tiefenlinie

Die Fahrt

Die Seemeile

Distanzen werden in der Navigation in Seemeilen (sm) gemessen. Es gilt:
1 Seemeile (sm) = 1852 m
1/10 Seemeile = 1 Kabellänge (kbl)
Die Länge einer Seemeile ist kein zufälliges Maß, sondern entspricht genau dem auf der Erde gemessenen Abstand zweier sich um eine Minute unterscheidender Breitenparallele. Deshalb können wir in der Seekarte gemessene Distanzen in den Zirkel nehmen und an den seitlichen Kartenrändern unmittelbar in Seemeilen ablesen, da dort die Breitenminuten genau aufgetragen sind.
Niemals dürfen wir jedoch Distanzen am oberen oder unteren Kartenrand messen, da dort Längenminuten aufgetragen sind, deren Größe von der geographischen Breite abhängig ist, auf der wir uns befinden. Denn der Abstand zweier Meridiane verringert sich, je mehr wir uns dem Pol nähern. Dagegen bleibt der Abstand zweier Breitenparallele konstant.

Die Fahrt

Die Geschwindigkeit einer Yacht nennt man in der Navigation Fahrt (F). Sie wird in Knoten (kn) angegeben, wobei gilt:
1 Knoten (kn) = 1 sm/h
Wir machen also eine Fahrt von beispielsweise 5 Knoten (kn), wenn wir in einer Stunde genau 5 Seemeilen (sm) zurücklegen.
In der Praxis stellen sich folgende drei Aufgaben:
- Wie schnell sind wir?
- Wann werden wir unser Ziel erreichen?
- Wieviel Seemeilen haben wir bisher zurückgelegt?

1. Wie schnell sind wir?

Es gilt:

$$\text{Fahrt F (kn)} = \frac{\text{Distanz D (sm)}}{\text{Zeitspanne t (h)}}$$

Gibt man die Zeit in Minuten an, so gilt:

$$\text{Fahrt F (kn)} = \frac{\text{Distanz D (sm) x 60}}{\text{Zeitspanne t (min)}}$$

Zum Beispiel: Zwischen 0825 und 0945 hat eine Yacht 8 sm zurückgelegt. Wie schnell war man?

$$F = \frac{8 \times 60}{80} = 6 \text{ kn}$$

Mit Hilfe eines **Relingslogs** ermittelt man die Fahrt F aus der Zeit (in Sekunden), die zum Beispiel ein von uns ins Wasser geworfenes Holzstückchen benötigt, um an einer an der Reling markierten Meßstrecke vorbeizulaufen. Dann gilt:

$$\text{Fahrt F (kn)} \approx 2 \times \frac{\text{Meßstrecke (m)}}{\text{Durchlaufzeit (s)}}$$

2. Wann werden wir unser Ziel erreichen?

Es gilt:

$$\text{Zeitspanne t (min)} = \frac{\text{Distanz D (sm)x60}}{\text{Fahrt F (kn)}}$$

Zum Beispiel: Um 1600 stellt der Navigator einer Yacht fest, daß noch 7,5 sm zurückgelegt werden müssen. Wann wird man bei einer Fahrt von 4,5 kn das Ziel erreichen?

$$t = \frac{7{,}5 \times 60}{4{,}5} = 100 \text{ min}$$

Man wird das Ziel um 1740 erreichen.

3. Wieviel Seemeilen haben wir bisher zurückgelegt?

Es gilt:
Distanz D (sm) = Fahrt F (kn) x Zeit (h)

Zum Beispiel: Eine Yacht läuft seit 13 Stunden etwa 6 kn. Wieviel sm hat sie bisher zurückgelegt?

$$D = 6 \times 13 = 78 \text{ sm}$$

Zeichnerisches Koppeln

Koppeln

Unter Koppeln verstehen wir ein Verfahren zur Schiffsortbestimmung aus dem abgesetzten Kurs und der zurückgelegten Distanz. Dies kann zeichnerisch oder rechnerisch erfolgen.
Beim zeichnerischen Koppeln tragen wir auf dem in der Seekarte eingezeichneten Kurs (Koppelkurs) die zurückgelegte Distanz an. Der so ermittelte Schiffsort heißt **Koppelort (O_k)** oder gegißtes Besteck oder gegißter Ort oder Loggeort. Wir kennzeichnen ihn in der Seekarte durch einen kurzen Querstrich zur Kurslinie, wobei wir meist noch die entsprechende Uhrzeit hinzufügen.
Ermitteln wir einen Schiffsort nicht durch Koppeln, sondern mit Hilfe eines anderen Ortsbestimmungsverfahrens, so nennen wir diesen Ort **beobachteter Ort (O_b).** In der Seekarte ergibt er sich als Schnittpunkt der entsprechenden Standlinien, den wir mit einem kleinen Kreis umgeben.

Besteckversetzung

Beobachteter Ort und Koppelort fallen oft auseinander. Den Unterschied zwischen beiden Orten nennt man Besteckversetzung (BV).
– **Besteckversetzung (BV)** ist die rechtweisende Richtung, in die man vom Koppelort zum beobachteten Ort versetzt ist, und der Abstand in Seemeilen, um den man versetzt wurde.
Für die richtige Angabe der Besteckversetzung muß natürlich der Zeitpunkt bei der Bestimmung des beobachteten Ortes mit dem entsprechenden Zeitpunkt des Koppelortes zusammenfallen.

beobachteter Ort

senkrechter Strich: Länge
waagerechter Strich: Breite

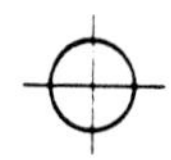

oder Standlinienkreuz

oder Funkstandlinienkreuz

Koppelort

zur Kurslinie senkrechter Strich

Standlinien

Standlinie zum Zeitpunkt der letzten Beobachtung

versegelte Standlinie

Ausschnitt aus DIN 13312 „Navigation: Benennungen, Abkürzungen, Formelzeichen, graphische Symbole“.

Rechnerisches Koppeln

Das wahre Kursdreieck

Zwischen dem Abfahrtsort A mit den Koordinaten φ_A und λ_A und dem Ankunftsort B mit den Koordinaten φ_B und λ_B besteht folgender Zusammenhang:

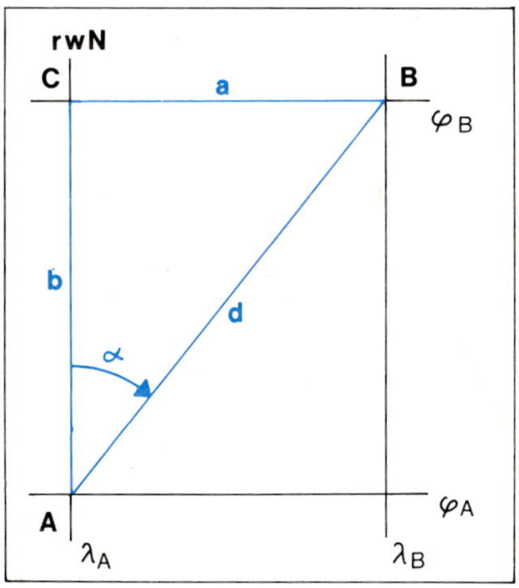

Man nennt:
AB = Distanz d (sm)
AC = Breitenunterschied b (sm)
CB = Abweitung a (sm)
α = Kurswinkel

Zwischen den Seiten und dem Kurswinkel α bestehen aufgrund der Winkelfunktionen folgende Zusammenhänge:

$$a = d \cdot \sin\alpha$$
$$b = d \cdot \cos\alpha$$
$$d = \frac{b}{\cos\alpha}$$
$$\tan\alpha = \frac{a}{b}$$

Mit diesen Funktionen können wir mit dem elektronischen Taschenrechner oder mit den Nautischen Tafeln arbeiten.
Der **Breitenunterschied b** (in Seemeilen) entspricht genau der Anzahl der Breitenminuten zwischen A und B.
Die **Abweitung a** (in Seemeilen) dagegen entspricht nicht genau dem **Längenunterschied l.** Zwischen beiden besteht folgender Zusammenhang:

$$a = \lambda \cdot \cos\varphi_m$$
$$l = \frac{a}{\cos\varphi_m}$$

wobei φ_m die Mittelbreite ist. Unter **Mittelbreite** versteht man die mittlere geographische Breite zwischen den Orten A und B, also:

$$\varphi_m = \frac{\varphi_A + \varphi_B}{2} \quad \text{oder}$$

$$\varphi_m = \varphi_A + \frac{b}{2}$$

Die quadrantale Zählweise

Bei Kursen über 090° entspricht der Kurswinkel α nicht mehr dem nautischen Kurs der Vollkreiszählung. Er muß zunächst in den entsprechenden Kurswinkel der quadrantalen Zählweise verwandelt werden. Dies geschieht, indem man den Winkel von Nord oder Süd ausgehend zum jeweiligen Kurs ermittelt. Also:

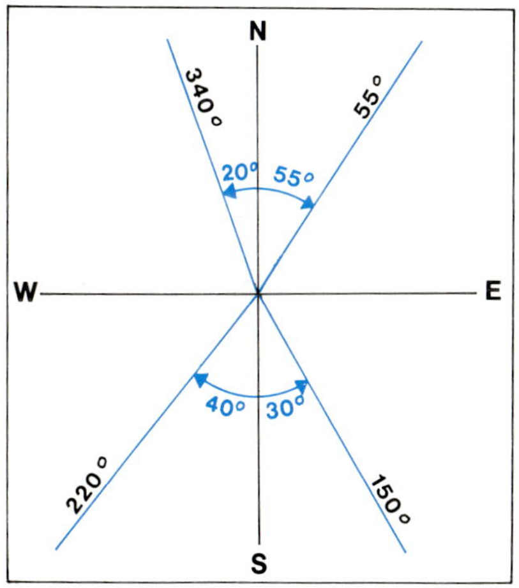

Kurs Vollkreis	Kurs quadrantal
055°	N 55° E
150°	S 30° E
220°	S 40° W
340°	N 20° W

Tafel 3. Gradtafel

d	a	b	d	a	b	d	a	b	d	a	b	d	a	b
8	31,1	21,8	8	80,3	56,2	8	129,4	90,6	8	178,6	125,0	8	227,7	159,5
9	31,9	22,4	9	81,1	56,8	9	130,2	91,2	9	179,4	125,6	9	228,5	160,0
40	32,8	22,9	100	81,9	57,4	160	131,1	91,8	220	180,2	126,2	280	229,4	160,6
41	33,6	23,5	101	82,7	57,9	161	131,9	92,3	221	181,0	126,8	281	230,2	161,2
2	34,4	24,1	2	83,6	58,5	2	132,7	92,9	2	181,9	127,3	2	231,0	161,7
3	35,2	24,7	3	84,4	59,1	3	133,5	93,5	3	182,7	127,9	3	231,8	162,3
4	36,0	25,2	4	85,2	59,7	4	134,3	94,1	4	183,5	128,5	4	232,6	162,9
5	36,9	25,8	5	86,0	60,2	5	135,2	94,6	5	184,3	129,1	5	233,5	163,5
6	37,7	26,4	6	86,8	60,8	6	136,0	95,2	6	185,1	129,6	6	234,3	164,0
7	38,5	27,0	7	87,6	61,4	7	136,8	95,8	7	185,9	130,2	7	235,1	164,6
8	39,3	27,5	8	88,5	61,9	8	137,6	96,4	8	186,8	130,8	8	235,9	165,2
9	40,1	28,1	9	89,3	62,5	9	138,4	96,9	9	187,6	131,3	9	236,7	165,8
50	41,0	28,7	110	90,1	63,1	170	139,3	97,5	230	188,4	131,9	290	237,6	166,3
51	41,8	29,3	111	90,9	63,7	171	140,1	98,1	231	189,2	132,5	291	238,4	166,9
2	42,6	29,8	2	91,7	64,2	2	140,9	98,7	2	190,0	133,1	2	239,2	167,5
3	43,4	30,4	3	92,6	64,8	3	141,7	99,2	3	190,9	133,6	3	240,0	168,1
4	44,2	31,0	4	93,4	65,4	4	142,5	99,8	4	191,7	134,2	4	240,8	168,6
5	45,1	31,5	5	94,2	66,0	5	143,4	100,4	5	192,5	134,8	5	241,6	169,2
6	45,9	32,1	6	95,0	66,5	6	144,2	100,9	6	193,3	135,4	6	242,5	169,8
7	46,7	32,7	7	95,8	67,1	7	145,0	101,5	7	194,1	135,9	7	243,3	170,4
8	47,5	33,3	8	96,7	67,7	8	145,8	102,1	8	195,0	136,5	8	244,1	170,9
9	48,3	33,8	9	97,5	68,3	9	146,6	102,7	9	195,8	137,1	9	244,9	171,5
60	49,1	34,4	120	98,3	68,8	180	147,4	103,2	240	196,6	137,7	300	245,7	172,1

305°	55°
235°	125°

tan = 1,43

55°

Tafel 4. Verwandlung von Abweitung in Längenunterschied

53° 0′	1,66	3,32	4,98	6,65	8,31	9,97	11,63	13,29	14,95	166,2
20′	1,67	3,35	5,02	6,70	8,37	10,05	11,72	13,40	15,07	167,5
40′	1,69	3,38	5,06	6,75	8,44	10,13	11,81	13,50	15,19	168,8
54° 0′	1,70	3,40	5,10	6,81	8,51	10,21	11,91	13,61	15,31	170,1
20′	1,72	3,43	5,15	6,86	8,58	10,29	12,01	13,72	15,44	171,5
40′	1,73	3,46	5,19	6,92	8,65	10,37	12,10	13,83	15,56	172,9
55° 0′	1,74	3,49	5,23	6,97	8,72	10,46	12,20	13,95	15,69	174,3
20′	1,76	3,52	5,27	7,03	8,79	10,55	12,31	14,06	15,82	175,8
40′	1,77	3,55	5,32	7,09	8,87	10,64	12,41	14,18	15,96	177,3
56° 0′	1,79	3,58	5,36	7,15	8,94	10,73	12,52	14,31	16,09	178,8
20′	1,80	3,61	5,41	7,22	9,02	10,82	12,63	14,43	16,24	180,4
40′	1,82	3,64	5,46	7,28	9,10	10,92	12,74	14,56	16,38	182,0
57° 0′	1,84	3,67	5,51	7,34	9,18	11,02	12,85	14,69	16,52	183,6
20′	1,85	3,71	5,56	7,41	9,26	11,12	12,97	14,82	16,67	185,3
40′	1,87	3,74	5,61	7,48	9,35	11,22	13,09	14,96	16,83	187,0
58° 0′	1,89	3,77	5,66	7,55	9,44	11,32	13,21	15,10	16,98	188,7
20′	1,90	3,81	5,71	7,62	9,52	11,43	13,33	15,24	17,14	190,5
40′	1,92	3,85	5,77	7,69	9,62	11,54	13,46	15,38	17,31	192,3
59° 0′	1,94	3,88	5,82	7,77	9,71	11,65	13,59	15,53	17,47	194,2
20′	1,96	3,92	5,88	7,84	9,80	11,76	13,72	15,68	17,65	196,1
40′	1,98	3,96	5,94	7,92	9,90	11,88	13,86	15,84	17,82	198,0

Aufgaben der Besteckrechnung

Auszug aus Fulst, Nautische Tafeln
Oben: Gradtafel (NT 3)
Unten: Verwandlung von Abweitung in Längenunterschied (NT 4)
Mit diesen Auszügen können wir Aufgabe 1 auch ohne Rechner lösen.
In NT 3 lesen wir bei 55° ab:
a = 144,2   b = 100,9
In NT 4 ermittelt man für $\varphi m = 56°$

a	*l*
100	*178,8*
40	*71,5*
4	*7,2*
144	*257,5*

Die kleine Differenz zeigt, daß der Elektronenrechner genauer arbeitet als die Tabelle.

1. Aufgabe der Besteckrechnung

Bekannt: Abfahrtsort, Kurs, Distanz
Gesucht: Ankunftsort

Beispiel:
Von 56° 48′ N und 020° 53′ E legt man mit dem Kartenkurs von 235° eine Distanz von 176 sm zurück. Wie lauten die Koordinaten des Ankunftsortes?

Lösung:

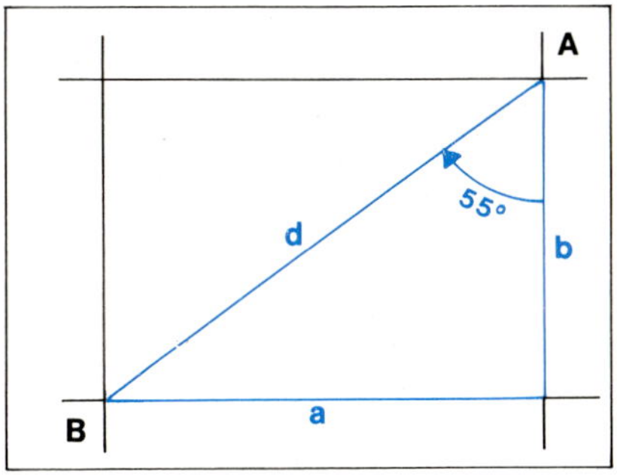

1 Wir rechnen:
235° = S 55° W
$a = d \cdot \sin a = 144{,}2$ sm
$b = d \cdot \cos a = 100{,}9$ sm
Die gleichen Werte erhalten wir, wenn wir in der Gradtafel (Tafel 3 der Nautischen Tafeln) unter 55° arbeiten.

2 Wir ermitteln die Mittelbreite

φ_A = 56° 48,0′ N
b/2 = 50,5′ S
φ_m = 55° 57,5′ N

3 Wir verwandeln a in l:

$$l = \frac{a}{\cos\varphi_m} = 257{,}6$$

Dieser Wert läßt sich auch mit Tafel 4 der Nautischen Tafeln ermitteln.

4 Wir erhalten also:

φ_A = 56° 48,0′ N	λ_A = 020° 53,0′ E
b = 1° 40,9′ S	l = 4° 17,6′ W
φ_B = 55° 07,1′ N	λ_B = 016° 35,4′ E

2. Aufgabe der Besteckrechnung

Bekannt: Abfahrts- und Zielort
Gesucht: Kurs und Distanz

Beispiel:
Wie lauten Kurs und Distanz, wenn man von 46° 13′ N und 023° 27′ W nach 49° 37′ N und 007° 25′ W segeln möchte?

Lösung:

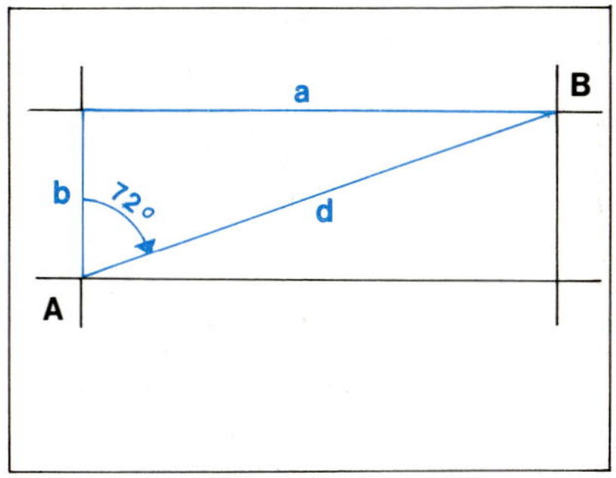

1 Wir ermitteln b und l:

φ_A = 46° 13′ N	λ_A = 023° 27′ W
φ_B = 49° 37′ N	λ_B = 007° 25′ W
b = 3° 24′ N	l = 16° 02′ E
b = 204′ N	l = 962′ E

2 Wir berechnen die Mittelbreite
φ_A = 46° 13′ N
b/2 = 1° 42′ N
φ_m = 47° 55′ N

3 Wir verwandeln l in a:
$a = l \cdot \cos\varphi m = 645$ sm

4 Als Kurs erhalten wir:

$$\tan\alpha = \frac{a}{b} = \frac{645}{204} = 3{,}16$$

$\alpha = 72{,}4°$

5 Als Entfernung d ergibt sich:

$$d = \frac{b}{\cos\alpha} = 676\,\text{sm}$$

Koppelkursrechnung

Werden in einem bestimmten Zeitraum mehrere verschiedene Kurse und Distanzen etwa beim Kreuzen zurückgelegt, rechnet man nicht schrittweise, sondern faßt alle Abweitungen und Breitenunterschiede zusammen, um mit der Gesamtabweitung a_G und dem Gesamtbreitenunterschied b_G zu arbeiten.

Beispiel:
Von Ponza (40° 54′ N, 012° 58′ E) kreuzt eine Yacht auf dem Weg nach Bizerta und läuft folgende Kurse und Distanzen: 198° – 50 sm, 304° – 20 sm, 192° – 60 sm, 282° – 17 sm, 172° – 93 sm, 309° – 18 sm, 207° – 39 sm. Welcher Ort wird erreicht? Wie lauten der Generalkurs und die Generaldistanz?

Lösung

1 Breitenunterschied und Abweitung:

Kurs KaK	Kurs quadr.	d sm	b N	b S	a E	a W
198°	S 18 W	50	–	47,6	–	15,5
304°	N 56 W	20	11,2	–	–	16,6
192°	S 12 W	60	–	58,7	–	12,5
282°	N 78 W	17	3,5	–	–	16,6
172°	S 08 E	93	–	92,1	12,9	–
309°	N 51 W	18	11,3	–	–	14,0
207°	S 27 W	39	–	34,7	–	17,7
			26,0	233,1	12,9	92,9
				26,0		12,9
				207,1		80,0

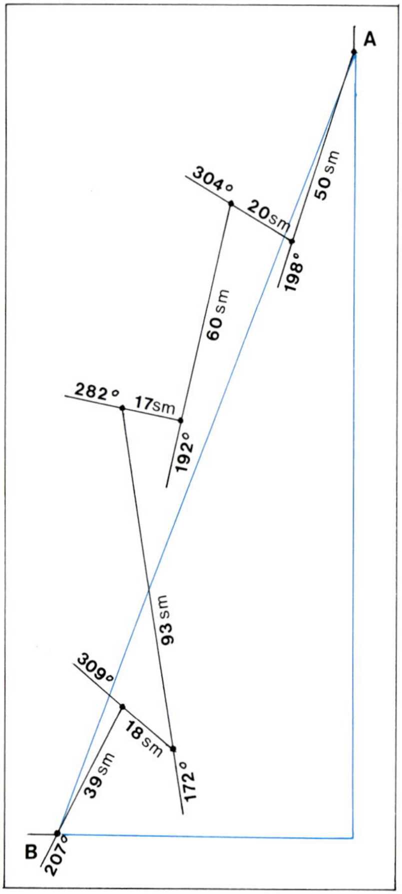

Also: $b_G = 207{,}1'$ S und $a_G = 80{,}0'$ W

2 Mittelbreite:

$\varphi_A = 40°\,54{,}0'$ N
$b/2 = 1°\,43{,}6'$ S
$\varphi_m = 39°\,10{,}4'$ N

3 Längenabweitung l:

$$l = \frac{a}{\cos\varphi_m} = 103{,}2'\text{ W}$$

4 Erreichter Ort:

$\varphi_A = 40°\,54{,}0'$ N
$b = 3°\,27{,}1'$ S
$\varphi_B = 37°\,26{,}9'$ N

$\lambda_A = 012°\,58{,}0'$ E
$l = 1°\,43{,}2'$ W
$\lambda_B = 011°\,14{,}8'$ E

5 Generalkurs:

$$\tan\alpha = \frac{a}{b} = 0{,}386$$

$$\alpha = \text{S } 21{,}1°\text{ W} = 201°$$

6 Generaldistanz:

$$d = \frac{b}{\cos\alpha} = 222\text{ sm}$$

Die Skizze links zeigt die versegelten Kurse und Distanzen der einzelnen Kreuzschläge und in Blau die Generaldistanz und den Generalkurs von A nach B.

Reihenlotung und Lotstreifen

Lotungen sind bei unsichtigem Wetter oft die einzige Navigationshilfe. Durch eine Einzellotung können wir eine Standlinie, durch eine Reihenlotung eventuell sogar einen Schiffsort erhalten.

Als Standlinie einer **Einzellotung** ergibt sich die zum geloteten Tiefenwert gehörende Tiefenlinie, die meist einen unregelmäßigen Verlauf hat. Voraussetzung für die sinnvolle Auswertung einer Einzellotung ist ein ausgeprägtes Profil des Meeresbodens. Über einem nahezu ebenen Meeresboden erhalten wir keine Standlinie, sondern allenfalls eine Art „Standfläche".

Durch eine **Reihenlotung,** also mehrere in kürzeren Zeitabständen nacheinander vorgenommene Einzellotungen, lassen sich Kurs und Schiffsort ermitteln. Hierzu wird jede Lotung zusammen mit dem jeweiligen Loggestand und der Uhrzeit notiert. Zur Auswertung tragen wir die gemessenen Tiefenwerte maßstabsgerecht auf einem **Lotstreifen** an, um ihn dann auf oder nahe der Koppelkurslinie mit den Tiefenwerten der Karte zur Deckung zu bringen. Wir erhalten so den Kurs über Grund. Am besten wird der Lotstreifen auf Transparentpapier gezeichnet, doch eignet sich auch jede gerade Papierkante. Bei schwächerem Stromeinfluß erscheint der Lotstreifen etwas verzerrt, kann aber trotzdem ausgewertet werden. Bei stärkerem Strom dagegen ist der Lotstreifen unbrauchbar, da die Einzellotungen in Abhängigkeit von den Loggewerten, also der Fahrt durchs Wasser, angetragen werden.

In Gezeitenrevieren müssen alle Lotungen vor ihrer Auswertung in der Karte auf Kartennull beschickt werden.

Beispiel:

Aus Lotung, Loggestand und Uhrzeit ergibt sich folgender Lotstreifen:

Tiefe (m)	*Log*	*Zeit*
22,0	10,0	1400
20,0	11,3	1413
10,0	13,6	1436
6,0	15,5	1455
5,0	16,4	1504
6,0	17,3	1513
10,0	18,5	1525
20,0	20,1	1541
22,0	21,4	1554

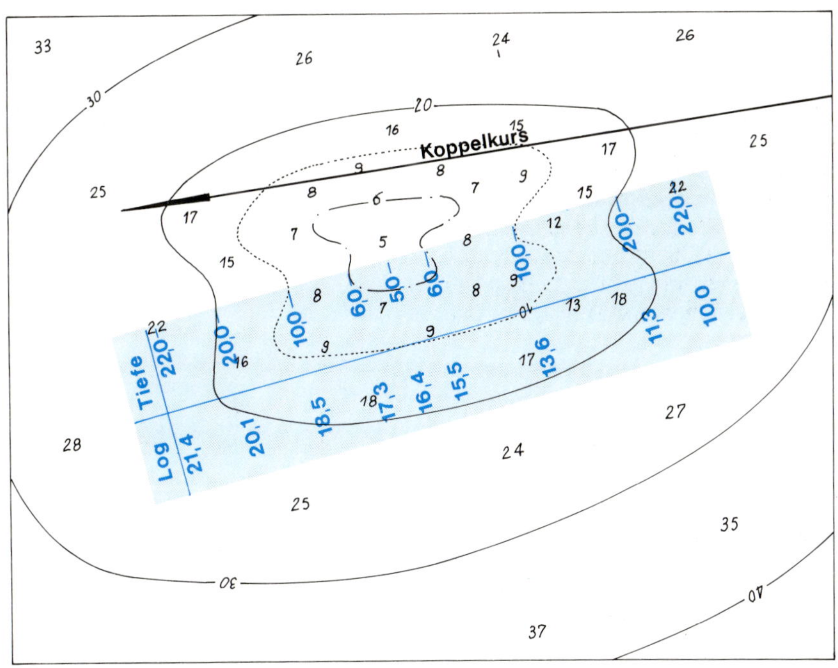

Die Auswertung einer solchen Reihenlotung in der Seekarte durch einen Lotstreifen kann einen Koppelort zum Zeitpunkt der letzten Lotung und einen vom Koppelkurs abweichenden Kurs ergeben.

Peilungen

Peilen heißt die Richtung bestimmen, in der ein bestimmtes Peilobjekt vom Schiff aus gesehen wird.
Wir unterscheiden Kompaß- und Seitenpeilungen.
– **Eine Magnetkompaß-Peilung (MgP)** oder Kompaßpeilung ist der vom Schiff aus gesehene Winkel zwischen Magnetkompaß-Nord und dem Peilobjekt. Wir erhalten ihn mit dem Peilkompaß oder mit einem Peilaufsatz auf den Steuerkompaß, dem Diopter.
– **Eine Seitenpeilung (SP)** ist der an Bord gemessene Winkel zwischen der Rechtvoraus-Richtung unserer Yacht und dem Peilobjekt. Wir erhalten ihn mit der Peilscheibe.
Jede Peilung muß, bevor wir sie in die Karte eintragen können, in eine **rechtweisende Peilung (rwP)** umgewandelt werden, wir müssen sie also mit Ablenkung und Mißweisung beschikken.

Beschicken der MgP

Auf einer Yacht peilt man mit dem Peilkompaß einen Leuchtturm unter 293°, während am Kompaß 150° gesteuert werden. Mw = –03°. Wie lautet die rechtweisende Peilung?

MgP	293°
Abl	+ 05°
mwP	298°
Mw	–03°
rwP	295°

Beachte, daß die Größe der Ablenkung nicht davon abhängt, in welcher Richtung wir über den Kompaß peilen, sondern vom Kurs während des Peilvorganges. **Wir müssen deshalb für jede Peilung den zum Peilzeitpunkt gesteuerten Kompaßkurs kennen.** Sonst können wir die Peilung nicht auswerten. Dies gilt für die Kompaßpeilung in gleicher Weise wie für die Seitenpeilung.
Deshalb ist es einfacher, bei gleichem Kurs mehrere Peilungen durchzuführen. Dann können wir Mißweisung und Ablenkung für den während des Peilens gesteuerten Kurs zur Fehlweisung (Fw) zusammenfassen. In unserem Beispiel rechnen wir dann:

Abl	+05°	MgP	293°
Mw	– 03°	Fw	+02°
Fw	+02°	rwP	295°

Aus welcher Tabelle entnehmen wir die Ablenkung?

Arbeiten wir mit einem Diopter, also einem Peilaufsatz auf dem Steuerkompaß, so verwenden wir die Tabelle für den Steuerkompaß. Anders sieht die Sache aus, wenn wir mit einem eigenen Peilkompaß arbeiten. Denn wir peilen ja an einem anderen Platz, wo auch der Schiffsmagnetismus anders wirkt. Für den Peilkompaß brauchen wir deshalb eine eigene Tabelle für einen bestimmten Platz an Bord. Einfacher ist es, wenn wir beim Arbeiten mit dem Peil-

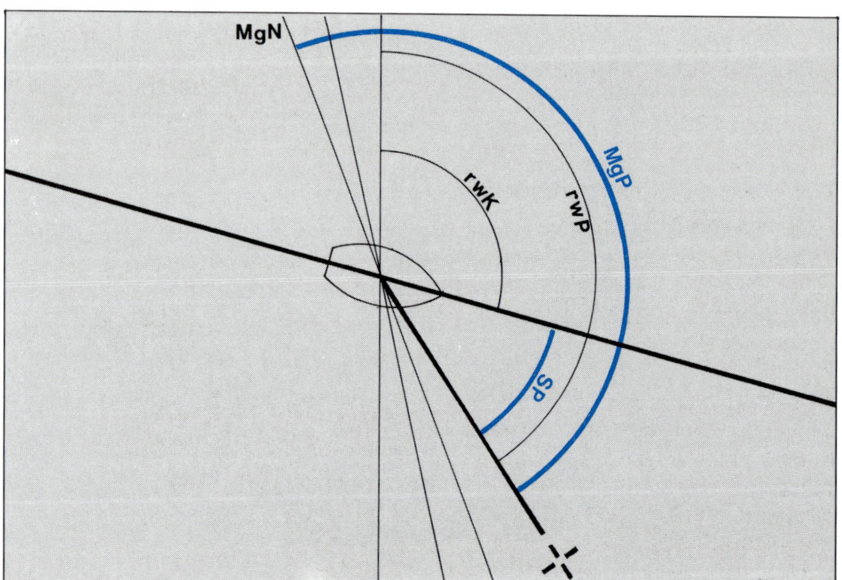

kompaß von allen wesentlichen Metallteilen weit genug entfernt sind; dann können wir die Ablenkung vernachlässigen. Doch ist dies nicht immer ganz einfach.
Auf Stahlyachten brauchen wir auf jeden Fall eine eigene Tabelle, wenn wir nicht sogar besser auf den Umgang mit dem Peilkompaß ganz verzichten. Am besten machen wir einen Versuch und vergleichen den Steuerkompaß mit dem Peilkompaß.
In diesem Buch verwenden wir bei Peilungen mit dem Peilkompaß der Einfachheit halber die Ablenkungstabelle für den Steuerkompaß.

Beschicken der SP

Mit der Peilscheibe wird an Stb ein Leuchtturm unter 058° gepeilt, während man am Kompaß 150° steuert. Mw = −02°. Wie lautet die rechtweisende Peilung?

SP	058°
MgK	+150°
MgP	208°
Fw	+ 03°
rwP	211°

Einfacher geht's, wenn man gleich vom rwK ausgeht und rechnet:

SP	058°
rwK	+153°
rwP	211°

Dieser Weg ist dann von Vorteil, wenn wir mehrere bei gleichem Kurs genommene Seitenpeilungen beschicken müssen.
Die meisten Peilscheiben sind als **Vollkreisscheibe** gestaltet. Das heißt, man zählt den Peilwinkel von recht voraus (= 000°) rechtsherum über Stb querab (= 090°), recht achteraus (= 180°) und Bb querab (= 270°) bis recht voraus (= 360°). Gelegentlich findet man aber auch die **Halbkreisscheibe,** die sowohl an Stb als auch an Bb von recht voraus bis recht achteraus zählt, so daß sich nie ein Winkel über 180° ergibt.
Um Rechenfehler zu vermeiden, verwandele man Halbkreispeilungen an Bb immer erst in Vollkreispeilungen, wobei gilt:

360° − Bb-Peilung = SP

Zum Beispiel ergibt eine an Bb vorgenommene Seitenpeilung von 140°: 360° − 140° = 220°.

Peilung über Mast und Bugkorb

Statt einen Peilkompaß zu benutzen, können wir mit unserer Yacht auch genau auf das Peilobjekt zuhalten und den am Steuerkompaß anliegenden Kurs ablesen. Dies ist bereits die gesuchte Kompaßpeilung, die wir nur noch mit Abl und Mw zur rwP zu beschicken brauchen. Einen etwaigen Strom- oder Windvorhalt dürfen wir natürlich nicht in die Beschickung eingehen lassen, da wir ja über den Steuerstrich in Kielrichtung peilen.

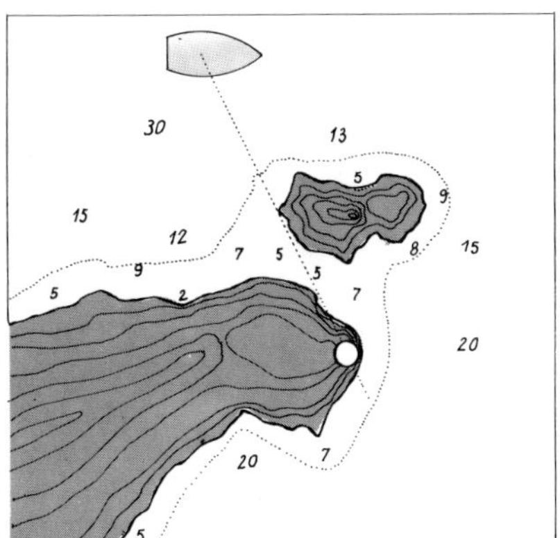

Die Deckpeilung

Eine sehr genaue Standlinie erhalten wir durch eine Deckpeilung. Sehen wir zwei markante und in der Seekarte eingetragene Landmarken genau in Linie hintereinander, so stehen wir auf der von beiden Peilmarken gebildeten Geraden, die wir einfach in die Karte eintragen können. Um diese Standlinie zu gewinnen, benötigen wir weder einen Kompaß noch ein anderes Instrument mit seinen Fehlermöglichkeiten.
Eine besondere Deckpeilung stellt das **Richtfeuer** dar. Hier wird durch zwei hintereinander aufgestellte Feuer, das Ober- und Unterfeuer, im engen Fahrwasser die Fahrwassermitte gekennzeichnet. Sehen wir beide **Feuer in Linie,** so befinden wir uns auf der manchmal sogar in der Seekarte angegebenen Richtfeuerlinie. Diese Kursangabe bezieht sich immer auf die Ansteuerung von See her kommend.
Sehen wir bei einer Ansteuerung auf ein Richtfeuer beide Feuer nicht genau in Linie, so müssen wir unseren Kurs zum vorderen Objekt hin korrigieren.
In engen Fahrwassern fahren wir „rechts offen", das heißt, wir sehen das hintere Feuer etwas rechts vom vorderen Feuer, um das Rechtsfahrgebot in engen Fahrwassern zu befolgen.

Deviationskontrolle

Wir sollten jede Möglichkeit nutzen, unsere Deviationstabelle zu überprüfen. Die Ablenkung können wir mit Hilfe

- eines bekannten Kurses oder
- einer bekannten Peilung

kontrollieren.

Deviationskontrolle mit Hilfe eines bekannten Kurses

Die Ablenkung ist, wie wir sofort unserem Beschickungsschema entnehmen können, das Verbindungsglied zwischen MgK und mwK, nämlich:

Abl = mwK − MgK

Den MgK lesen wir am Kompaß ab. Es fehlt also nur ein vom MgK unabhängiger mwK, um die Deviation rechnerisch ermitteln zu können. Am besten eignet sich hierfür eine Deckpeilung, also zwei in Linie liegende Peilobjekte, auf die wir genau zuhalten können. Die Deckpeilung entnehmen wir der Karte und beschicken sie mit der Mw zum mwK. Die Differenz von mwK − MgK ist der gesuchte Deviationswert.

Zum Beispiel (Abb. A):
Bei einem MgK von 048° hält man genau auf zwei Objekte in Linie zu. Der Karte entnimmt man für diese Deckpeilung rechtweisend 062°. Mw = +02°. Stimmt die Deviationstabelle?

MgK	048°	
Abl	?	
mwK	060°	
Mw	+ 02°	
rwK	062°	aus Karte

Als Ablenkung ergibt sich:

Abl = mwK − MgK

Abl = 060° − 048° = + 12°

Für einen mwK von 060° und einen MgK von 048° ergibt sich ein Wert von + 12°, der genau den beiden zugehörigen Tabellenwerten entspricht.

Deviationskontrolle mit Hilfe einer bekannten Peilung

Eine bekannte Deckpeilung können wir aber auch auf jedem beliebigen Kurs durchlaufen, um die Ablenkung zu kontrollieren. Denn die Ablenkung ist ja auch das Verbindungsglied zwischen MgP und mwP, nämlich:

Abl = mwP − MgP

Wir dürfen hierbei aber nicht vergessen, daß sich dieser Deviationswert nicht auf die Peilung, sondern auf den zum Peilzeitpunkt anliegenden Kurs bezieht. Deshalb müssen wir beim Passieren der Deckpeilung zwei Werte festhalten, die beobachtete Peilung und den anliegenden Kurs.

Zum Beispiel (Abb. B):
Bei einem MgK von 310° peilt man eine der Karte entnommene Deckpeilung von rechtweisend 077° mit dem Peilkompaß unter 094°. Mw = − 03°. Stimmt die Tabelle?

MgP	094°	
Abl	?	
mwP	080°	
Mw	− 03°	
rwP	077°	aus Karte

Als Ablenkung ergibt sich:

Abl = mwP − MgP

Abl = 080° − 094° = − 014°

Die Ablenkung für einen MgK von 310° beträgt also − 14°, was dem Tabellenwert entspricht.

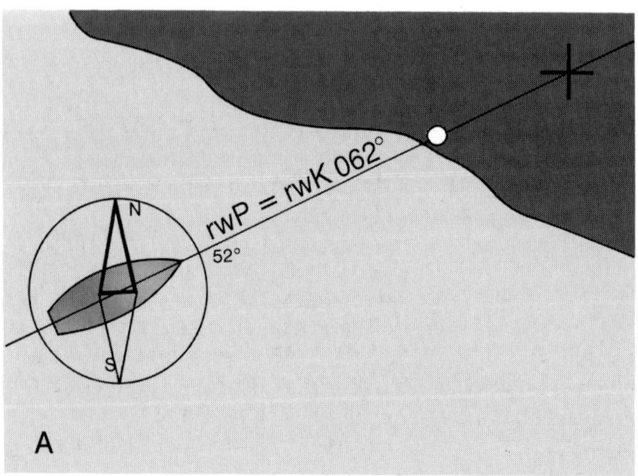

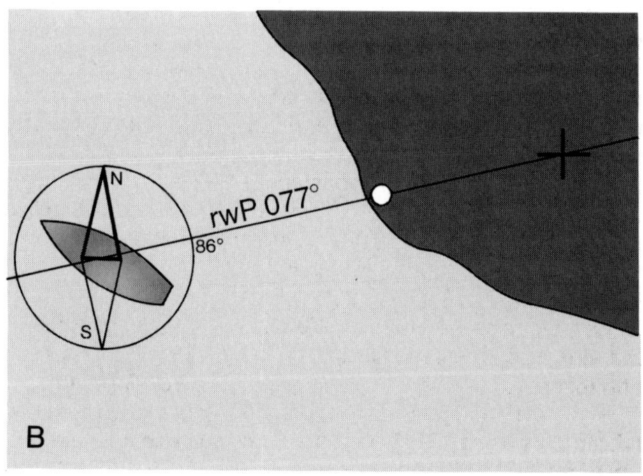

Aufstellen einer Deviationstabelle

Zur Theorie

Nach dem gleichen Prinzip können wir eine Deviationstabelle aufstellen. Voraussetzung ist auch hier, daß wir eine zuverlässige mißweisende Peilung haben. Am besten ist natürlich wieder eine Deckpeilung. Doch es genügt, wenn wir unseren Schiffsort in der Nähe eines geeigneten Peilobjektes ohne Kompaßhilfe möglichst genau feststellen und mit einer Boje markieren können. Tragen wir diesen Ort in der Seekarte ein, so können wir leicht die rechtweisende und somit auch die mißweisende Peilung zum Peilobjekt ermitteln.
Um diese Boje drehen wir unsere Yacht langsam von 10° zu 10° und peilen jeweils den Winkel, unter dem das Peilobjekt erscheint, **über den Kompaß.** Wir notieren zu jedem Kompaßkurs die gemessene Kompaßpeilung und führen die bekannte Rechnung aus:

Abl (MgK) = mwP – MgP

Der so ermittelte Ablenkungswert gehört zum jeweiligen MgK. Alle Werte zusammen ergeben unsere Tabelle.
Natürlich läßt sich die Deviationstabelle auch dann aufstellen, wenn wir die erforderlichen Peilungen nicht mit dem Steuerkompaß vornehmen können, falls die Art seines Einbaus solche Peilungen nicht erlaubt. Dann ermitteln wir **mit der Peilscheibe** Seitenpeilungen und rechnen:

SP + MgK = MgP

Mit dem Wert der MgP verfahren wir wie oben.

In manchen Häfen gibt es spezielle **Deviationsdalben,** die uns die jeweilige rechtweisende Peilung bereits vorgeben, so daß wir nicht erst mühsam ein Peilobjekt suchen und unseren Schiffsort bestimmen müssen.

Zur Praxis

In der Praxis sind folgende Punkte zu beachten:
1 Wir benötigen ruhiges Wetter, möglichst Windstille.
2 Die Yacht muß ohne Motorhilfe, am besten mit dem Beiboot, gedreht werden.
3 Die Yacht muß ähnlich wie beim Kompensieren seeklar sein. Das heißt, alle wichtigen Metallgegenstände müssen an dem Platz liegen, den sie auch während des Törns einnehmen.
4 Der Abstand zum Peilobjekt sollte mindestens 3 sm betragen.
5 Um Schleppfehler des Kompasses zu vermeiden, muß der Drehvorgang langsam erfolgen. Denn die Kompaßrose braucht unmittelbar nach dem Drehen aufgrund der Reibung mit der Kompaßflüssigkeit und der Rosenlagerung mehr oder weniger lange, um ihre Ruhestellung wieder einzunehmen. Einen solchen Schleppfehler können wir ausgleichen, wenn wir zwei Kreise drehen, einmal nach Bb und einmal nach Stb, und die jeweiligen Mittelwerte bilden.
6 Wir sollten möglichst ohne Krängung peilen, da die Krängung die Deviation beeinflussen kann.

Zum Beispiel:
Auf einer Yacht hat man an einem durch Boje genau markierten Schiffsort die rwP zu einem etwa 3 sm entfernten Leuchtturm mit 056° bestimmt.
Mw = –03°.

Um die Deviationstabelle für den Steuerkompaß aufzustellen, wird die Yacht langsam in einem Vollkreis um die Boje gedreht. Während der Rudergänger die Kurse von 20° zu 20° ankündigt, peilt ein zweiter Mann über den Kompaß den Leuchtturm. Die Werte werden notiert. Um einen Schleppfehler des Kompasses durch die Drehung auszugleichen, wurden zwei Vollkreise gedreht, einer nach Bb, der andere nach Stb. Die in der folgenden Tabelle zusammengestellten Peilwerte stellen bereits die Mittelwerte beider Meßreihen dar.

MgK	MgP	MgK	MgP
020°	53°	200°	62°
040°	48°	220°	65°
060°	45°	240°	69°
080°	44°	260°	62°
100°	46°	280°	74°
120°	49°	300°	74°
140°	52°	320°	71°
160°	56°	340°	66°
180°	59°	360°	60°

Wie lautet die Deviationstabelle für den Steuerkompaß?

Lösung:

1 Wir ermitteln zunächst die mwP:
mwP = rwP – Mw
= 056° – (–03°) = 059°

2 Dann bilden wir die jeweiligen Differenzen aus

mwP – mgP

und erhalten die Deviationswerte für den entsprechenden MgK.
Es ergibt sich auf diese Weise genau die auf S. 13 wiedergegebene Ablenkungstafel. Lediglich ein Wert fällt aus der Reihe heraus: Die Peilung für den MgK von 260° muß eine Fehlmessung sein.

Schiffsort durch Kreuzpeilung

Das Fehlerdreieck

Theoretisch gesehen genügen für die Schiffsortermittlung durch eine Kreuzpeilung eigentlich zwei Peilungen. Besser ist es jedoch, zur Kontrolle eine dritte Landmarke zu peilen. In der Karte ergibt sich dann meist kein Standort, sondern eine Art Standdreieck, das sogenannte Fehlerdreieck – oder, falls man eine vierte Peilung vorgenommen hat, ein Fehlerviereck.
Wo können wir nun den wahrscheinlichen Schiffsort annehmen? Wir müssen uns klarmachen, daß das Fehlerdreieck in aller Regel durch Meßungenauigkeiten oder durch Rechenfehler bei der Peilungsbeschickung zustande kommt. Ist das Fehlerdreieck relativ klein geraten, so spricht vieles dafür, daß der ermittelte Schiffsort vergleichsweise genau ist. Doch muß das nicht unbedingt so sein. So kann durch einen konstanten Gerätefehler eine Genauigkeit vorgetäuscht werden, die im konkreten Fall überhaupt nicht vorliegt.

Trotzdem wird man im allgemeinen bei einem großen Fehlerdreieck alle drei Messungen wiederholen. Im übrigen ist nicht einmal gesagt, daß der tatsächliche Schiffsort immer innerhalb des Fehlerdreiecks liegen muß.

Zur Genauigkeit von Peilungen

Es gibt keinen genauen Schiffsort. Alle von uns ermittelten Standlinien sind mit einer mehr oder weniger großen Ungenauigkeit behaftet. Die Qualität eines Navigators zeichnet sich dadurch aus, daß er die Ungenauigkeit bei der Ermittlung der einzelnen Standlinien berücksichtigt. Wir sollten deshalb auch keine Gelegenheit versäumen, unseren Schiffsort durch neue Beobachtungen zu überprüfen und – wo nötig – zu korrigieren.
Wir wollen im folgenden einige Hinweise geben, um die Genauigkeit beziehungsweise Ungenauigkeit der einzelnen Standlinien beziehungsweise Schiffsorte abschätzen zu können.

Schiffsort durch Kreuzpeilung

Mit der Kreuzpeilung können wir unseren Schiffsort bestimmen, indem wir unmittelbar nacheinander, also nahezu gleichzeitig, verschiedene Landmarken peilen. Wir erhalten so mehrere Standlinien, deren Schnittpunkt in der Seekarte den gesuchten Schiffsort ergibt.
Hierbei ist es gleichgültig, ob wir mit dem Peilkompaß oder mit der Peilscheibe arbeiten. Auf jeden Fall müssen wir die Peilungen in rechtweisende Peilungen beschicken, bevor wir sie in die Karte eintragen.

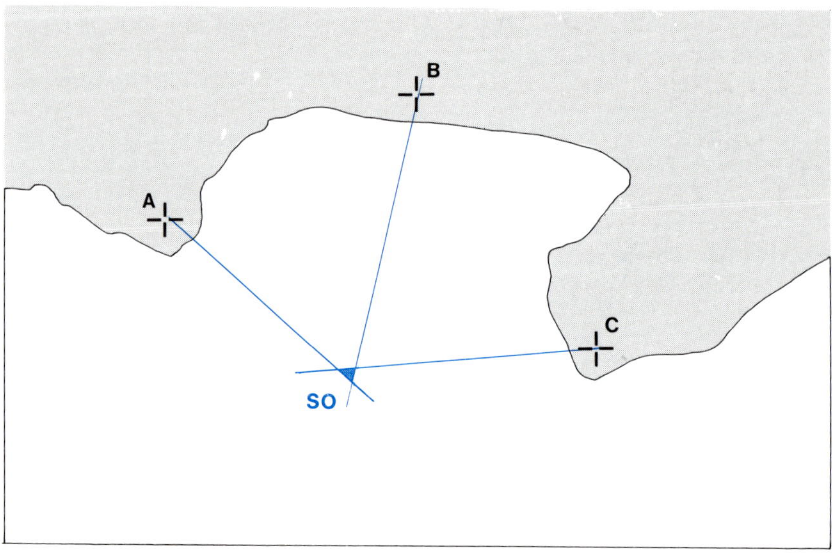

Keine schleifenden Schnitte

Der Schnittwinkel zwischen den Peillinien darf nicht zu spitz sein. Bei einem kleineren Winkel als 30° erhalten wir oft sogenannte „schleifende Schnitte". Wenn wir davon ausgehen, daß der Streuwinkel jeder Peilung etwa ± 5° beträgt, so können wir in der graphischen Auswertung erkennen, daß die Fläche für den wahrscheinlichen Schiffsort im Falle eines schleifenden Schnittes wesentlich größer ist als im Falle zweier sich nahezu rechtwinklig schneidender Standlinien.

Dies hat nichts mit einer zeichnerischen Ungenauigkeit beim Eintragen der Peilungen in die Seekarte zu tun, sondern ergibt sich allein aus dem beschriebenen geometrischen Zusammenhang.

Wie genau ist mein „Standstreifen"?

Je nach Seegang, Helligkeit, Entfernung zum Peilobjekt und Erfahrung des Navigators enthält jede Peilung eine mehr oder weniger große Ungenauigkeit. Wir können sagen, daß man in der Regel keine Standlinie, sondern eher eine Art Standstreifen ermittelt, dessen Breite zwischen ± 3° und ± 10° liegen kann. Man beachte im übrigen, daß mit zunehmendem Abstand vom jeweiligen Peilobjekt die absolute Breite dieses Streifens wächst.

Auch auf die **Reihenfolge der Peilungen** verschiedener Peilobjekte kommt es an. Zwischen den einzelnen Peilungen sollte nicht allzuviel Zeit verstreichen, da sich hierbei die Peilwinkel verändern. Um den aktuellsten Schiffsort zu erhalten, peilen wir zunächst die Landmarken, die vergleichsweise langsam auswandern, also die etwa voraus oder achteraus liegenden Peilobjekte. Querab liegende Peilobjekte müssen möglichst rasch hintereinander gepeilt werden.

Links: Bei einer Meßgenauigkeit von ± 5° ergibt sich bei 10 sm Abstand bereits ein möglicher Fehler von 1,7 sm, bei 15 sm von 2,5 sm.

Unten: Sogenannte schleifende Schnitte erhöhen die Ungenauigkeit, da sich sehr lang auseinandergezogene „Standflächen" ergeben. Anders bei einem etwa rechten Schnittwinkel: Hier nimmt die „Standfläche" eine konzentrierte Form an.

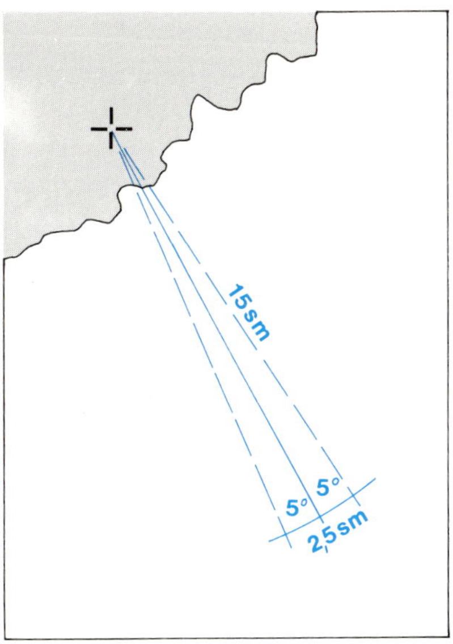

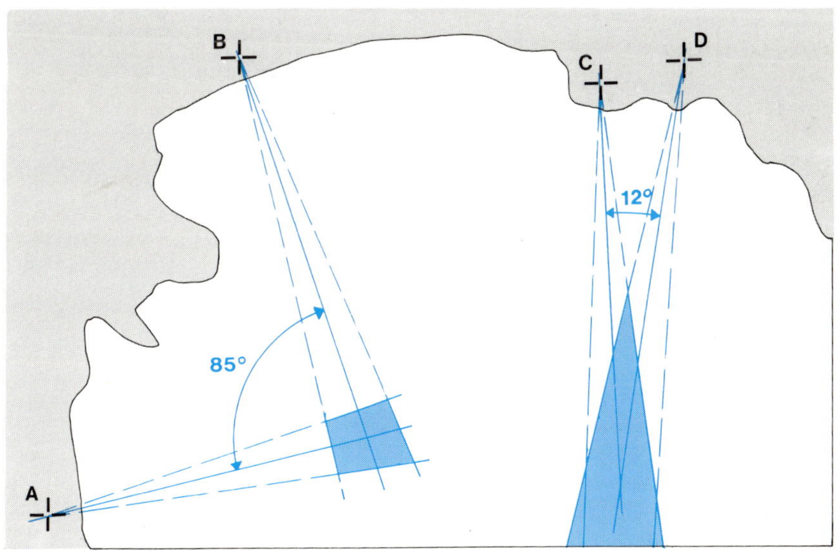

Doppelpeilungen

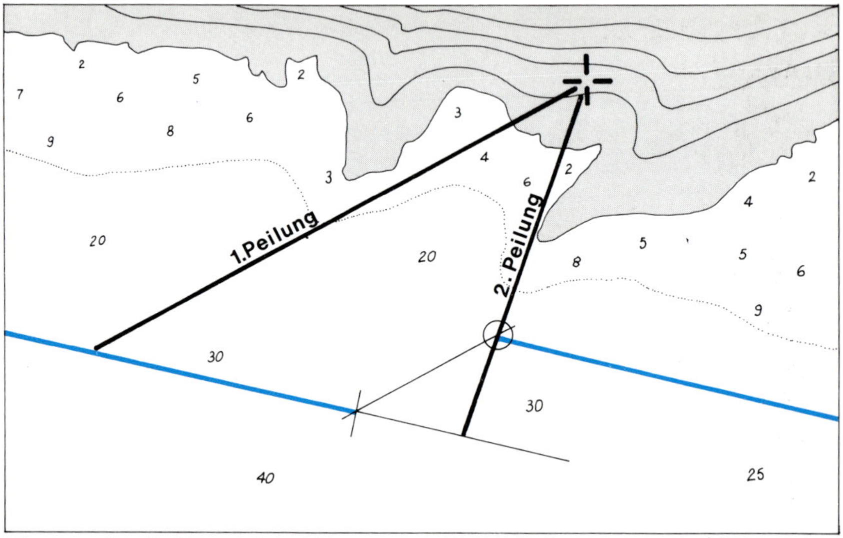

Schiffsort durch Doppelpeilung

Mit einer Doppelpeilung können wir unseren Schiffsort auch dann bestimmen, wenn nur ein einziges Peilobjekt in Sicht ist. In diesem Fall wird die Landmarke zweimal – also doppelt – gepeilt, das zweite Mal jedoch erst dann, wenn sie seit der ersten Peilung genügend ausgewandert ist. Um den Schiffsort zum Zeitpunkt der zweiten Peilung zu ermitteln, benötigen wir nur noch die zwischen beiden Peilungen zurückgelegte Versegelung oder Distanz (= Logdistanz).
Da man bei diesem Verfahren die erste Standlinie gleichsam um die inzwischen versegelte Distanz mitnimmt, spricht man auch von **Versegelungspeilung.**
Natürlich läßt sich auf diese Weise jede Art von Standlinie „mitnehmen", doch wird dieses Verfahren nahezu ausschließlich bei Peilungen angewandt, und dies nur dann, wenn man lediglich eine Landmarke zur Verfügung hat. Wegen der Ungenauigkeiten, die durch die Mitnahme der Versegelung entstehen können, zieht man immer dann, wenn man mehr als eine Landmarke zur Verfügung hat, ein anderes Verfahren zur Schiffsortbestimmung vor.

Eine große Rolle spielen Versegelungspeilungen in der astronomischen Navigation, wo wir tagsüber meist ausschließlich auf die Sonne angewiesen sind. Um nun allein mit der Sonne unseren Schiffsort ermitteln zu können, sind wir gezwungen, die erste Standlinie um die Versegelung mitzunehmen, um sie nach ein bis zwei Stunden mit einer zweiten Sonnenstandlinie zum Schnitt bringen zu können.
Das Prinzip der Doppelpeilung können wir auch dann anwenden, wenn nach der ersten Peilung unsere Landmarke verschwindet und etwas später ein neues Peilobjekt auftaucht. Man spricht dann von **abgestumpfter Doppelpeilung.**

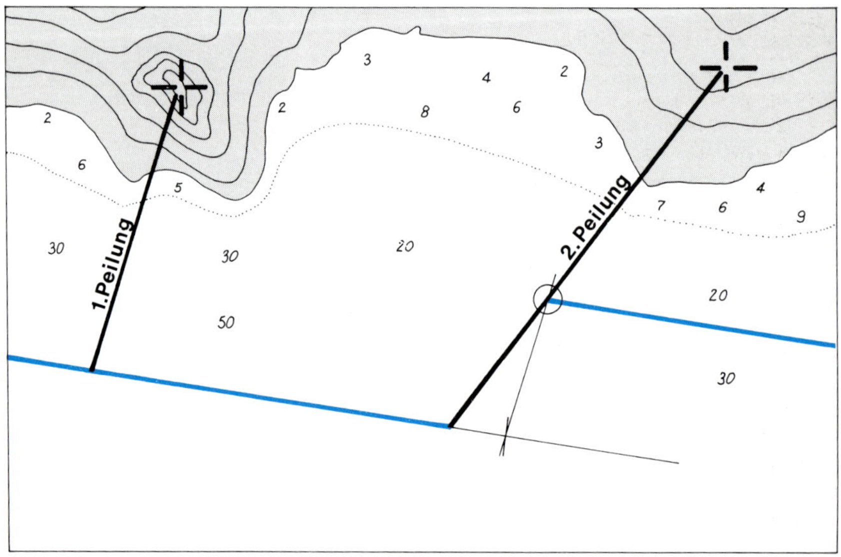

Verdoppelungs-peilungen

Verdoppelungspeilungen

Verdoppelungspeilungen (man nennt sie auch **Verdoppelung der Seitenpeilung**) sind besondere Doppelpeilungen: Wir nehmen die zweite Peilung genau dann vor, wenn der mit der Rechtvoraus-Richtung gebildete Winkel doppelt so groß ist wie bei der ersten Peilung, sich also inzwischen verdoppelt hat.
In diesem Fall entspricht aufgrund geometrischer Gesetze die zwischen den Peilungen zurückgelegte Versegelung genau dem Abstand zum Peilobjekt beim letzten Peilzeitpunkt.
In der Praxis werden meist die folgenden, besonderen Verdoppelungspeilungen angewandt:

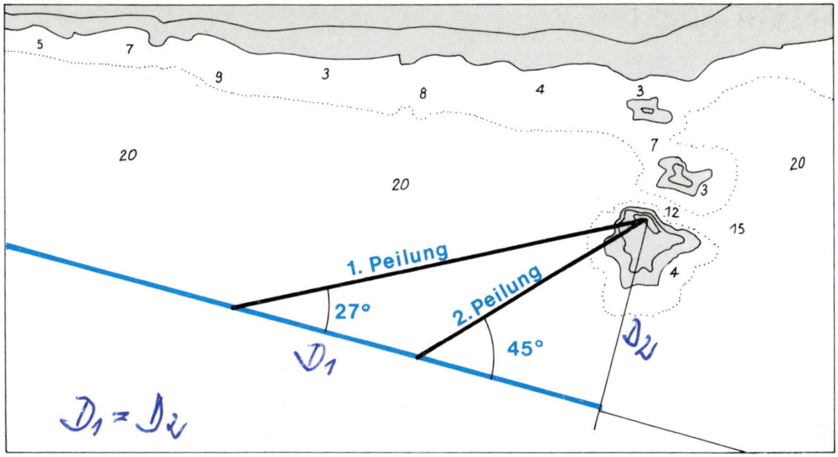

Die 27°/45°-Peilung

Nimmt man die erste Seitenpeilung bei 27°, die zweite bei 45° vor, so entspricht die versegelte Distanz zwischen beiden Peilungen genau dem zu erwartenden Passageabstand.
Der Vorteil dieses Verfahrens liegt darin, daß wir rechtzeitig den voraussichtlichen Passageabstand eines Kaps kennen, der Nachteil in den ungünstigen Schnittwinkeln.

Die Vierstrichpeilung

Bei der Vierstrichpeilung nehmen wir die erste Peilung bei 45° (= 4 Strich), die zweite bei 90° vor. Dann entspricht die Versegelung zwischen beiden Peilungen genau dem Passageabstand zum zweiten Peilzeitpunkt. Die zeichnerische Lösung erfolgt wie bei der 27°/45°-Peilung.
In diesem Fall hat man zwar günstigere Schnittwinkel, doch erfährt man meist zu spät, ob der Passageabstand zum Kap groß genug ist.

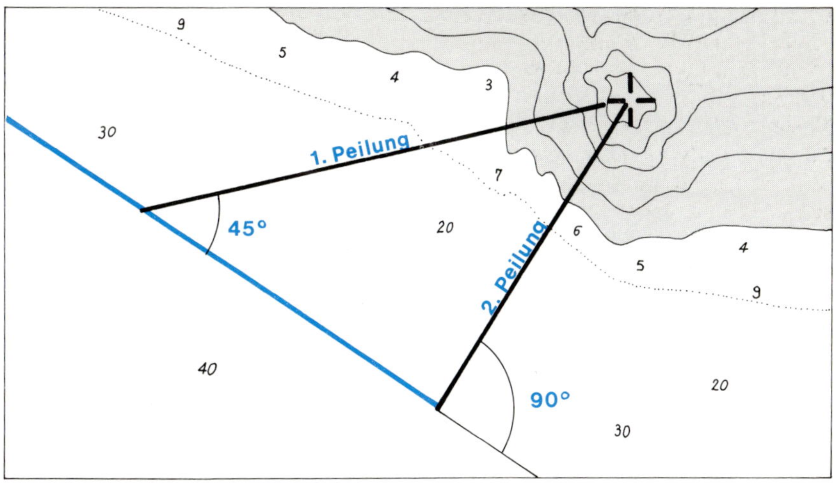

Peilungen bei Abdrift oder Strom

Kompaßpeilungen

Wind und Strom haben keinen Einfluß auf das Ergebnis einer Kompaßpeilung und ihre Beschickung.

Seitenpeilungen

Da Seitenpeilungen immer auf die Kiellinie, also auf den rwK, bezogen werden, brauchen Wind und Strom bei der Beschickung der Seitenpeilung nicht berücksichtigt zu werden. Man rechnet am einfachsten wie bereits ausgeführt:

$$\begin{array}{r} \text{SP} \\ +\ \text{rwK} \\ \hline \text{rwP} \end{array}$$

Doppelpeilungen

Herrscht nur Windeinfluß, so ergeben sich keine weiteren Probleme. Beide Peilungen werden – wie oben beschrieben – zu rechtweisenden Peilungen beschickt. Die zur Konstruktion notwendige Versegelung kann unmittelbar vom Log abgelesen werden, da dieses immer die Distanz durchs Wasser angibt.

Verdoppelungspeilungen

Herrscht nur Windeinfluß, so müssen wir beachten, daß die Peilwinkel auf den KdW zu beziehen sind, nicht auf die Kiellinie. Denn nur dann bleibt die Besonderheit der Verdoppelungspeilungen erhalten, nämlich daß die Versegelung der Distanz zum Peilobjekt entspricht.

Zwei Beispiele:

1 Auf einer Yacht wurde ein KdW von 112° abgesetzt. Die BW wird bei dem herrschenden NE-Wind mit 4° angenommen. Man peilt eine Landmarke unter 45° und später unter 90° an Stb. Liegt eine Vierstrichpeilung vor (Abb. A)?
Es liegt keine Vierstrichpeilung vor, da die auf den KdW bezogenen Winkel um die BW kleiner sind, also 41° beziehungsweise 86° betragen.

2 Eine Yacht läuft einen KdW von 220° und wird durch W-Wind um 3° versetzt. Wie müßten die an Stb vorgenommenen Seitenpeilungen für eine Vierstrichpeilung lauten (Abb. B)?
Auf den KdW bezogen, erhält man als gesuchte rechtweisende Peilungen:

$$\begin{array}{rr} 220^\circ & 220^\circ \\ 45^\circ & 90^\circ \\ \hline 265^\circ & 310^\circ \end{array}$$

Um diese rwP als Seitenpeilungen zu erhalten, muß jeweils der rwK abgezogen werden:
1. Peilung:
SP = rwP – rwK = 265° – 223° = 42°
2. Peilung:
SP = rwP – rwk = 310° – 223° = 87°

Bei **Stromeinfluß** kann die Konstruktion der Doppelpeilung sinnvoll nur dann durchgeführt werden, wenn die Distanz über Grund zwischen beiden Peilungen bekannt ist, was nur sehr selten der Fall ist. Die Logdistanz kann hierfür nicht verwendet werden.

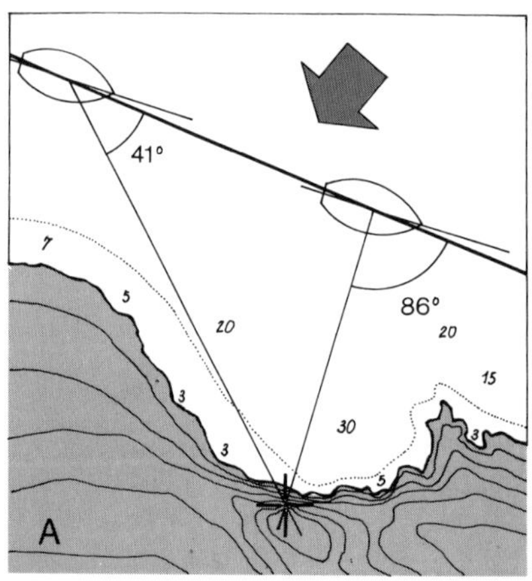

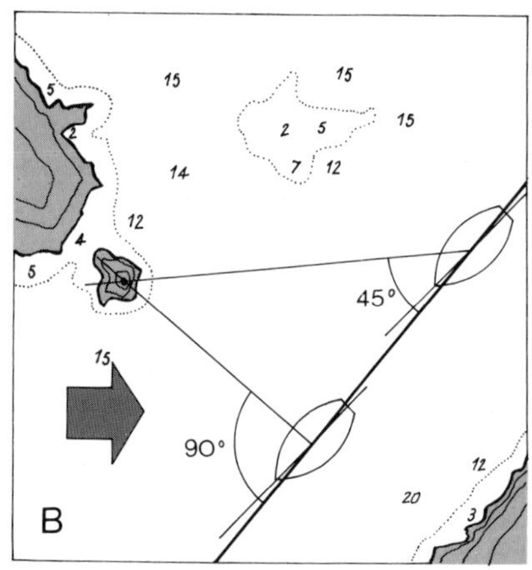

Abstands-bestimmungen

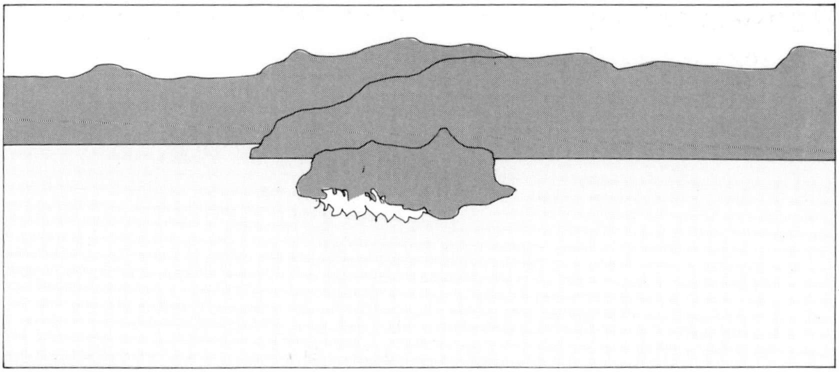

Jede Abstandsbestimmung ergibt eine kreisförmige Standlinie mit dem Radius des Abstandes um den Punkt, zu dem der Abstand ermittelt wurde. Irgendwo auf diesem Kreisbogen befindet sich der Beobachter, der den Abstand zur entsprechenden Landmarke ermittelt hat.

Am häufigsten werden folgende Verfahren angewendet:

- Abstand durch Höhenwinkelmessung
- Abstand durch Beobachtung eines Feuers in der Kimm

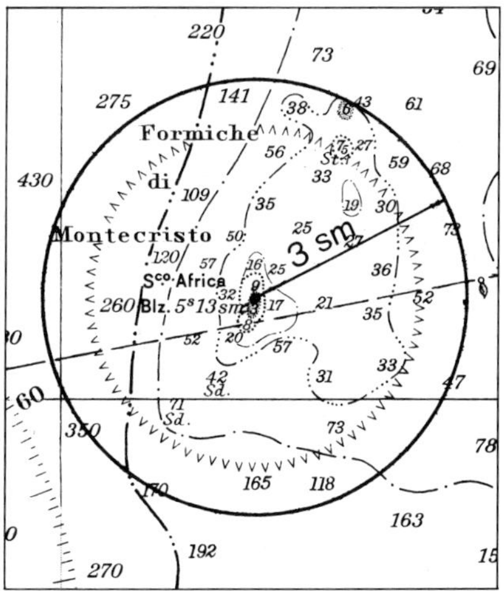

Geschätzter Abstand

Abstände richtig zu schätzen ist für den Anfänger recht schwierig. Er muß mit dem jeweiligen Revier vertraut sein, um die Wirkung diesigen Wetters, plötzlichen Aufklarens, der Lufttemperatur oder des Mondscheins beurteilen zu können. Eine Schätzung allein sollte deshalb nie die Grundlage einer Schiffsortbestimmung sein; weitere Standlinien sind unbedingt erforderlich. Eine Hilfe beim Landfall kann der Wetterbericht geben, der vielfach die Sichtigkeit in sm, manchmal auch in km angibt, aber auch die folgenden Bezeichnungen verwendet:

25,0 sm	außergewöhnlich gute Sicht
10,0 sm	sehr gute Sicht
5,0 sm	gute Sicht
2,0 sm	mäßige Sicht
1,0 sm	schwach diesig
0,5 sm	diesig
500 m	dünner Nebel
50 m	starker Nebel

Einen weiteren Anhaltspunkt gibt die Entfernung der Kimm. Sieht man etwa mit dem Fernglas, daß die Kimm höher als die Brandungslinie einer Insel liegt, so befindet sie sich vor der Kimm. Dann erkennt man an der Küstenlinie meistens deutlich das vom Seegang oder der Dünung weiße Aufschäumen der Brecher. Aus unserer Augenhöhe über der Wasseroberfläche (Ah) ergibt sich die **Kimmentfernung** (A) allgemein:

$$\mathbf{A\ (sm) = 2{,}075 \cdot \sqrt{Ah\ (m)}.}$$

Für geringe Augenhöhen erhält man:

Ah	Kimmentfernung
1 m	2,1 sm
2 m	2,9 sm
3 m	3,6 sm
4 m	4,2 sm
5 m	4,7 sm

Auch der **Schall** gibt Hinweise auf die Entfernung. Außer dem Schallzeichen brauchen wir dann einen Anhalt dafür, wann das Zeichen gegeben wurde. Sehen wir beispielsweise bei einem vorbeifahrenden Schiff den aufsteigenden Dampf einer Dampfpfeife und messen den Zeitraum bis zum Eintreffen des Schalles, so müssen wir diese Zeitspanne durch etwa 5,5 dividieren, um die Entfernung in sm zu erhalten.

Also:

$$A\ (sm) = \frac{\text{Zeitspanne (s)}}{5{,}5}$$

Denn der Schall legt etwa 330 m/s zurück, benötigt also pro Seemeile ca. 5,5 Sekunden.

Abstand durch Höhenwinkel-messung

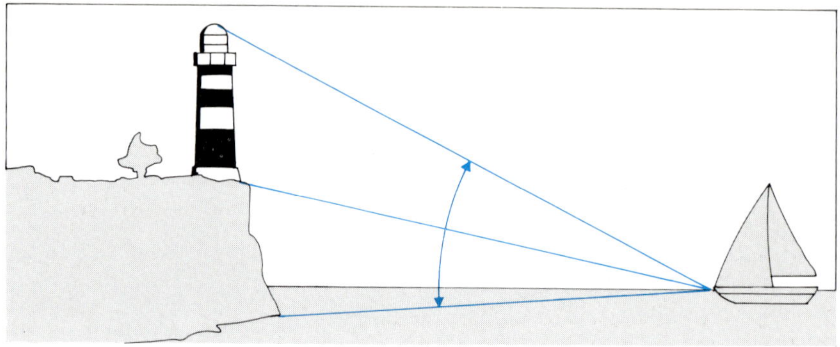

Mit dem Sextanten kann man die genaueste Abstandsbestimmung vornehmen, indem man den Winkel mißt, unter dem die Höhe eines bekannten Peilobjektes über dem Wasserspiegel erscheint. Dieser Winkel heißt **Höhen- oder Vertikalwinkel.** Je näher wir uns am Peilobjekt befinden, desto größer wird dieser Winkel, je weiter wir uns entfernen, desto geringer wird er sein. Der Höhenwinkel wird meist sehr kleine Werte annehmen, oft unter einem Grad, so daß eine verwertbare Messung nur mit dem Sextanten durchgeführt werden kann.

Ist uns die Höhe des Objektes über der Wasserlinie (H) aus der Karte oder dem Leuchtfeuerverzeichnis bekannt und haben wir den Elevationswinkel (n) in Minuten gemessen, ergibt sich als Abstand A in Seemeilen:

$$\mathbf{A\,(sm)} = \frac{\mathbf{13}}{\mathbf{7}} \cdot \frac{\mathbf{H\,(m)}}{\mathbf{n\,(min)}}$$

Zur Höhenwinkelmessung sind alle etwas größeren Objekte geeignet, deren genaue Höhe über dem Wasserspiegel wir kennen, also markante Berggipfel ebenso wie alle möglichen Türme. Für Höhen bis zu 90 m können wir den Abstand unmittelbar der Tafel 10 in *Fulst, Nautische Tafeln* entnehmen (Abb. rechts).

Zum Beispiel: Auf einer Yacht wird der Höhenwinkel eines Turmes (Turmspitze bis Wasserspiegel: 48 m) mit 30 Minuten gemessen. Wie weit ist man vom Turm entfernt?

$$A = \frac{13}{7} \cdot \frac{48}{30} \approx 3\,\text{sm}$$

Dieser Formel geht davon aus, daß der Fußpunkt der Landmarke sichtbar ist, also vor der Kimm liegt.

Liegt der Fußpunkt hinter der Kimm, so gilt:

$$A = \sqrt{3{,}71\,(H - Ah) + (n - 1{,}8\,\sqrt{Ah})^2} - (n - 1{,}8\,\sqrt{Ah})$$

In dieser Formel bedeutet:

A = Abstand in Seemeilen
H = Objekthöhe in Metern
Ah = Augenhöhe des Beobachters in Metern
n = beobachteter Höhenwinkel in Minuten

Dieses Verfahren hat vor allem bei der Annäherung an hohe Berggipfel Bedeutung, wie etwa im Mittelmeer.

Zum Beispiel: Man mißt den Höhenwinkel eines 220 m hohen Berggipfels aus einer Augenhöhe von 3 m mit dem Sextanten unter 29,1′. Wie weit ist man entfernt?

$$A = \sqrt{3{,}71\,(220-3) + (29{,}1 - 1{,}8\,\sqrt{3})^2} - (29{,}1 - 1{,}8\,\sqrt{3}) = 12{,}49$$

Man ist also noch 12,5 sm vom Berggipfel entfernt.

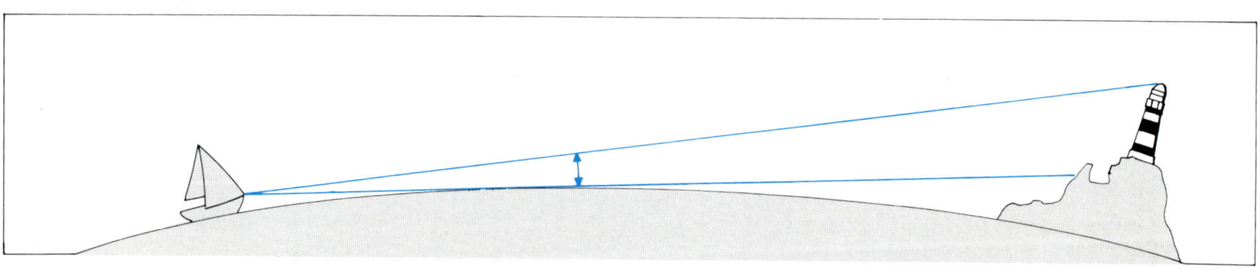

Tafel 10. Höhenwinkel in Minuten

Abstand sm	Höhe in Metern														
	2	4	6	8	10	12	14	16	18	20	22	24	26	28	30
0,5	7,4	14,8	22,3	29,7	37,1	44,5	52,0	59,4	66,8	74	81	89	97	104	111
1,0	3,7	7,4	11,1	14,8	18,6	22,3	26,0	29,7	33,4	37	41	45	48	52	56
1,5	2,5	4,9	7,4	9,9	12,4	14,8	17,3	19,8	22,3	25	27	30	32	35	37
2,0	1,9	3,7	5,6	7,4	9,3	11,1	13,0	14,8	16,7	19	20	22	24	26	28
2,5	1,5	3,0	4,5	5,9	7,4	8,9	10,4	11,9	13,4	14,8	16,3	17,8	19,3	20,8	22,3
3,0	1,2	2,5	3,7	4,9	6,2	7,4	8,7	9,9	11,1	12,4	13,6	14,8	16,1	17,3	18,6
3,5	1,1	2,1	3,2	4,2	5,3	6,4	7,4	8,5	9,5	10,6	11,7	12,7	13,8	14,8	15,9
4,0	0,9	1,9	2,8	3,7	4,6	5,6	6,5	7,4	8,4	9,3	10,2	11,1	12,1	13,0	13,9
4,5	0,8	1,7	2,5	3,3	4,1	5,0	5,8	6,6	7,4	8,3	9,1	9,9	10,7	11,6	12,4
5,0	0,7	1,5	2,2	3,0	3,7	4,4	5,2	5,9	6,7	7,4	8,2	8,9	9,7	10,4	11,1
5,5	0,7	1,4	2,0	2,7	3,4	4,1	4,7	5,4	6,1	6,8	7,4	8,1	8,8	9,5	10,1
6,0	0,6	1,2	1,9	2,5	3,1	3,7	4,3	4,9	5,6	6,2	6,8	7,4	8,0	8,7	9,3
6,5	0,6	1,1	1,7	2,3	2,9	3,4	4,0	4,6	5,1	5,7	6,3	6,9	7,4	8,0	8,6
7,0	0,5	1,1	1,6	2,1	2,7	3,2	3,7	4,2	4,8	5,3	5,8	6,4	6,9	7,4	8,0
7,5	0,5	1,0	1,5	2,0	2,5	3,0	3,5	4,0	4,5	5,0	5,4	5,9	6,4	6,9	7,4
8,0	0,5	0,9	1,4	1,9	2,3	2,8	3,2	3,7	4,2	4,6	5,1	5,6	6,0	6,5	7,0
9,0	0,4	0,8	1,2	1,7	2,1	2,5	2,9	3,3	3,7	4,1	4,5	5,0	5,4	5,8	6,2
10,0	0,4	0,7	1,1	1,5	1,9	2,2	2,6	3,0	3,3	3,7	4,1	4,5	4,8	5,2	5,6

Abstand sm	Höhe in Metern														
	32	34	36	38	40	42	44	46	48	50	52	54	56	58	60
0,5	119	126	134	141	148	156	163	171	178	186	193	200	208	215	223
1,0	59	63	67	71	74	78	82	85	89	93	97	100	104	108	111
1,5	40	42	45	47	49	52	54	57	59	62	64	67	69	72	74
2,0	30	32	33	35	37	39	41	43	45	46	48	50	52	54	56
2,5	24	25	27	28	30	31	33	34	36	37	39	40	42	43	45
3,0	20	21	22	23	25	26	27	28	30	31	32	33	35	36	37
3,5	17,0	18,0	19,1	20,2	21,2	22,3	23,3	24,4	25,5	26,5	27,6	28,6	29,7	30,8	31,8
4,0	14,8	15,8	16,7	17,6	18,6	19,5	20,4	21,3	22,3	23,2	24,1	25,1	26,0	26,9	27,8
4,5	13,2	14,0	14,9	15,7	16,5	17,3	18,2	19,0	19,8	20,6	21,5	22,3	23,1	23,9	24,8
5,0	11,9	12,6	13,4	14,1	14,9	15,6	16,3	17,1	17,8	18,6	19,3	20,0	20,8	21,5	22,3
5,5	10,8	11,5	12,2	12,8	13,5	14,2	14,9	15,5	16,2	16,9	17,6	18,2	18,9	19,6	20,3
6,0	9,9	10,5	11,1	11,8	12,4	13,0	13,6	14,3	14,8	15,5	16,1	16,7	17,3	17,9	18,6
6,5	9,1	9,7	10,3	10,9	11,4	12,0	12,6	13,1	13,7	14,3	14,9	15,4	16,0	16,6	17,1
7,0	8,5	9,0	9,5	10,1	10,6	11,1	11,7	12,2	12,7	13,3	13,8	14,3	14,9	15,4	15,9
7,5	7,9	8,4	8,9	9,4	9,9	10,4	10,9	11,4	11,9	12,4	12,9	13,4	13,9	14,4	14,9
8,0	7,4	7,9	8,4	8,8	9,3	9,7	10,2	10,7	11,1	11,6	12,1	12,5	13,0	13,5	13,9
9,0	6,6	7,0	7,4	7,8	8,3	8,7	9,1	9,5	9,9	10,3	10,7	11,1	11,6	12,0	12,4
10,0	5,9	6,3	6,7	7,1	7,4	7,8	8,2	8,5	8,9	9,3	9,7	10,0	10,4	10,8	11,1

Abstand sm	Höhe in Metern														
	62	64	66	68	70	72	74	76	78	80	82	84	86	88	90
0,5	230	238	245	252	260	267	275	282	290	297	304	312	319	327	334
1,0	115	119	123	126	130	134	137	141	145	148	152	156	160	163	167
1,5	77	79	82	84	87	89	92	94	97	99	101	104	106	109	111
2,0	58	59	61	63	65	67	69	71	72	74	76	78	80	82	84
2,5	46	48	49	50	52	53	55	56	58	59	61	62	64	65	67
3,0	38	40	41	42	43	44	46	47	48	49	51	52	53	54	56
3,5	33	34	35	36	37	38	39	40	41	42	43	44	46	47	48
4,0	29	30	31	32	33	33	34	35	36	37	38	39	40	41	42
4,5	26	26	27	28	29	30	30	31	32	33	34	35	36	36	37
5,0	23,0	23,8	24,5	25,2	26,0	26,7	27,5	28,2	29,0	29,7	30,4	31,2	31,9	32,7	33,4
5,5	20,9	21,6	22,3	23,0	23,6	24,3	25,0	25,7	26,3	27,0	27,7	28,4	29,0	29,7	30,4
6,0	19,2	19,8	20,4	21,0	21,7	22,3	22,9	23,5	24,1	24,7	25,4	26,0	26,6	27,2	27,8
6,5	17,7	18,3	18,8	19,4	20,0	20,6	21,1	21,7	22,3	22,8	23,4	24,0	24,6	25,1	25,7
7,0	16,4	17,0	17,5	18,0	18,6	19,1	19,6	20,2	20,7	21,2	21,7	22,3	22,8	23,3	23,9
7,5	15,3	15,8	16,3	16,8	17,3	17,8	18,3	18,8	19,3	19,8	20,3	20,8	21,3	21,8	22,3
8,0	14,4	14,8	15,3	15,8	16,2	16,7	17,2	17,6	18,1	18,6	19,0	19,5	20,0	20,4	20,9
9,0	12,8	13,2	13,6	14,0	14,4	14,9	15,3	15,7	16,1	16,5	16,9	17,3	17,7	18,2	18,6
10,0	11,5	11,9	12,3	12,6	13,0	13,4	13,7	14,1	14,5	14,8	15,2	15,6	16,0	16,3	16,7

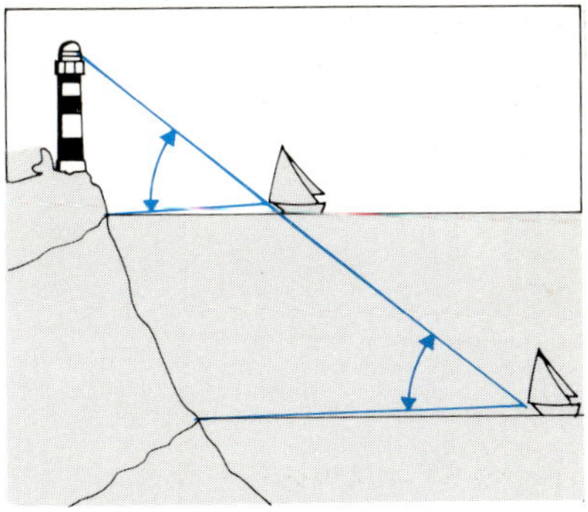

Wenn wir die Entfernung zu einem Leuchtturm ermitteln und seine Höhe aus dem **Leuchtfeuerverzeichnis** entnehmen wollen, müssen wir genau darauf achten, welche Höhenangaben dort gemacht werden. Die beim Namen des Feuerträgers angegebene **Höhe über dem Erdboden** ist bei Leuchttürmen die Höhe des Dachfirstes, bei Leuchtbaken die Höhe des Toppzeichens über dem Erdboden.

Die in der letzten Spalte des Leuchtfeuerverzeichnisses angegebene **Höhe des Leuchtfeuers** ist die Höhe der Lichtquelle in Gezeitengewässern über mittlerem Hochwasser, in der Ostsee über mittlerem Wasserstand. In Gezeitenrevieren ist hier also gegebenenfalls noch eine entsprechende Korrektur an der Höhe des Leuchtturms anzubringen.

Es ist auch denkbar, eine Turmhöhe nicht über dem Wasserspiegel, sondern über dem Erdboden zu messen, doch führt das meistens zu Ungenauigkeiten. Nicht nur, daß der zu messende Winkel dann sehr klein wird, sondern es wird auch schwierig, den Fußpunkt des Turmes genau auszumachen.

Oben: Der Einfluß der Gezeiten auf die Höhe der Laterne über dem Meeresspiegel muß bei der Höhenwinkelmessung berücksichtigt werden.

Links: Tafel 10 aus Fulst, Nautische Tafeln.

Abstand aus Feuer in der Kimm

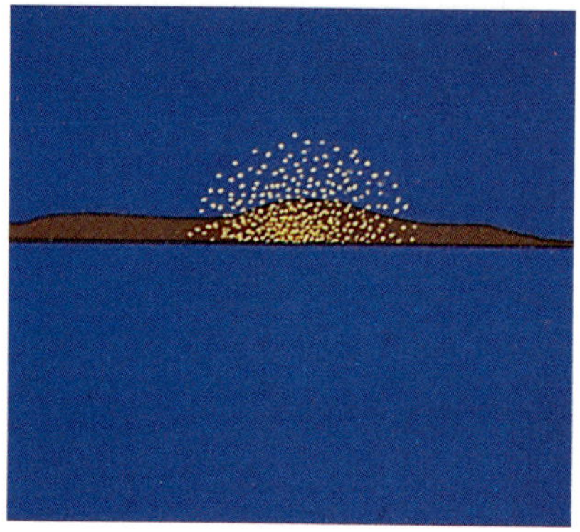

Hier sind wir noch weiter als die Sichtweite vom Leuchtfeuer entfernt. Wir erkennen nur den schwachen Widerschein am Himmel.

Jetzt taucht der Kern des Feuers zum ersten Mal in der Kimm auf: Wir sind also genau in Sichtweite vom Leuchtturm entfernt.

Den Abstand zu einem Leuchtturm können wir auch ermitteln, wenn wir das Feuer nachts bei Annäherung in der Kimm ausmachen. Der Abstand A eines Leuchtfeuers, das gerade in der Kimm erscheint, ist abhängig von der Höhe H der Laterne über dem Wasserspiegel und der Augenhöhe Ah des Beobachters. Allgemein gilt:

$$A\,(\text{sm}) = 2{,}075 \cdot (\sqrt{H\,(\text{m})} + \sqrt{Ah\,(\text{m})})$$

Die Laternenhöhe H entnehmen wir dem Leuchtfeuerverzeichnis, die Augenhöhe Ah können wir auf Sportyachten leicht schätzen.

Zum Beispiel: Auf einer Yacht wird ein Feuer in der Kimm beobachtet, dessen Laterne sich 49 m über dem Wasserspiegel befindet. Ah = 2 m. Wie weit ist man vom Leuchtturm entfernt?

$$A = 2{,}075\,(\sqrt{49} + \sqrt{2}) = 17{,}46 \text{ sm}$$

Auch hier können wir manchmal einfacher arbeiten, indem wir uns die auf den ersten Seiten des Leuchtfeuerverzeichnisses wiedergegebene Tabelle *„Abstand eines Feuers in der Kimm"* zunutze machen (Abb. S. 45).

Man nennt dieses Verfahren auch Abstandsermittlung aus der Sichtweite eines Leuchtfeuers. Im Gegensatz zu der Abstandsermittlung durch Höhenwinkelmessung ist es jedoch relativ ungenau.

Wir sollten uns bei diesem Verfahren stets vergewissern, daß die Tragweite des beobachteten Feuers tatsächlich größer ist als die Sichtweite. Deshalb zur Wiederholung:

Sichtweite ist der Abstand, in dem ein Leuchtfeuer aus einer bestimmten Augenhöhe eben noch in der Kimm sichtbar ist. Sie hängt also von der Höhe der Laterne und des Beobachterauges über dem Meeresspiegel ab und ist durch die Erdkrümmung bedingt.

Tragweite dagegen ist der Abstand, in dem ein Leuchtfeuer bei guter Sichtigkeit gerade noch wahrnehmbar ist. Sie hängt also von der Lichtstärke des

---

Die Tragweite hängt von der Lichtstärke des Feuers und der Sichtigkeit der Luft ab. Die Sichtweite dagegen ist abhängig von der Höhe der Laterne und des Beobachterauges über dem Wasserspiegel.

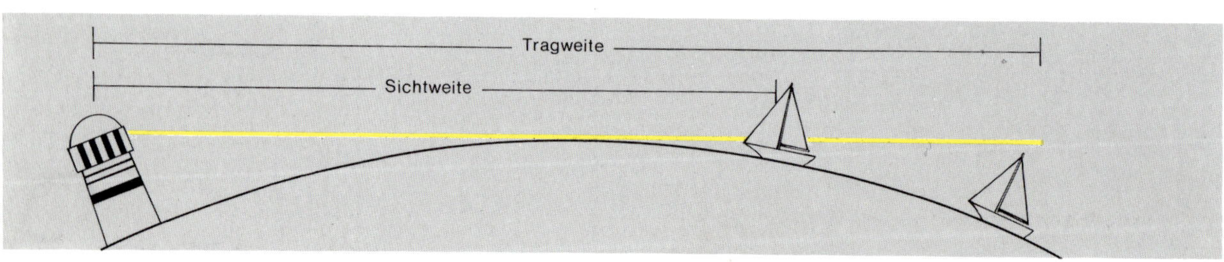

Leuchtfeuers ab und wird für einen bestimmten Sichtigkeitsgrad der Luft in Seemeilen angegeben.

In der Seekarte und im Leuchtfeuerverzeichnis wird die sogenannte **Nenntragweite** angegeben. Das ist die Tragweite für einen genau definierten Sichtwert. Im Leuchtfeuerverzeichnis finden wir außerdem die Sichtweite – bezogen auf eine Augenhöhe von 5 m. Beobachten wir ein Feuer also aus einer geringeren Höhe – was in der Sportschiffahrt stets der Fall ist –, so erscheint uns das Feuer natürlich erst später in der Kimm. Die obengenannte Tabelle ermöglicht es jedoch, die Sichtweiten für verschiedene Beobachterhöhen unmittelbar abzulesen.

Bei starken Feuern können wir den Widerschein des Leuchtfeuers am dunklen Himmel oder den Wolken häufig schon außerhalb des Sichtweitenbereiches wahrnehmen, also bevor der Kern des Feuers in der Kimm erscheint.

Ungenauigkeiten bei der Beobachtung eines Feuers in der Kimm können sich ergeben durch Seegang und Dünung, aber auch durch besondere Wetterverhältnisse, wie die Überlagerung unterschiedlich warmer Luftschichten oder starke Temperaturunterschiede zwischen Luft und Wasser, die zu außergewöhnlichen Strahlenbrechungen führen können.

XXVI

Abstand eines Feuers in der Kimm (Sichtweite) in Seemeilen

Feuerhöhe in Meter	Augenhöhe in Meter 0	1	2	3	4	5	6	7	8	9	10	11
2	2,9	5,0	5,9	6,5	7,1	7,6	8,0	8,4	8,8	9,1	9,5	9,8
4	4,1	6,2	7,1	7,7	8,3	8,8	9,2	9,6	10,0	10,4	10,7	11,0
6	5,1	7,1	8,0	8,7	9,2	9,7	10,1	10,5	10,9	11,3	11,6	11,9
8	5,9	7,9	8,8	9,4	10,0	10,5	10,9	11,3	11,7	12,1	12,4	12,7
10	6,5	8,6	9,5	10,1	10,7	11,2	11,6	12,0	12,4	12,8	13,1	13,4
12	7,2	9,2	10,1	10,8	11,3	11,8	12,2	12,6	13,0	13,4	13,7	14,0
14	7,7	9,8	10,7	11,3	11,9	12,4	12,8	13,2	13,6	14,0	14,3	14,6
16	8,3	10,4	11,2	11,9	12,4	12,9	13,3	13,8	14,1	14,5	14,8	15,1
18	8,8	10,9	11,7	12,4	12,9	13,4	13,9	14,3	14,6	15,0	15,3	15,6
20	9,3	11,3	12,2	12,8	13,4	13,9	14,3	14,7	15,1	15,5	15,8	16,1
22	9,7	11,8	12,6	13,3	13,8	14,3	14,8	15,2	15,6	15,9	16,3	16,6
24	10,1	12,2	13,1	13,7	14,3	14,8	15,2	15,6	16,0	16,4	16,7	17,0
26	10,6	12,6	13,5	14,1	14,7	15,2	15,6	16,0	16,4	16,8	17,1	17,4
28	11,0	13,0	13,9	14,5	15,1	15,6	16,0	16,4	16,8	17,2	17,5	17,8
30	11,3	13,4	14,3	14,9	15,5	16,0	16,4	16,8	17,2	17,5	17,9	18,2
32	11,7	13,8	14,6	15,3	15,8	16,3	16,8	17,2	17,6	17,9	18,3	18,6
34	12,1	14,1	15,0	15,7	16,2	16,7	17,1	17,5	17,9	18,3	18,6	18,9
36	12,4	14,5	15,3	16,0	16,6	17,0	17,5	17,9	18,3	18,6	19,0	19,3
38	12,8	14,8	15,7	16,3	16,9	17,4	17,8	18,2	18,6	19,0	19,3	19,6
40	13,1	15,2	16,0	16,7	17,2	17,7	18,2	18,6	18,9	19,3	19,6	20,0
42	13,4	15,5	16,3	17,0	17,6	18,0	18,5	18,9	19,3	19,6	20,0	20,3
44	13,7	15,8	16,7	17,3	17,9	18,4	18,8	19,2	19,6	19,9	20,3	20,6
46	14,0	16,1	17,0	17,6	18,2	18,7	19,1	19,5	19,9	20,2	20,6	20,9
48	14,3	16,4	17,3	17,9	18,5	19,0	19,4	19,8	20,2	20,6	20,9	21,2
50	14,6	16,7	17,6	18,2	18,8	19,3	19,7	20,1	20,5	20,8	21,2	21,5
55	15,4	17,4	18,3	18,9	19,5	20,0	20,4	20,8	21,2	21,6	21,9	22,2
60	16,0	18,1	19,0	19,6	20,2	20,7	21,1	21,5	21,9	22,2	22,6	22,9
65	16,7	18,8	19,6	20,3	20,8	21,3	21,8	22,2	22,5	22,9	23,2	23,6
70	17,3	19,4	20,2	20,9	21,5	21,9	22,4	22,8	23,2	23,5	23,9	24,2
75	17,9	20,0	20,9	21,5	22,1	22,6	23,0	23,4	23,8	24,1	24,5	24,8
80	18,5	20,6	21,4	22,1	22,7	23,1	23,6	24,0	24,4	24,7	25,1	25,4
85	19,1	21,2	22,0	22,7	23,2	23,7	24,2	24,6	24,9	25,3	25,6	26,0
90	19,6	21,7	22,6	23,2	23,8	24,3	24,7	25,1	25,5	25,8	26,2	26,5
95	20,2	22,2	23,1	23,8	24,3	24,8	25,2	25,7	26,0	26,4	26,7	27,0
100	20,7	22,8	23,6	24,3	24,8	25,3	25,8	26,2	26,6	26,9	27,2	27,6
110	21,7	23,8	24,6	25,3	25,9	26,3	26,8	27,2	27,6	27,9	28,3	28,6
120	22,7	24,7	25,6	26,3	26,8	27,3	27,7	28,2	28,5	28,9	29,2	29,5
130	23,6	25,7	26,5	27,2	27,7	28,2	28,7	29,1	29,5	29,8	30,1	30,5
140	24,5	26,6	27,4	28,1	28,6	29,1	29,6	30,0	30,3	30,7	31,0	31,4
150	25,4	27,4	28,3	28,9	29,5	30,0	30,4	30,8	31,2	31,6	31,9	32,2
160	26,2	28,3	29,1	29,8	30,3	30,8	31,3	31,7	32,0	32,4	32,7	33,0
170	27,0	29,1	29,9	30,6	31,1	31,6	32,1	32,5	32,8	33,2	33,5	33,9
180	27,8	29,8	30,7	31,4	31,9	32,4	32,8	33,2	33,6	34,0	34,3	34,6
190	28,5	30,6	31,5	32,1	32,7	33,2	33,6	34,0	34,4	34,7	35,1	35,4
200	29,3	31,3	32,2	32,9	33,4	33,9	34,3	34,8	35,1	35,5	35,8	36,1

Die Tabelle „Abstand eines Feuers in der Kimm" finden wir auf den ersten Seiten jedes Leuchtfeuerverzeichnisses.

Standlinie aus Horizontalwinkelmessung

Kreisbogen als Standlinie

Durch die Horizontalwinkelmessung erhalten wir eine kreisbogenförmige Standlinie, indem wir mit dem Sextanten den Winkel messen, unter dem uns von unserem Beobachtungsort aus zwei verschiedene Landmarken erscheinen.
Es handelt sich bei diesem Verfahren also nicht um eine Peilung, sondern um eine vom Kompaß unabhängige Winkelmessung. Deshalb brauchen wir auch keine Verfälschung durch etwaige unbekannte Kompaßfehler – wie Mißweisung oder Ablenkung – zu befürchten.
Anstelle des Sextanten können wir auch den Kompaß oder die Peilscheibe verwenden, indem wir beide Landmarken peilen und anschließend die Differenz beider Messungen ermitteln. Auch in diesem Fall ergibt sich keine Beeinflussung der Messung durch mögliche Kompaßfehler, da sich diese bei der Differenzbildung beider Meßwerte wieder aufheben. Allerdings fällt dann die durch den Sextanten erreichte hohe Meßgenauigkeit weg.

Zunächst etwas Geometrie

Das Prinzip der Horizontalwinkelmessung beruht darauf, daß sie genau einen Kreisbogen ergibt, auf dem sich sowohl die beiden Landmarken als auch der Beobachter befinden. Nach den Gesetzen der Geometrie gilt nun, daß von jedem Punkt dieses Kreisbogens aus dem Beobachter die von beiden Objekten gebildete Strecke unter dem gleichen Winkel erscheint: dem Horizontal- oder Peripheriewinkel. Das heißt, wenn wir aus der Größe des beobachteten Horizontalwinkels den dazugehörigen Kreisbogen konstruieren können, haben wir eine terrestrische Standlinie gefunden.
Nehmen wir zunächst einmal in Abbildung B an, daß der Kreisbogen bereits konstruiert, die beiden Landmarken miteinander verbunden und von jedem Teilobjekt aus eine Verbindungslinie zum Kreismittelpunkt gezogen ist. Wir erhalten so das Dreieck Haus – Turm – M, in dem gilt:
– Der am Mittelpunkt M liegende Winkel ist genau doppelt so groß wie der gemessene Horizontalwinkel.

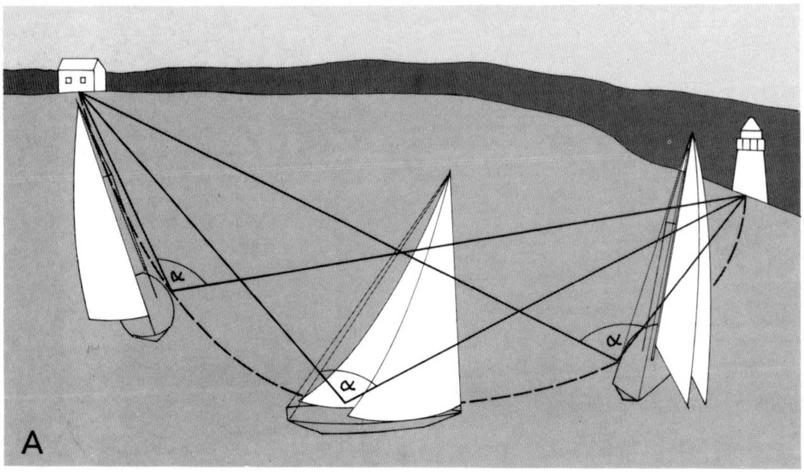

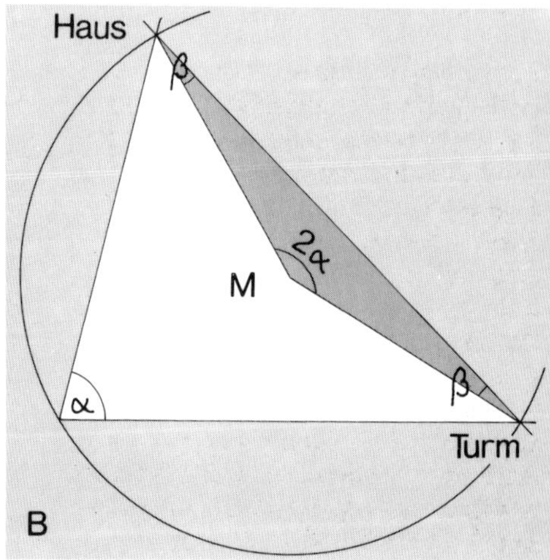

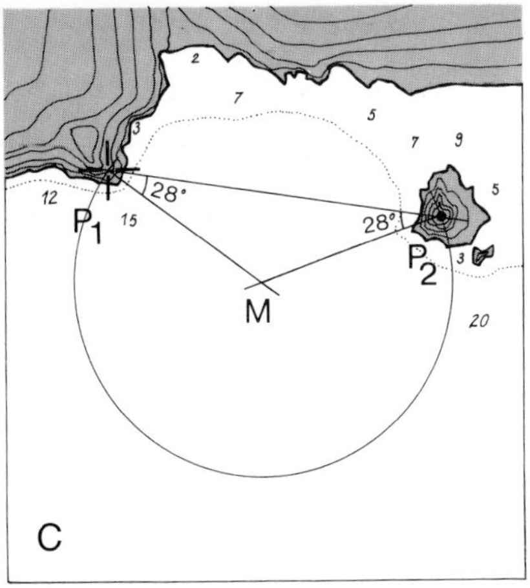

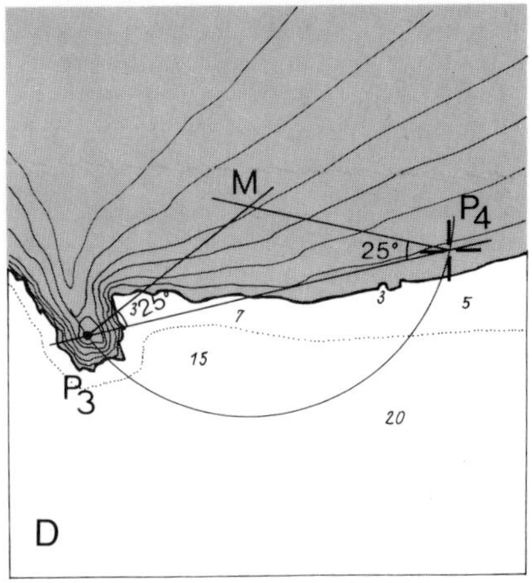

– Die beiden an der Verbindungslinie der Landmarken liegenden Winkel β sind gleich groß. Ihre Größe entspricht dem Unterschied des gemessenen Peripheriewinkels α zu 90°.

Es gilt also: $\beta = 90° - \alpha$
oder: $\beta = \alpha - 90°$

Die Konstruktion der Standlinie

1. Möglichkeit

Zum Beispiel: Auf einer Yacht wird der Horizontalwinkel zwischen P_1 und P_2 mit 62° gemessen. Wo steht die Yacht? Wir gehen folgendermaßen vor:

1 Verbinde die Punkte P_1 und P_2.
2 Bilde den Ergänzungswinkel zu 90°, also 90° – 62° = 28°.
3 Trage in P_1 und P_2 jeweils 28° zum Schiffsort hin an.
4 Der Schnittpunkt M der beiden Linien ist der Mittelpunkt unserer gesuchten Standlinie. Wir ziehen nun also einen Kreis um M mit dem Radius MP_1 beziehungsweise MP_2. Irgendwo auf diesem Kreisbogen befindet sich unsere Yacht.

2. Möglichkeit

Einfacher ist die Konstruktion mit Hilfe der Mittelsenkrechten: Anstatt in P_1 und in P_2 jeweils 28° anzutragen, genügt es, diesen Winkel nur einmal anzutragen, entweder in P_1 oder in P_2. Dafür zieht man im Mittelpunkt von P_1P_2 die Senkrechte, die sich mit dem angetragenen Schenkel in M schneidet.

Meßwinkel über 90°

Falls der gemessene Winkel größer als 90° ist, ergibt sich hierbei ein negativer Wert. Dann müssen wir den gefundenen Winkel vom Schiffsort weg antragen. Wir befinden uns dann nicht auf dem größeren Teilbogen des Kreises, sondern auf dem entgegengesetzten kleineren Teilbogen.

Zum Beispiel: Wir haben einen Horizontalwinkel von 115° ermittelt. Wo ist der Mittelpunkt unserer Standlinie?

1 Wir rechnen 90° – 115° = – 25°.
2 Wir tragen in P_3 25° vom Schiffsort weg an und erhalten den Mittelpunkt M, indem wir die Mittelsenkrechte zwischen P_3 und P_4 konstruieren.

3. Möglichkeit

Schneller arbeiten wir mit dem Taschenrechner, indem wir unmittelbar den Radius r der Standlinie errechnen aus:

$$r = \frac{d}{2 \cdot \sin \alpha}$$

Hierbei ist α der gemesse Horizontalwinkel; und d ist der Abstand zwischen den beiden Landmarken P_1 und P_2, den wir unmittelbar der Seekarte entnehmen können.
Mit r im Zirkel ziehen wir dann je einen Kreisbogen um P_1 und P_2 und erhalten als Schnittpunkt den Mittelpunkt M. Um M ziehen wir mit dem gleichen Radius r einen weiteren Kreis, der bereits die gesuchte Standlinie darstellt.

Schiffsort aus Horizontalwinkel-messungen

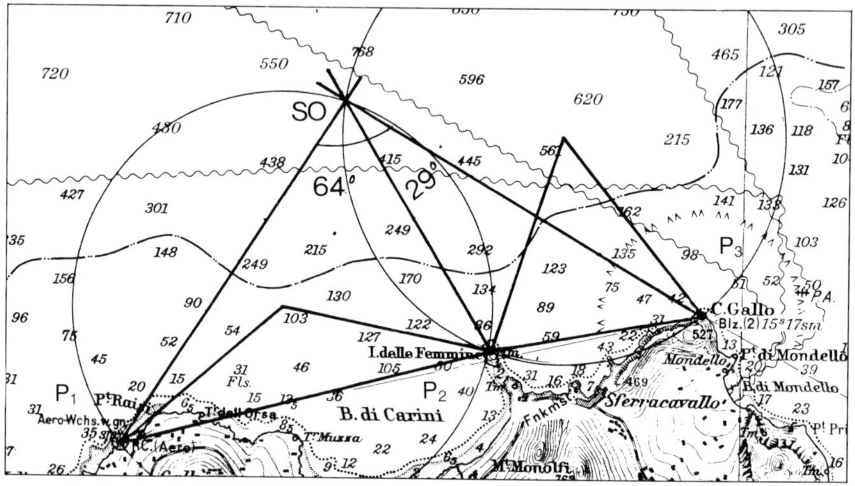

Auch ohne Zirkel läßt sich der Schiffsort aus zwei Horizontalwinkelmessungen konstruieren:

Gemessener Winkel α zwischen P_1 und P_2 = 60° und β zwischen P_2 und P_3 = 105°.

1. Wir verbinden die Punkte P_1, P_2 und P_3 und tragen in P_1 und P_3 jeweils einen rechten Winkel an.

2. Wir ermitteln den Ergänzungswinkel zu 90°:

$$\alpha' = 90° - 60° = 30°$$
$$\beta' = 90° - 105° = -15°$$

3. Diese Winkel werden in P_2 angetragen, wobei β' vom Schiffsort weg angetragen werden muß, da β größer als 90° ist.

4. Die Winkelschenkel schneiden sich mit den erst gefällten Loten in den Hilfspunkten A und B.

5. Wir fällen von P_2 aus das Lot auf die Verbindung AB und erhalten den Schiffsort SO.

Schiffsort aus zwei Horizontalwinkelmessungen

Haben wir drei Landmarken in Sicht, so läßt sich durch zwei Horizontalwinkelmessungen zwischen P_1 und P_2 beziehungsweise P_2 und P_3 unser Schiffsort konstruieren. Wir erhalten nämlich zwei bogenförmige Standlinien, die sich genau in unserem Schiffsort schneiden. Dieses Verfahren ist sicher eines der genauesten zur Ermittlung des Schiffsortes, da die Horizontalwinkel mit dem Sextanten auf Minuten genau zu messen sind; und dies ohne Kompaß, so daß keine möglichen Kompaßfehler eingehen können.

Konstruktion des Schiffsortes ohne Zirkel

Am schnellsten und ohne Zirkel ist unser Schiffsort aus zwei Horizontalwinkelmessungen folgendermaßen zu ermitteln:

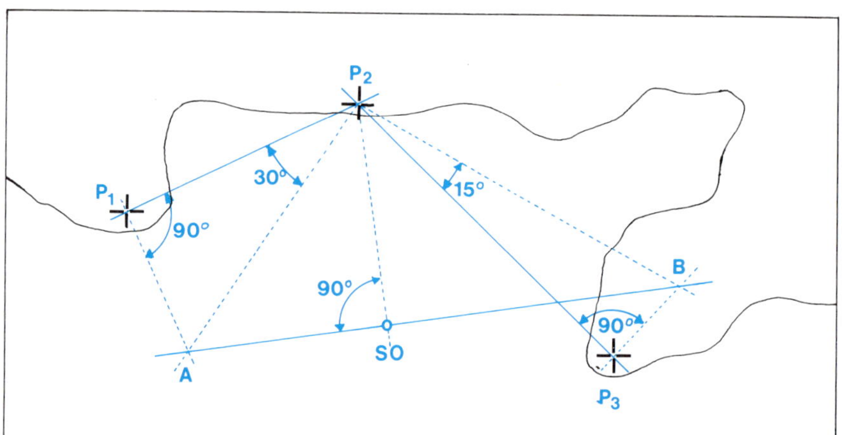

1 Verbinde P_1 mit P_2 und P_2 mit P_3.
2 Trage 90° in P_1 und P_3 an.
3 Trage in P_2 nach P_1 den Ergänzungswinkel zu α an, also $90° - \alpha$, und nach P_3 den Ergänzungswinkel zu β, also $90° - \beta$.
4 Verbinde die sich hierbei ergebenden Punkte A und B.
5 Das von P_2 auf die Verbindungslinie AB gefällte Lot ergibt den Schiffsort.

Konstruktion mit Transparentpapier

Ohne jede geometrische Konstruktion läßt sich der Schiffsort mit einem Stück Transparentpapier leicht ermitteln, indem wir von einem beliebigen Punkt ausgehend beide gemessenen Horizontalwinkel antragen und anschließend das Transparentpapier so lange auf der Seekarte verschieben, bis die drei Linien durch die entsprechenden Landmarken laufen. Unser Schiffsort ist der ursprünglich angenommene Ausgangpunkt, den wir nur noch mit dem Bleistift auf die Seekarte durchzudrücken brauchen.

Beachte: Es gibt einen Fall, in dem wir unseren Schiffsort aus zwei Horizontalwinkelmessungen nicht ermitteln können: wenn alle drei von uns ausgewählten Landmarken und auch unser Schiffsort genau auf ein und demselben Kreisbogen liegen. Dann fallen beide Standlinien zusammen, so daß sich kein Schnittpunkt ergibt. An diese Möglichkeit sollten wir vor allem bei der Auswahl geeigneter Landmarken für dieses Verfahren denken.

Horizontalwinkel und Peilung

Natürlich läßt sich eine Horizontalwinkelmessung mit allen anderen Standlinien kombinieren, um unseren Schiffsort zu ermitteln. Haben wir beispielsweise nur zwei Landmarken, können wir den Horizontalwinkel zwischen beiden Landmarken messen und eine der beiden Landmarken peilen. Der Schnittpunkt des Peripheriebogens mit der Peillinie ist dann unser Schiffsort.

Bei dieser Art von Schiffsortbestimmung fällt allerdings gerade der Vorteil der Horizontalwinkelmessung weg, um unbeeinflußt von Kompaßfehlern arbeiten zu können.

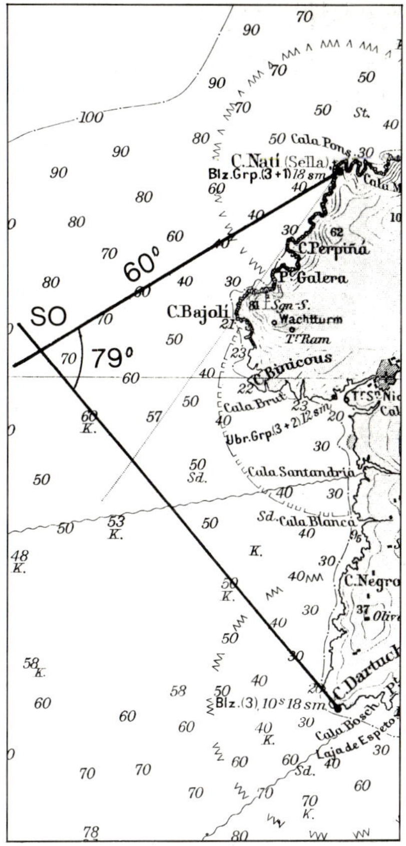

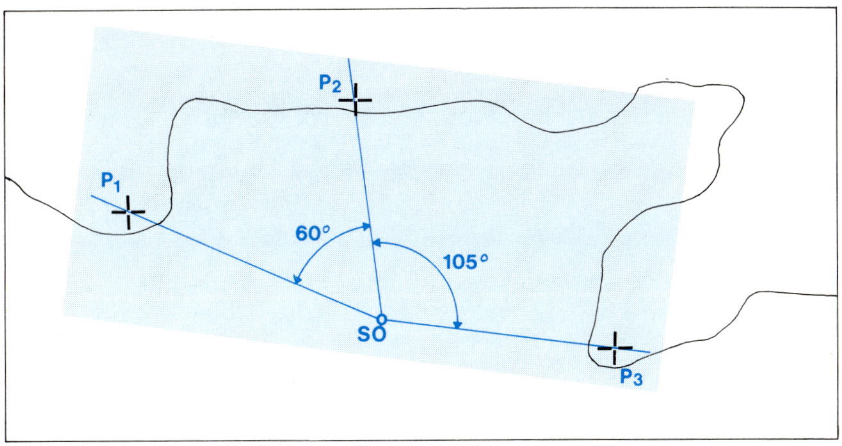

Oben: Schiffsort SO aus Messung des Horizontalwinkels von 79° und Peilung einer der beiden Landmarken unter rechtweisend 060°.
Links: Konstruktion des Schiffsortes mit Hilfe eines Transparentpapiers: Wir zeichnen die gemessenen Horizontalwinkel von einem Punkt SO ausgehend auf ein durchsichtiges Papier und verschieben dies auf der Seekarte so lange, bis die drei Schenkel mit den drei Landmarken zur Deckung kommen.

Der Sextant

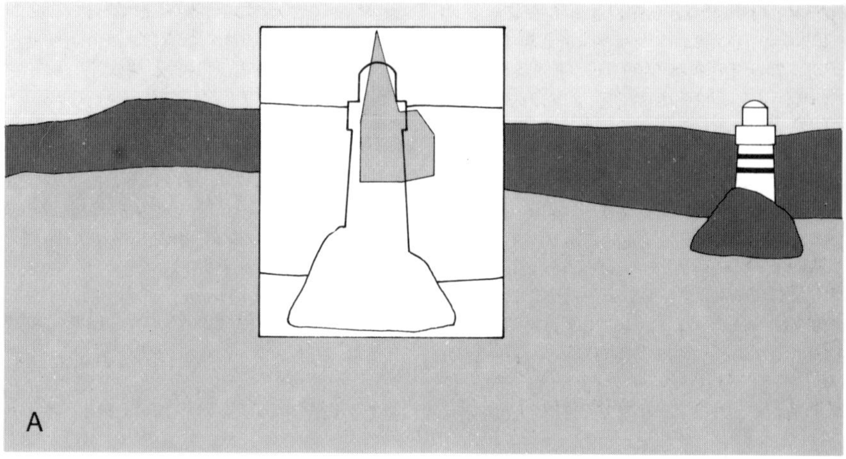

Der Sextant ist ein Winkelmeßinstrument, das sich an Genauigkeit, aber auch an Empfindlichkeit, von den uns bisher bekannten Instrumenten unterscheidet. Wenn der Sextant auch im wesentlichen als Hilfsmittel für die astronomische Navigation dient und im Bereich der Revierfahrt nicht unbedingt erforderlich ist, so erhalten wir mit seiner Hilfe oft einen genaueren Schiffsort als mit der Peilscheibe oder dem Peilkompaß. Für unsere Zwecke kommt der Sextant vor allem bei zwei Verfahren zur Anwendung: bei der Abstandsbestimmung durch Höhenwinkelmessung (S. 42) und bei der Horizontalwinkelmessung (S. 46).

Der Strahlengang

Das Prinzip des Sextanten beruht darauf, daß man durch ein meist mit einem Fernrohr versehenes Okular geradlinig ein Objekt, etwa die Kimm, anvisiert und zugleich mit Hilfe zweier Spiegel ein zweites Objekt, etwa die Sonne, auf das gleiche Niveau einspiegeln kann (Abb. B).

Der Sextant besteht deshalb aus einem kreissektorartigen Instrumentenkörper, der zugleich als Halterung dient, und einer am Kreismittelpunkt beweglich angebrachten *Alhidade,* die über den Gradbogen des Instrumentenkörpers, den *Limbus,* läuft. Der Strahlengang des eingespiegelten Bildes läuft über den großen Spiegel (*Indexspiegel*), der am Mittelpunkt des Instrumentenkörpers auf der drehbar gelagerten Alhidade liegt, zum kleinen Spiegel (*Horizontspiegel*), der fest mit dem Instrumentenkörper verbunden ist, ins Okular. Der kleine Spiegel ist nur halb belegt, so daß man einerseits durch ihn hindurch unmittelbar die Kimm oder ein Objekt erkennen kann, andererseits

aber das zweite Objekt, das über den großen Spiegel eingespiegelt wird. Im Okular kommen dann beide Bilder, das durch den Indexspiegel eingeblendete und das durch den Horizontspiegel sichtbare Bild, zur Deckung. Zwischen beiden Spiegeln und hinter dem Horizontspiegel sind noch mehrere Sonnenblendgläser angebracht. In der Skizze A erkennt man, wie bei einer Horizontalwinkelmessung ein Leuchtturm mit einem Kirchturm im kleinen Spiegel zusammenfällt.
Um die beiden Bilder zur Deckung zu bringen, wird die Alhidade langsam über den Limbus bewegt, so daß auch der große, mit der Alhidade fest verbundene Spiegel so lange gedreht wird, bis das gewünschte Objekt eingespiegelt ist. Nun kann am Limbus der Winkel, unter dem die beiden zur Deckung gebrachten Objekte erscheinen, abgelesen werden. Um die Ablesegenauigkeit zu erhöhen, ist am unteren Ende der Alhidade ein Nonius oder eine Meßtrommel angebracht.
Bringt man also ein Bild mit sich selbst zur Deckung, muß der abgelesene Winkel 0° betragen.

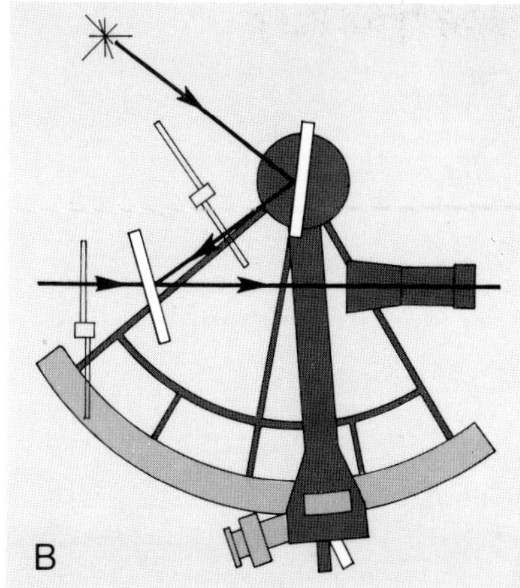

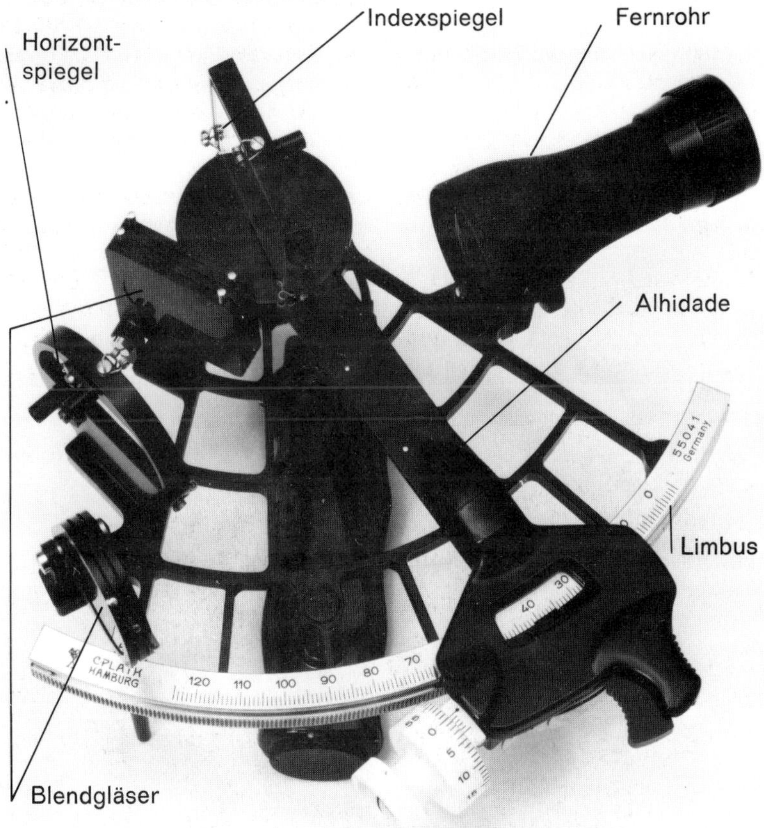

Die Fehler

Der Sextant kann eine Reihe von Fehlern haben, die wir oft nur sehr mühsam feststellen können. So muß der Drehpunkt der Alhidade genau mit dem Mittelpunkt des Gradbogens zusammenfallen, soll die Ablesung noch genaue Werte ergeben. Die Berufsschiffahrt darf deshalb nur vom DHI geprüfte Sextanten verwenden, und wir sollten beim Kauf darauf achten, daß ein Prüfattest des DHI beigegeben ist. Kleinere Fehler, wie die Stellung der Spiegelebenen, können wir in gewissen Grenzen selbst korrigieren.
Vor jeder Messung müssen wir schließlich den sogenannten *Indexfehler* ermitteln, d. h. man stellt die Abweichung zwischen der Nullmarke des Limbus und dem Ablesestrich der Alhidade fest, indem man ein Bild, am besten die Kimm, mit seinem Spiegelbild zur Deckung bringt. Der Indexfehler ergibt sich vor allem aus der Dehnung des Limbus durch Temperaturschwankungen, selbst wenn sie relativ gering sind. Der auf diese Weise ermittelte Fehler muß als *Indexberichtigung (Ib)* an jede Messung angebracht werden.

Standlinien und Schiffsort

Standlinien . . .

Zur Bestimmung unseres Schiffsortes benötigen wir mindestens zwei Standlinien. Eine Standlinie ist eine Linie, auf der sich unsere Yacht gerade irgendwo befindet. Der Schnittpunkt zweier Standlinien ergibt den augenblicklichen Schiffsort.
Die einfachste Standlinie ist der abgelaufene Kurs. Daneben können wir Standlinien erhalten aus Beobachtungen von Landmarken, aus dem Einfallswinkel elektromagnetischer Wellen oder aus astronomischen Beobachtungen. Wir sprechen dann von **terrestrischen Standlinien, Funkstandlinien oder astronomischen Standlinien.**
Die terrestrische Navigation kennt im wesentlichen vier Arten von Standlinien, die beliebig kombiniert werden können:

- **Peilungen,** die Geraden ergeben
- **Abstandsbestimmungen,** die Kreise ergeben
- **Lotungen,** die zu unregelmäßig gekrümmten Linien oder auch zu Standflächen führen
- **Horizontalwinkelmessungen,** die einen Kreisbogen ergeben

Bei den Peilungen unterscheiden wir zwischen Kompaßpeilungen und Seitenpeilungen; eine besondere und sehr genaue Art der Peilung ist die Deckpeilung, z. B. durch Beobachtung zweier Feuer in Linie.
Den Abstand zu einer Landmarke können wir ermitteln durch die Höhenwinkelmessung mit dem Sextanten und – wesentlich ungenauer – durch die Beobachtung eines Feuers in der Kimm.

Die folgende Zusammenstellung der Meßgenauigkeit bei der Ermittlung einzelner Standlinien soll eine ungefähre Vorstellung von der Genauigkeit beziehungsweise Ungenauigkeit unseres ermittelten Schiffsortes geben. Die angegebenen Werte können selbstverständlich nur Etwa-Angaben sein, da – abgesehen von den äußeren Umständen wie Wetter, Seegang usw. – die Genauigkeit der Geräte und vor allem die Erfahrung des Navigators eine große Rolle spielen.

. . . und Schiffsort

Die genannten terrestrischen Standlinien lassen sich folgendermaßen zur Schiffsortermittlung verwenden:

1. Ist **keine Landmarke** sichtbar, erhalten wir den Schiffsort nur mit Hilfe des Koppelns.
2. Falls **nur eine einzige Landmarke** sichtbar ist:
2.1 Abstandsbestimmung und Peilung der Landmarke
2.2 Doppelpeilung
3. Sind **zwei Landmarken** sichtbar:
3.1 Peilung beider Objekte (Kreuzpeilung)
3.2 Horizontalwinkelmessung und Peilung eines der beiden Objekte
3.3 Horizontalwinkelmessung und Abstandsbestimmung
3.4 Bestimmung des Abstandes von beiden Objekten
4. Kann man **drei Landmarken** ausmachen:
4.1 Peilung aller drei Objekte (Kreuzpeilung)
4.2 Zweifache Horizontalwinkelmessung

Die Fälle 3.3, 3.4 und 4.2 dürften zu den genauesten Schiffsortermittlungsverfahren zählen, da keine Kompaßfehler eingehen.

Standlinie aus	**Genauigkeit**
zurückgelegtem Weg	± 5 %
abgelaufenem Kurs	± 5 %
Kompaß- oder Seitenpeilung	± 5°
Deckpeilung	± 0,5°
Akustische Peilung mit Hilfe von Gehör und Peilkompaß im Nebel	± 20°
Abstandsbestimmung durch Höhenwinkelmessung mit dem Sextanten	
– Objekt vor der Kimm	± 5 %
– Objekt hinter der Kimm	± 10 %
Abstand aus Feuer in der Kimm	± 10 %
Tiefenmessung bzw. Reihenlotung bei markantem Bodenprofil	± 5°
Horizontalwinkelmessung mit dem Sextanten	± 1°

2
Funknavigation

Die elektromagnetische Welle

Unter Funknavigation versteht man alle Verfahren zur Bestimmung des Schiffsortes mit Hilfe elektromagnetischer Wellen. Man spricht hierbei auch von Funkortungsverfahren.
Bevor wir uns den einzelnen Verfahren der Funkortung zuwenden, die die technische Entwicklung der letzten Jahrzehnte ermöglicht hat, wollen wir einige Grundbegriffe der elektromagnetischen Wellen kennenlernen.

Wellenlänge, Frequenz und Amplitude

Elektromagnetische Wellen, die von einem Sender über eine Antenne in den Raum ausgestrahlt werden, breiten sich mit Lichtgeschwindigkeit, also einer Geschwindigkeit von 300 000 km pro Sekunde aus. Jede elektromagnetische Welle ist definiert durch ihre Wellenlänge beziehungsweise ihre Frequenz.
Unter der **Wellenlänge λ** (lambda) versteht man den Abstand der Welle von Wellenkamm zu Wellenkamm. Die **Frequenz f** ergibt sich aus der Anzahl der Schwingungen pro Zeiteinheit.
Zwischen der Frequenz f, der Wellenlänge λ und der **Fortpflanzungsgeschwindigkeit c** besteht folgender Zusammenhang:

$$c = \lambda \cdot f$$

Da die Fortpflanzungsgeschwindigkeit c konstant ist, muß die Wellenlänge λ immer dann klein sein, wenn die Frequenz f groß ist – und umgekehrt. Also: Je höher die Frequenz, desto geringer die Wellenlänge; und je niedriger die Frequenz, desto größer die Wellenlänge.
Die Frequenz der elektromagnetischen Welle wird in **Hertz (Hz)** gemessen, das ist die Anzahl der Schwingungen pro Sekunde. Es gilt:
1 Hertz = 1 Hz = 1 Schwingung/s
1 Kilohertz = 1 kHz = 1000 Hz
1 Megahertz = 1 MHz = 1 000 000 Hz
1 Gigahertz = 1 GHz = 1 000 000 000 Hz
Die von der Funkortung verwendeten elektromagnetischen Wellen liegen im Bereich zwischen 10 kHz und 10 GHz.
Wie wir dem Frequenzspektrum auf Seite 56 entnehmen können, bezeichnet man die einzelnen Frequenzbereiche mit der jeweiligen Wellenlänge und spricht von Längstwellen, Langwellen, Mittelwellen, Grenzwellen, Kurzwellen, Ultrakurzwellen, Dezimeterwellen, Zentimeterwellen, Millimeterwellen oder Dezimillimeterwellen.
Lichtwellen haben beispielsweise eine Wellenlänge von 4–8 zehntausendstel Millimeter. Und unser Gehör nimmt Schallwellen mit einer Frequenz von etwa 16 Hz bis etwa 16 kHz wahr.

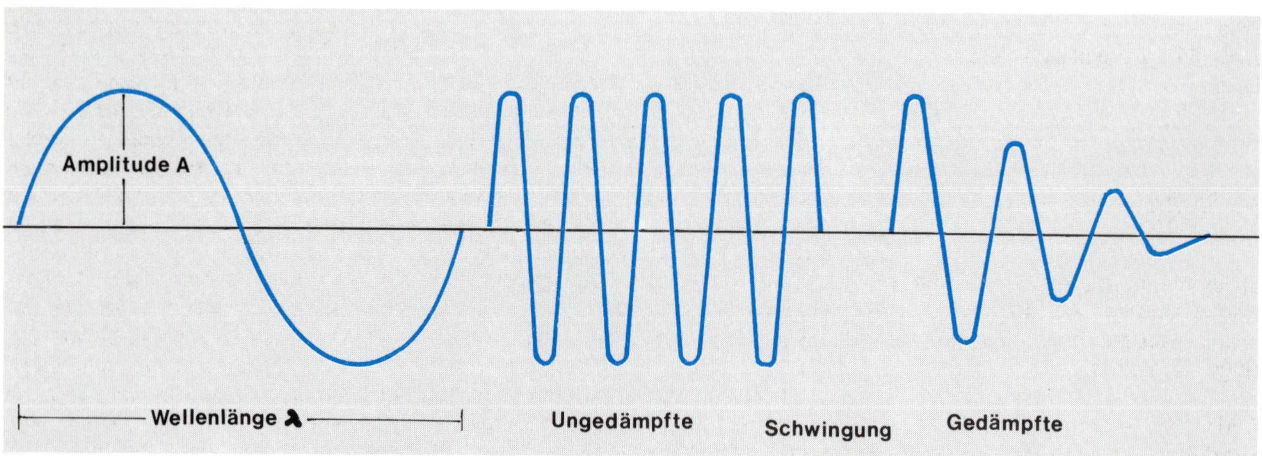

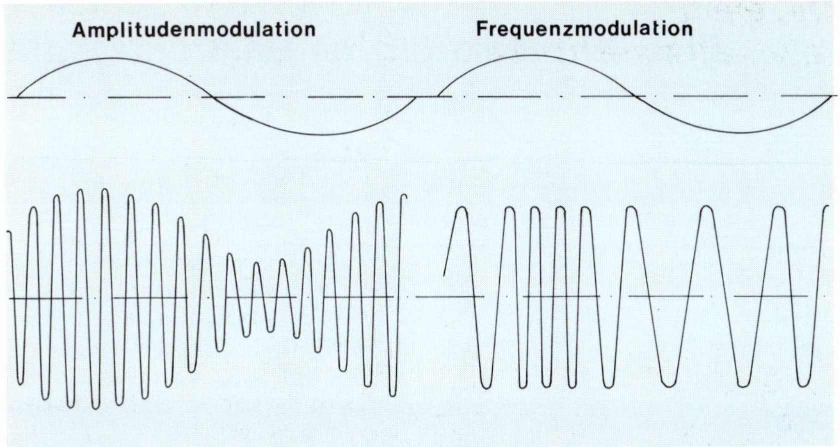

Neben der Länge einer Welle ist zu ihrer Beschreibung die Höhe oder **Amplitude** von Bedeutung. Die Amplitude ist der auf die Nullinie bezogene Betrag der Schwingungsweite. Die Amplitude einer elektromagnetischen Welle hängt von der Sendeleistung ab.
Wir können also stets aus der Frequenz einer elektromagnetischen Welle ihre Wellenlänge und aus der Wellenlänge ihre Frequenz ermitteln.

Zwei Beispiele:

1 Ein Seefunkfeuer arbeitet auf der Frequenz von 400 kHz. Welche Wellenlänge ergibt sich hieraus?
Es gilt: $c = \lambda \cdot f$

$$\lambda = \frac{c}{f}$$

$$\lambda = \frac{300\,000\,000}{400\,000} = 750 \text{ m}$$

Elektromagnetische Wellen, die mit einer Frequenz von 400 kHz ausgestrahlt werden, haben eine Wellenlänge von 750 m.

2 Mit welcher Frequenz arbeitet ein Funkfeuer, dessen ausgestrahlte elektromagnetischen Wellen eine Länge von 30 km haben?
Es gilt: $c = \lambda \cdot f$

$$f = \frac{c}{\lambda}$$

$$f = \frac{300\,000\,000}{30\,000} = 10\,000 \text{ Hz} = 10 \text{ kHz}$$

Man arbeitet also auf einer Frequenz von 10 kHz. Es handelt sich hierbei um Längstwellen, mit deren Hilfe das Omega-Verfahren arbeitet.

Reichweite

Wellenlänge bzw. Frequenz beeinflussen auch bestimmte Eigenschaften der elektromagnetischen Welle. So hängt die Reichweite einer Welle von ihrer Frequenz ab: **Je höher die Frequenz einer Welle ist, desto geringer ist ihre Reichweite; und je größer die Wellenlänge ist, desto größer ist auch die Reichweite.**
Diesen Zusammenhang macht man sich beim Omega-Verfahren zunutze, das bei einer vergleichsweise niedrigen Frequenz von 10 kHz eine Wellenlänge von 30 km hat, indem man mit nur acht Sendern die gesamte Erdoberfläche abdecken kann.
Im Gegensatz dazu ist die Reichweite von Radar mit einer Frequenz von 9 GHz und einer Wellenlänge von 3,33 cm sehr gering. Man spricht hier deshalb auch von einer quasi-optischen Reichweite.

Ungedämpfte und gedämpfte Schwingung

Bei den von unseren Funksendern ausgestrahlten elektromagnetischen Wellen handelt es sich um ungedämpfte Wellen. Das heißt, die Amplitude der Welle verringert sich nicht im Laufe der Zeit und mit wachsender Entfernung vom Sender, sondern bleibt konstant.
Gedämpfte Schwingungen können wir beobachten, wenn wir einen Stein ins Wasser werfen: Die Wellen verlaufen sich langsam, das heißt, die Wellenhöhe nimmt mit zunehmender Entfernung vom Aufschlagpunkt des Steines auf der Wasseroberfläche (= Sender) ab.
Die von Funksendern ausgestrahlten elektromagnetischen Wellen sind ungedämpfte Schwingungen, also Wellen konstanter Stärke und Amplitude.

Frequenzspektrum der elektromagnetischen Funkwellen

	Bereich	Verfahren	Frequenz	Ausbreitung
Längstwellen	3–30 kHz	Omega	10,2–13,6 kHz	Bodenwelle
Langwellen	30–300 kHz	Loran C Rundfunk Decca	100–140 kHz 140–350 kHz 192–363 kHz	Bodenwelle
Mittelwellen	300–1605 kHz	Flugfunkfeuer Consol Seefunkfeuer Telegrafie-Seefunkdienst Rundfunk	160–415 kHz 190–372 kHz 285–325 kHz 405–535 kHz 535–1605 kHz	Boden- und Raumwelle
Grenzwellen	1605–3800 kHz	Sprech-Seefunkdienst	1,6–3,8 MHz	Boden- und Raumwelle
Kurzwellen	3–30 MHz	Telegrafie-Seefunkdienst Rundfunk CB-Funk	4–22 MHz 5,95–26,1 MHz 27 MHz	Bis 200 sm: Bodenwelle sonst: Raumwelle
UKW	30–300 MHz	Rundfunk Sprech-Seefunkdienst	87,5–104 MHz 156–162 MHz	quasi-optisch
Dezimeterwellen	300–3000 MHz	Satellitennavigation Radar	400 MHz 3000 MHz	quasi-optisch
Zentimeterwellen	3–30 GHz	Radar	10 GHz	quasi-optisch

Modulation und Sendearten

Wir können Funkwellen nicht hören. Gegenüber akustischen Wellen (Sprache, Musik) haben sie aber den Vorteil, daß sie eine weitaus größere Reichweite haben. Der Erfolg des Funks liegt vor allem darin, daß man ein Verfahren gefunden hat, die weitreichenden Funkwellen als Träger für die akustischen Wellen zu benutzen. Man packt also die niederfrequenten, für uns hörbaren Wellen gleichsam auf den Rücken hochfrequenter Funkwellen, um sie weit übertragen zu können. Dieses Verfahren nennt man Modulation.

Man unterscheidet zwischen Frequenzmodulation und der uns hier interessierenden Amplitudenmodulation.

Bei der **Frequenzmodulation (FM)** wird die Frequenz des Trägers im Rhythmus der akustischen Schwingung vergrößert oder verkleinert. Bei der **Amplitudenmodulation (AM)** wird die Amplitude des hochfrequenten Trägers durch den niederfrequenten Rhythmus vergrößert oder verkleinert. Innerhalb beider Modulationsarten können wir verschiedene Sendearten unterscheiden. Unter **Sendeart** versteht man die Modulationsform der elektromagnetischen Welle.

Sendeart A 0: Hochfrequente ungedämpfte Welle ohne Modulation. Es handelt sich also um die reine Trägerwelle.

Sendeart A 1 A (A 1): Hochfrequente ungedämpfte Welle ohne Modulation, die in einem bestimmten Takt – meist im Rhythmus der Morsezeichen – ein- oder ausgeschaltet wird.

Die Übertragung der Sendearten A 0 und A 1 A ist also nicht hörbar, da die Trägerwelle unmoduliert ausgestrahlt wird. Wir können so etwas bei jedem Rundfunksender während der Sendepausen beobachten: Der Ausschlag eines entsprechenden Zeigerinstruments zeigt uns zwar, daß der Sender eingestellt und auf Sendung geschaltet ist, wir können aber nichts hören, da keine Modulation erfolgt. Durch das Hinzuschalten eines sogenannten **BFO (beat frequency oscillator)** oder **Überlagerers** können wir auch die Sendearten A 0 und A 1 A hörbar machen. Und zwar als Dauerton bei A 0 beziehungsweise als unterbrochenen Dauerton bei A 1 A.

Sendeart A 2 A (A 2): Hochfrequente ungedämpfte Welle, die mit einem Ton moduliert wird.

Funkfeuer senden entweder in der Sendeart A 1 A oder A 2 A.

Sendeart H 2 A (A 2 H): Wie Sendeart A 2 A, jedoch Einseitenband mit vollem Träger (vgl. unten).

Sendeart A 3 E (A 3): Hochfrequente ungedämpfte Welle, die mit Sprache oder Musik moduliert wird. Anwendung: Sprechfunk und Rundfunk.

A 3 E als Einseitenband: Hier wird die eine Hälfte der symmetrisch schwingenden Welle unterdrückt. Man gewinnt so im jeweiligen Frequenzbereich mehr Platz für weitere Sender. Der größte Teil des Küstenfunks und der gesamte Küstensprechfunk wird seit einigen Jahren nur noch im Einseitenbandverfahren abgewickelt. Man unterscheidet folgende Einseitenbandverfahren:

H 3 E (A 3 H): Einseitenband mit vollem Träger.

R 3 E (A 3 A): Einseitenband mit vermindertem Träger.

J 3 E (A 3 J): Einseitenband mit unterdrücktem Träger.

Das H 3 E-Verfahren kann, da es mit vollem Träger sendet, auch mit herkömmlichen Zweiseitenbandgeräten empfangen werden. Es wird deshalb auch für Notrufe, die möglichst viele Empfänger erreichen sollen, verwendet.

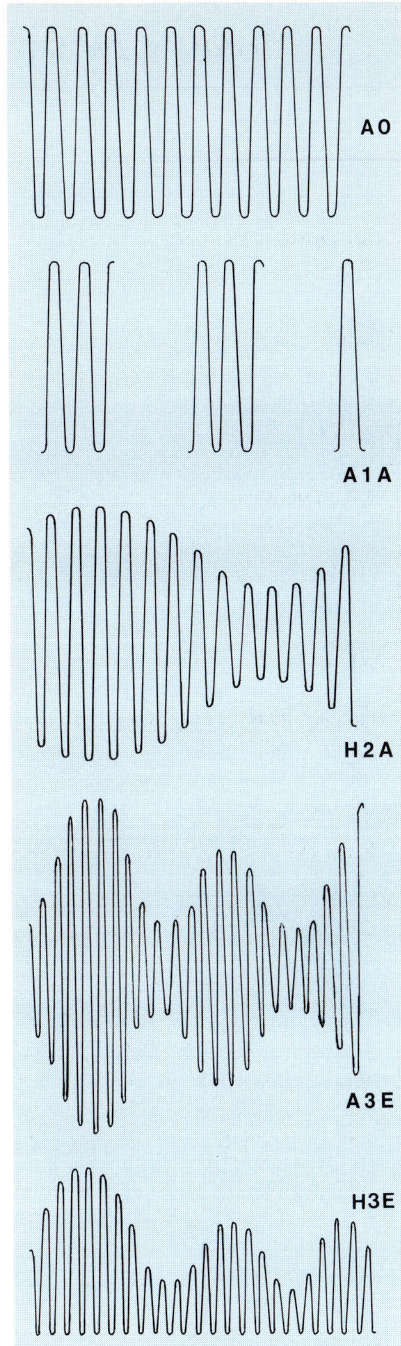

Das Funkpeilen

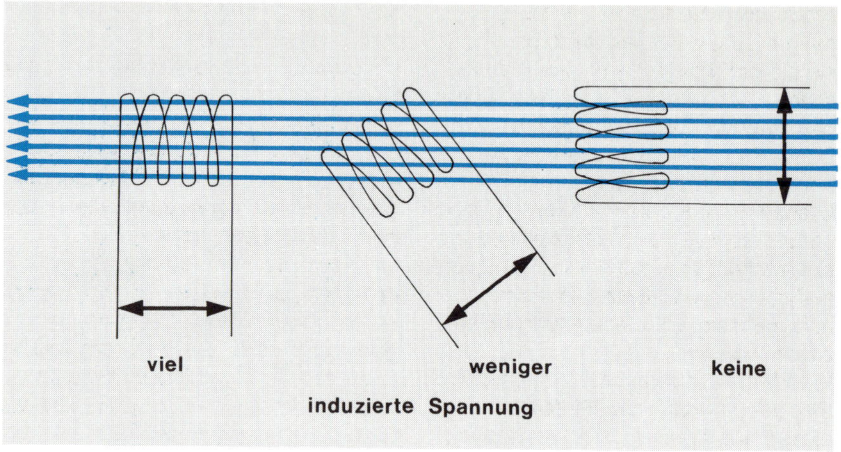

Hochantenne – Richtantenne

Um Funkwellen empfangen zu können, benötigen wir eine Antenne. Für den Empfang gewöhnlicher Radiosendungen verwendet man hierfür die **Hochantenne,** die die elektromagnetischen Wellen aus allen Richtungen gleich gut aufnimmt. Man nennt sie deshalb auch Antenne ohne Richtwirkung.
Für die Funknavigation benötigen wir jedoch eine richtungsempfindliche Antennenanlage, eine **Richtantenne,** die uns erlaubt, die Richtung festzustellen, aus der der Funkstrahl kommt. Das ganze Verfahren der Funkpeilung beruht nämlich auf der einfachen Tatsache, daß es mit Hilfe einer Richtantenne möglich ist, die Ausbreitungsrichtung der elektromagnetischen Welle festzustellen. Haben wir so die Richtung des Senders zum Schiff ermitteln können, so brauchen wir diese Peilung nur noch in der Seekarte vom Sender aus einzutragen, um unsere Standlinie zu erhalten. Hierbei gehen wir ähnlich vor wie bei den optischen Peilungen.

Maximum – Minimum

Um das Prinzip der Richtantenne richtig zu verstehen, wollen wir kurz auf die physikalischen Zusammenhänge zwischen der Stärke eines elektromagnetischen Feldes und der hierbei in einer Spule induzierten Spannung eingehen. Wir wissen, daß ein Teil der elektromagnetischen Welle, nämlich das magnetische Feld, in einer Spule, die in diesem Feld liegt, meßbare Spannungen erzeugt. Je nachdem nun, welche Richtung diese Spule innerhalb des elektromagnetischen Feldes einnimmt, wird viel, weniger oder gar keine Spannung in der Spule erzeugt.
Dieses Phänomen nutzt man beim Empfang elektromagnetischer Wellen durch eine Richtantenne. Drehen wir die Antenne so, daß ihre Ebene senk-

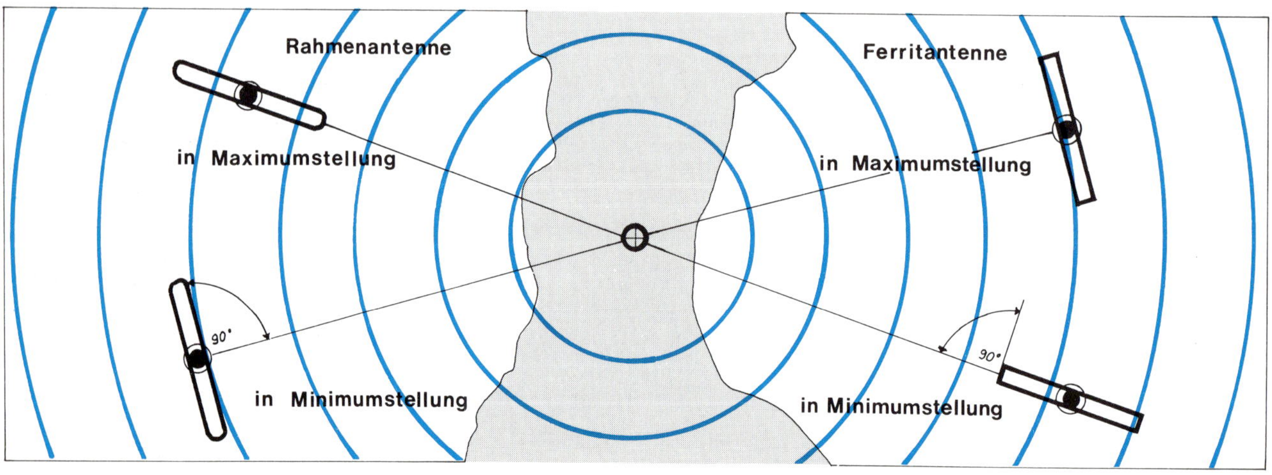

recht zur Ausbreitungsrichtung des magnetischen Feldes steht, so nimmt sie die größtmögliche Anzahl magnetischer Kraftlinien auf, und die Antennenspannung wird vergleichbar groß. Diese Stellung des besten Empfangs nennt man auch das Maximum.
Drehen wir jedoch die Antennenebene um 90°, so daß sie parallel zur Ausbreitungsrichtung der elektromagnetischen Welle steht, so wird die Antennenspannung sehr klein. Diese Stellung nennen wir das Minimum.
Wir können also durch eine geeignete Rahmenantenne die Einfallsrichtung elektromagnetischer Wellen an Bord feststellen. Und da sich elektromagnetische Wellen stets auf dem kürzesten Weg ausbreiten, können wir aus der Einfallsrichtung auf die Richtung des ausstrahlenden Senders zu unserem Empfänger schließen. Wir erhalten also eine Peilung.
Die Wirkung einer solchen Rahmenantenne können wir auch bei manchen Kofferradios beobachten, deren Empfangsqualität wir dadurch verbessern können, daß wir das Gerät in die richtige Richtung zur einfallenden Welle drehen.

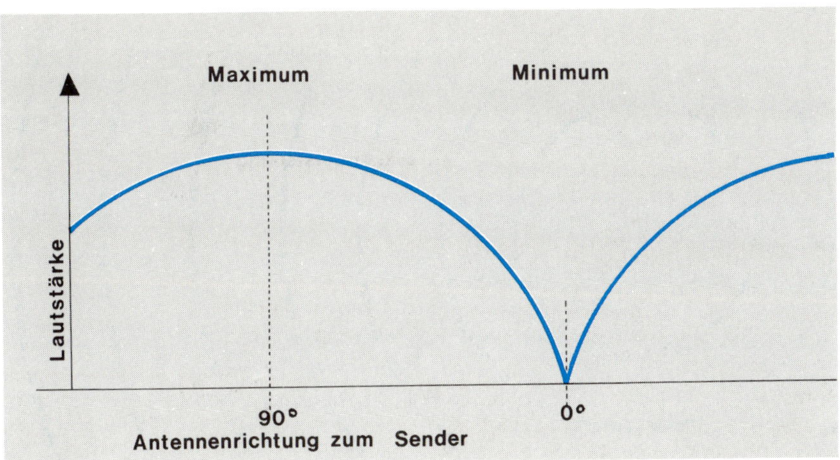

Minimumbestimmung

Theoretisch gesehen haben wir zwei Möglichkeiten, die Richtung des Senders zu unserem Empfänger zu ermitteln: Durch eine Maximumfeststellung (dann müßte der Sender genau in Richtung der Antennenebene liegen) oder durch eine Minimumfeststellung (dann müßte der Sender genau senkrecht zur Antennenebene liegen). In der Praxis ist es besser, mit der Minimumbestimmung zu arbeiten, da sie sich präziser einstellen läßt – vor allem dann, wen wir nach der Lautstärke des einfallenden Tones vorgehen.

Bei den Bordfunkpeilern arbeiten wir also mit einer drehbaren Antenne, deren Einstellrichtung wir an einer fest in Mittschiffsrichtung justierten Vollkreisscheibe in Grad ablesen können. So erhalten wir nichts anderes als eine Seitenpeilung, die wir bekanntlich nur dann in der Seekarte auswerten können, wenn wir den im Augenblick der Seitenpeilung anliegenden Kompaßkurs kennen. Die Funkseitenpeilung allein – ohne Kursangabe – hilft uns wenig.

Seitenbestimmung

Wir wollen kurz wiederholen: Die Stärke der Antennenspannung hängt davon ab, welche Richtung unsere Richtantenne zur Richtung des einfallenden Magnetfeldes einnimmt. Genau genommen sind wir also nur in der Lage, die Richtung des Magnetfeldes, nicht aber die Laufrichtung der elektromagnetischen Welle und somit die Lage des Senders festzustellen. Denn ob im Falle einer Minimumfeststellung der Sender rechts oder links von der Antennenebene liegt, können wir nicht sagen. Wir wissen nur, daß die Ausbreitungsrichtung der Welle senkrecht zur Antennenrichtung liegt.
In den meisten Fällen bereitet dieses Problem keine Schwierigkeiten, da wir aufgrund unserer vorhergegangenen Koppelnavigation sehr genau wissen, ob der fragliche Funkpeilsender Stb voraus oder Bb achteraus liegt. Trotzdem kann es Situationen geben, wo wir in der Seitenbestimmung unsicher sind. Für diesen Fall erlauben einige Funkpeilgeräte das **Hinzuschalten der Hochantenne** als Hilfsantenne. Steht dann die Peilantenne in Maximumstellung, so kann man leicht ermitteln, auf welcher Seite der fragliche Funkpeilsender liegt.
Mit dieser Hilfsantenne können wir auch **Minimumtrübungen** beseitigen, die dadurch entstehen, daß an Bord befindliche antennenähnliche Gegenstände, wie Wanten und Stagen, die elektromagnetischen Wellen aufnehmen und an die Peilantenne weitergeben. Das Ergebnis einer solchen Minimumtrübung ist ein breites Minimum, das uns die exakte Minimumbestimmung erschwert. Durch das Hinzuschalten der Hilfsantenne werden die beschriebenen Rückstrahlungswirkungen reduziert, so daß sich wieder ein scharfes Minimum ergibt.

Funkpeilgeräte

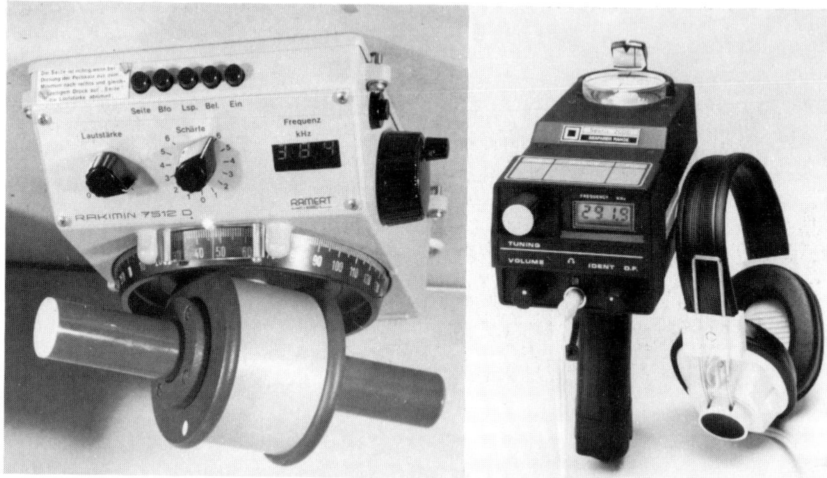

Drehrahmenpeiler

Das klassische Gerät der Funkpeilung war lange Zeit der Drehrahmenpeiler. An ihm können wir das Prinzip der Funkpeilung – nämlich die Richtungsbestimmung des Senders durch Drehen der Antenne – am besten erkennen. Der Drehrahmen war meist so eingebaut, daß die Rahmenantenne auf dem Kajütdach montiert war, wobei das Peilen, also das Drehen des Antennenrahmens, und Ablesen der Funkseitenpeilung innerhalb der Kajüte vorgenommen werden konnte. Die Rahmenantenne auf dem Kajütdach hatte den Nachteil, daß sie bei Segelmanövern hinderlich war und daß sich oft Leinen im Drehrahmen verhakten, auch wenn er meist umklappbar war. Außerdem war die Antenne relativ niedrig und oft nicht genau in Mittschiffsrichtung angeordnet, so daß mit recht großen Funkbeschickungswerten und einer nicht symmetrischen Funkbeschikkungstabelle gearbeitet werden mußte. Bald wurde der Drehrahmen durch die **Ferritstabantenne** ersetzt, die bei manchen Ausführungen sogar innerhalb der Kajüte am Kajütdach – natürlich nicht auf Stahlyachten – fest montiert war.

Diese Geräte brachten häufig sehr gute Funkpeilergebnisse, wenn eine entsprechend genaue Funkbeschickungstabelle vorhanden war.

Goniometer-Peilanlagen

Goniometer-Peilanlagen unterscheiden sich von Drehrahmenpeilern darin, daß sie mit einer fest montierten Antenne arbeiten, die für den Peilvorgang nicht bewegt werden muß. Die Antenne besteht aus einem Kreuzrahmen, der fest auf dem Masttopp montiert ist. Der **Kreuzrahmen** setzt sich zusammen aus zwei senkrecht zueinander stehenden Rahmen- oder Ferritantennen, von denen eine genau mittschiffs, die andere genau querschiffs montiert ist.

Die Besonderheit der Goniometerpeilung besteht darin, daß zur Ermittlung des Minimums nicht die Antennen bewegt werden müssen, sondern dies durch eine Suchspule innerhalb des sogenannten Goniometers, das in der Kajüte montiert ist, ersetzt wird. Das geschieht dadurch, daß man die von beiden Rahmenantennen aufgenommenen Antennenspannungen über Kabel auf zwei ebenfalls kreuzweise angeordnete Spulensysteme innerhalb des Goniometers überträgt und dort den Peilvorgang gleichsam elektrisch imitiert. Da die Antenne nicht mehr bedient zu werden braucht, kann sie möglichst hoch und frei von Störeinflüssen im Masttopp fest montiert werden. Das Bedienungsgerät, das Goniometer, und der dazugehörige Empfänger können in der Kajüte an beliebiger Stelle angebracht werden. Hinzu kommt, daß bei dieser Anlage die Funkbeschickung – ähnlich wie bei der Deviation – in einem gewissen Rahmen kompensiert werden kann, so daß nur noch geringe Funkbeschickungswerte zu berücksichtigen sind.

Aber auch diese klassische Goniometerantenne befindet sich heute bereits auf dem Rückzug, wenn auch die meisten fest installierten Peilfunkempfänger nach diesem Prinzip arbeiten. Es

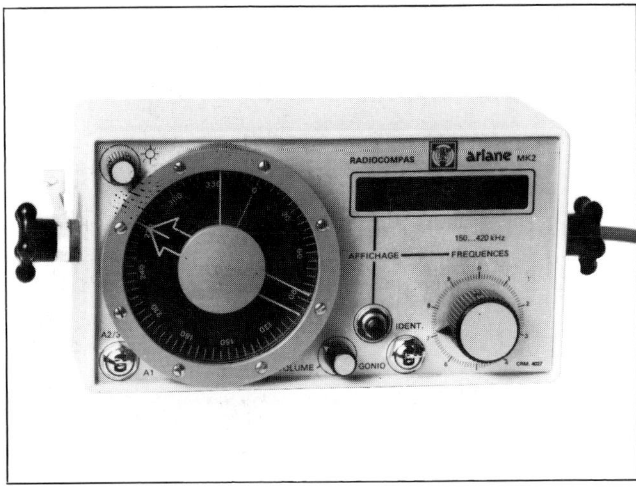

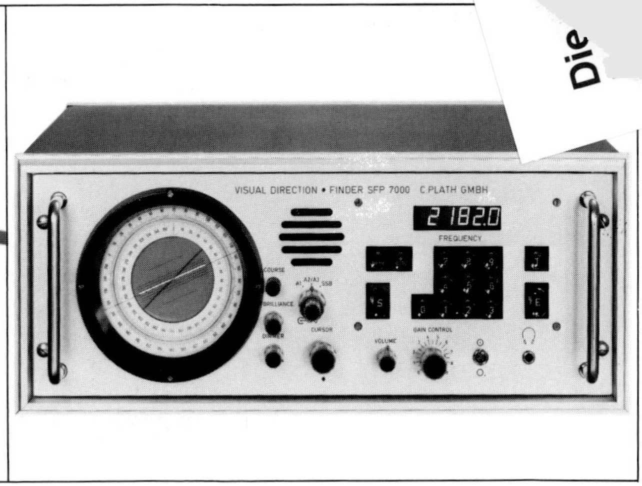

werden nur kleinere, kompaktere und leichtere Antennen im Masttopp montiert.
Eine Reihe moderner Geräte gibt die Peilwerte und zum Teil auch die Frequenzanzeige digital wieder.

Sichtfunkpeiler

Seit einigen Jahren befinden sich Sichtfunkpeiler auf dem Markt, die ebenfalls mit einem Goniometerrahmen arbeiten, der über Verstärker mit einer Braunschen Röhre (Fernsehröhre) verbunden ist. Hier können wir das Minimum als Peilstrich erkennen. Mit Hilfe eines auf dem Bildschirm drehbar angebrachten Peillineals läßt sich die Funkseitenpeilung auf einer kreisförmigen Skala unmittelbar ablesen.

Handfunkpeiler

In zunehmendem Maße verbreiten sich Handfunkpeilgeräte. Ihr wesentlicher Vorteil liegt darin, daß wir – anders als bei allen anderen Funkpeilungsverfahren – keine Funkseitenpeilung, sondern eine Kompaßpeilung erhalten. Wir benötigen deshalb auch nicht den während des Peilens anliegenden Kompaßkurs. Dieser unbestreitbare Vorteil kommt allerdings nur dann zum Tragen, wenn wir in der Lage sind, die Nachteile eines Handfunkpeilers auszugleichen. Sie bestehen vor allem darin, daß der Handfunkpeiler zwei verschiedenen Ablenkungseinflüssen unterliegt: der Deviation und der Funkbeschickung. Theoretisch gesehen benötigen wir also für den Handfunkpeiler eine für einen bestimmten Ort an Bord aufgestellte Deviationstabelle und eine von der jeweiligen Funkseitenpeilung abhängige Funkbeschickungstabelle. Das ist in der Praxis natürlich nicht ganz einfach.

Man kann diesen Problemen aber aus dem Weg gehen, indem man Funkpeilungen mit dem Handfunkpeiler hinter dem Achterstag und hinter der Seereling vornimmt. Denn dort wirken die kompakten Metallmassen Motor, Anker, Ankerkette, die im wesentlichen die Deviation verursachen, nicht mehr. Und die die Funkbeschickung erforderlich machenden Leiterschleifen Seereling, Stagen und Wanten können in ihrer Wirkung stark reduziert werden, da die empfangende Peilantenne nicht innerhalb einer solchen Schleife liegt. Genau das aber erreichen wir, wenn wir weit hinter dem Achterstag peilen. Diese Arbeitsweise hat erfahrungsgemäß zu guten Peilergebnissen geführt. Trotzdem ist es manchmal nicht ganz einfach – insbesondere bei höherem Seegang –, in dieser exponierten Stellung exakte Peilungen vorzunehmen. Außerdem ist es bei solchen Seegangsverhältnissen nicht ungefährlich, so zu arbeiten.
Wir sollten allerdings auch wissen, daß Handfunkpeiler von offizieller Seite, wie vom DHI, nicht positiv bewertet werden, da die meisten Meßversuche auf großen Stahlschiffen vorgenommen werden.
Nochmals: Der von einem Handfunkpeiler ermittelte Peilwert ist keine Seitenpeilung, sondern bereits eine Kompaßpeilung, die mit der Mißweisung beschickt werden muß. Zuverlässige Ergebnisse erhalten wir mit dem Handfunkpeiler nur dann, wenn wir sicher sind, daß Deviation und Funkbeschickung entfallen.

Funkbeschickung

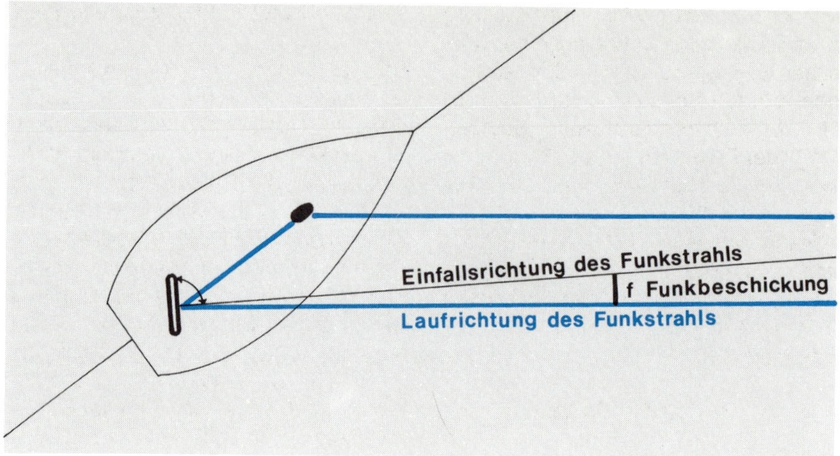

Die Funkseitenpeilung

Die Funkpeilung ist – wie erwähnt – nichts anderes als eine Seitenpeilung. Um sie in der Karte als rechtweisende Peilung auswerten zu können, muß sie also – wie bei der optischen Seitenpeilung – zum jeweiligen rwK addiert werden.
Den rwK erhalten wir, indem wir den im Augenblick der Funkpeilung anliegenden Kompaßkurs ablesen und mit Abl und Mw beschicken. Also:

SP	MgK
rwK ←	Abl
rwP	mwK
	Mw
	rwK

Daß es sich hierbei nicht um eine optische Seitenpeilung, sondern um eine Funkseitenpeilung handelt, macht im Grunde keinen Unterschied.

Die Funkstrahlablenkung

Doch gibt es noch ein kleines Problem. Denn die elektromagnetischen Wellen werden bei ihrem Einfall an Bord durch verschiedene Metallteile abgelenkt. Es handelt sich hierbei vor allem um sogenannte Leiterschleifen (Wanten, Stagen, Seereling), den Metallmast oder den Stahlrumpf unserer Yacht. Die kompakteren Metallmassen, wie Anker und Motor, spielen für die Ablenkung der elektromagnetischen Welle keine so große Rolle wie bei der Kompaßablenkung (Deviation).
Die Ablenkung der elektromagnetischen Welle durch die erwähnten Metallteile erfolgt dadurch, daß Wanten und Stagen selbst wie zusätzliche Antennen wirken, und zwar nicht nur als reine Empfangs-, sondern auch als Sendeantennen. Sie geben also die empfangene Welle auf derselben Frequenz wie der Originalfunkstrahl wieder ab, so daß unsere Peilantenne nicht nur das Magnetfeld des ursprünglichen Funkstrahls, sondern auch das Rückstrahlfeld der Metallteile an Bord aufnimmt. Die mit unserer Peilantenne ermittelte Einfallsrichtung des Funkstrahls stimmt deshalb nicht genau mit der Laufrichtung des vom Sender kommenden Funkstrahls überein. Sie stellt vielmehr eine Resultierende aus dem Magnetfeld des eigentlichen Funkstrahles und dem des Störfunkstrahles dar.

Von der Funkseitenpeilung zum Funkazimut

Wir müssen also unterscheiden zwischen der abgelesenen – und deshalb falschen – Funkseitenpeilung (q) und der sich ohne Bordablenkung ergebenden beschickten – und deshalb richtigen – Funkseitenpeilung (p). Der Winkel zwischen beiden Funkseitenpeilungen heißt Funkbeschickung f. Also:

- **Die abgelesene Funkseitenpeilung q** ist der an Bord ermittelte Winkel zwischen der Rechtvoraus-Richtung und der von der Peilantenne ermittelten Einfallsrichtung des Funkstrahls.
- **Die beschickte Funkseitenpeilung p** ist der Winkel zwischen der Rechtvoraus-Richtung und der tatsächlichen Laufrichtung des Funkstrahls.
- **Die Funkbeschickung f** ist der Winkel zwischen der abgelesenen Funkseitenpeilung q und der beschickten Funkseitenpeilung p.

Es gilt also:

$$\mathbf{q + f = p}$$

Mit der beschickten Funkseitenpeilung p verfahren wir nun wie mit einer optischen Seitenpeilung: Wir addieren also den rwK und erhalten unsere Standlinie, die man rechtweisende Funkpeilung oder Funkazimut (FuAz) nennt.

● **Das Funkazimut FuAz** oder die rechtweisende Funkpeilung ist der Winkel zwischen rechtweisend Nord und der Richtung zum Sender (Eigenpeilung) beziehungsweise vom Sender (Fremdpeilung).

Es gilt also:

$$\mathbf{p + rwK = FuAz}$$

Der gesamte Rechenvorgang läuft dann folgendermaßen ab:

q	MgK
f	Abl
p	mwK
rwK ←	Mw
FuAz	rwK

Schiffsort aus Funkseitenpeilungen

Die durch Funkpeilung gewonnenen Funkstandlinien können wir zur Schiffsortbestimmung genauso verwenden wie jede terrestrische Standlinie. Meist ermittelt man den Schiffsort aus zwei oder drei Funkstandlinien wie bei der Kreuzpeilung. Theoretisch denkbar, in der Funknavigation aber sehr ungebräuchlich ist die Ortsbestimmung durch Versegelungspeilungen. Auch die Verbindung von Funkstandlinie mit terrestrischer Standlinie ist möglich. Doch setzt man die Funknavigation meist dann ein, wenn man keine Landsicht mehr hat und keine terrestrische Standlinie ermitteln kann.

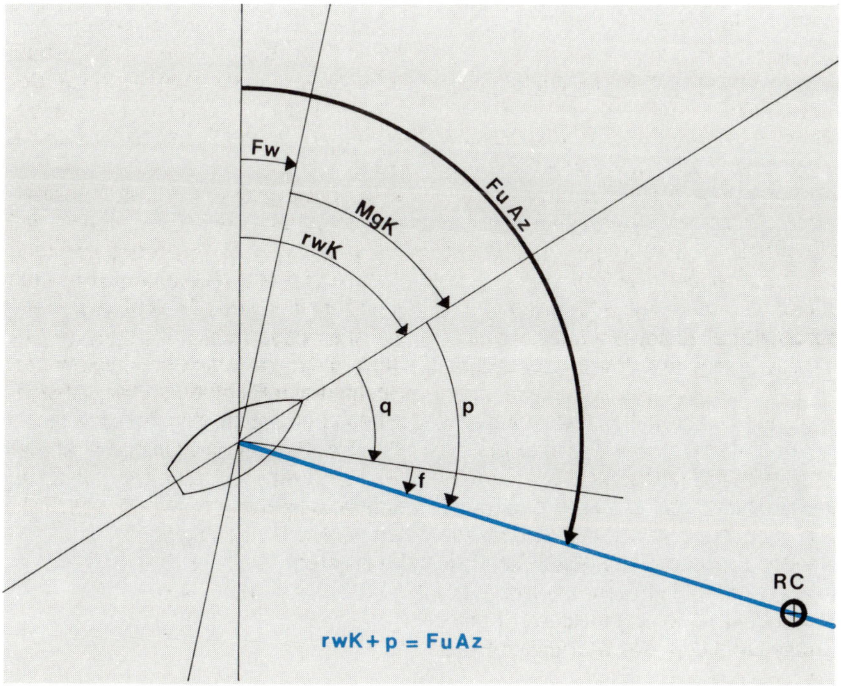

Ein Beispiel:

Eine Yacht, die am Kompaß 300° steuert, peilt ein Kreisfunkfeuer unter der abgelesenen Funkseitenpeilung von 50°. Die Funkbeschickung beträgt 11°, die Mißweisung −02°.

Wie lautet die rechtweisende Funkpeilung?

q	50°	MgK	300°
f	11°	Abl	−15°
p	61°	mwK	285°
rwK	283°	Mw	−02°
FuAz	344°	rwK	283°

Die rechtweisende Funkpeilung oder das Funkazimut beträgt 344°.

Die Funkbeschickungstabelle

Aus diesem Funkbeschickungsdiagramm können wir die Funkbeschickung für die abgelesene Funkseitenpeilung q an der senkrechten Achse, die Funkbeschickung für die beschickte Funkseitenpeilung p an der etwas nach links geneigten Achse ablesen. Für q = 0° beträgt die Funkbeschickung also +4°, für p = 0° dagegen +2,5°.

Die Funkbeschickung f ist keine konstante Größe, sondern hängt von der Größe der jeweiligen Funkseitenpeilung ab. Denn immer dann, wenn die Richtung des Störfunkstrahls mit der Laufrichtung des vom Sender kommenden Funkstrahls zusammenfällt, gibt es keine Ablenkung des Funkstrahls. Wir benötigen also eine Zusammenstellung der Funkbeschickung in Abhängigkeit von der jeweiligen abgelesenen Funkseitenpeilung q, eine sogenannte Funkbeschickungstabelle. Diese Tabelle ist ähnlich aufgebaut wie eine Deviationstabelle. Doch gibt es zwei Unterschiede:

- Die Funkbeschickungswerte sind auf die abgelesene Funkseitenpeilung q bezogen, während die Deviation auf den Kurs der Yacht bezogen ist.
- Die Funkbeschickungstabelle hat vier Nullstellen, das heißt, die Funkbeschickungswerte fallen zwischen 0° und 360° viermal auf Null ab, bei Funkseitenpeilungen von etwa 000°, 090°, 180° und 270°. Die Deviationstabelle hat dagegen nur zwei Nullstellen, bei einem Kurs von etwa 000° und 180°.

Diesen Unterschied erkennen wir auch deutlich bei der graphischen Darstellung der Funkbeschickungstabelle, wobei wir – wiederum ähnlich der Deviationstabelle – eine sinusförmige Kurve erhalten.

Verfälschung der Funkbeschickung

In manchen Fällen wird auch eine richtig aufgestellte Funkbeschickungstabelle verfälscht. So können nasse Segel oder eine starke **Krängung** die Richtung der bordeigenen Rückstrahlung ändern, was wiederum zu einer Veränderung des resultierenden Feldes und somit auch der Funkbeschickung führt.

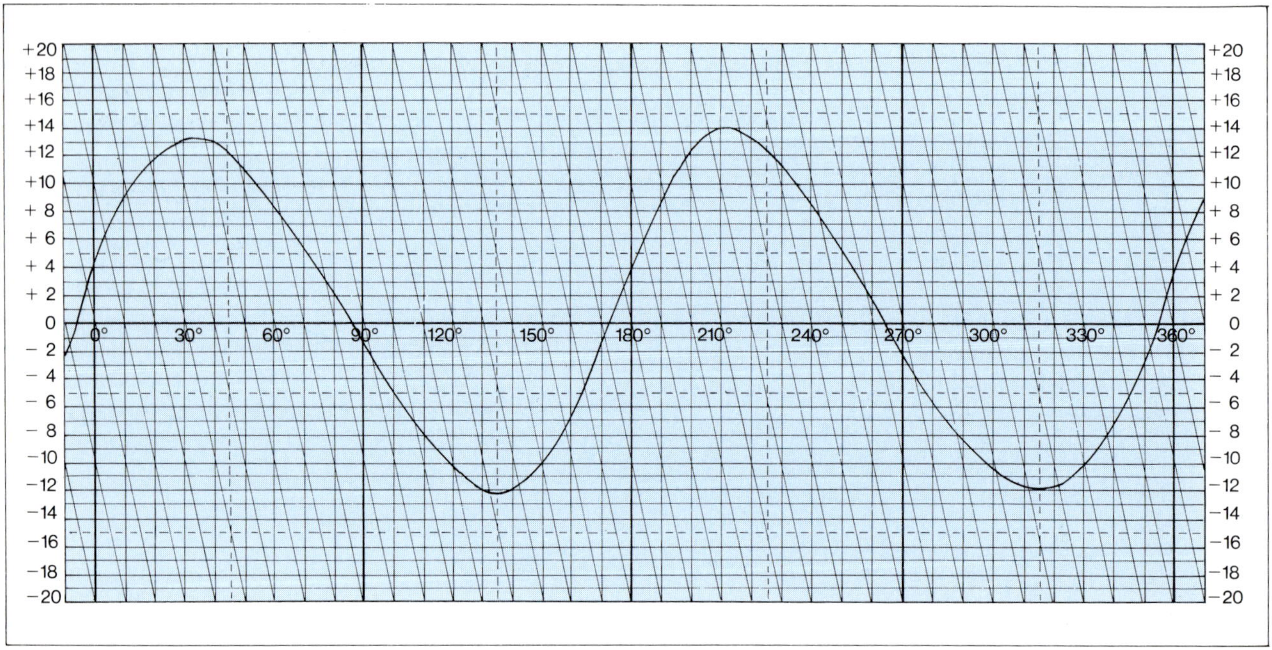

Funkbeschickungstabelle

q	f
000	+04
010	+09
020	+11,5
030	+13
040	+13
050	+11
060	+08,5
070	+05,5
080	+02
090	−01,5
100	−05
110	−08
120	−10,5
130	−12
140	−12
150	−10
160	−06
170	−01
180	+04
190	+09,5
200	+13
210	+14
220	+13
230	+11
240	+08,5
250	+04,5
260	+01,5
270	−02
280	−06
290	−08,5
300	−10,5
310	−11,5
320	−11,5
330	−10
340	−09
350	−02,5
360	+04

Aufstellen der Funkbeschickungstabelle

Eine Funkbeschickungstabelle können wir uns von einem amtlichen Kompensierer aufstellen lassen. Mit etwas Erfahrung im Funkpeilen ist es jedoch verhältnismäßig einfach, eine solche Tabelle selbst aufzustellen.
Wir gehen hierbei ähnlich vor wie beim Aufstellen einer Deviationstabelle und suchen uns ein Kreisfunkfeuer, das wir auch optisch wahrnehmen können. Bei ruhigem Wetter drehen wir in einem Mindestabstand von 1 sm unsere Yacht langsam von 5° zu 5°. Hierbei nehmen wir jeweils zwei Messungen vor: mit der Peilscheibe eine optische Seitenpeilung und mit dem Funkpeiler eine Funkpeilung.

Da die Seitenpeilung SP der beschickten Funkseitenpeilung p entspricht, brauchen wir nur noch die Differenz SP − q zu bilden. Es gilt also:

$$\mathbf{f = SP - q}$$

Bei diesem Verfahren benötigen wir also keinen Kompaß.
Um Ungenauigkeiten zu vermeiden, können wir den ganzen Vorgang auf einem Gegenkreis wiederholen und unsere Rechnung mit den jeweiligen Mittelwerten ausführen.
Die ermittelten Funkbeschickungswerte gelten nur für den Einbauort des Funkpeilers. **Denn die Ablenkung wird vom Schiff und nicht vom Funkpeiler verursacht.** Das bedeutet, daß wir bei jeder örtlichen Veränderung der Takelage oder der Seereling, aber auch unserer Peilantenne an Bord eine neue Funkbeschickungstabelle aufstellen müssen. Hieraus ergeben sich gewisse Einschränkungen für die Genauigkeit tragbarer Funkpeilgeräte, da sie stets nur an einem bestimmten Ort eingesetzt werden dürfen, nämlich dort, wo die Funkbeschickungstabelle aufgenommen wurde und gültig ist.

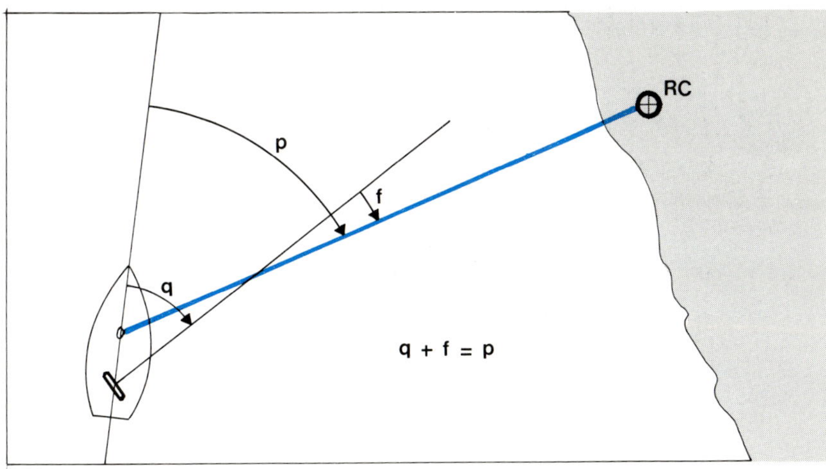

Andere Funkstrahlablenkungen

Neben der Bordablenkung, die wir durch die Funkbeschickung rechnerisch ausgleichen können, gibt es andere Ablenkungen des Funkstrahls, die nicht ausgleichbar sind.
Wir müssen die Ursachen solcher Ablenkungen aber trotzdem kennen, um die Qualität einer Funkpeilung richtig beurteilen zu können.

Der Dämmerungseffekt

Der Dämmerungseffekt: Die elektromagnetischen Funkwellen breiten sich nicht nur entlang der Erdoberfläche aus, sondern in alle Richtungen des Raumes. Sie werden dort an einer etwa 100–300 km hohen Schicht der Erdatmosphäre, der Ionosphäre, reflektiert und zur Erde zurückgeworfen. Es können sogar mehrere Reflexionen an verschieden hohen Schichten erfolgen. Diese Reflexionen treten besonders stark in der Dämmerung und in der Nacht auf.
Hierdurch kann es zu Überlagerungen mit der Bodenwelle kommen, wodurch sich schnell verändernde Phasenverschiebungen ergeben können. Diese machen sich als Lautstärkeschwankungen, Minimumtrübungen oder „schwimmende" Minima bemerkbar. Aber auch einem scharfen und über längere Zeit hinweg stabilen Minimum dürfen wir während der Dämmerung und in der Nacht nicht unbedingt trauen.
Wir sollten deshalb möglichst keine Funkpeilung während der Dämmerung – etwa eine Stunde vor bis eine Stunde nach Sonnenaufgang und -untergang – vornehmen. Da dieser Effekt auch nachts – wenn auch nicht so ausgeprägt – beobachtbar ist, sollten wir auch nachts auf das Funkpeilen verzichten.
Der Überlagerungseffekt von Boden- und Raumwelle tritt im Frequenzbereich der Funkfeuer in einer Entfernung ab etwa 30 sm bis über 100 sm auf. In diesem Bereich hat die Raumwelle etwa die gleiche Feldstärke wie die Bodenwelle, wodurch Peilfehler bis zu 90° auftreten können. Bei größeren Entfernungen werden die Fehler wieder geringer, da hier praktisch nur noch die Raumwelle vorhanden ist.

Der Küsteneffekt

Der Küsteneffekt: Obwohl sich der Funkstrahl – theoretisch gesehen – vom Sender ausgehend geradlinig ausbreitet, kann er beim Übergang vom Land auf das Wasser abgelenkt werden. Dies gilt insbesondere bei steilen und felsigen Küstenstrecken und bei geringen Schnittwinkeln (etwa bis zu 30°) zwischen Funkstrahl und Küstenlinie. Der Fehler wird vergrößert, wenn der Funkstrahl mehrmals abwechselnd über Land und Wasser laufen muß.
Man nennt diesen Küsteneffekt auch **Wegeablenkung,** die durch Luftmassen unterschiedlicher Feuchtigkeit und Temperatur verursacht wird. Sie kann einen Wert von etwa 5° erreichen.

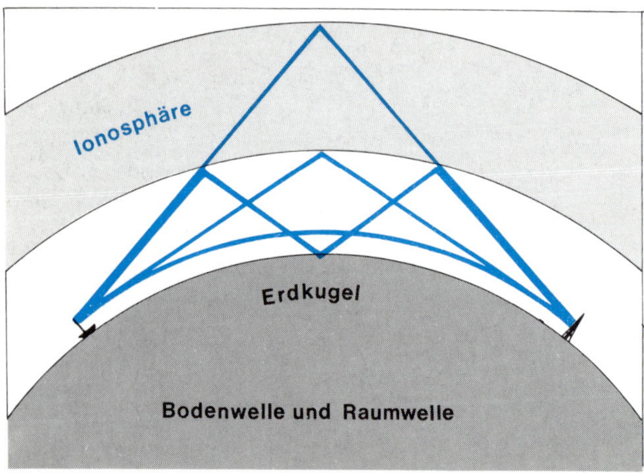

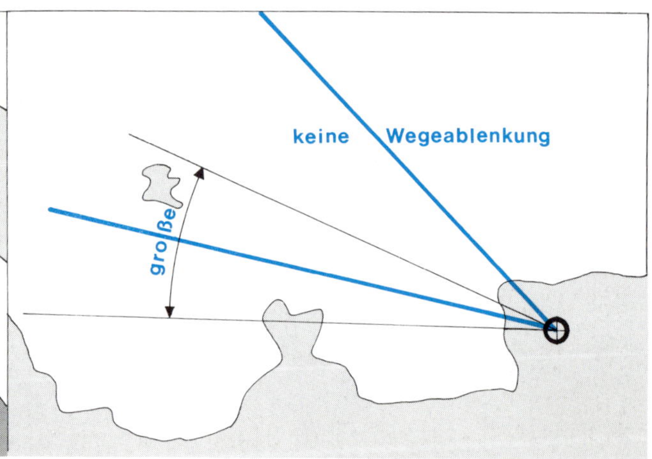

Zusammenfassung

1 Funkpeilen heißt, von Bord aus die Richtung zu einem Funkfeuer zu bestimmen.

2 Dazu benötigen wir eine Richtantenne, die die Einfallsrichtung des Magnetfeldes der vom Funkfeuer kommenden Funkwellen feststellen kann.

3 Immer, wenn die Ebene einer Rahmenantenne oder die Windungsebene einer Ferritantenne genau senkrecht zum Funkstrahl steht, ist die Empfangsleistung sehr gering. Wir peilen dann das Minimum.

4 Man peilt das Minimum, weil es trennschärfer ist als das Maximum.

5 Der einfallende Funkstrahl kann an Bord durch Metallgegenstände wie Wanten, Stagen, Mast oder Seereling abgelenkt werden. Um deine Bordablenkung auszugleichen, müssen wir die abgelesene Funkseitenpeilung q um die Funkbeschickung f korrigieren, um die beschickte Funkseitenpeilung p zu erhalten. Hierfür verwenden wir eine Funkbeschickungstabelle.

Also: **p = q + f**

6 Mit der beschickten Funkseitenpeilung p können wir wie mit einer optischen Seitenpeilung arbeiten. Wir addieren also: **p + rwK = FuAz.** Unter FuAz versteht man das rechtweisende Funkazimut, das wir in der Seekarte als Standlinie eintragen können.

Das Peilfunksignal

Kennung und Peilstrich

Die von den Seefunkfeuern gesendeten Peilfunksignale bestehen gewöhnlich aus der Kennung und einem oder mehreren Peilstrichen. Die aus zwei oder mehr Morsebuchstaben zusammengesetzte Kennung wird zu Beginn und zum Ende des Peilfunksignales zur Identifizierung des Funkfeuers gesendet. Dazwischen wird der Peilstrich gegeben, mit dessen Hilfe wir die Peilung des Funkfeuers vornehmen können.

Das Peilfunksignal hat also zwei Funktionen: Es erlaubt uns erstens – ähnlich wie die Kennung eines Leuchtfeuers – die Identifizierung des Funkfeuers, und es ermöglicht uns zweitens, das Funkfeuer während des gesendeten Peilstriches zu peilen.
Der Ablauf eines Peilfunksignales erfolgt also etwa folgendermaßen:

Kennung (3 x)	14 s
Pause	1 s
langer Peilstrich	25 s
Pause	1 s
Kennung (2 x)	9 s
lange Pause	10 s
Dauer des Peilfunksignals	60 s

Die genaue Kennung der einzelnen Funkfeuer finden wir im **Nautischen Funkdienst Band II (N.F. II)** beziehungsweise in dessen regionalen Auszügen **Sprechfunk für die Küstenschiffahrt (SfK)** und **Jachtfunkdienst** (vgl. S. 72).

Zum Morsealphabet

Die Zusammenstellung auf der folgenden Seite zeigt die im internationalen Funkverkehr zugelassenen Morsezeichen. Hinsichtlich Abstand und Länge der Zeichen gelten folgende Festlegungen:

- Ein Strich ist gleich drei Punkten.
- Der Abstand zwischen den Einzelzeichen eines Buchstabens ist gleich einem Punkt.
- Der Abstand zwischen zwei Buchstaben ist gleich drei Punkten.
- Der Raum zwischen zwei Wörtern ist gleich sieben Punkten.

Wenn wir mit dem Morsealphabet nicht vertraut sind, werden wir anfangs Schwierigkeiten haben, die Kennung rasch zu identifizieren. Wir sollten uns deshalb, bevor wir mit dem Funkpeilen beginnen, die Kennungen der in Frage kommenden Funkfeuer in Morsebuchstaben notieren. Sehr hilfreich kann auch der nebenstehend dargestellte **Morsezeichenschlüssel** sein, mit dessen Hilfe wir unbekannte Kennungen rasch entschlüsseln können. Hierbei gehen wir mit dem zuerst empfangenen Morsezeichen (Punkt oder Strich) in die Tafel ein und folgen den weiteren Verzweigungen, je nachdem, ob Punkt oder Strich gesendet wurde.

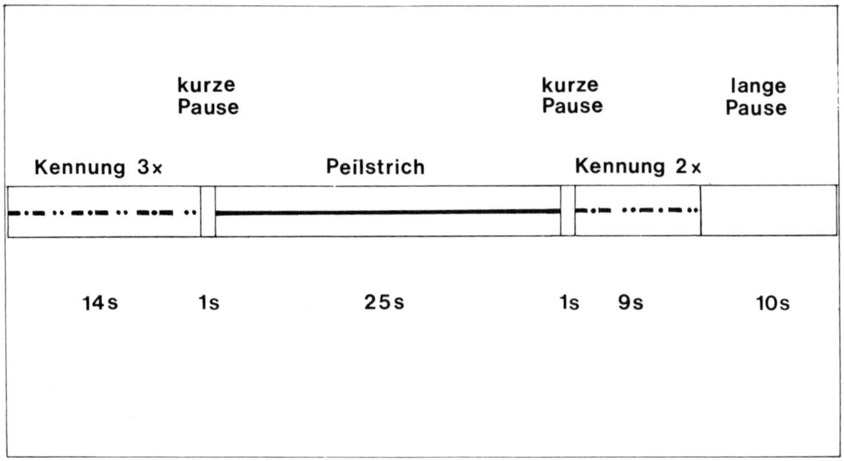

Morsealphabet

Buchstaben

a	• ▬
b	▬ • • •
c	▬ • ▬ •
d	▬ • •
e	•
f	• • ▬ •
g	▬ ▬ •
h	• • • •
i	• •
j	• ▬ ▬ ▬
k	▬ • ▬
l	• ▬ • •
m	▬ ▬
n	▬ •
o	▬ ▬ ▬
p	• ▬ ▬ •
q	▬ ▬ • ▬
r	• ▬ •
s	• • •
t	▬
u	• • ▬
v	• • • ▬
w	• ▬ ▬
x	▬ • • ▬
y	▬ • ▬ ▬
z	▬ ▬ • •

á oder å	• ▬ ▬ • ▬
ä	• ▬ • ▬
ch	▬ ▬ ▬ ▬
é	• • ▬ • •
ñ	▬ ▬ • ▬ ▬
ö	▬ ▬ ▬ •
ü	• • ▬ ▬

Ziffern

		(abgekürzt)
1	• ▬ ▬ ▬ ▬	• ▬
2	• • ▬ ▬ ▬	• • ▬
3	• • • ▬ ▬	• • • ▬
4	• • • • ▬	• • • • ▬
5	• • • • •	• • • • •

		(abgekürzt)
6	▬ • • • •	▬ • • • •
7	▬ ▬ • • •	▬ • • •
8	▬ ▬ ▬ • •	▬ • •
9	▬ ▬ ▬ ▬ •	▬ •
0	▬ ▬ ▬ ▬ ▬	▬

Morsezeichenschlüssel

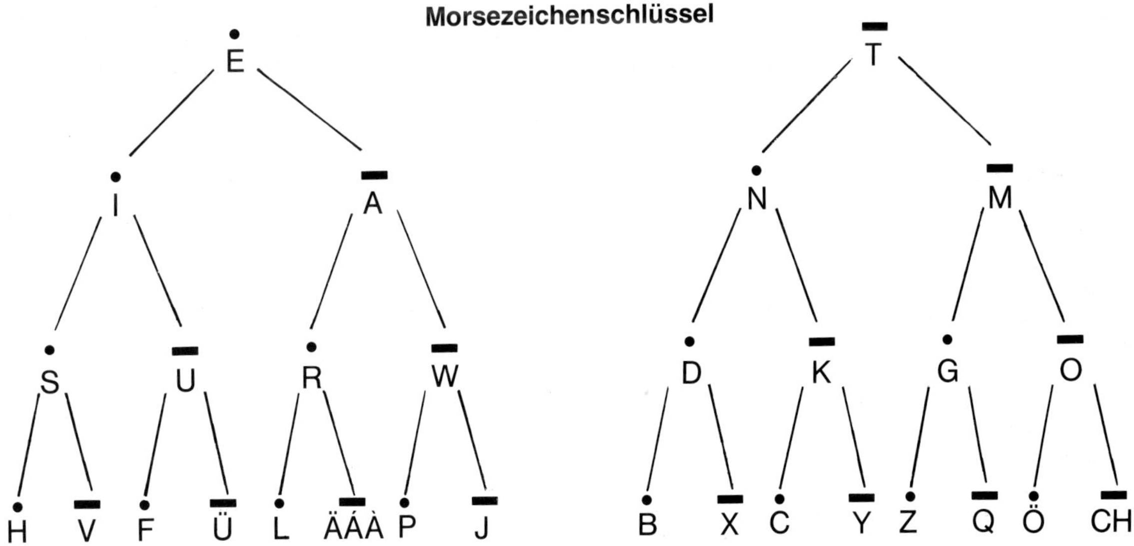

Sendefolge und Funkfeuergruppen

Sendefolge	Sendebeginn h + . . .				
1	00	06	12	18	24
	30	36	42	48	54
2	01	07	13	19	25
	31	37	43	49	55
3	02	08	14	20	26
	32	38	44	50	56
4	03	09	15	21	27
	33	39	45	51	57
5	04	10	16	22	28
	34	40	46	52	58
6	05	11	17	23	29
	35	41	47	53	59

Die Sendefolge

Das Peilfunksignal – bestehend aus Kennung und Peilstrich – wird nicht von allen Funkfeuern ununterbrochen gesendet. Es gibt eine Reihe von Funkfeuern, die nur zeitweise senden, und zwar in einem wohldefinierten Minutenzyklus. Dieser Zyklus, den man Sendefolge nennt, erlaubt uns die genaue Bestimmung der Sendezeit, so daß wir wissen, wann ein bestimmtes Funkfeuer sein Peilfunksignal abgibt.
Zu diesem Zweck teilt man die Sendestunde in zehn Abschnitte von je sechs Minuten und bezeichnet die erste Minute in jedem Abschnitt mit 1, die zweite Minute in jedem Abschnitt mit 2, die dritte Minute mit 3 und so weiter. Man kann so mit einer der Ziffern 1 bis 6 genau jede Minute innerhalb eines 6-Minuten-Zyklus festlegen.
Da die Abgabe des Peilfunksignales genau eine Minute dauert, können wir aus dem obenstehenden Schema „Sendefolge" ablesen, daß beispielsweise ein Sender mit der Sendefolge 3 sein Peilfunksignal genau um 1202, 1208, 1214, 1220, 1226, 1232, 1238, 1244, 1250 und um 1256 sendet. Das nächste Peilfunksignal wird um 1302 gesendet. Es gibt Sender, deren Sendefolge 1–6 lautet, die also ununterbrochen Peilfunksignale abgeben. Es gibt andere Sender, deren Sendefolge aus einer Zweier- oder Dreierkombination besteht, zum Beispiel 1,2 oder 1,4 oder 2,4,6. Jede denkbare Kombination innerhalb eines 6-Minuten-Zyklus ist möglich.

Klarwettersendung

Die Festlegung der Sendefolge bezieht sich nur auf Nebel und verminderte Sicht. Für klares Wetter erfolgt eine eigene Festlegung über die Sendezeiten, die ebenfalls im Nautischen Funkdienst aufgeführt ist, und zwar als Klarwettersendung. So können wir im Nautischen Funkdienst beispielsweise folgende Angaben finden:
Sendefolge: 3, 4
Klarwettersendung: h + 02, 08, 32, 38
Dieser Sender sendet bei Nebel gemäß der Sendefolge 3, 4; bei klarem Wetter jedoch nur zu jeder vollen Stunde + 02, 08, 32 und 38 Minuten. Manchmal finden wir im Nautischen Funkdienst:
Sendefolge: ununterbrochen
Klarwettersendung: h + 00–30 um 0600, 0900, 1200, 1800, 2300.

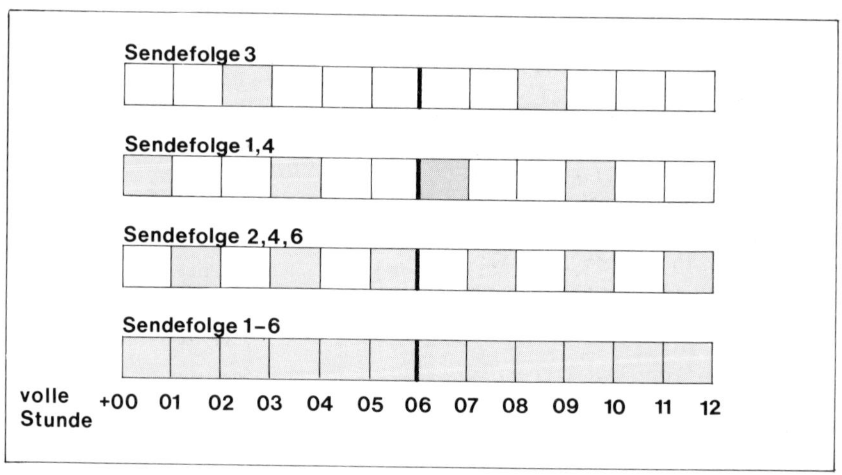

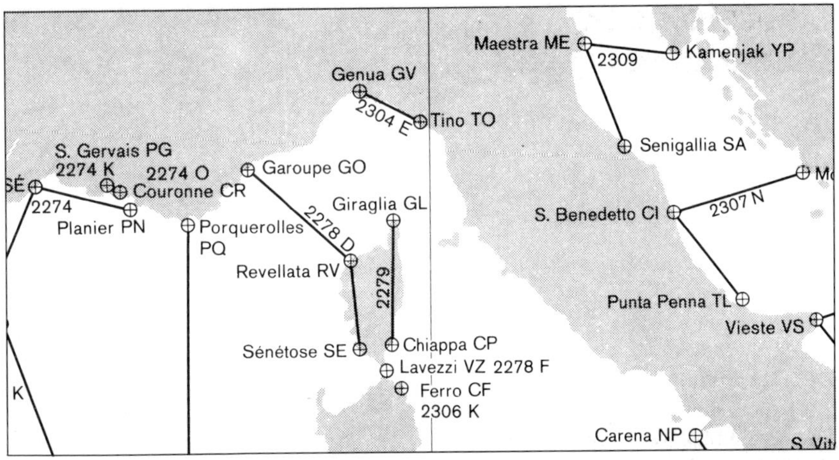

In diesem Fall wird das Peilfunksignal bei Nebel ununterbrochen gegeben, bei klarem Wetter jedoch nur während der ersten halben Stunde nach 0000, 0600, 0900, 1200, 1800 und nach 2300.
Macht ein Funkfeuer keinen Unterschied zwischen Nebel und Klarwetter, so findet man beispielsweise:
Sendefolge: 3, 4
Klarwettersendung: h + 00–60
Die Klarwettersendung erfolgt in diesem Fall also im gleichen Zyklus, wie die Sendefolge angibt.
Ein weiteres Beispiel: Bei einem Sender findet man im Nautischen Funkdienst die Angabe:
Nebel- und Klarwettersendung: ununterbrochen
Die Situation dürfte klar sein: Dieser Sender sendet unabhängig von den Sichtbedingungen ununterbrochen.

Funkfeuergruppen

Zur Schiffsortbestimmung benötigen wir bekanntlich mindestens zwei Standlinien. Dies gilt auch in der Funknavigation. Jede Funkpeilung gibt uns eine Standlinie; um unseren Schiffsort zu erhalten, müssen wir also mindestens zwei verschiedene Funkfeuer peilen. Wir gehen also ähnlich vor wie bei der Kreuzpeilung, indem wir zwei Funkpeillinien ermitteln, die sich in unserem Schiffsort schneiden. Auch hier gelten die grundsätzlichen Überlegungen zur Kreuzpeilung: Beide Peillinien sollten sich nicht unter einem zu spitzen beziehungsweise stumpfen Winkel schneiden, und zwischen beiden Peilungen sollte nicht zu viel Zeit verstreichen.
Um in kurzer Zeit zwei oder mehrere Funkpeilungen hintereinander durchführen zu können, hat man sogenannte Funkfeuergruppen eingeführt. Hierbei handelt es sich um mehrere (bis zu sechs) verschiedene Funkfeuer, die auf gleicher Frequenz senden und deren Sendefolgen so aufeinander abgestimmt sind, daß zu gleicher Zeit immer nur ein Sender der Gruppe sein Peilfunksignal abgibt.
Da alle Sender einer Funkfeuergruppe auf der gleichen Frequenz senden, brauchen wir nicht jeden Sender einzeln auf dem Frequenzband zu suchen und einzustellen, bevor wir mit der Funkpeilung beginnen können. Es genügt vielmehr, wenn wir die Sendefrequenz der Gruppe vor dem Funkpeilen einmal einstellen, da sie für alle zur Gruppe gehörenden Sender gilt.
Das Küstengebiet der Nord- und Ostsee und das Mittelmeer sind mit einer Vielzahl solcher Funkfeuergruppen abgedeckt. Um sich ein genaues Bild über die geographische Lage der einzelnen zu einer Funkfeuergruppe gehörenden Sender machen zu können, sollten wir die dem Jachtfunkdienst beigefügte Karte verwenden oder eine der sonst erhältlichen Funkfeuerkarten.

2278 D

Sénétose	41° 33,5′ N	8° 47,9′ E
La Revellata	42 34,9	8 43,5
La Garoupe	43 33,8	7 08,0

Frequenz: 294,2 kHz A 2 A

Kennung		Reichweite sm	Sendefolge	Klarwettersendung h+ ...
SE	Sénétose	100	1, 2	00—60
RV	Revellata	100	3, 4	00—60
GO	Garoupe	100	5, 6	00—60

Sendefolge

Sénétose	1, 2						
Revellata	3, 4						
Garoupe	5, 6						

Der Nautische Funkdienst

Der vom *Deutschen Hydrographischen Institut (DHI)* herausgegebene *Nautische Funkdienst* ist das Grundwerk für alle Informationen über den Funkverkehr, die Funkortung, den Wetterfunk und den Revierfunk. Er besteht aus vier Bänden.

Band I (Funkverkehr) enthält allgemeine Angaben über die Küstenfunkstellen und ihre Sonderdienste sowie die einschlägigen gesetzlichen Bestimmungen für den Funkverkehr auf See.

Band II (Funkortung) ist das Basiswerk für die Funknavigation. Es gibt die Sendezeiten, Frequenzen und Kennungen der Funkortungssender in allen Ortungsverfahren (Seefunkfeuer, Flugfunkfeuer, Consolfunkfeuer, Decca, Loran, Omega und Radar) für die gesamte Welt an.

In **Band III (Wetter- und Eisfunk)** finden wir die Sendezeiten und Frequenzen der von den Küstenfunkstellen ausgestrahlten Seewetterberichte sowie die Vorhersagegebiete und Verschlüsselungen dieser Sender.

Band IV (Revierfunk) enthält die einschlägigen Unterlagen für den UKW-Reviersprechfunk.

Einen regionalen Auszug aus den ersten drei Bänden des Nautischen Funkdienstes für die gesamte Ost- und Nordsee sowie die Gewässer um England enthält der **Sprechfunk für Küstenschiffahrt.** Speziell für die Sportschiffahrt wird der **Jachtfunkdienst** herausgegeben, ebenfalls ein Auszug aus den ersten drei Bänden des Nautischen Funkdienstes, der in zwei regionalen Bänden erscheint: Ein Band umfaßt die Nordsee sowie die westliche und mittlere Ostsee, ein weiterer Band das Mittelmeer.

Nautischer Funkdienst Band II

Band II des Nautischen Funkdienstes (Funkortung) ist in folgende Abschnitte gegliedert:

Abschnitt A enthält Allgemeines zur Funkortung, wie eine knappe Zusammenfassung über die Auswertung von Funkpeilungen in der Seekarte oder eine alphabetisch geordnete Liste der Kennungen aller Funkfeuer.

Abschnitt B enthält die genaue Beschreibung aller Seefunkfeuer der Welt nach Ländern geordnet. Bei jedem einzelnen Funkfeuer finden wir Angaben über

- den geographischen Ort des Feuers
- die verwendete Frequenz
- die Sendeart (wichtig für die Frage, ob der BFO *(beat frequency oscillator,* vgl. S. 57) zugeschaltet werden muß)
- die Reichweite in sm
- die Kennung in Morsebuchstaben
- die Sendefolge
- Klarwettersendung

Im Anhang finden wir eine alphabetische Namensliste der Seefunkfeuer. Wir haben also zwei alphabetische Register: Eins ist nach der Kennung, das andere nach dem Namen geordnet.

Im Abschnitt Ba sind alle für die Navigation auf See bedeutenden Flugfunkfeuer zusammengestellt.

Im letzten **Abschnitt C, D, E und F** finden wir alle Consolfunkfeuer, Decca-Ketten, Loran- und Omegasender sowie Radarbaken.

Für uns von Bedeutung sind vor allem die Abschnitte B (Seefunkfeuer), Ba (Flugfunkfeuer) und C (Consolfunkfeuer).

Korrekturdienst

Der *Nautische Funkdienst* und der *Sprechfunk für Küstenschiffahrt* werden durch monatlich erscheinende Nachträge berichtigt und ergänzt, da beide Werke nur in größeren Zeitabständen neu herausgegeben werden. Diese Werke werden also nicht im Rahmen der wöchentlich erscheinenden *Nachrichten für Seefahrer (NfS)* berichtigt.

Der *Jachtfunkdienst* dagegen erscheint jährlich zu Saisonbeginn neu und wird zwischenzeitlich nicht berichtigt.

Bundesrepublik Deutschland

2010 Großer Vogelsand 53° 59,8′ N 8° 28,7′ E
Frequenz: 301,1 kHz A2A — Reichweite: 10 sm
Kennung: VS
Sendefolge: 2, 4, 6
Klarwettersendung: h+00—60

2013 Kampen 54° 56,8′ N 8° 20,5′ E
Frequenz: 301,1 kHz A2A — Reichweite: 20 sm
Kennung: RF
Sendefolge: 1, 3, 5
Klarwettersendung: h+00—60

Ostsee

2016 Kalkgrund 54° 49,5′ N 9° 53,3′ E
Frequenz: 310,3 kHz A2A — Reichweite: 10 sm
Kennung: FS
Sendefolge: 1, 3, 5
Klarwettersendung: h+00—60

2017 A

Kiel, Leuchtturm 54° 30,0′ N 10° 16,5′ E
Fehmarnbelt, Feuerschiff * 54 35,9 N 11 09,0 E
Neuland 54 21,7 N 10 36,1 E

Frequenz: 294,2 kHz A2A

Kennung		Reichweite sm	Sendefolge	Klarwettersendung h+ . . .
KI	Kiel	30	1, 4	00—60
FE	Fehmarnbelt	30	2, 5	00—60
NL	Neuland	30	3, 6	00—60

* Wird bei Ausfall durch Nr. 2017 K ersetzt

2017 K Marienleuchte, Reserve-FF 54° 29,6′ N 11° 14,3′ E
Frequenz: 294,2 kHz A2A — Reichweite: 30 sm
Kennung: MR
Sendefolge: 2, 5
Klarwettersendung: h+00—60
Nur bei Ausfall von Fehmarnbelt, F-Sch. (Nr. 2017 A) in Betrieb
Probesendungen finden bei klarem Wetter am 1. und 15. der Monate Dezember bis März von 1200—1300 nach vorheriger Ankündigung durch naut. Warnnachricht statt; während dieser Zeiten sendet Fehmarnbelt, F-Sch. nicht

2018 K Travemünde 53° 57,7′ N 10° 53,1′ E
auf dem NO-Ende des Lotsenbootanlegers
Frequenz: 301,1 kHz A2A — Reichweite: 20 sm
Kennung: TD
Sendefolge: 1, 3, 5
Klarwettersendung: h+00—60

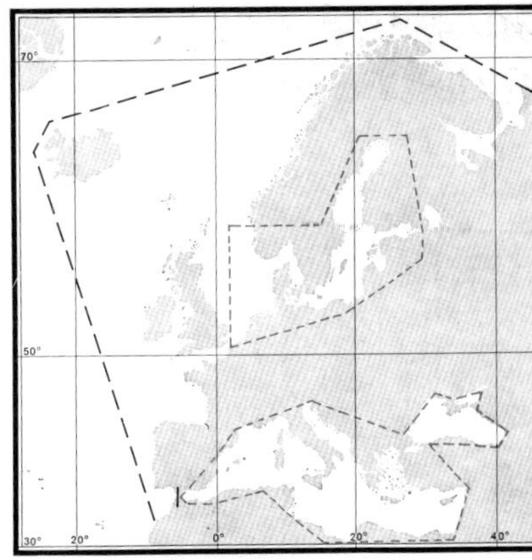

Oben: Hier können wir die vom „Sprechfunk für Küstenschiffahrt" sowie die vom „Jachtfunkdienst Nord- und Ostsee" und vom „Jachtfunkdienst Mittelmeer" abgedeckten Gebiete erkennen.

Links: Auszug aus dem Nautischen Funkdienst, Band II.

Nr. 2151

Deutsches Hydrographisches Institut
Hamburg

Nautischer Funkdienst

Band II

Funkortung

Ungenehmigter Nachdruck, auch auszugsweise, verboten

Herstellung:
Deutsches Hydrographisches Institut, Bernhard-Nocht-Straße 78, 2000 Hamburg 4

Funkfeuer in der Seekarte

In den meisten Seekarten ist die genaue geographische Lage der Funkfeuer eingetragen. Welche Symbole hierfür verwendet werden, können wir der Seekarte Nr. 1 entnehmen. Wir finden unten eine Zusammenstellung der für funktechnische Stationen verwendeten Zeichen und Abkürzungen. Beim Lesen dieser Symbole stellen wir fest, daß es eine Reihe verschiedener Arten von Funkfeuern gibt. Bisher haben wir uns bei unseren Überlegungen weitgehend auf das klassische Kreisfunkfeuer beschränkt, das am weitesten verbreitet ist.

Im einzelnen können wir folgende Arten funktechnischer Stationen unterscheiden:

Kreisfunkfeuer (RC.)

Es wird in der Seekarte mit den Buchstaben RC. (radiophare circulaire) abgekürzt und sendet nach allen Richtungen gleich starke ungerichtete Signale. Hierzu gehören auch die meisten Flugfunkfeuer.

Richtfunkfeuer (RD.)

Es wird in der Seekarte mit den Buchstaben RD. (radiophare directionel) abgekürzt und sendet gerichtete Peilfunksignale. Mit seiner Hilfe können wir – wie bei einem optischen Richt- oder Leitfeuer – enge Fahrwasser oder Hafeneinfahrten selbst bei unsichtigem Wetter sicher passieren (vgl. S. 82).

Drehfunkfeuer (RW.)

In der Seekarte wird es mit den Buchstaben RW. abgekürzt. Das bekannteste Drehfunkfeuersystem ist das **Consolfunkfeuer (CFF),** das in der Seekarte mit **RW.** bezeichnet wird. Das Consolfunkfeuer sendet ebenfalls gerichtete Peilfunksignale mit unterschiedlichen Kennungen in verschiedenen Sektoren (vgl. S. 86).

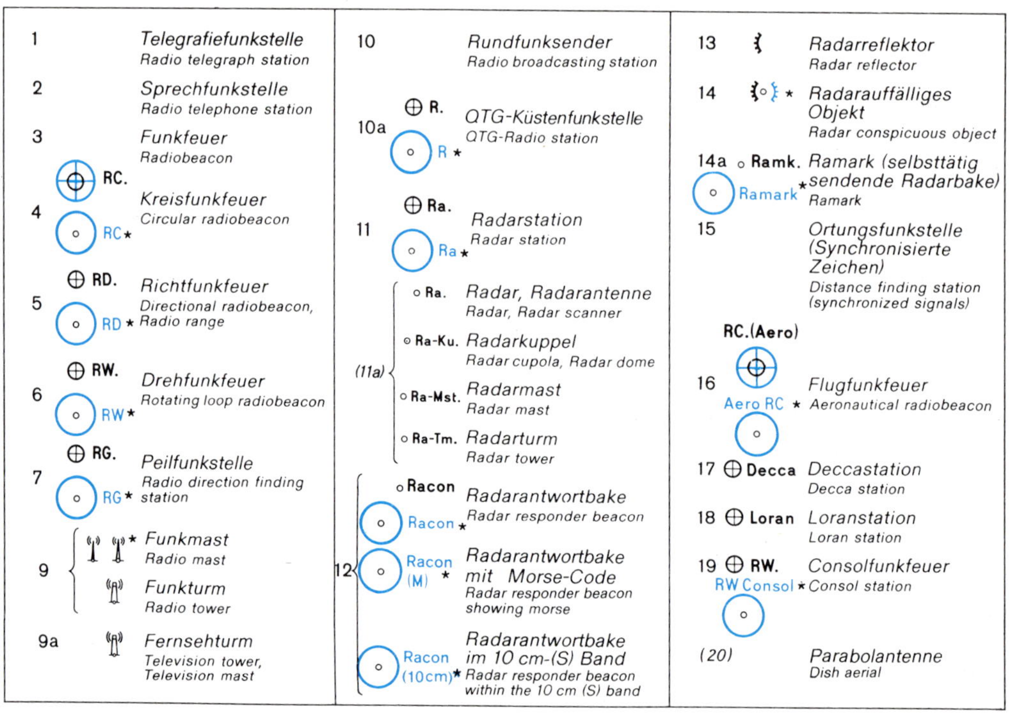

Funktechnische Stationen in der Seekarte (Auszug aus der vom DHI herausgegebenen Karte 1: Zeichen und Abkürzungen in den deutschen Seekarten.)

Peilfunkstelle (RG.)
Die in der Seekarte mit RG. (Radio Gonio) abgekürzten Peilfunkstellen sind Küstenfunkstellen, die auf Anforderung durch ein Schiff dessen Schiffsort durch Peilungen ermitteln können, wobei das beteiligte Schiff Peilfunksignale sendet.

QTG-Küstenfunkstelle (R.)
Sie wird in der Seekarte mit R. (Radio) abgekürzt. Eine QTG-Küstenfunkstelle sendet auf Ersuchen eines Schiffes Peilfunksignale, damit das Schiff seinen Schiffsort durch Peilen bestimmen kann. Die beiden letzten Verfahren setzen voraus, daß das Schiff zunächst über Sprechfunk mit der Peilfunkstelle beziehungsweise mit der QTG-Küstenfunkstelle Kontakt aufnehmen kann. Beide Verfahren werden nur gegen Gebühr vorgenommen.

Radar (Ra)
Für uns von Bedeutung sind in diesem Zusammenhang die Radarbaken. Man unterscheidet **Radarantwortbaken (Racon)** und **Radarbaken** im engeren Sinn **(Ramark).** Beide strahlen Impulse aus, die vom Schiffsradar empfangen und auf dem Bildschirm an Bord identifiziert werden können. Man kann so den Schiffsort zur Radarbake nach Peilung und Abstand bestimmen. Während Ramark nur mit einem Radarsender ausgestattet ist und auch nur die Feststellung der Peilung erlaubt, arbeitet Racon mit einem Radarempfänger, der in dem Moment, wo er von einem Radarstrahl getroffen wird, ein zusätzliches Signal, das Sekundär-Radar, aussendet. Racon erlaubt die Feststellung von Peilung und Abstand.

Decca und Loran
Beides sind Verfahren der Hyperbelnavigation (vgl. S. 94).

Flugfunkfeuer (RC. Aero)
Sie werden in der Seekarte mit RC. (Aero) abgekürzt. Da sich auch die Luftfahrt der Funkpeilung bedient, gibt es eine Reihe von Flugfunkfeuern, die auch wir für die Funkortung verwenden können. Das System der Flugfunkfeuer entspricht meist dem unserer Kreisfunkfeuer. Die für unsere Navigation interessanten Flugfunkfeuer finden wir auch in der Seekarte und im Nautischen Funkdienst.
Das Peilfunksignal der Flugfunkfeuer weicht geringfügig von dem der Seefunkfeuer ab: Es besteht gewöhnlich aus der Kennung und einem Abstimmstrich. In der Regel senden Flugfunkfeuer ununterbrochen, doch gibt es kleinere Sender, die sich dem Umfang des Flugverkehrs anpassen. Wir können also Flugfunkfeuer, deren Kennung wir identifizieren konnten, für unsere Navigation genausogut verwenden wie Seefunkfeuer. Allerdings sollten wir wissen, daß Flugfunkfeuer ohne vorherige Ankündigung geändert oder versetzt werden können.

Orthodrome und Loxodrome

Großkreis und Kurslinie

So verblüffend es im ersten Augenblick klingt, doch es stimmt: Die kürzeste Verbindung zweier Punkte auf der Erde ist meist nicht die Linie gleichen Kurses. Oder deutlicher: In der Regel segeln wir mit unseren am Kompaß orientierten Kursen Umwege.

Machen wir uns klar: Die kürzeste Verbindung zweier Punkte in der Ebene ist eine durch beide Punkte gelegte Gerade. Diesen Weg können wir auf der Erdkugel naturgemäß nicht wählen, denn wir müssen den von der Erdkrümmung vorgeschriebenen Bogen machen. Wenn wir uns jedoch auf einem Kreisbogen von einem Punkt zum anderen bewegen, so ist derjenige von vielen möglichen der kürzeste, dessen Radius am größten bzw. dessen Krümmung am kleinsten ist (A).

Den größtmöglichen Radius, den ein Kreis auf der Erdoberfläche haben kann, ist der Erdradius. Man nennt jeden Kreis mit diesem Radius einen **Groß- oder auch Größtkreis,** ein Stück auf seinem Kreisbogen eine **Orthodrome.** Jeder Großkreis hat den Erdmittelpunkt zum Mittelpunkt der von ihm gebildeten Fläche. Er stellt immer die kürzeste Verbindung zweier Punkte her. Zwischen zwei Punkten auf der Erdoberfläche kann andererseits immer ein Großkreis gelegt werden. Uns sind bereits einige spezielle Großkreise bekannt: der Äquator als einziger Breitenparallel, der zugleich auch Großkreis ist; und jeder Meridian ist immer auch die Hälfte eines Großkreises (Abb. B).

Steuern wir einen Kurs nach dem Kompaß, so schneiden wir ständig alle Meridiane unter dem gleichen Winkel. Da – mit Ausnahme des Äquators und der Meridiane selbst – kein Großkreis ständig den gleichen Winkel mit den von ihm gequerten Meridianen und Breitenkreisen bildet, ist unsere Kurslinie keine Orthodrome. Man nennt die Kursgleiche im Gegensatz hierzu **Loxodrome.** Wir segeln also immer Umwege – abgesehen von den beiden bekannten Ausnahmen, bei denen Loxodrome und Orthodrome zusammenfallen: bei jedem Nord- oder Südkurs, da wir uns auf der Orthodrome des Meridians bewegen; bei Ost- oder Westkursen, sofern wir auf dem Äquator segeln.

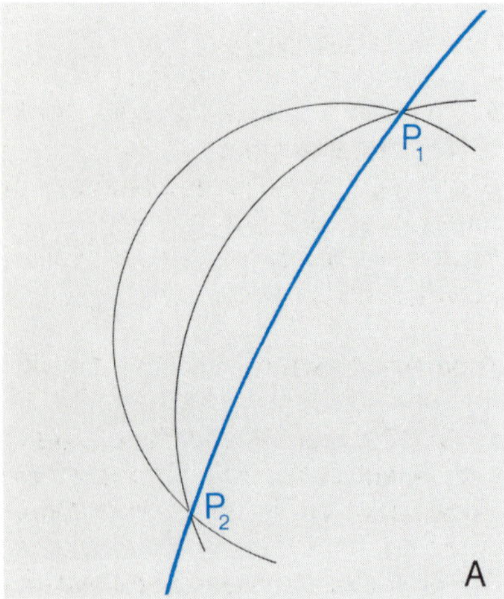

A

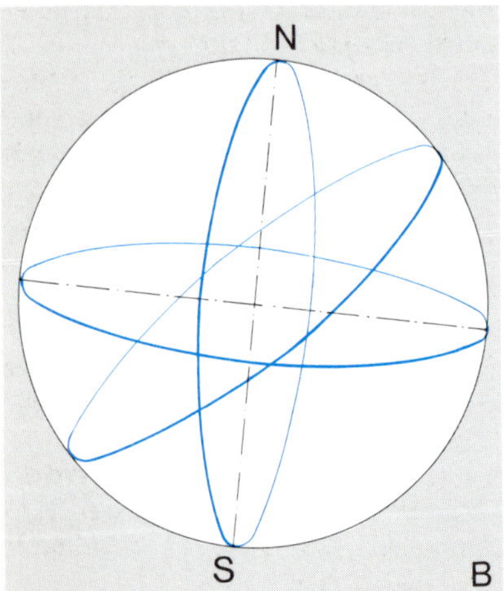

B

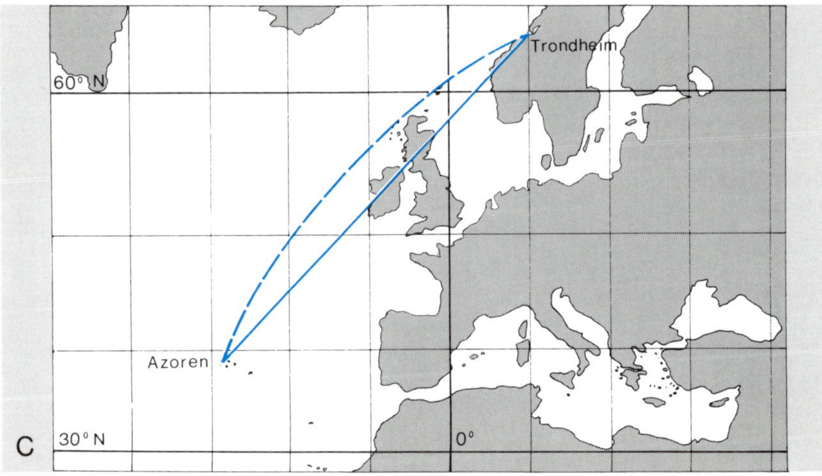

C

Ein Beispiel soll den Umweg der Loxodrome verdeutlichen: Stellen wir uns vor, wir laufen von einem beliebigen Punkt aus ständig Kurs Nordost, also 45°. Auf diesem Kurs werden wir mehrmals um die Erde laufen und uns spiralförmig dem Nordpol nähern – gewiß nicht auf dem kürzesten Weg.

Großkreisnavigation

Diesen durch den Kompaß entstehenden Fehler – denn allein auf Grund des Prinzips des Kompasses taucht dieser Fehler erst auf – kann man mit Hilfe der Großkreisnavigation ausgleichen. Hier wird der Kurs durch ständige Korrektur dem Großkreis angepaßt. Doch sollte der Segler den Fehler nicht überschätzen. Selbst auf einem langen Transatlantikkurs ist der Einfluß von Wind, Wetter und Strom weitaus bedeutender als der womöglich mit Hilfe des Großkreiskurses zu gewinnende Distanzunterschied. Erst in Gebieten mit vergleichsweise konstanten Wetterbedingungen und auf langen Ost-West-Distanzen (etwa im Südpazifik) wird Großkreisnavigation sinnvoll.

Mercatorkarte und gnomonische Karte

Der Unterschied zwischen Orthodrome und Loxodrome hat in der Funknavigation eine gewisse Bedeutung. Denn die elektromagnetische Welle hat die Eigenschaft, sich auf dem kürzesten Weg auszubreiten, also auf der Orthodromen zwischen Sender und Schiff – wenn man von Wegeablenkung oder Dämmerungseffekt (vgl. S. 66) absieht.
Die Orthodrome kann in der Mercatorkarte aber nicht als gerade Linie eingetragen werden. Wir müssen deshalb ein Verfahren finden, wie wir trotzdem unsere Funkstandlinie in der Mercatorkarte eintragen können. Dies geschieht rechnerisch mit Hilfe der sogenannten Loxodrombeschickung.
Daneben gibt es eine zweite Möglichkeit: Wir können in einer besonderen Kartenprojektion, dem gnomonischen Entwurf, arbeiten. In dieser Karte werden Orthodrome als gerade und Loxodrome als äquatorwärts gekrümmte Linien dargestellt (Abb. D). In einer gnomonischen Karte können wir also unsere Funkpeilung unmittelbar als Gerade eintragen.
Auf beide Verfahren, nämlich
- Auswertung einer Funkpeilung in der Mercatorkarte und
- Auswertung einer Funkpeilung in der gnomonischen Karte

werden wir auf den folgenden Seiten ausführlich eingehen.

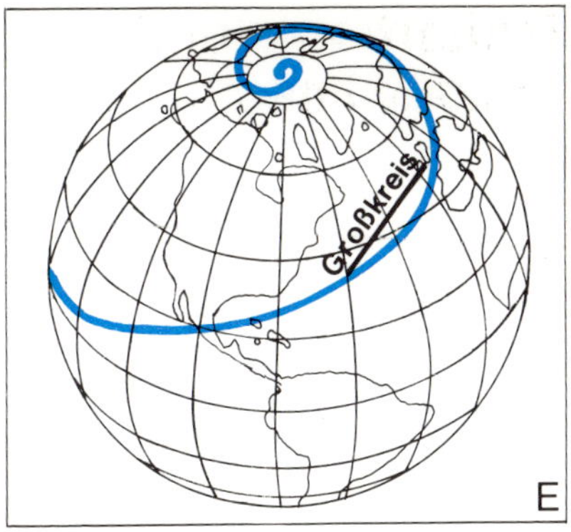

E

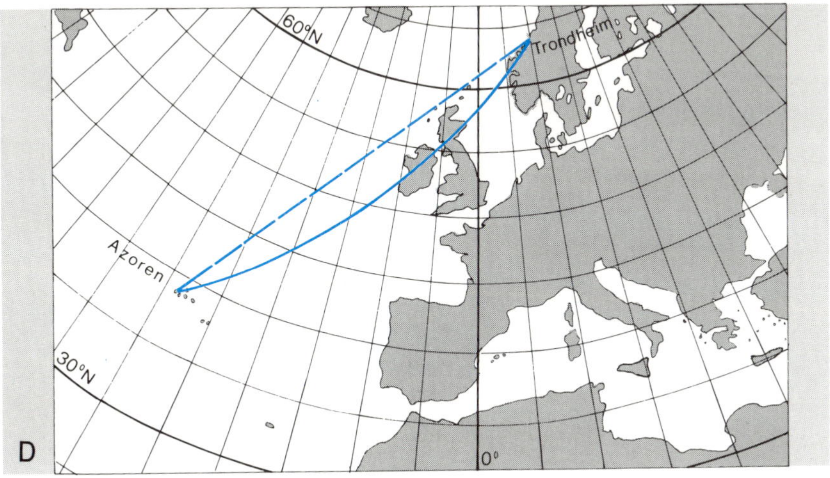

D

Zusammenfassung

1 Die kürzeste Verbindung zweier Punkte auf der Erdoberfläche ist die Orthodrome, ein Teilstück eines Großkreises.
Ein Großkreis ist jeder Kreis auf der Erdoberfläche mit dem größtmöglichen Radius. Er hat immer den Erdmittelpunkt zum Kreismittelpunkt.
2 Der vom Kompaß angegebene Kurs ist meist eine Loxodrome, die alle Meridiane unter dem gleichen Winkel schneidet. Die Loxodrome ist – abgesehen von der Ausnahme der Meridiane und des Äquators – nicht die kürzeste Verbindung zweier Punkte.
3 In der Mercatorkarte wird die Orthodrome als polwärts gekrümmte Linie, die Loxodrome als gerade Linie dargestellt.
4 In der gnomonischen Karte wird die Orthodrome als gerade Linie, die Loxodrome als äquatorwärts gekrümmte Linie dargestellt.

Die Loxodrombeschickung

Die elektromagnetische Welle nimmt vom Funkfeuer zum Schiff den kürzesten Weg, also den Weg des Großkreises. Da wir den Großkreis in der Mercatorkarte nicht als Gerade darstellen können, müssen wir unser Funkazimut, das nichts anderes als die am Schiffsort beobachtete Großkreispeilung ist, entsprechend berichtigen. Dies geschieht durch die Loxodrombeschickung.

- Die **Loxodrombeschickung *u*** ist der Winkel zwischen der am Schiffsort vorgenommenen Großkreispeilung GKP des Funkfeuers und der Loxodrompeilung LoxP zum Funkfeuer.

Hierbei ist die **Loxodrompeilung LoxP** der Winkel zwischen dem Ortsmeridian und der Loxodrome, die **Großkreispeilung GKP** das Funkazimut, also der Winkel zwischen Ortsmeridian und der im Schiffsort gezogenen Tangente an den Großkreis.

Es gilt also:

LoxP = GKP

Die Werte der Loxodrombeschickung *u* können wir einer Tabelle im *Nautischen Funkdienst (NF II)*, im *Sprechfunk für Küstenschiffahrt (SFK)* oder im *Jachtfunkdienst* sowie der Tafel 8 in *Fulst, Nautische Tafeln* entnehmen.

Mittelbreite und Längenunterschied

Die Loxodrombeschickung *u* ist abhängig von

- dem **Längenunterschied l** der geographischen Länge von Schiffsort und Funkfeuer sowie
- der **Mittelbreite** φ_m der geographischen Breite von Schiff und Funkfeuer.

Je größer der Längenunterschied zwischen Schiffsort und Funkfeuer ist, desto größer ist auch die Loxodrombeschickung. Denn der Unterschied zwischen Großkreis und Loxodrome ist immer dann am größten, wenn die verbundenen Orte in west-östlicher Richtung zueinander liegen. In Nord-Süd-Richtung dagegen fällt die Loxodrome mit dem Meridian, einem Großkreis, zusammen. Deshalb brauchen wir auch bei einem Funkazimut von 0° und 180° keine Loxodrombeschickung zu berücksichtigen, denn der Längenunterschied in diesem Fall beträgt Null.

Vorzeichenregel

Da die Loxodrome stets äquatorwärts vom Großkreis verläuft, werden alle östlichen Großkreispeilungen (Peilungen zwischen 0° und 180°) um die Loxodrombeschickung *u* vergrößert. Wir addieren also in diesen Fällen die Loxodrombeschickung *u* zur Großkreispeilung GKP, um die Loxodrompeilung LoxP zu erhalten.

Bei westlichen Großkreispeilungen dagegen (Peilungen zwischen 180° und 360°) muß die Großkreispeilung GKP um die Loxodrombeschickung *u* vermindert werden. Wir ziehen in diesen Fällen also die Loxodrombeschickung *u* von der Großkreispeilung GKP ab, um die gesuchte Loxodrompeilung LoxP zu erhalten. Also:

Bei Großkreispeilungen bis zu 180° erhält *u* ein positives Vorzeichen (+), bei Großkreispeilungen über 180° ein negatives Vorzeichen (−).

Diese Regel gilt nur auf der Nordhalbkugel. Auf der Südhalbkugel müssen die Vorzeichen vertauscht werden, da dort der Äquator im Norden liegt und die Loxodrome nördlich des Großkreises verläuft.

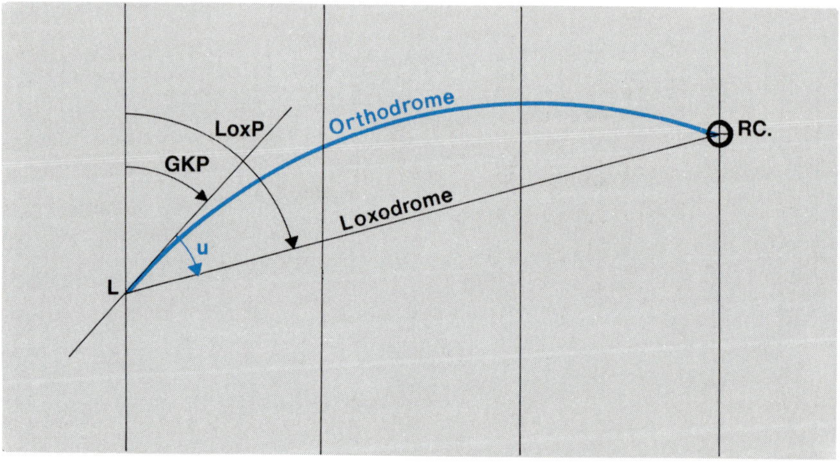

Die Loxodrombeschickung u ist der Winkel zwischen der am Schiffsort vorgenommenen Großkreispeilung des Funkfeuers und der Loxodrompeilung zum Funkfeuer.

Loxodrombeschickung

Mittelbreite

Längen-unterschied	0	5	10	15	20	25	30	35	40	45	50	55	60	65	70	75	Längen-unterschied
°		°	°	°	°	°	°	°	°	°	°	°	°	°	°	°	°
1		0,0	0,1	0.1	0,2	0,2	0,3	0.3	0,3	0.4	0,4	0,4	0.4	0.5	0.5	0,5	1
2		0,1	0,2	0,3	0.3	0,4	0.5	0.6	0,6	0.7	0,8	0,8	0,9	0.9	0,9	1,0	2
3		0,1	0,3	0,4	0,5	0,6	0,7	0,9	1,0	1.0	1,1	1,2	1,3	1.3	1,4	1,4	3
4		0,2	0,3	0.5	0,7	0,8	1.0	1,1	1,3	1,4	1,5	1,6	1.7	1.8	1,9	1.9	4
5		0.2	0,4	0,6	0,9	1,1	1,3	1,4	1,6	1,8	1,9	1,9	2,0	2,2	2,3	2,4	5
6		0,3	0,5	0,8	1,0	1,3	1,5	1,7	1,9	2,1	2.3	2,5	2,6	2,7	2.8	2,9	6
7		0,3	0,6	0,9	1,2	1,5	1,8	2,0	2,3	2,5	2,7	2,9	3.0	3.2	3,3	3,4	7
8		0,3	0,7	1,0	1,4	1,7	2,0	2.3	2,6	2,8	3,1	3.3	3,5	3,6	3,8	3,9	8
9		0,4	0.8	1,2	1,5	1,9	2,3	2.6	2.9	3,2	3.5	3,7	3,9	4,1	4.2	4,3	9
10		0,4	0,9	1,3	1,7	2,1	2,5	2,9	3,2	3,5	3,8	4,1	4,3	4,5	4,7	4,9	10
11		0,5	1,0	1,4	1,9	2,3	2,7	3,1	3,5	3,9	4,2	4.5	4,7	5,0	5,1	5,3	11
12		0.5	1,0	1,6	2,1	2,5	3,0	3,4	3,9	4,2	4,6	4,9	5,2	5,4	5,6	5,8	12
13		0,6	1,1	1,7	2,2	2,8	3,3	3,7	4,2	4,6	5,0	5,3	5.6	5,9	6.1	6.3	13
14		0.6	1,2	1,8	2,4	3,0	3,5	4,0	4,5	5,0	5,4	5,7	6,1	6.3	6,6	6.8	14
15		0,7	1,3	1,9	2,6	3,2	3,7	4,3	4,8	5,3	5,7	6,1	6,5	6,8	7,0	7,2	15
16		0.7	1.4	2,1	2,8	3.4	4,0	4,6	5,2	5,7	6.1	6,6	6,9	7,3	7,5	7,7	16
17		0,7	1,5	2.2	2,9	3,6	4,2	4,9	5,5	6,0	6,5	7,0	7,3	7,6	8,0	8,1	17
18		0.8	1,6	2,3	3,1	3,8	4,5	5,2	5,8	6,4	6,9	7,4	7,8	8,2	8,5	8,7	18
19		0,8	1,7	2,4	3,3	4,0	4,7	5,5	6,1	6,7	7,3	7,8	8,1	8,5	8,8	9,1	19
20		0,9	1,8	2.6	3,5	4,3	5,0	5,8	6,5	7,1	7,7	8,2	8,7	9,1	9,4	9,7	20
22		1,0	1,9	2,9	3,8	4,7	5,5	6,4	7,1	7,8	8.5	9,0	9,6	10,0	10,4	10,6	22
24		1,1	2,1	3,1	4,2	5,1	6,0	7.0	7,8	8,5	9.2	9.9	10,4	10,9	11,3	11,6	24
26		1.2	2,3	3,4	4,5	5,6	6,6	7,5	8,4	9,3	10,0	10,7	11,3	11,8	12,2	12,6	26
28		1.2	2,5	3,7	4,9	6,0	7,1	8.1	9,1	10,0	10.8	11,5	12,2	12.7	13,2	13,5	28
30		1.3	2.7	4.0	5,2	6,5	7,6	8,7	9,8	10,7	11,6	12,4	13,1	13,6	14,1	14,5	30
32		1,4	2.9	4.2	5.6	6,9	8,2	9,3	10,4	11,5	12.4	13,2	13,9	14,6	15,1	15,5	32
34		1,5	3,0	4,5	6,0	7,4	8,7	9,9	11,1	12,2	13,2	14,1	14,8	15,5	16,0	16,4	34
36		1,6	3,2	4,8	6,3	7.8	9,2	10,6	11,8	12.9	14,0	14.9	15,7	16,4	17,0	17,4	36
38		1,7	3.4	5.1	6.7	8,3	9.8	11.2	12,5	13,7	14,8	15,8	16,6	17,3	17,9	18,4	38
40		1,8	3,6	5,4	7,1	8,7	10,3	11,8	13,2	14,4	15,6	16,6	17,5	18,3	18,9	19,4	40
Längen-unterschied	0	5	10	15	20	25	30	35	40	45	50	55	60	65	70	75	Längen-unterschied

Mittelbreite

Ein Beispiel:
Eine Yacht steht auf 54° N und 010° E. Ein angepeiltes Funkfeuer hat die Position 56° N, 014°E. Welche Loxodrombeschickung muß berücksichtigt werden?
Längenunterschied l: 014° −010° = 4°.
Mittelbreite φ_m: 55°.
Aus der Tabelle erhalten wir eine Loxodrombeschickung *u* von 1,6°. Vorzeichen: +, da es sich um eine östliche Großkreispeilung handelt.

Tabelle „Loxodrombeschickung" aus dem Nautischen Funkdienst Band II, dem Sprechfunk für Küstenschiffahrt (SfK) oder dem Jachtfunkdienst. Eine ähnliche Tabelle findet man in Tafel 8 bei Fulst, Nautische Tafeln.

Auswertung der Funkeigenpeilung in der Seekarte

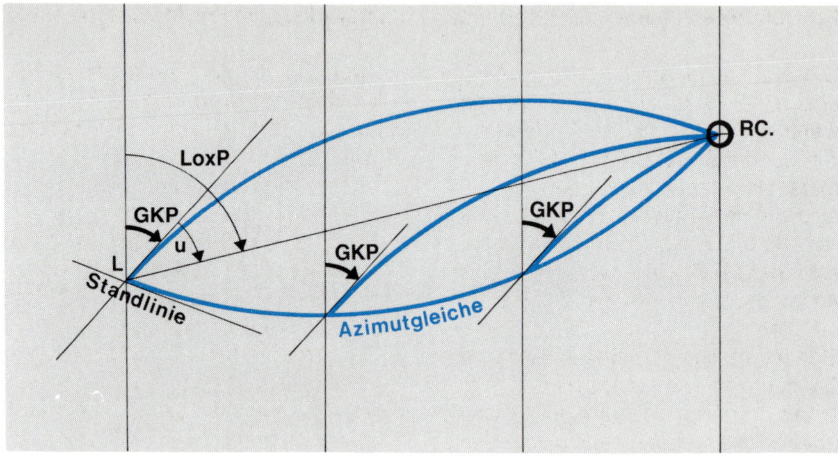

Die Azimutgleiche

Genaugenommen ist aber auch die Loxodrompeilung LoxP noch nicht unsere Standlinie. Denn die Funkstandlinie wäre der geometrische Ort aller Punkte, von dem aus ein Funkfeuer unter der gleichen Großkreispeilung GKP gepeilt wird. Diese Standlinie nennt man Azimutgleiche.

● **Azimutgleiche** ist also die Linie, auf der sich alle Schiffe befinden, die dasselbe Funkfeuer unter der gleichen Großkreispeilung GKP peilen.

Wie wir in der obenstehenden Abbildung erkennen können, ist die Azimutgleiche eine äquatorwärts gekrümmte Linie, die etwa spiegelbildlich zur Großkreispeilung verläuft.

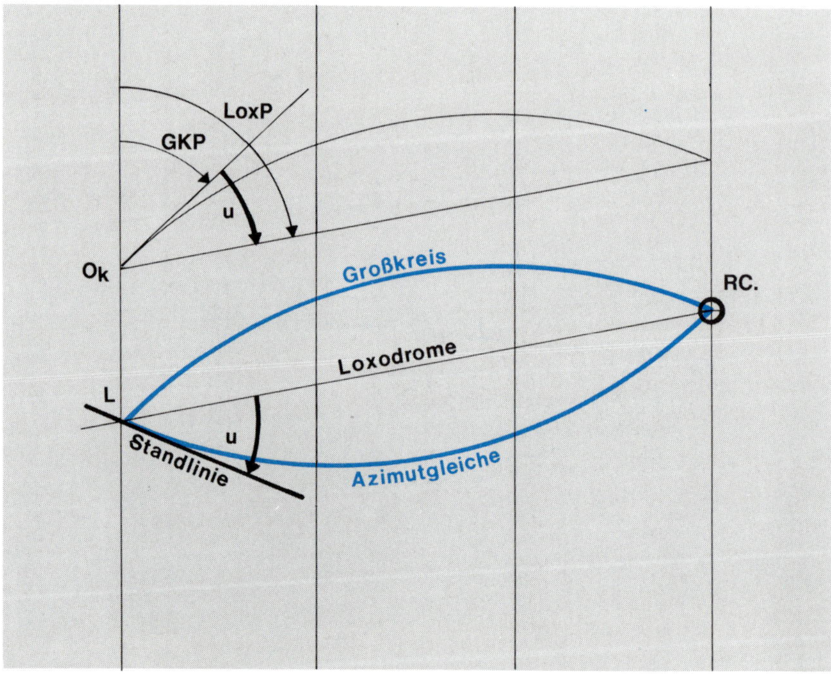

Oben: Von jedem Punkt der Azimutgleiche aus peilt man das Funkfeuer RC. unter der gleichen Großkreispeilung GKP.
Unten: Auswertung einer Funkeigenpeilung in der Mercatorkarte.

Funkstandlinie in der Mercatorkarte

Um aus der Loxodrompeilung endlich unsere Funkstandlinie zu erhalten, wenden wir das gleiche Verfahren an wie bei der Beschickung des Funkazimuts zur Loxodrompeilung. Wir tragen also an die Loxodrompeilung in unserem Ortsmeridian die Loxodrombeschickung *u* äquatorwärts an, um die Azimutgleiche in unserem Schiffsort zu erhalten.

Genaugenommen erhalten wir nur die Tangente an die Azimutgleiche in unserem Schiffsort. Wir können also die gewonnene Standlinie nicht beliebig weit verlängern, da sie eine Gerade ist, die Azimutgleiche dagegen eine gekrümmte Linie. Wir können diese Gerade aber im näheren Bereich des Leitpunktes L als Standlinie betrachten.

Konstruktion in der Mercatorkarte

Wir gehen also folgendermaßen vor:

1 Wir beschicken unsere abgelesene Funkseitenpeilung q zum Funkazimut FuAz:

q + f = p
p + rwK = FuAz = GKP

2 Die Großkreispeilung GKP wird mit der Loxodrombeschickung *u* zur Loxodrompeilung LoxP beschickt.

GKP + *u* = LoxP

3 Ausgehend von unserem gekoppelten Schiffsort O_k tragen wir diese Loxodrompeilung in der Seekarte ein und ziehen eine Parallele dazu durch das Funkfeuer RC. Diese Linie schneidet unseren Ortsmeridian im sogenannten Leitpunkt L.

4 Im Leitpunkt L tragen wir nochmals die Loxodrombeschickung *u* äquatorwärts an und erhalten als Standlinie die Tangente an die Azimutgleiche in unserem Schiffsort. Also:

LoxP + *u* = Azimutgleiche

Funkstandlinie in der gnomonischen Karte

Es kommt gelegentlich vor, daß wir die Auswertung von Funkpeilungen in einer gnomonischen Karte vornehmen – insbesondere bei den aus Consolfunkfeuerpeilungen gewonnenen Standlinien (vgl. S. 86). Wir sollten deshalb auch wissen, wie wir eine Funkeigenpeilung in der gnomonischen Karte richtig auswerten.

In der gnomonischen Karte stellen sich der Großkreis als Gerade, die Loxodrome und die Azimutgleiche als äquatorwärts gekrümmte Linien dar. Die Loxodrompeilung hat deshalb für die Konstruktion in der gnomonischen Karte keine Bedeutung. Wir versuchen deshalb, unmittelbar von der Großkreispeilung GKP zur Azimutgleiche zu kommen.

Konstruktion in der gnomonischen Karte

1 Wir beschicken die abgelesene Funkseitenpeilung q zur Großkreispeilung GKP und tragen sie ausgehend von unserem Koppelort O_k in der Karte als Gerade ein.

2 Wir ziehen hierzu eine durch das Funkfeuer laufende Parallele, die den Ortsmeridian im Leitpunkt L schneidet.

3 Im Leitpunkt L wird die zweifache Loxodrombeschickung 2*u* äquatorwärts angetragen. Wir erhalten so die Standlinie, also die Tangente an die Azimutgleiche im Leitpunkt L. Den Winkel 2*u* nennt man auch **Konvergenz k.** Er stellt das Maß der Neigung der Meridiane in einer gnomonischen Karte dar.

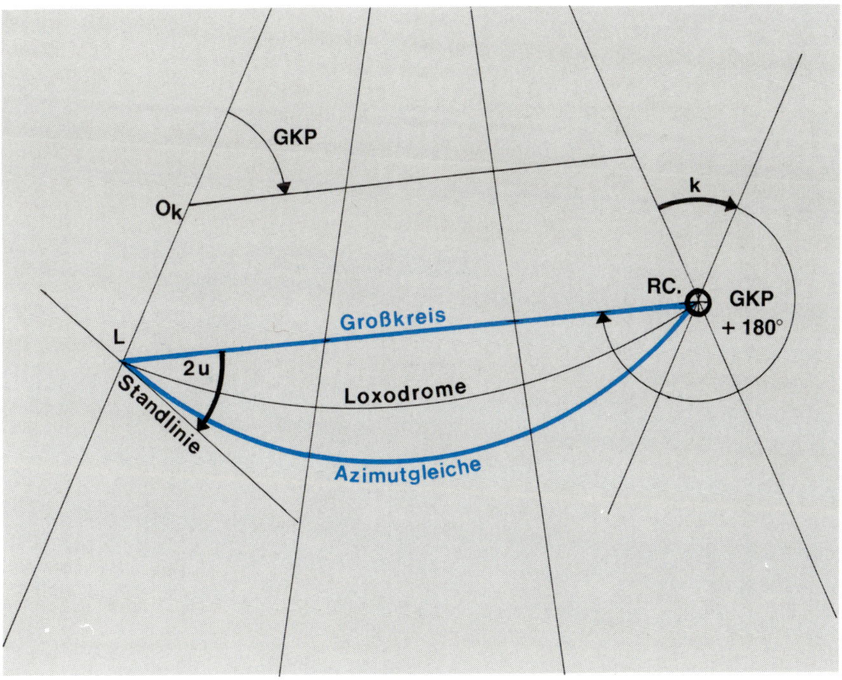

Auswertung einer Funkeigenpeilung in der gnomonischen Karte.

Das Richtfunkfeuer

Richtfunkfeuer – Leitfeuer

Das Richtfunkfeuer – in der Seekarte mit RD. *(radiophare directionel)* abgekürzt – stellt wohl das einfachste Verfahren der Funknavigation dar. Anders als das Kreisfunkfeuer, das nach allen Seiten gleich starke Signale aussendet, sendet das Richtfunkfeuer **gerichtete Signale,** die nur in einem genau festgelegten Sektor empfangen werden können. Mit Hilfe dieser Signale können wir wie bei einem optischen Leitfeuer enge Fahrwasser oder Hafeneinfahrten selbst bei unsichtigem Wetter sicher passieren.

Genaugenommen strahlt das Richtfunkfeuer über zwei spezielle Richtantennen zwei verschiedene Signale so aus, daß die einzelnen Sendesektoren scharf begrenzt sind und sich in einem schmalen Bereich überlappen. Bei den über beide Antennen ausgestrahlten Funksignalen handelt es sich um komplementäre Morsesignale, die sich im Überlappungsbereich, den man **Strichzone** nennt, zu einem Dauerton vereinigen. Immer dann, wenn wir beim Empfang diesen Dauerton hören können, befinden wir uns in der Strichzone, die die Mitte des Fahrwassers oder der Hafeneinfahrt markiert. Kommen wir von der Strichzone zur einen oder anderen Seite ab, so löst sich der Dauerton langsam auf in eines der beiden komplementären Morsezeichen. So können wir aus dem unten wiedergegebenen Ausschnitt aus dem Nautischen Funkdienst II erkennen, daß wir bei der Ansteuerung des Hafens *Boulogne* den Morsebuchstaben N (– ·) hören, wenn wir von der Strichzone nach Stb abkommen, und den Morsebuchstaben A (· –), wenn wir von der Strichzone nach Bb abkommen.

Der Senderhythmus beider Sender ist also so angelegt, daß die Ausstrahlungen des einen Senders genau in die Sendepausen des anderen Senders fallen. Befinden wir uns auf der Kurslinie, so hören wir beide Sender lückenlos ineinander überfließen. Kommen wir von der Kurslinie ab, können wir nur einen der beiden Sender empfangen.

Als komplementäre Morsezeichen werden meist die Buchstaben A und N verwendet. Doch findet man auch die Buchstabenpaare E (·) und T (–) sowie D (– · ·) und U (· · –). Welches dieser Zeichen auf der Bb-Seite und welches auf der Stb-Seite der Strichzone eingesetzt wird, ist – anders als beim Leit-

2245 F Boulogne, Richt-FF — 50° 44,4′ N 1° 35,8′ E
Frequenz: 289,6 kHz A2A — Reichweite: 5 sm
Richtsignal: A bzw. N siehe Karte
Die Tonhöhe ändert alle 5 Sekunden
Kurslinie: 101,5° — Strichzone: 5°
Nebel- und Klarwettersendung: ununterbrochen

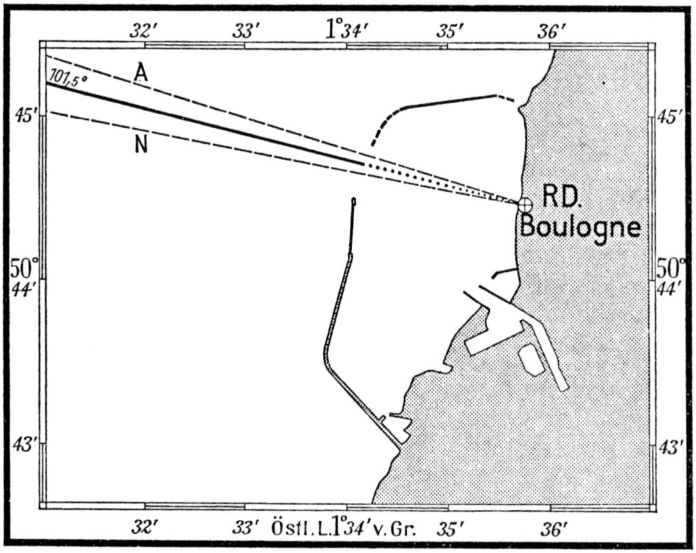

feuer – nicht festgelegt. Dies müssen wir dem Nautischen Funkdienst entnehmen.

Keine Peilantenne – keine Funkbeschickung

Beim Empfang eines Richtfunkfeuers verwenden wir nicht die Richtantenne, sondern die Hochantenne, da wir ja nicht die Richtung des Senders bestimmen, sondern mit Hilfe unseres Empfängers feststellen wollen, ob wir uns im Bereich der vom Richtfunkfeuer ausgestrahlten, gerichteten Signale befinden. Aus dem gleichen Grund brauchen wir auch keine Funkbeschickung zu berücksichtigen. Denn wir bestimmen nicht die Einfallsrichtung der vom Sender ausgestrahlten Signale, sondern ob wir uns im vom Richtfunkfeuer festgelegten Sendesektor befinden. Selbst wenn auf den letzten Metern an Bord das empfangene Signal abgelenkt wird, ändert dies nichts daran, daß wir uns innerhalb des vom Sender abgedeckten Sektors befinden.

Richtfunkfeuer im NF II

Im Nautischen Funkdienst II finden wir im Abschnitt B (Seefunkfeuer) auch die genaue Beschreibung aller Richtfunkfeuer. Neben den üblichen Angaben zur Frequenz, zur Sendeart, zum geographischen Standort und zur Nebel- und Klarwettersendung finden wir insbesondere Angaben über
- die Reichweite,
- das verwendete Richtsignal,
- die Kurslinie,
- die Breite der Strichzone.

Ergänzt werden diese Angaben durch eine genaue Planskizze.
Die **Reichweite** der Richtfunkfeuer ist vergleichsweise gering, da sie nicht der Schiffsortbestimmung, sondern der sicheren Ansteuerung von Hafeneinfahrten oder engen Fahrwassern dienen. Außerhalb der angegebenen Reichweite kann es beim Empfang zu Verfälschungen kommen.
Die **Kurslinie** ist ein rechtweisender Kurs – auf das Funkfeuer zuhaltend.
Die Anzahl der Richtfunkfeuer ist in den letzten Jahren mehr und mehr zurückgegangen, da immer mehr Schiffe – auch Sportyachten – mit Bordradar ausgerüstet werden, das eine weitaus bessere Navigationshilfe darstellt, wenn man genügend Erfahrung in der Auswertung von Radarbildern hat.

Ansteuerung

Die Ansteuerung mit Hilfe eines Richtfunkfeuers nimmt man am besten vor, indem der Rudergänger mit dem Kopfhörer arbeitet. Er kann sofort feststellen, wenn die Yacht von der Strichzone abkommt, und die erforderliche Kurskorrektur vornehmen. (Der Kopfhörer kann allerdings auch den Kompaß ablenken, wenn er zu nahe an den Kompaß kommt.)

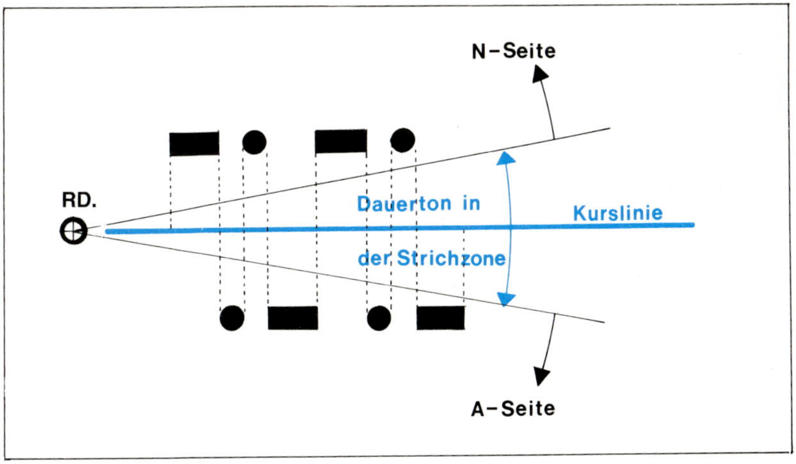

Funkzielfahrt

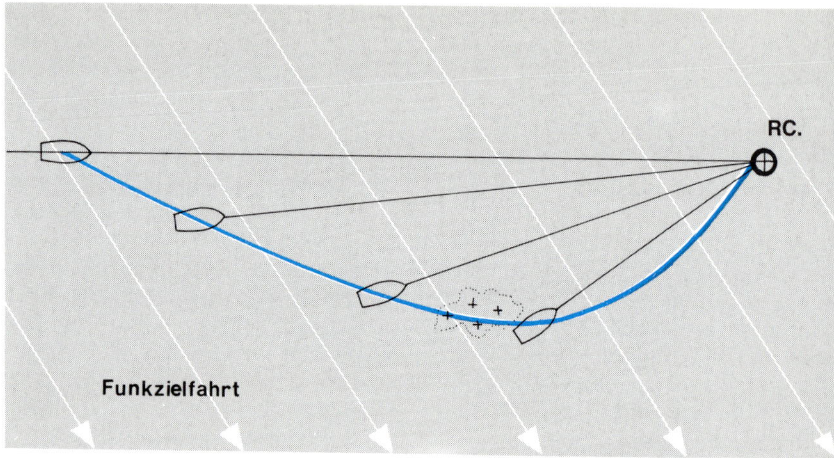

Mit dem Funkpeiler können wir eine Funkzielfahrt auf ein **Kreisfunkfeuer** zu durchführen. Das Funkfeuer liegt dann genau recht voraus, so daß die beschickte Funkseitenpeilung p 0° oder 360° beträgt. Wir erhalten die abgelesene Funkseitenpeilung q, indem wir p um die Funkbeschickung f berichtigen. Stellen wir nun unsere Peilantenne so ein, wie q uns angibt, haben wir den angesteuerten Funkpeilsender genau dann voraus, wenn wir ihn im Minimum hören.

In der Funkbeschickungstabelle ist f allerdings in Abhängigkeit von q und nicht von p zusammengestellt, doch finden wir im graphisch dargestellten Funkdiagramm den Zusammenhang zwischen f und p, indem wir uns an der schräg verlaufenden Ordinate orientieren. Wir können dem Diagramm auf S. 64 eine Funkbeschickung f von + 2,5° für die beschickte Funkseitenpeilung p von 0° entnehmen.

Also: q = p – f

q = 360° – 2,5° = 357,5°

Zielfahrt bei Abdrift oder Strom

Nehmen wir eine Zielfahrt auf ein Kreisfunkfeuer bei Abdrift oder Strom vor, so müssen wir die Beschickung für Wind (BW) rechnerisch oder den Strom durch Konstruktion eines Stromdreiecks berücksichtigen. Denn sonst fahren wir in Form einer „Hundekurve" auf das Funkfeuer zu und kommen so möglicherweise genau über die Untiefen, von denen wir uns durch die Zielfahrt freihalten wollten.

Da die Funkseitenpeilung auf die Kielrichtung der Yacht bezogen ist, ergibt sich p genau als Differenz zwischen Kurs über Grund (KüG) und Kurs durch Wasser (KdW).

Zum Beispiel:
Eine Yacht möchte eine Zielfahrt auf ein Funkfeuer vornehmen. KüG = 90°, Strom 190° – 2 sm/h, FdW = 6 kn. Mit welcher abgelesenen Funkseitenpeilung liegt das Funkfeuer genau voraus? Durch Konstruktion des Stromdreiecks ergibt sich ein KdW von 071°. Wie wir der Abbildung unten entnehmen können, gilt: p = KüG – KdW

= 090° – 071° = 19°

Als f erhalten wir aus dem Funkbeschickungsdiagramm + 9°. Also:

q = p – f

q = 19° – 9° = 10°

Bei einer **Zielfahrt auf ein Richtfunkfeuer** zu besteht nicht die Gefahr, daß wir durch Wind oder Strom vom richtigen Kurs versetzt werden. Denn das Richtfunkfeuer strahlt gerichtete Signale aus, so daß wir uns immer auf der vom Richtfunkfeuer definierten Kurslinie befinden, wenn wir den Dauerton hören.

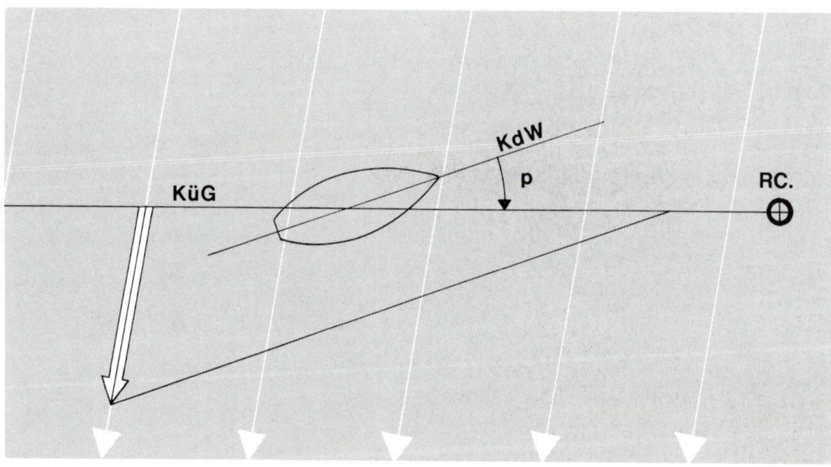

Das Consolfunkfeuer (CFF)

Kennung und Richtsignal

Das Consolfunkfeuer (CFF) ist ein Drehfunkfeuer, das in verschiedenen Sektoren gerichtete Signale aussendet. In der Seekarte wird es mit *RW.* gekennzeichnet.
Das von einem Consolfunkfeuer ausgestrahlte Funkortungssignal besteht aus

– einem **Richtsignal** im Tastzyklus von 60 Zeichen und
– einer ungerichteten **Kennung**.

Manche Consolfunkfeuer senden außerdem einen ungerichteten Peilstrich, der die Peilung des Consolfunkfeuers als Kreisfunkfeuer erlaubt. Richtsignal und Kennung haben eine Dauer von jeweils 30 Sekunden.

A- und B-Sektoren

Das Consolfunkfeuer sendet über drei, genau in einer Linie angeordnete Sendemasten. Die Verbindungslinie dieser drei Masten nennt man **Antennenlinie.** Die durch die Mittelantenne laufende Senkrechte zur Antennenlinie heißt **Hauptleitstrahl.** Antennenlinie und Hauptleitstrahl teilen das Gebiet um den Sender in vier Quadranten, die ihrerseits in mehrere Sektoren unterteilt werden. Man unterscheidet A-Sektoren, in denen das Richtsignal mit einem oder mehreren Punkten beginnt, und B-Sektoren, in denen das Richtsignal mit einem oder einer Folge von Strichen beginnt. Die Breite der Sektoren ist nicht gleich groß, sondern wächst von etwa 10° am Hauptleitstrahl bis zu etwa 15° an der Antennenlinie.

Das Richtsignal

Das Richtsignal besteht aus

– **Punkten**,
– **Strichen** und dem
– **Gleichsignal**.

In den **A-Sektoren** beginnt es mit einem oder mehreren Punkten, die langsam in den Dauerton des Gleichsignals übergehen, an das sich ein oder mehrere Striche anschließen. In den **B-Sektoren** beginnt das Richtsignal mit einem oder mehreren Strichen, die langsam in das Gleichsignal übergehen, an das sich ein oder mehrere Punkte anschließen. Unsere Consolfunkfeuer-Standlinie erhalten wir dadurch, daß wir die Anzahl der Punkte beziehungsweise Striche vor und nach dem Gleichsignal zählen. Hieraus können wir ableiten, wo wir uns innerhalb eines Sektors beim Empfang des Richtsignals befinden.
Stehen wir beispielsweise genau in der Mitte eines B-Sektors **(Punkt P_1** in der Abb. rechts), so hören wir genau 30 Striche vor dem Gleichsignal und 30 Punkte nach dem Gleichsignal.
Befinden wir uns im **Punkt P_2,** also genau auf der Sektorengrenze zwischen dem B- und A-Sektor, so hören wir vor dem Dauerton des Gleichsignals 60 Striche.
Im **Punkt P_3,** also genau auf der Sektorengrenze zwischen dem A- und dem B-Sektor, hören wir vor dem Durchgang des Gleichsignals 60 Punkte.
Im **Punkt P_4,** also in der Mitte eines A-Sektors, hören wir zunächst 30 Punkte, dann das Gleichsignal und danach 30 Striche.
Im **Punkt P_5,** also innerhalb eines B-Sektors, aber ganz nahe an der linken Sektorengrenze zum A-Sektor, können wir etwa 50 Striche zählen und nach dem Durchgang des Gleichsignals noch 10 Punkte.

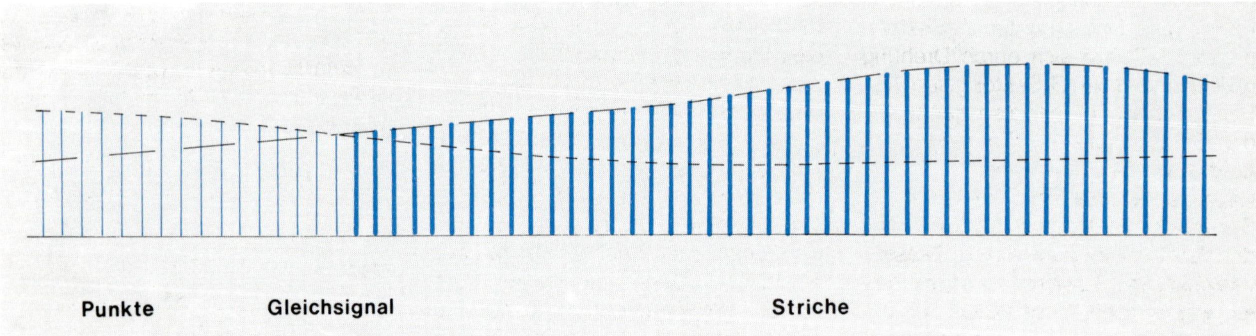

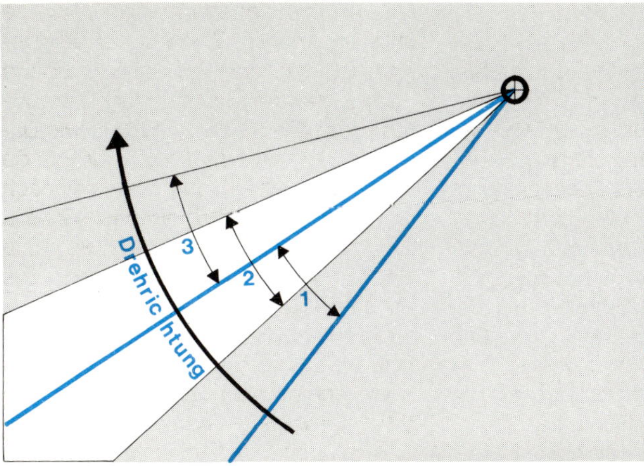

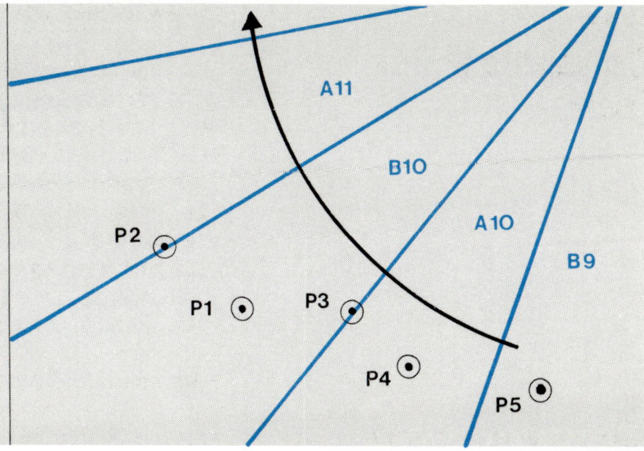

Prinzip des Drehfunkfeuers

Die unterschiedliche Zusammensetzung des Richtsignals an jedem Ort innerhalb eines Sektors wird durch eine **Drehung des Consol-Netzes** bewirkt. Das heißt, daß während der Ausstrahlung des Richtsignales sich jeder Sektor um genau eine Sektorenbreite weiterdreht. Die **Drehrichtung** ist in der Karte des jeweiligen Consolfunkfeuers im Nautischen Funkdienst im inneren Kreis um den Sender angegeben.

Im Punkt P_1 in der Mitte eines Strichsektors hören wir also während der ersten 15 Sekunden die restlichen 30 Striche des B-Sektors und nach Durchgang des Gleichsignals die ersten 30 Punkte des benachbarten A-Sektors, bis der A-Sektor sich durch Drehung gleichsam auf den B-Sektor gelegt hat. Das Gleichsignal fällt also genau mit der Sektorengrenze, die man auch **Leitstrahl** nennt, zusammen.

Nach Beendigung eines Zyklus von 30 Sekunden werden die Außensender, die den Drehvorgang durch Phasenverschiebung bewirken, ausgeschaltet, während der Mittelsender mit der Ausstrahlung seiner ungerichteten Kennung beginnt. Beim nächsten Beginn des Richtsignals erfolgt die gleiche Drehung von neuem.

Auszählung der Zeichen

In der Praxis erfolgt der Übergang von Punkten oder Strichen in das Gleichsignal verwaschen. Das heißt, die letzten Zeichen vor Beginn des Gleichsignals und die ersten Zeichen nach dem Gleichsignal werden vom Gleichsignal akustisch absorbiert. Aus diesem Grund hören wir niemals alle 60 Zeichen eines Richtsignals, sondern meistens 4 bis 5 weniger, die im Gleichsignal untergegangen sind. Dies müssen wir bei der Auswertung der gezählten Zeichen berücksichtigen, indem wir die Differenz aller abgezählten Zeichen zu 60 bilden und die Hälfte dieser Differenz den Punkten, die andere Hälfte den Strichen zurechnen. Ist die Differenz ungeradzahlig, so vernachlässigt man die bei der Halbierung entstehenden Bruchteile. Oft ist das Auszählen der Punkte oder Striche mit Hilfe eines elektrischen Zeigerinstrumentes leichter, da der Zeigerausschlag selbst dann erfolgt, wenn wir mit dem Ohr Lautstärkeunterschiede kaum noch wahrnehmen können.

Zwei Beispiele:

1 Auf einer Yacht zählt man 18 Punkte vor dem Gleichsignal und anschließend 38 Striche. Wie lautet der richtige Zählwert?

Man rechnet $18 + 38 = 56$
$60 - 56 = 4$
$4 : 2 = 2$

Also: $18 + 2 = 20$ Punkte
$38 + 2 = 40$ Striche

Der richtige Zählwert lautet also 20, da der Durchgang des Leitstrahls beim 20. Punkt beobachtet werden konnte.

2 Auf einer Yacht werden 21 Striche vor dem Gleichsignal und anschließend 34 Punkte gezählt. Wie lautet der richtige Zählwert?

Man rechnet: $21 + 34 = 55$
$60 - 55 = 5$
$5 : 2 = 2{,}5$

Also: $21 + 2 = 23$
$34 + 2 = 36$

Richtiger Zählwert: 23.

Consolfunkfeuer im Nautischen Funkdienst

Die mit Hilfe des Auszählens ermittelte CFF-Standlinie ist eine vom Sender ausgehende Orthodrome. Durch das Auszählen des Richtsignals erhalten wir einen Zählwert; jedem solchen Zählwert ist genau eine Orthodrome innerhalb eines Sektors zugeordnet.
Da der ermittelte Zählwert, zum Beispiel 15 Punkte, in jedem der A-Sektoren empfangen werden kann, müssen wir natürlich wissen, in welchem der verschiedenen A-Sektoren wir uns überhaupt befinden.
Dies ist meist kein Problem. Denn die einzelnen A-Sektoren liegen so weit auseinander, daß wir aufgrund unserer Koppelnavigation genau wissen, ob wir im Sektor A 9, A 10 oder A 11 stehen.

Reichweite und Genauigkeit

Die Reichweite eines CFF beträgt bei Tage über See 700–1200 sm, über Land 500–700 sm. Bei Nacht ist die Reichweite größer, über See beträgt sie bis etwa 1500 sm.
Bei Entfernungen **bis zu 25 sm** vom Sender sind die ermittelten Zählwerte unbrauchbar.
Zwischen 25 und 200 sm liefert das CFF tags und nachts gute Ergebnisse, da die Ausbreitung überwiegend über die Bodenwelle erfolgt.
Zwischen 200 und 400 sm erfolgt die Ausbreitung sowohl über die Boden- als auch über die Raumwelle, weshalb die Peilung in der Dämmerung und nachts unbrauchbar ist. Tagsüber erhalten wir jedoch brauchbare Ergebnisse, da dann der Einfluß der Raumwelle auf die Bodenwelle gering ist.
Über 400 sm hinaus erfolgt die Ausbreitung überwiegend über die Raumwelle, so daß das Funkfeuer tags und nachts gut empfangen werden kann.
Nachts sollten wir ein Consolfunkfeuer stets mehrfach auszählen und die erhaltenen Werte mitteln. Starke Abweichungen zeigen uns, daß Boden- und Raumwelle etwa gleich stark wirken, so daß wir die Peilung nicht auswerten können. Die obengenannten Entfernungen sind nur ungefähre Anhalts-

Norwegen

Stavanger (Varhaug) 58° 37′ 32″ N 5° 37′ 49″ O
Frequenz: 319 kHz 1,5 kW A 1 A
Kennung: LEC
Tastzyklus: 30 s
Sendezeit: ununterbrochen

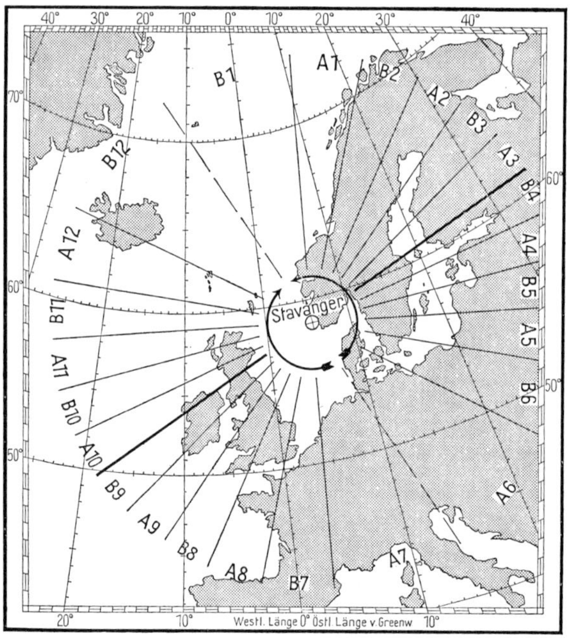

Abstand vom Sender	Ausbreitung	Dämmerungs- u. Nachteffekt	Güte der Peilung
bis 25 sm			unbrauchbar
25 – 200 sm	Bodenwelle	keiner	gut
200 – 400 sm	Boden- und Raumwelle	stark	tags: brauchbar nachts: unbrauchbar
über 400 sm	überwiegend Raumwelle	gering oder keiner	brauchbar bzw. gut

Stavanger

A-Sektoren
Richtsignal beginnt mit Punkten

Gezählte Punkte	1	2	3	4	5	6	7	8	9	10	11	12
0	023,0	046,7	067,0	087,3	111,0			203,0	226,7	247,0	267,3	291,0
2	022,5	046,3	066,7	087,0	110,6			203,4	227,0	247,3	267,7	291,5
4	022,0	045,9	066,3	086,6	110,1			203,9	227,4	247,7	268,1	292,0
6	021,5	045,6	066,0	086,3	109,7			204,3	227,7	248,0	268,4	292,5
8	021,0	045,2	065,7	085,9	109,2			204,8	228,1	248,3	268,8	293,0
10	020,6	044,9	065,3	085,6	108,8			205,2	228,4	248,7	269,1	293,4
12	020,1	044,5	065,0	085,2	108,3			205,7	228,8	249,0	269,5	293,9
14	019,6	044,1	064,7	084,9	107,9			206,1	229,1	249,3	269,9	294,4
16	019,1	043,8	064,3	084,5	107,4	152,6	161,4	206,6	229,5	249,7	270,2	294,9
18	018,6	043,4	064,0	084,2	107,0	149,4	164,6	207,0	229,8	250,0	270,6	295,4
20	018,1	043,1	063,7	083,8	106,6	147,2	166,8	207,4	230,2	250,3	270,9	295,9
22	017,6	042,7	063,3	083,5	106,2	145,4	168,6	207,8	230,5	250,7	271,3	296,4
24	017,1	042,3	063,0	083,2	105,7	143,9	170,1	208,3	230,8	251,0	271,7	296,9
26	016,6	042,0	062,7	082,8	105,3	142,5	171,5	208,7	231,2	251,3	272,0	297,4
28	016,0	041,6	062,3	082,5	104,9	141,2	172,8	209,1	231,5	251,7	272,4	298,0
30	015,5	041,2	062,0	082,1	104,5	140,0	174,0	209,5	231,9	252,0	272,8	298,5
32	015,0	040,9	061,7	081,8	104,1	138,9	175,1	209,9	232,2	252,3	273,1	299,0
34	014,4	040,5	061,3	081,4	103,6	137,9	176,1	210,4	232,6	252,7	273,5	299,6
36	013,9	040,1	061,0	081,1	103,2	136,9	177,1	210,8	232,9	253,0	273,9	300,1
38	013,3	039,8	060,7	080,8	102,8	136,0	178,0	211,2	233,2	253,3	274,2	300,7
40	012,8	039,4	060,3	080,4	102,4	135,1	178,9	211,6	233,6	253,7	274,6	301,2
42	012,2	039,0	060,0	080,1	102,0	134,2	179,8	212,0	233,9	254,0	275,0	301,8
44	011,6	038,6	059,7	079,7	101,6	133,3	180,7	212,4	234,3	254,3	275,4	302,4
46	011,0	038,2	059,3	079,4	101,2		181,5	212,8	234,6	254,7	275,8	303,0
48	010,4	037,9	059,0	079,0	100,8		182,3	213,2	235,0	255,0	276,1	303,6
50	009,8	037,5	058,7	078,7	100,4		183,0	213,6	235,3	255,3	276,5	304,2
52	009,2	037,1	058,3	078,4	100,0		183,8	214,0	235,6	255,7	276,9	304,8
54	008,6	036,7	058,0	078,0	099,6		184,5	214,4	236,0	256,0	277,3	305,4
56	007,9	036,3	057,7	077,7	099,2		185,2	214,8	236,3	256,3	277,7	306,1
58	007,3	036,0	057,3	077,3	098,8		185,9	215,2	236,7	256,7	278,0	306,7
60	006,6	035,6	057,0	077,0	098,4		186,6	215,6	237,0	257,0	278,4	307,4

Rechtweisende Peilung vom Consolfunkfeuer aus

Warnung. Die Werte im A 6-Sektor von den Punkten 46 bis 60 ergeben infolge ständiger Verzerrung für die Navigierung unbrauchbare Peilungen. Das Gebiet erstreckt sich keilförmig vom Sender aus über Skagerrak. Samsö-Belt und Sund bis zur pommerschen Küste.

Östlich des Verzerrungsgebietes sind Nachtpeilungen im Skagerrak und Kattegat unbrauchbar, obwohl man sich hier im Bodenwellenbereich befindet.

punkte; sie hängen von der geographischen Breite des Senders und der Jahreszeit ab. Auch sind die Übergänge zwischen den einzelnen Bereichen nicht scharf ausgeprägt, sondern fließend.

Da die Sektoren am Hauptleitstrahl am schmalsten sind, ist dort auch die Peilgenauigkeit am größten. In einem Bereich von etwa 10° beiderseits der Antennenlinie ist die Richtungsbestimmung unbrauchbar. Diese Bereiche werden deshalb sowohl in den Funkortungskarten als auch in den Peiltafeln des Nautischen Funkdienstes nicht ausgedruckt.

Eine abwechselnde Ausbreitung von CFF-Signalen über Land und See bewirken bei Consol keine Peilfehler. Natürlich nimmt die Genauigkeit mit wachsender Entfernung vom Sender ab, so daß wir bei größerer Entfernung eher einen Standstreifen als eine Standlinie erhalten. Trotzdem gehört das CFF zu den genauesten Funkortungsverfahren, denn bei einem Zählfehler von einem Zeichen ergibt sich ein Peilfehler von etwa 1/6° bis 1/4°. Eine solche Genauigkeit werden wir bei einer Funkeigenpeilung kaum erzielen.

CFF-Empfang

Das Consolfunkfeuer wird mit Hochantenne, nicht mit der Richtantenne empfangen – es sei denn, wir wollen das im Zusammenhang mit der Kennung ausgestrahlte Richtsignal peilen. Die Signale der Consolfunkfeuer können mit einem einfachen Empfänger ohne Schwundausgleich empfangen werden; die meisten CFF senden in der Sendeart A1A, so daß wir mit Überlagerer (BFO) arbeiten müssen.

Die genauen Daten über die einzelnen CFF finden wir wieder im *Nautischen Funkdienst* und seinen regionalen Auszügen.

Auswertung der CFF-Peilung

Auswertung in der Mercatorkarte

Die Auswertung einer CFF-Peilung ergibt sich aus dem ermittelten Zählwert, also der Anzahl der Zeichen bis zum Gleichsignal. Mit diesem Wert gehen wir in die Peiltafel des Nautischen Funkdienstes und erhalten eine vom CFF ausgehende rechtweisende Peilung. Diese Peilung ist eine **Großkreispeilung,** die wir vor der Auswertung in einer Mercatorkarte mit der Loxodrombeschickung berichtigen müssen.

Beachte: Da das CFF gerichtete Signale aussendet, brauchen wir wie beim Richtfunkfeuer **keine Funkbeschickung** zu berücksichtigen.

Zum Beispiel: Eine Yacht steht etwa auf 57°20′ N und 014°20′ W. Man zählt das *CFF Stavanger* mit 14 Punkten und 42 Strichen. Wie lautet die in der Mercatorkarte einzutragende Loxodrompeilung?

Wir rechnen: 14 + 42 = 56
60 − 56 = 4
4 : 2 = 2
Richtiger Zählwert: 14 + 2 = 16
Wir befinden uns im Sektor A 11. Für den Zählwert 16 gibt uns die Peiltafel im Sektor A 11 eine rechtweisende Großkreispeilung von 270,2° an.
Ermittlung der Loxodrombeschickung:
Mittelbreite φ_m: 58°40′ zu 57°20′
= 58°

Längenunterschied l: 14°20′ + 5°40′
= 20°

Aus der Tafel Loxodrombeschickung (S. 79) erhalten wir: *u* = 8,5°
Da es sich um eine – vom CFF aus gesehen – westliche Peilung handelt, erhält *u* als Vorzeichen −.

Großkreispeilung GKP	270,2°
Loxodrombeschickung *u*	− 8,5°
Loxodrompeilung LoxP	261,7°

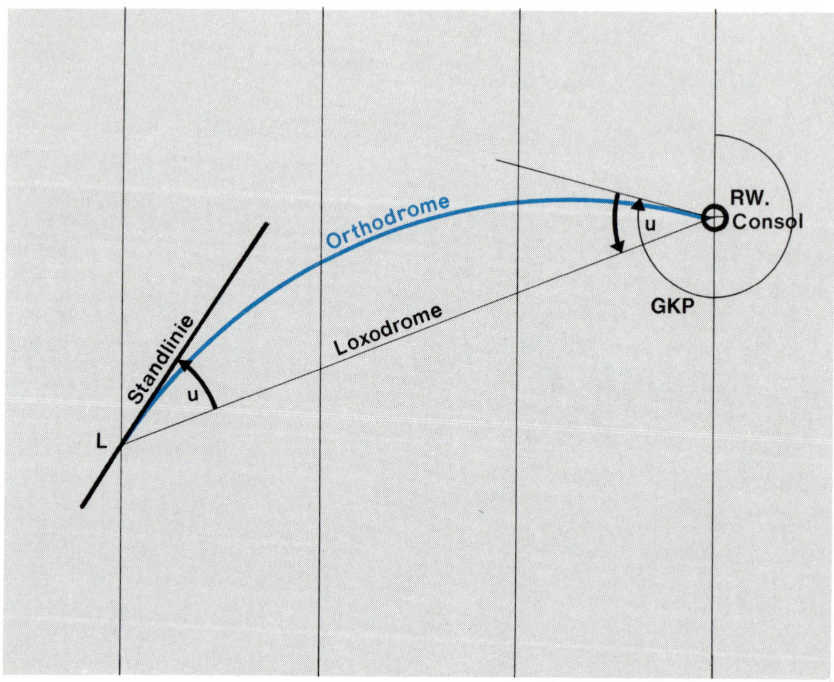

Auswertung einer CFF-Peilung in der Mercatorkarte.

Diese Peilung tragen wir in die Mercatorkarte ausgehend vom CFF Stavanger ein.

Dies ist allerdings noch nicht unsere Standlinie, denn das wäre ja der zwischen CFF Stavanger und unserem Schiffsort verlaufende Großkreis, also eine polwärts gekrümmte Linie.

Mit der LoxP erhalten wir nur den Leitpunkt L als Schnittpunkt mit dem Ortsmeridian der Yacht. Um die Standlinie zu erhalten, tragen wir in L die Loxodrombeschickung polwärts an und erhalten so als Standlinie die Tangente in L an die Großkreispeilung.

Auswertung in der Funkortungskarte

Leichter ist die Auswertung in einer gnomonischen Funkortungskarte. Wir brauchen dann keine Loxodrombeschickung mehr zu berücksichtigen, sondern tragen die in der Peiltafel abgelesene Großkreispeilung unmittelbar in der Karte ein und erhalten unsere Standlinie.

Es gibt auch Mercatorkarten, in denen die vom CFF ausgehenden Orthodromen als gekrümmte Linien eingedruckt sind. In einer solchen Karte brauchen wir nur die unserem Zählwert entsprechende Linie im Sektor A 11 zu finden. Diese Linie ist dann die Standlinie. Allerdings werden nicht alle CFF-Standlinien eingetragen, sondern nur die jedem zehnten Zählwert entsprechenden Linien. Dazwischen liegende Zählwerte müssen zeichnerisch interpoliert werden.

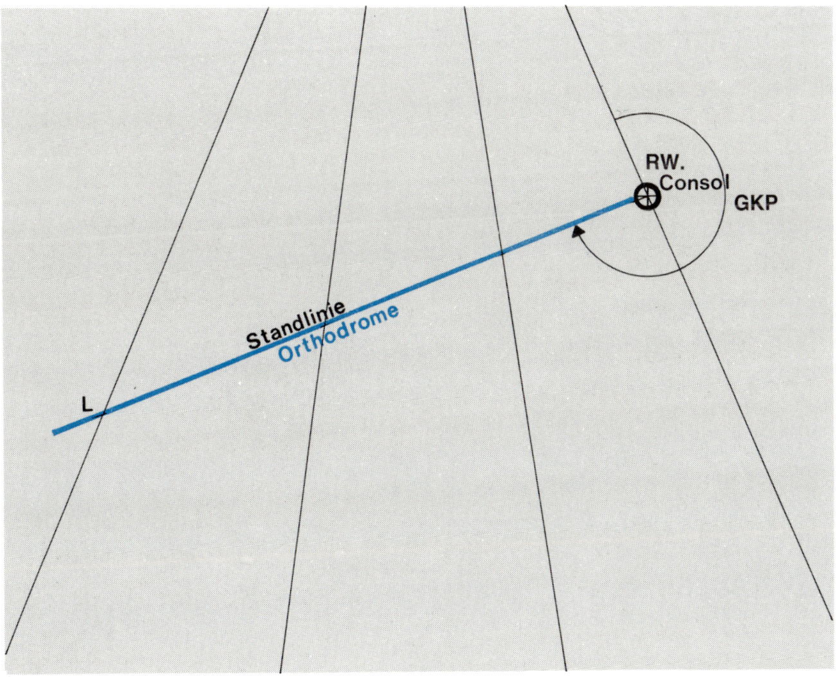

Zusammenfassung

1 Consolfunkfeuer (CFF) sind Drehfunkfeuer, die ein Richtsignal im Tastzyklus von 60 Zeichen und eine ungerichtete Kennung ausstrahlen.

2 Das Richtsignal besteht aus Punkten, Strichen und dem Gleichsignal.

3 Durch Auszählen ermitteln wir den Zählwert, also die Anzahl der Zeichen vom Beginn des Richtsignals bis zum Gleichsignal. Dieser Zählwert muß entsprechend der Anzahl der fehlenden Zeichen bis 60 korrigiert werden.

4 Mit Hilfe des Zählwertes und des Sektors erhalten wir im Nautischen Funkdienst die vom Sender ausgehende Großkreispeilung.

5 Diese Großkreispeilung können wir in einer gnomonischen Karte als vom Sender ausgehende Gerade eintragen und erhalten unsere Standlinie.

6 In Mercatorkarten ohne eingedruckte CFF-Standlinien ist die Großkreispeilung mit der Loxodrombeschickung zur Loxodrompeilung zu beschicken.

Also: GKP + u = LoxP

Die Loxodrompeilung wird in die Karte eingetragen und ergibt als Schnittpunkt mit dem Ortsmeridian den Leitpunkt L. In diesem Punkt erhalten wir unsere Standlinie, indem wir die Loxodrombeschickung polwärts antragen.

7 In Mercatorkarten mit eingedrucktem Standliniennetz erhalten wir die Standlinie anhand des von uns ermittelten Zählwertes. Gegebenenfalls müssen wir zeichnerisch interpolieren.

8 Consol ermöglicht eine kompaßunabhängige und bei sorgfältiger Auswertung äußerst genaue Funkstandlinie.

9 Der Empfang des CFF erfolgt über die Hochantenne. Ein Spezialempfänger ist nicht erforderlich.

Auswertung einer CFF-Peilung in einer gnomonischen Karte.

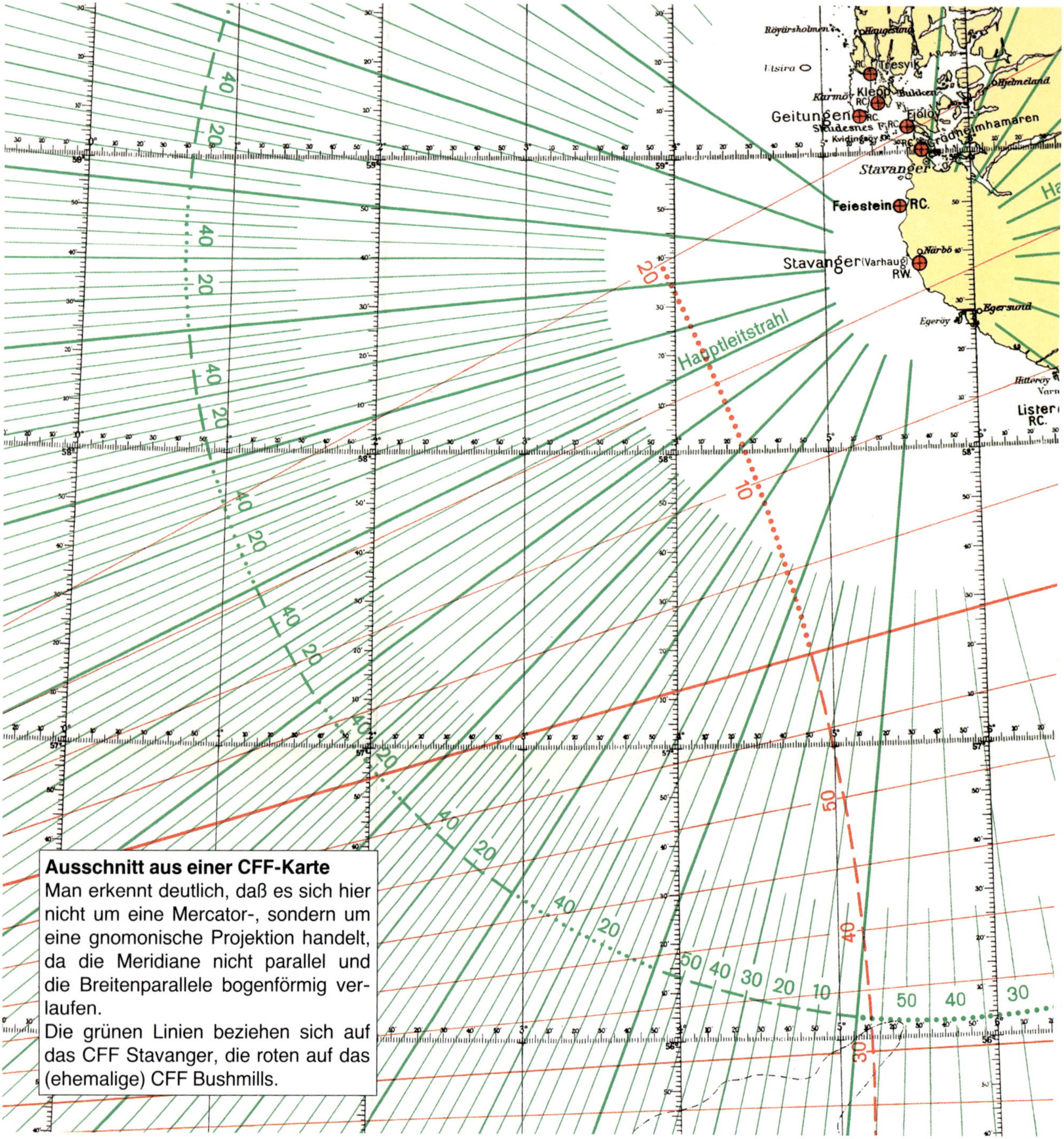

Ausschnitt aus einer CFF-Karte
Man erkennt deutlich, daß es sich hier nicht um eine Mercator-, sondern um eine gnomonische Projektion handelt, da die Meridiane nicht parallel und die Breitenparallele bogenförmig verlaufen.
Die grünen Linien beziehen sich auf das CFF Stavanger, die roten auf das (ehemalige) CFF Bushmills.

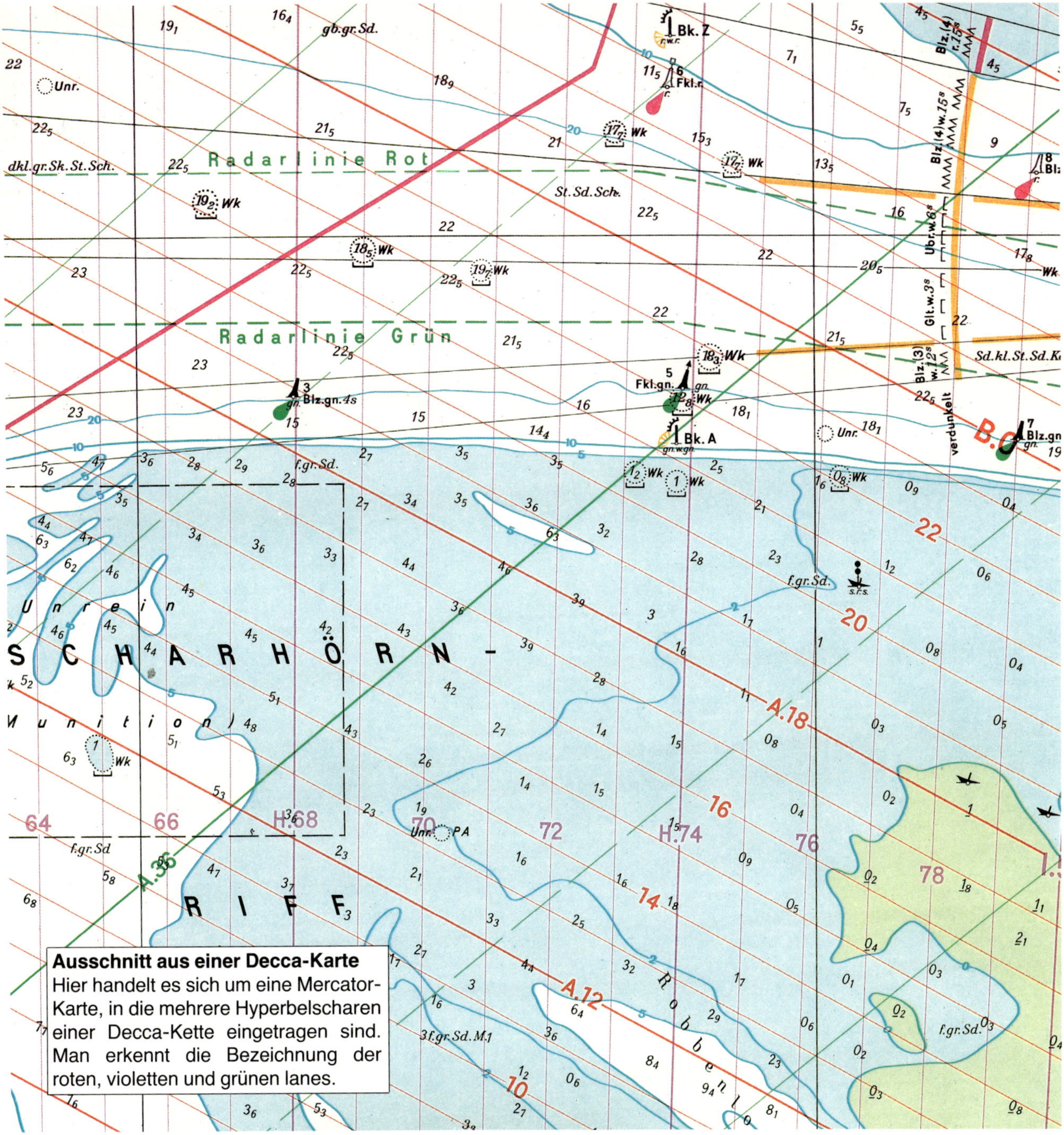

Ausschnitt aus einer Decca-Karte
Hier handelt es sich um eine Mercator-Karte, in die mehrere Hyperbelscharen einer Decca-Kette eingetragen sind. Man erkennt die Bezeichnung der roten, violetten und grünen lanes.

Hyperbelnavigation

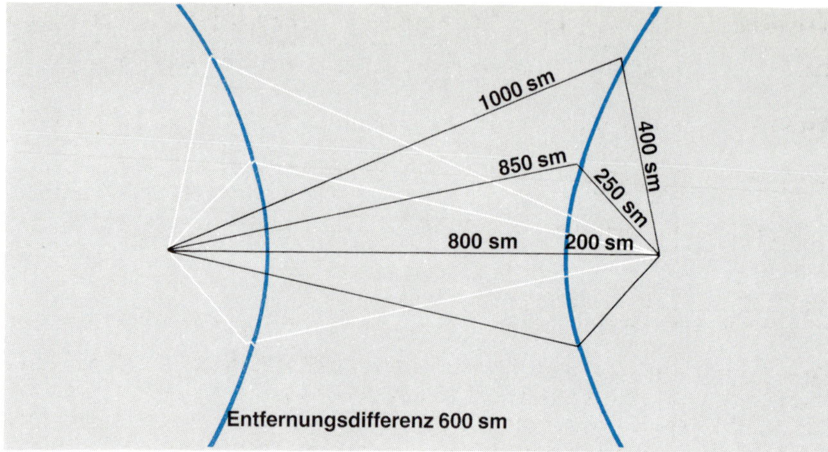

Prinzip der Hyperbelnavigation

Die Hyperbelverfahren der Funknavigation – Decca, Loran und Omega – beruhen auf der Tatsache, daß die Ausbreitungsgeschwindigkeit von elektromagnetischen Wellen weitgehend konstant ist. Bei diesen Verfahren mißt ein an Bord befindlicher Empfänger mit elektronischer Hilfe die Laufzeit- und/oder Phasenunterschiede zweier von zwei verschiedenen Sendern ausgestrahlter Funksignale. Als Standlinie erhält man dann eine Hyperbel. Denn die Hyperbel ist eine Linie, auf der sich alle Punkte befinden, die von zwei Sendern die gleiche Abstandsdifferenz haben. Oder umgekehrt: Alle Punkte mit einer bestimmten Abstandsdifferenz zu zwei Sendern ergeben eine Hyperbel.

Zum Beispiel: Auf einer Yacht hat man ermittelt, daß die Abstandsdifferenz zu zwei in der Seekarte eingetragenen Sendern genau 600 sm beträgt. Auf welcher Standlinie befindet sich die Yacht?
Unsere Yacht befindet sich genau auf einer der beiden Hyperbeläste, für die die Abstandsdifferenz zu den beiden Sendern 600 sm beträgt.

Wir erhalten also aus der Messung der Phasen- beziehungsweise Laufzeitdifferenz bestimmter, von zwei Sendern ausgestrahlter Funksignale ein Standlinienpaar. Verwendet man einen dritten geeigneten Sender, so kann ein weiteres Hyperbelpaar als Standlinie ermittelt werden, bei Verwendung eines vierten Senders eindeutig der Schiffsort.
Die Auswertung erfolgt in der Regel nicht rechnerisch, sondern rechnergestützt durch Angabe der jeweiligen Hyperbeln, auf denen sich unsere Yacht befindet, durch das Empfangsgerät. Diese Standlinien sind in speziellen Decca-, Loran- beziehungsweise Omega-Karten eingetragen und bezeichnet.

Das Decca-Verfahren

Beim Decca-Verfahren wird die Phasendifferenz zweier elektromagnetischer Schwingungen gemessen, die sich ergeben, wenn zwei Senderpaare ihre Signale aussenden. Diese Senderpaare – eine sogenannte Decca-Kette – bestehen aus einem Leitsender und drei Nebensendern.
Die Auswertung erfolgt in speziellen Decca-Karten, in denen das Decca-Hyperbelnetz eingedruckt ist. Das Decca-Empfangsgerät gibt uns an Bord bereits die Bezeichnung der einzelnen Hyperbeln.
Das Decca-Verfahren ist äußerst genau; man kann tagsüber mit einer Genauigkeit von 0,2–0,3 sm, nachts mit einer Genauigkeit von 0,5 sm rechnen. Die Reichweite beträgt etwa 250–400 sm. Die erforderlichen Decca-Ketten sind in den Bereichen der Hauptschiffahrt weltweit installiert. Da Decca-Geräte nur ganzjährig gemietet werden können, kommt das Verfahren hauptsächlich für die Berufsschiffahrt und für Fischereifahrzeuge in Frage. Für die Sportnavigation erweist sich das Verfahren als zu teuer.

Das Loran-Verfahren

Loran (**LO**ng **RA**nge **N**avigation) ist ein Langstreckenverfahren, das nachts eine Reichweite von über 1000 sm, tags von etwa 800–900 sm hat. Im Gegensatz zu Decca wird hier die Laufzeitdifferenz zweier von zwei Sendern nahezu gleichzeitig abgegebener Impulse gemessen.

Loran A arbeitet im Grenzwellenbereich (etwa 2 MHz). Beobachtet zum

Verfahren	Messung der	Frequenz	Reichweite	Genauigkeit	Bedeckung	
Decca	Phasendifferenz	70–130 kHz	250–400 sm	0,5 sm	Nordsee, Nordatlantik	
Loran A	Laufzeitdifferenz	2 MHz	1000 sm	bis 250 sm: 2 sm bis 500 sm: 8 sm		
Loran C	Phasen- und Laufzeitdifferenz	100 kHz	1000 sm (Bodenwelle)	Bodenwelle: 1 sm Raumwelle: 5 sm	Nordhalbkugel	ständig [illegible]
Omega	Phasendifferenz	10,2 kHz	6000 sm	1–2 sm	Erdkugel	Fix nur in Zeitabständen von 60–75 min möglich
Navsat	Frequenzdifferenz	400 MHz		0,2 sm	Erdkugel	

Beispiel unser Empfänger eine Laufzeitdifferenz von 1500 μs (Mikrosekunden), so stehen wir auf einer Standlinie, deren Punkte eine Entfernungsdifferenz von 450 km zu den beiden Sendern haben. Denn es gilt:

Weg = Geschwindigkeit · Zeit
= 300.000 km/s · 1.500 μs
= 450 km

Loran C verwendet sowohl die Zeit- als auch die Phasendifferenzmessung. Loran-C-Sender arbeiten auf etwa 100 kHz, wobei sie einen Abstand von etwa 1000 sm haben. Auf diese Weise werden mehrdeutige Signale, die durch Überlagerung von Raum- und Bodenwelle entstehen, abgeschwächt. Die Senderketten bestehen aus einem Hauptsender (master) M und bis zu vier Nebensendern (slaves) W, X, Y und Z. Das Anzeigegerät an Bord gibt auch hier anstelle der Laufzeitdifferenz unmittelbar die Bezeichnung der Hyperbel an, die nur noch in der Loran-Karte zu suchen ist. Loran-C-Senderketten decken praktisch die gesamte Nordhalbkugel der Erde ab.

Das Omega-Verfahren

Das Omega-Verfahren ähnelt dem Decca-Verfahren insofern, als man auch hier die Phasendifferenz von Wellen mißt, die von verschiedenen Sendern ausgestrahlt werden. Doch arbeitet Omega im Gegensatz zu Decca auf sogenannter Längstwelle mit einer Frequenz von 10,2 kHz. Hierdurch wird es möglich, die gesamte Erde mit nur acht Sendern abzudecken. Die Reichweite der Sender beträgt mehr als 6000 sm, die Basis – das ist der Abstand zwischen zwei Sendern, deren Phasendifferenz gemessen wird – 4000 bis 6000 sm. Die acht Omega-Sender befinden sich in Norwegen, Liberia, Hawaii, North Dacota (USA), Réunion, Argentinien, Australien und Japan.
Zur Auswertung verwendet man wiederum eigene Omega-Karten, in die die Omega-Standlinie (lanes) eingedruckt sind. Beim Omega-Verfahren muß jedoch das Omega-Empfangsgerät an Bord ununterbrochen mitlaufen, nachdem zu Beginn eines Törns ein bekannter Schiffsort eingegeben wurde. Die Genauigkeit von Omega beträgt etwa 1–2 sm.

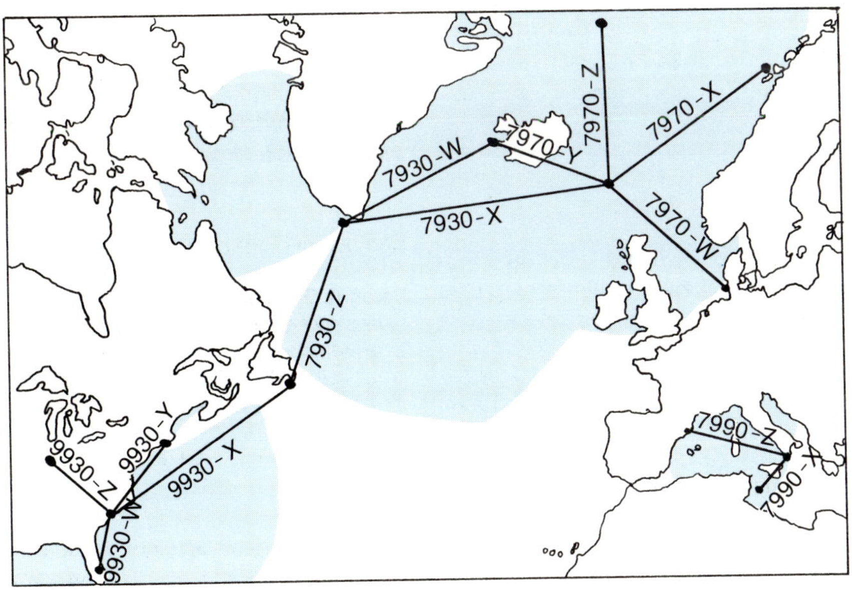

Der Kartenausschnitt gibt die im Nordatlantik und im Mittelmeer installierten Loran-C-Ketten und das von ihnen abgedeckte Seegebiet wieder.

Satelliten-Navigation

Der Doppler-Effekt

Das in den sechziger Jahren von der amerikanischen Marine entwickelte System der Satelliten-Navigation beruht auf dem physikalischen Phänomen des Doppler-Effektes. Hierunter versteht man die Tatsache, daß die von einem Empfänger wahrgenommene Frequenz eines von einem bewegten Sender abgegebenen Signales von der gesendeten Frequenz abweicht. Bewegen sich Sender und Empfänger aufeinander zu, so ist die beobachtete Frequenz höher als die Arbeitsfrequenz des Senders; bewegen sie sich voneinander weg, so ist die empfangene Frequenz niedriger als die gesendete.

Der Doppler-Effekt ist uns aus der Akustik durch das berühmte Pfeifensignal eines an uns vorbeifahrenden Eisenbahnzuges bekannt. Das Pfeifensignal wird während der Annäherung als höherer Ton wahrgenommen und bei der Entfernung des Zuges nach dem Vorbeifahren am Beobachter als tieferer Ton. Auch hier bewegen sich Sender (Pfeife des Zuges) und Empfänger (Beobachter) relativ zueinander.

Der Doppler-Effekt bewirkt also wegen der relativen Bewegung des Senders zum Beobachter eine Frequenzänderung des abgegebenen Signales beim Empfänger. Aus der Messung dieser Frequenzdifferenz von abgegebenem und empfangenem Signal läßt sich –

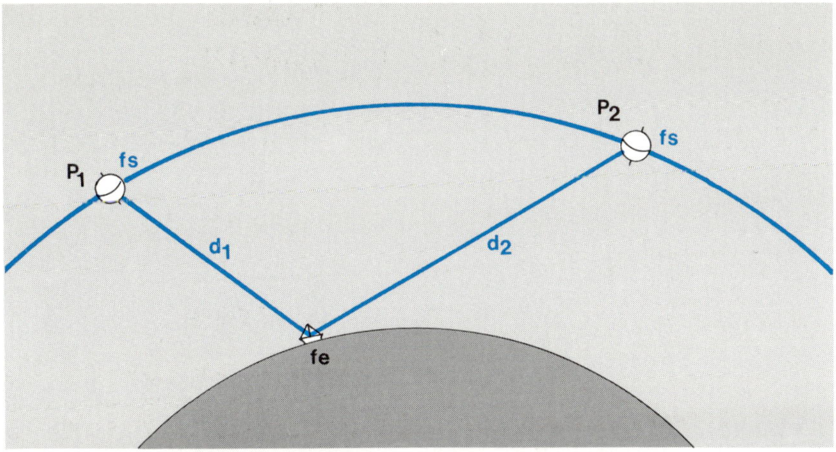

wenn die Satellitenbahn bekannt ist – der Ort des Beobachters rechnerisch ermitteln. Dieser komplizierte Meß- und Rechenvorgang kann in kurzer Zeit nur rechnergestützt vorgenommen werden.

Auch ein Hyperbelverfahren

Auch die Satelliten-Navigation ist genaugenommen ein Verfahren der Hyperbelnavigation. Denn man mißt an Bord eine Frequenz f_e, die von der vom Satelliten gesendeten Frequenz f_s in der Annäherungsphase größer und in der Entfernungsphase kleiner ist als f_e. Hieraus kann ein geeigneter Empfänger und Rechner die Abstandsdifferenz d_2-d_1 ermitteln. Der Unterschied zur klassischen Hyperbelnavigation besteht also nur darin, daß ein umlaufender Sender an die Stelle zweier ortsfester Sender tritt.

Das Navsat-System

Das von der US-Marine entwickelte Satelliten-Navigationssystem NNSS *(Navy Navigation Satellite System)* arbeitet mit fünf in etwa 1000 km Höhe installierten Satelliten, die auf konstanten, etwa kreisförmigen Bahnen über beide Pole laufen. Für einen Erdumlauf benötigen diese Satelliten etwa 100 Minuten. Die elektronenrechnergestützten Empfangsgeräte ermöglichen weltweit bei Tag und Nacht und wetterunabhängig eine äußerst genaue Schiffsortbestimmung. Die Genauigkeit beträgt etwa 0,2 sm. Man kann sagen, das Verfahren ist genauer als die Seekarte. Der Schiffsort wird vom Empfänger direkt nach Breite und Länge angegeben, so daß wir keine Spezialkarte mehr benötigen. Der angegebene Schiffsort kann unmittelbar in die Seekarte eingetragen werden. Der Rechner benötigt allerdings einige Daten, die wir bei jeder Schiffsortbestimmung eingeben müssen: Loggeort, Zeit (UTC), Kurs und Fahrt sowie Antennenhöhe. Hierbei darf der eingegebene Loggeort bis zu 3° fehlerhaft sein.

Einen Nachteil hat das Navsat-System allerdings: Da jeder Satellit etwa 100 Minuten zur Erdumkreisung benötigt, kann der Schiffsort nicht jederzeit bestimmt werden. Wie oft dies möglich ist, hängt von der geographischen Breite des Beobachters ab. In unseren Breiten, also etwa in 40° bis 55° Nord, kann eine Schiffsortbestimmung mit Navsat nur etwa alle 60 bis 75 Minuten vorgenommen werden. Aus diesem Grund werden auch Geräte angeboten, die zwischen den einzelnen mit Satellit vorgenommenen Schiffsortbestimmungen elektronisch weiterkoppeln.

Dieser Nachteil soll künftig mit einem neuen System, dem *Global Positioning System* (GPS), das mit 18 Satelliten arbeiten wird, ausgeglichen werden. Mit GPS kann dann jederzeit der Schiffsort bestimmt werden. Dieses System wird voraussichtlich im Herbst 1989 funktionsfähig sein.

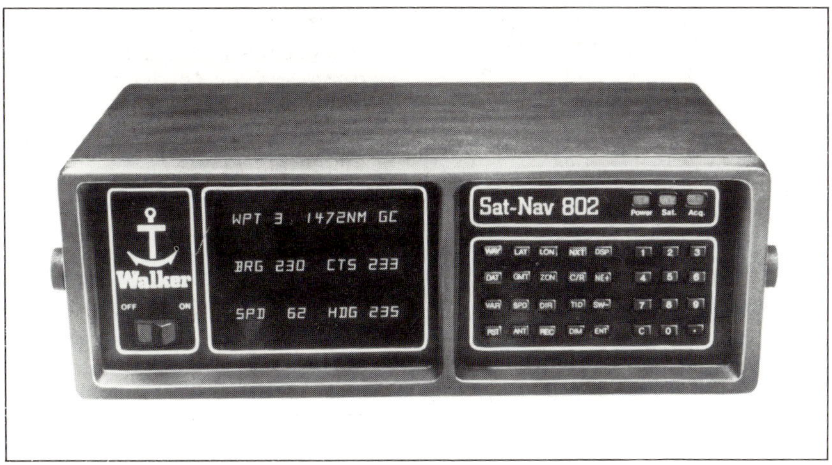

Welche Funkortungsverfahren gibt es?

Eigenpeilung – Fremdpeilung

Die Funkortungsverfahren werden unterschieden in Eigenpeilung und Fremdpeilung.

- Unter **Funkeigenpeilung** versteht man alle Funkortungsverfahren, mit deren Hilfe die von einem Kreisfunkfeuer gegebenen Signale mit einem Funkpeiler an Bord ausgewertet werden.
- Eine **Funkfremdpeilung** liegt vor, wenn eine an Land befindliche Funkpeilstelle (Radio Gonio) die von einem Schiff gesendeten Signale aufnimmt und auswertet.

Eine typische Eigenpeilung ist die Funkpeilung eines Kreisfunkfeuers, eine typische Fremdpeilung ist die auf Anforderung durch ein Schiff vorgenommene Ortung durch mehrere Funkpeilstellen. Man erhält dann rechtweisende Peilungen (im Funkverkehr QTE genannt) oder den Schiffsort (im Funkverkehr QTF genannt) über Sprechfunk.

Oft werden auch Richtfunkfeuer- und Consolfunkfeuerpeilungen zu den Fremdpeilungen gezählt, was nach der oben gegebenen Definition nicht ganz korrekt ist. Eigentlich handelt es sich hierbei um **Mischpeilungen,** da von an Land befindlichen Sendern wohl definierte, gerichtete Signale ausgestrahlt werden, die an Bord durch Empfang ausgewertet werden.

Empfangsverfahren – Sendeverfahren

Weitergehend ist die Unterscheidung in Empfangsverfahren und Sendeverfahren.

- Bei den **Empfangsverfahren** (passive Verfahren) werden von einem Sender ausgestrahlte Signale an Bord durch Empfang, also passiv, ausgewertet.
- Bei den **Sendeverfahren** (aktive Verfahren) ist das Senden elektromagnetischer Wellen von Bord aus zur Schiffsortbestimmung erforderlich. Die bekannten Verfahren der Funkortung lassen sich diesen beiden Verfahren wie folgt zuordnen:

Empfangsverfahren

- Peilen eines Kreisfunkfeuers (Eigenpeilung); hierzu gehört auch das QTG-Verfahren, bei dem eine Küstenfunkstelle (R.) auf Anforderung und gegen Gebühr Peilsignale sendet
- Richtfunkfeuerpeilung (RD.)
- Consolfunkfeuerpeilung (RW.)
- Alle Verfahren der Hyperbelnavigation (Decca, Loran und Omega)
- Satelliten-Navigation (Navsat, Transit)

Sendeverfahren

- Fremdpeilungen (QTE- und QTF-Verfahren); hierzu zählt auch die Seenotfunkbojenpeilung EPIRB (emergency position indicating radio beacon), die ein Peilen der Notsignale sendenden Boje ermöglicht
- Radarverfahren.

3

Gezeitenkunde

Tiefen und Höhen

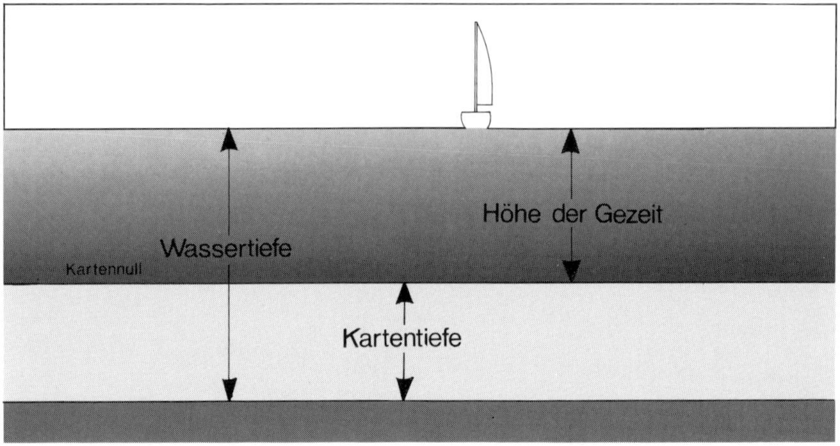

Anders als in der Ostsee oder im Mittelmeer, die man manchmal gezeitenfreie Reviere nennt, schwankt die Höhe des Wasserspiegels in den Gezeitenrevieren Nordsee und Atlantik ständig. Wie groß diese Niveauschwankungen sind und in welchem Rhythmus sie auftreten, ist die Fragestellung der Gezeitenkunde.

Neben der vertikalen Bewegung können wir auch eine horizontale Bewegung der Wasserteilchen beobachten, die Gezeitenströme. Ihre Richtung und Stärke wechseln in ähnlichem Rhythmus wie die Gezeiten. Auch hier wollen wir wissen, wann, wie stark und in welche Richtung diese Ströme setzen – eine weitere Aufgabe der Gezeitenkunde, die wir allerdings bereits im Zusammenhang mit der Stromnavigation gelöst haben.

Man spricht vielfach von Gezeitenrevieren und gezeitenfreien Revieren. Diese Unterscheidung ist nicht ganz korrekt, da wir in allen Küstengewässern das Phänomen der Gezeiten beobachten können. Doch sind die täglichen Wasserstandsschwankungen in abgeschlossenen Revieren, wie die Ostsee und das Mittelmeer, oft so gering, daß sie weitgehend vernachlässigt werden können – abgesehen von engen Passagen (Straße von Messina) oder tiefen Einschnitten (nördliche Adria). In der Nordsee und im Atlantik müssen wir dagegen stets mit den Gezeiten rechnen.

Kartentiefe und Wassertiefe

Das Problem der Gezeitennavigation besteht vor allem darin, daß die in der Seekarte angegebene Kartentiefe meist nicht mit der tatsächlichen Wassertiefe übereinstimmt. Wir unterscheiden also:

– **Kartentiefe (KT)** ist der in der Seekarte angegebene Tiefenwert. Er ist auf das jeweilige Kartennull bezogen.

– **Wassertiefe (WT)** ist die von einem Schiff aus etwa mit dem Lot gerade feststellbare Tiefe.

Den Unterschied zwischen Kartentiefe und Wassertiefe nennt man Höhe der Gezeit.

– **Höhe der Gezeit (H)** ist der auf das örtliche Kartennull bezogene Wasserstand.

Es gilt also:

$$\mathbf{WT = KT + H}$$

Diese Formel bildet den Ausgangspunkt der meisten Gezeitenaufgaben. Wenn wir uns mit unserer Yacht im Gezeitenrevier einige Zeit am gleichen Ort befinden, so bleibt die Kartentiefe natürlich konstant; sie ist ja in der Seekarte angegeben. Doch wird sich im Laufe der Zeit die Höhe der Gezeit ändern und mit ihr auch die Wassertiefe, die für die Sicherheit unseres Schiffes bedeutend ist. Wir müssen also einen Weg finden, zu jeder Zeit und möglichst an jedem Ort die Höhe der Gezeit rechnerisch vorauszubestimmen.

Das Kartennull (KN)

In der **deutschen Nordsee** entspricht das Kartennull, also das Bezugsniveau für die Tiefenangaben in der Seekarte, dem **mittleren Springniedrigwasser.** Alle in der Seekarte angegebenen Tiefenwerte stimmen also genau zum Zeitpunkt des Springniedrigwassers. Nur dann finden wir so wenig Wasser vor, wie es die Seekarte angibt; meist wird also die von uns gelotete Wassertiefe größer sein. Doch kann in Ausnahmefällen, etwa bei stark ablandigem Wind, das Springniedrigwasser und somit auch die Kartentiefe unterschritten werden. In der **deutschen Ostsee** entspricht das Kartennull dem **mittleren Wasserstand.**

In anderen Ländern liegt das Kartennull unter dem mittleren SpNW. Genaue Angaben hierüber finden wir in der Tafel 1a (Teil III der Gezeitentafeln) auf S. 107. Hier erkennen wir, daß beispielsweise in St. Malo das mittlere Springniedrigwasser 1,50 m über Kartennull liegt. Das heißt, die Kartentiefen sind auf ein 1,50 m unter dem mittleren SpNW liegendes Niveau bezogen. In der gleichen Tafel 1a erkennen wir aber auch, daß in Hamburg das mittlere Springniedrigwasser um 30 cm unter dem Kartennull liegt.

Im Gezeitenrevier sind weite Flächen, zum Beispiel das Watt, nicht ständig, sondern nur bei Hochwasser überflutet. Dieses Gebiet wird in der Seekarte mit olivgrüner Farbe gekennzeichnet. Die Höhe, um die diese Teile über Kartennull trockenfallen, wird mit einer waagerecht unterstrichenen Ziffer angegeben.

Flächen, die dagegen ständig trocken liegen, werden mit hellgelber Farbe wiedergegeben. Die Bezugshöhe für Höhenangaben ist aber nicht das Kartennull, sondern das **Normalnull (NN)** der Landesvermessung. An der Ostseeküste entspricht es etwa dem Kartennull, in den deutschen Gezeitenrevieren liegt es jedoch höher, nämlich zwischen der mittleren Hochwasserhöhe und der mittleren Niedrigwasserhöhe.

Wir unterscheiden also zwischen:

– **Tiefenangaben:** Sie sind auf Kartennull (KN), in der deutschen Nordsee also auf das mittlere Springniedrigwasser, in der deutschen Ostsee auf den mittleren Wasserstand bezogen.

– **Trockenfallhöhen:** Sie sind ebenfalls auf Kartennull (KN) bezogen und werden in der Seekarte zur Unterscheidung mit einem waagerechten Strich unterstrichen.

– **Höhenangaben:** Sie sind auf das Normalnull (NN) der Landesvermessung bezogen, das in der deutschen Ostsee etwa dem Kartennull entspricht, in der deutschen Nordsee aber höher, nämlich zwischen mittlerem HW und mittlerem NW, liegt.

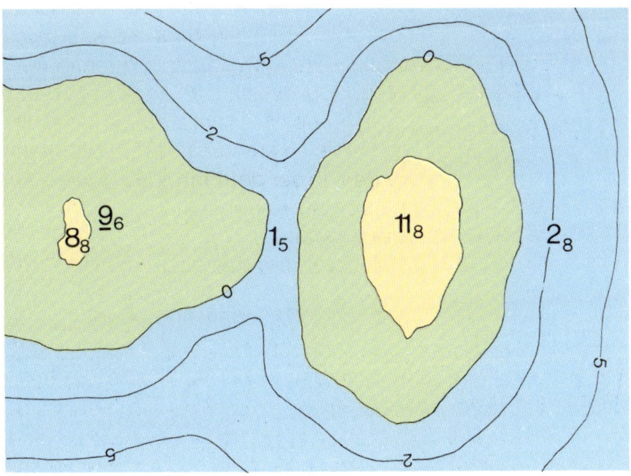

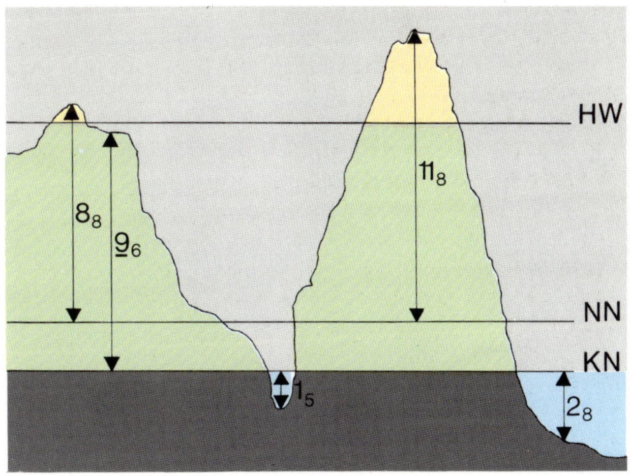

Tidenkurven

Hochwasser und Niedrigwasser

– Unter **Hochwasser (HW)** versteht man den Eintritt des höchsten Wasserstandes einer Tide beim Übergang vom steigenden zum fallenden Wasser.

– Unter **Niedrigwasser (NW)** versteht man den Eintritt des niedrigsten Wasserstandes zwischen zwei aufeinanderfolgenden Tiden, also beim Übergang vom fallenden zum steigenden Wasser.

Um genauer zu sein, unterscheidet man Hochwasserhöhe (HWH) und Niedrigwasserhöhe (NWH) sowie Hochwasserzeit (HWZ) und Niedrigwasserzeit (NWZ).

Die **Hochwasserhöhe HWH** gibt die Höhe der Gezeit beim Hochwasser, die **Niedrigwasserhöhe NWH** gibt die Höhe der Gezeit bei Niedrigwasser an.
Die **Hochwasserzeit HWZ** ist der Zeitpunkt, zu dem das Hochwasser eintritt.
Die **Niedrigwasserzeit NWZ** ist der Zeitpunkt des Eintritts des Niedrigwassers.

Tide = Flut + Ebbe

Die Begriffe Hochwasser und Niedrigwasser dürfen wir nicht mit den Begriffen Flut und Ebbe verwechseln.

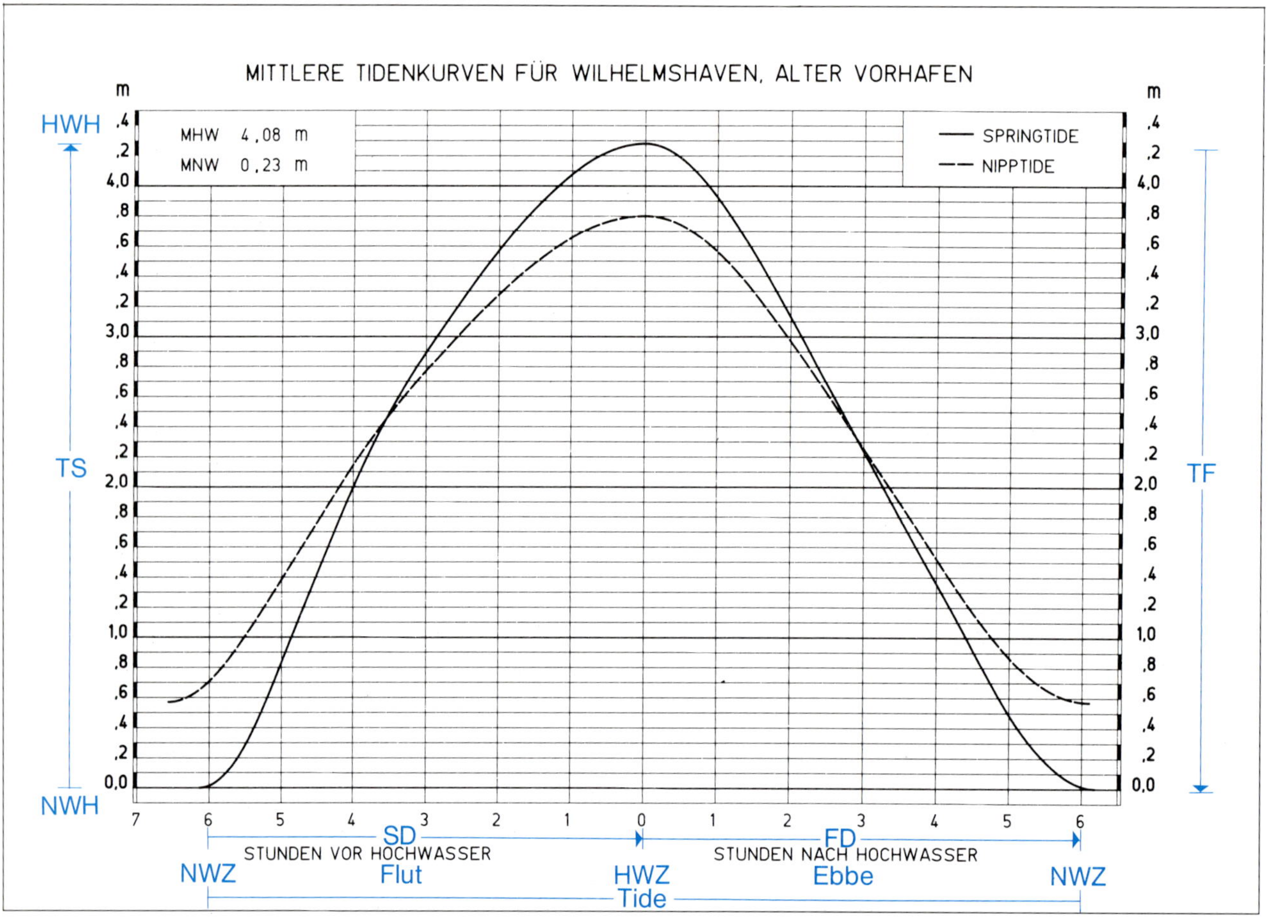

– **Flut** ist das Steigen des Wassers von einem Niedrigwasser zum folgenden Hochwasser.

– **Ebbe** ist dagegen das Fallen des Wassers von einem Hochwasser bis zum folgenden Niedrigwasser.
Ebbe und Flut sind also Zustandsbezeichnungen, aber keine Zeitpunkte.
Den Zeitraum von einem Niedrigwasser zum folgenden Hochwasser nennt man **Steigdauer (SD),** den Zeitraum von einem Hochwasser bis zum folgenden Niedrigwasser **Falldauer (FD).**

Flut und Ebbe zusammen ergeben eine Tide:

– **Tide** ist eine einzelne Gezeit, die sich aus einer Flut und der folgenden Ebbe zusammensetzt, also von einem Niedrigwasser bis zum nächsten Niedrigwasser reicht.

Tidenstieg und Tidenfall

Noch zwei Begriffe:
– **Tidenstieg (TS)** ist der Höhenunterschied zwischen einer Niedrigwasserhöhe und der folgenden Hochwasserhöhe.
– **Tidenfall (TF)** ist der Höhenunterschied zwischen einer Hochwasserhöhe und der folgenden Niedrigwasserhöhe.
In der Regel haben zwei aufeinander folgende Niedrigwasser oder Hochwasser nicht die gleiche Höhe der Gezeit. Man bildet deshalb das arithmetische Mittel aus Tidenstieg und Tidenfall und erhält den **Tidenhub (TH).** Also:

TH = 1/2 (TS + TF)

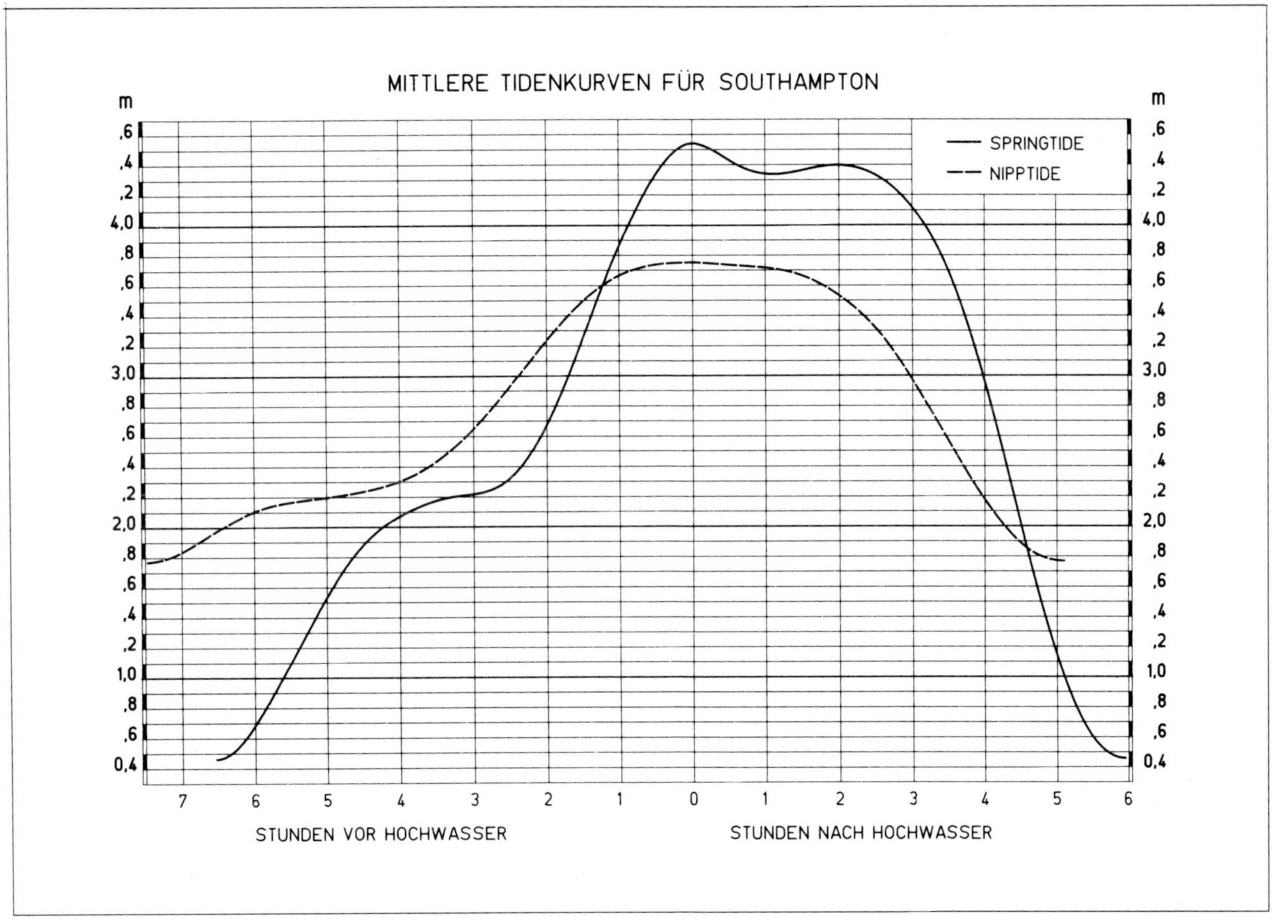

Die Gezeitenformen

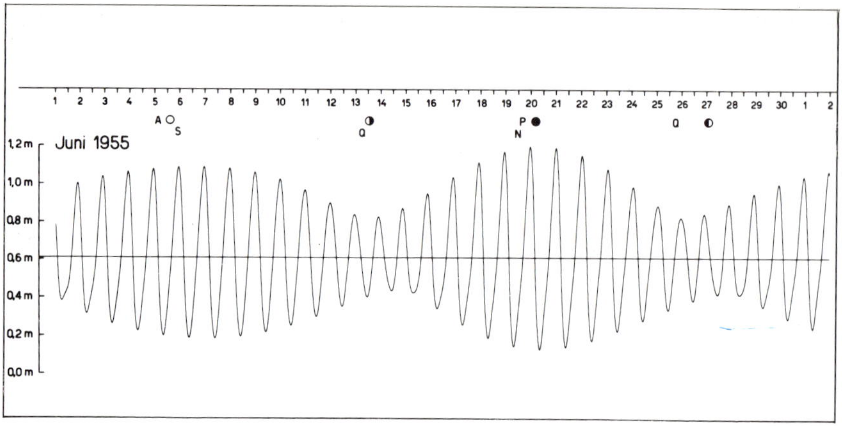

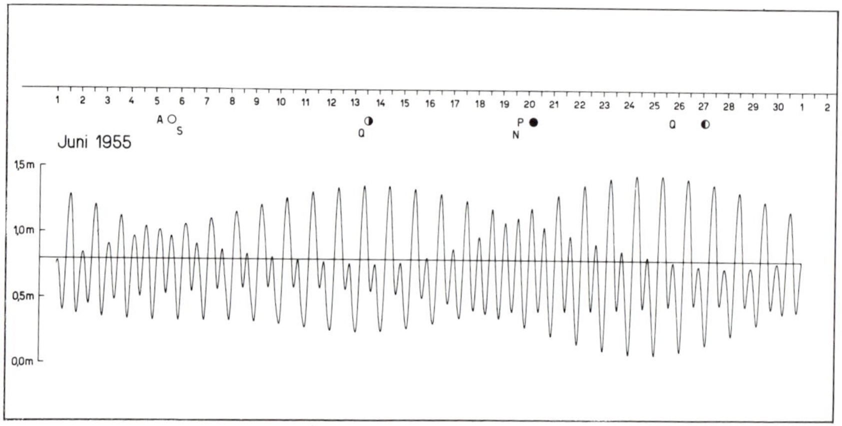

In den europäischen Gewässern herrscht die **halbtägige Gezeitenform,** das heißt, während eines Mondtages treten jeweils zwei Hoch- und Niedrigwasser auf (Abb. unten).
Die **eintägige Gezeitenform,** bei der im Laufe eines Mondtages nur ein Hoch- und Niedrigwasser eintritt, kann an einigen ostasiatischen Küsten beobachtet werden (Abb. oben).
Bei der **gemischten Gezeitenform,** die an der südamerikanischen Küste auftritt, kann man zwar jeweils zwei Hochwasser und zwei Niedrigwasser während eines Mondtages beobachten, doch weichen die Hoch- beziehungsweise Niedrigwasser in Zeit und Höhe stark voneinander ab (Abb. Mitte).

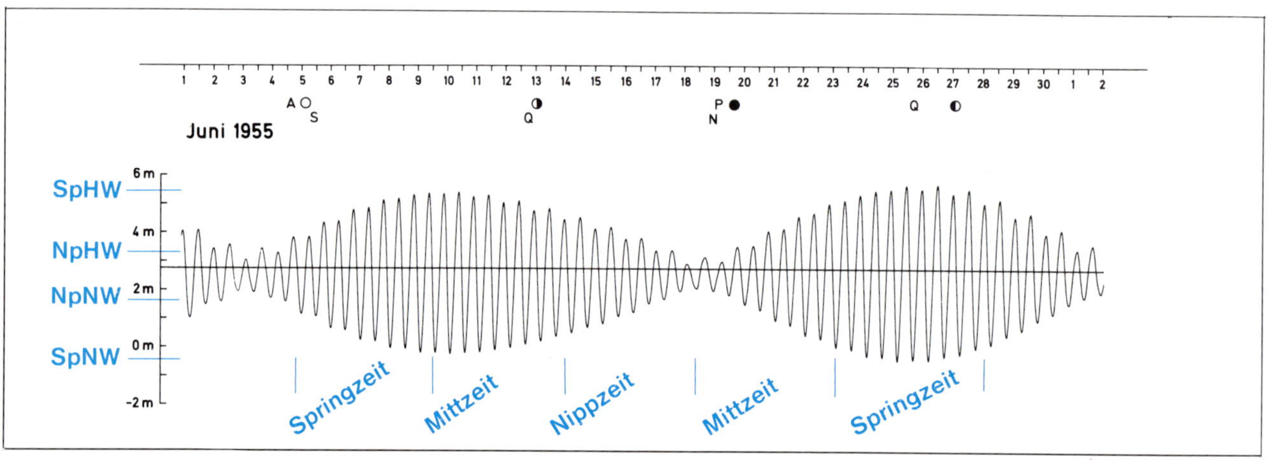

Springtide und Nipptide

Die Gezeiten unterliegen noch einem anderen Rhythmus als dem von Ebbe und Flut. Die Höhen der einzelnen Hoch- und Niedrigwasser erreichen nicht ständig den gleichen Wert, sondern ändern sich von Mal zu Mal in Abhängigkeit von der jeweiligen Mondphase. Haben wir Vollmond oder Neumond, so steigt das Hochwasser höher und sinkt das Niedrigwasser tiefer als sonst. Man spricht dann von Springzeit.

– Zur **Springzeit** hat man ein überdurchschnittlich hohes Hochwasser und ein unter dem Durchschnitt liegendes Niedrigwasser, also einen großen Tidenhub.

Bei zunehmendem oder abnehmendem Halbmond dagegen ist es umgekehrt: Das Hochwasser steigt nicht so hoch und das Niedrigwasser sinkt nicht so tief wie normalerweise. Man spricht dann von Nippzeit.

– Die **Nippzeit** wird charakterisiert durch ein relativ niedriges Hochwasser und ein relativ hohes Niedrigwasser, also durch einen geringen Tidenhub.

Den Übergangszeitraum zwischen Springtide und Nipptide nennt man **Mittzeit;** hier herrschen relativ ausgeglichene Wasserverhältnisse.

Das während der Springtide bzw. Nipptide auftretende Hochwasser nennt man **Springhochwasser (SpHW)** bzw. **Nipphochwasser (NpHW).** Springhochwasser ist also ein besonders hohes Hochwasser, Nipphochwasser dagegen ein besonders niedriges Hochwasser.

Ebenso gibt es ein **Springniedrigwasser (SpNW),** also ein besonders niedriges Niedrigwasser, und **Nippniedrigwasser (NpNW),** ein besonders hohes Niedrigwasser.

Die Dauer der Springzeit und Nippzeit beträgt jeweils 4 Tage, die Mittzeit dauert 3 Tage. Die Springzeit beginnt also jeweils zwei Tage vor der vollendeten Phase von Vollmond beziehungsweise von Neumond und endet entsprechend zwei Tage danach.

Für einen halben Mondumlauf (= 14 Tage) ergibt sich also folgender Rhythmus:

Springverhältnisse	4 Tage
Mittverhältnisse	3 Tage
Nippverhältnisse	4 Tage
Mittverhältnisse	3 Tage
insgesamt	14 Tage

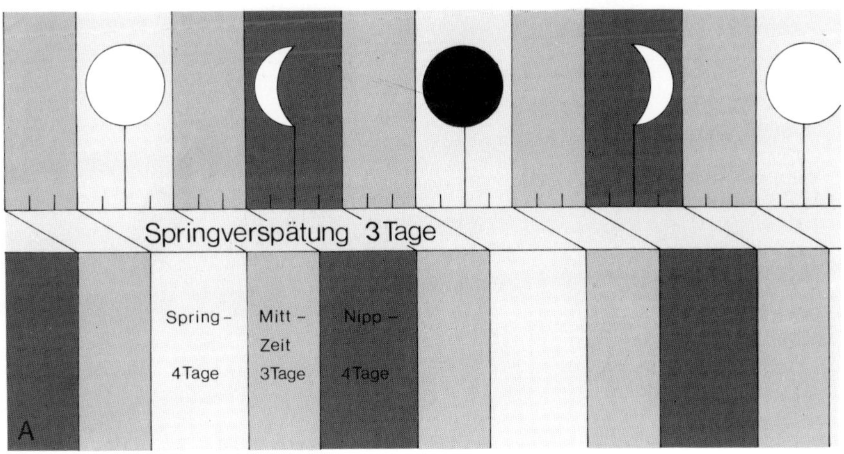

Springverspätung

Bisher sind wir davon ausgegangen, daß Springzeit genau zur Vollmond- beziehungsweise Neumondzeit auftritt und Nippzeit genau zur Halbmondzeit. Diese Regel gilt aber nur bedingt: Denn in den meisten Gewässern treten Springverhältnisse um einige Tage später auf als die Vollmond- beziehungsweise die Neumondphase. Diesen Zeitunterschied nennt man Springverspätung.

– **Springverspätung** ist der Zeitunterschied zwischen dem Eintritt von Voll- oder Neumond und dem Eintritt der Springzeit.

Natürlich verspätet sich nicht nur die Springzeit, sondern der gesamte Gezeitenablauf.

Wie groß die Springverspätung an den einzelnen Bezugsorten ist, können wir den Gezeitentafeln (Tafel 1a, Teil III) entnehmen. In der Deutschen Bucht können wir mit einer Springverspätung von 3 Tagen rechnen. In Cuxhaven und in Wilhelmshaven sind es genau 3 Tage, in Hamburg aber schon 3 Tage und 4 Stunden. In Brest dagegen beträgt die Springverspätung nur 1 Tag und 15 Stunden. Mit Hilfe der Tafeln 1a und 3a (Teil III der Gezeitentafeln) können wir nun die Gezeitenverhältnisse genau vorausberechnen.

Die Skizze zeigt die Wirkung der Springverspätung: Die Springzeit tritt erst einige Tage nach Eintritt von Voll- oder Neumond auf. In der Deutschen Bucht geht man von einer dreitägigen Springverspätung aus.

Die Gezeitentafeln

Die Gezeitentafeln (GT) enthalten alle für die Gezeitenberechnungen erforderlichen Daten. Sie werden vom *Deutschen Hydrographischen Institut (DHI)* kalenderjährlich in zwei Bänden herausgegeben. Band I deckt die europäischen Gewässer ab, Band II den Atlantischen und Indischen Ozean sowie die Westküste Südamerikas.

Band I der Gezeitentafeln ist in drei Teile gegliedert. **Teil I** enthält ausführliche Vorausberechnungen für die europäischen **Bezugsorte.** Dies sind etwa 40 Orte, für die die täglichen Zeiten und Höhen der Hoch- und Niedrigwasser angegeben sind. Außerdem sind die Spring- und Nipptidenkurven für diese Orte graphisch dargestellt, aus denen wir den genauen Verlauf der Tide zwischen Hoch- und Niedrigwasser ablesen können.

Da der Gezeitenablauf in der Nähe der Bezugsorte ähnlich und meist nur um einen Zeit- oder Höhenunterschied verschoben ist, werden im **Teil II** für über 2000 sogenannte **Anschlußorte** diese **Gezeitenunterschiede (GU)** zu den Bezugsorten angegeben. Durch eine kleine Addition oder Subtraktion können wir so auch für die Anschlußorte genaue Zeiten und Höhen der täglichen Hoch- und Niedrigwasser ermitteln.

Teil III enthält einige Tafeln, die für unsere Gezeitenberechnungen erforderlich sind. Wir benötigen im wesentlichen die **Tafel 1a** *(Gezeitengrundwerte der europäischen Bezugsorte)*, die **Tafel 2** *(Angenäherter Höhenunterschied gegen die Niedrigwasserhöhe)* und die **Tafel 3a** *(Mondphasen).*

Band II der Gezeitentafeln enthält in einem weiteren Teil die sogenannten harmonischen Gezeitenkonstanten, mit deren Hilfe die Gezeiten für eine Reihe von Orten, die im Teil I und II nicht erfaßt sind, nach dem sogenannten harmonischen Verfahren berechnet werden können. Dies ist jedoch kein Prüfungsstoff für den BK-Schein oder das Sportseeschifferzeugnis.

Im Anhang jedes Bandes findet sich ein alphabetisches Namensverzeichnis, das alle Bezugs- und Anschlußorte enthält – der Schlüssel für unsere Arbeit in den Gezeitentafeln.

Beachte: Alle Zeitangaben in den GT sind auf MEZ (Mitteleuropäische Zeit) bezogen, das heißt UTC (Universal Time Coordinated) + 1 h.

ISSN 0084-9774

Nr. 2115

DEUTSCHES HYDROGRAPHISCHES INSTITUT
HAMBURG

GEZEITENTAFELN

FÜR DAS JAHR

1984

Band I
Europäische Gewässer

Nachdruck, auch auszugsweise, nur mit Genehmigung des Deutschen Hydrographischen Instituts

Hamburg 1983

Gezeitenaufgaben: Ermittlung der Gezeitenverhältnisse

Aufgabe 1
Wann herrschen im Juni 1984 in Helgoland Springverhältnisse, wann Nippverhältnisse?

Aus Tafel 3a entnehmen wir

Neumond	30.5.	1648
Erstes Viertel	6.6.	1642
Vollmond	13.6.	1442
Letztes Viertel	21.6.	1110

Unter Berücksichtigung der in Tafel 1a für Helgoland angegebenen Springverspätung von 2 Tagen 22 h ergibt sich:

Springzeit	2.6.	1448
Nippzeit	9.6.	1442
Springzeit	16.6.	1242
Nippzeit	24.6.	910

Man rechnet praktisch mit Springzeit vom 31.5. – 4.6. und vom 14.6. – 18.6., mit Nippzeit vom 7.6. – 11.6. und vom 22.6. – 26.6. Dazwischen herrschen Mittzeitverhältnisse.

Aufgabe 2
Welche Gezeitenverhältnisse herrschen am 20.8.1984 in Brest?

Aus Tafel 1a und 3a entnehmen wir

Letztes Viertel	19.8.	1940
Springverspätung	1	15
Nippzeit	21.8.	1040

Vom 19.8. bis 23.8. herrschen Nippverhältnisse, also auch am 20.8.84.

Tafel 1a

Gezeitengrundwerte der europäischen Bezugsorte

Bezugsort	Spring-verspätung	Mittlere Steig-dauer	Mittlere Fall-dauer	M Sp HW	M Np HW	M Sp NW	M Np NW	Art der Voraus-berech-nung	Voraus-berech-net durch
	d h	h min	h min	m	m	m	m		
Ekaterininskaja . .	1 19	06 05	06 20	3,65	2,97	0,65	1,33	H. V.	D. H.
Narvik	2 02	06 06	06 19	3,07	2,39	0,52	1,20	H. V.	N. S.
Bergen	2 02	06 14	06 11	1,40	1,08	0,20	0,52	H. V.	N. S.
Helgoland	2 22	05 39	06 46	2,70	2,35	0,00	0,39	H. U.	D. H.
Husum	3 00	05 55	06 30	3,85	3,44	0,00	0,47	H. U.	D. H.
Büsum	3 01	06 11	06 14	3,75	3,31	0,00	0,47	H. U.	D. H.
Cuxhaven	3 00	05 39	06 46	3,46	3,04	0,00	0,38	H. U.	D. H.
Brunsbüttel . . .	3 01	05 19	07 06	3,06	2,69	–0,07	0,18	H. U.	D. H.
Hamburg	3 04	04 54	07 31	3,25	2,91	–0,30	–0,24	H. U.	D. H.
Bremerhaven . . .	3 00	06 03	06 22	4,15	3,72	–0,01	0,44	H. U.	D. H.
Bremen	3 03	05 07	07 18	4,17	3,71	–0,27	–0,10	H. U.	D. H.
Wilhelmshaven . . .	3 00	06 17	06 08	4,28	3,80	0,00	0,57	H. U.	D. H.
Norderney	2 22	06 02	06 23	2,84	2,47	0,02	0,42	D. V.	D. H.
Borkum	2 21	06 06	06 19	2,69	2,38	0,01	0,38	D. V.	D. H.
Emden	2 23	06 06	06 19	3,51	3,17	–0,01	0,38	H. U.	D. H.
Terschelling . . .	2 14	06 19	06 06	2,23	1,93	0,13	0,52	N. V.	R. G.
Hoek van Holland . .	2 04	06 47	05 38	2,29	1,75	0,44	0,28	N. V.	R. G.
Vlissingen . . .	2 03	05 56	06 29	4,87	3,97	0,46	1,03	N. V.	R. G.
Le Havre	1 23	05 25	07 00	7,90	6,60	1,20	3,00	N. V.	H. P.
St. Malo	2 02	05 30	06 55	12,25	9,25	1,50	4,40	N. V.	H. P.
Brest	1 15	06 03	06 22	7,50	5,90	1,40	3,00	N. V.	H. P.
Plymouth	1 18	06 11	06 14	5,55	4,39	0,76	2,16	H. V.	H. D.
Southamton . . .	1 21	06 45	05 40	4,54	3,75	0,46	1,77	H. C.	I. B.
Portsmouth . . .	2 02	07 08	05 17	4,69	3,81	0,61	1,77	H. C.	I. B.
Dover	2 03	05 07	07 18	6,68	5,33	0,76	1,98	H. C.	I. B.
London Bridge . . .	2 17	05 56	06 29	7,10	5,79	0,46	1,56	H. C.	I. B.
Immingham . . .	2 00	06 04	06 21	7,26	5,76	0,86	2,56	H. V.	I. B.
Leith	1 15	06 29	05 56	5,58	4,54	0,79	2,13	H. C.	I. B.
Aberdeen	1 13	06 18	06 07	4,27	3,41	0,64	1,65	H. V.	I. B.
Ullapool	1 09	06 06	06 19	5,18	3,90	0,73	2,10	H. V.	H. D.
Oban	1 11	06 10	06 15	3,99	2,93	0,73	1,77	H. V.	H. D.
Greenock	2 16	06 41	05 44	3,44	2,90	0,37	1,01	H. C.	I. B.
Liverpool	1 20	05 37	06 48	9,33	7,44	0,94	2,87	H. C.	I. B.
Avonmouth . . .	2 10	05 36	06 49	13,23	10,00	0,94	3,54	H. C.	I. B.
Cobh	1 20	05 56	06 29	4,11	3,26	0,49	1,28	H. V.	I. B.
Pointe de Grave . .	1 10	06 28	05 57	5,35	4,35	1,05	2,10	D. V.	H. P.
Lissabon Marinewerft .	1 03	06 42	05 43	3,81	2,99	0,49	1,40	H. V.	H. D.
Gibraltar	1 05	06 34	05 51	0,98	0,73	0,09	0,34	H. V.	H. D.

Tafel 3a

Mondphasen 1984. UTC

		Tag	Uhr		Tag	Uhr		Tag	Uhr		Tag	Uhr
Neumond	Januar	3	5.16	April	1	12.10	Juni	29	3.18	September	25	3.11
Erstes Viertel		11	9.48		9	4.51	Juli	5	21.04	Oktober	1	21.52
Vollmond		18	14.05		15	19.11		13	2.20		9	23.58
Letztes Viertel		25	4.48		23	0.26		21	4.01		17	21.14
Neumond	Februar	1	23.46	Mai	1	3.45		28	11.51		24	12.08
Erstes Viertel		10	4.00		8	11.50	August	4	2.33		31	13.07
Vollmond		17	0.41		15	4.29		11	15.43	November	8	17.43
Letztes Viertel		23	17.12		22	17.45		19	19.40		16	6.59
Neumond	März	2	18.31		30	16.48		26	19.25		22	22.57
Erstes Viertel		10	18.27	Juni	6	16.42	September	2	10.30		30	8.00
Vollmond		17	10.10		13	14.42		10	7.01	Dezember	8	10.53
Letztes Viertel		24	7.58		21	11.10		18	9.31		15	15.25
Neumond	April	1	12.10		29	3.18		25	3.11		22	11.47
Erstes Viertel		9	4.51	Juli	5	21.04	Oktober	1	21.52		30	5.27

Gezeitenaufgaben: Ermittlung von HWZ und HWH sowie von NWZ und NWH

Wilhelmshaven (Alter Vorhafen) **1984**

Breite: 53° 31′ N, Länge: 8° 09′ E.

Mai						Juni						Juli					
	Zeit	Höhe m		Zeit	Höhe m		Zeit	Höhe m		Zeit	Höhe m		Zeit	Höhe m		Zeit	Höhe m
1	0110	4,2	16	0134	4,3	1	0148	4,2	16	0237	4,2	1	0219	4,2	16	0302	4,1
	0716	-0,1		0744	-0,3		0751	0,0		0835	0,0		0823	0,1		0900	0,1
Di	1333	4,1	Mi	1355	4,2	Fr	1407	4,3	Sa	1447	4,3	So	1434	4,4	Mo	1510	4,4
	1935	-0,1		1959	-0,3		2012	-0,1		2059	-0,1		2050	-0,1		2127	0,0

Aufgabe 3

Wann und wie hoch treten am 4. 8. 1984 in St. Malo das erste Niedrigwasser und das folgende Hochwasser auf?

St. Malo gehört zu den Bezugsorten, so daß wir unmittelbar ablesen können:

NW St. Malo	0621	2,7
HW St. Malo	1154	10,3

Aufgabe 4

Wann und wie hoch treten am 21. 6. 1984 am Plateau des Minquiers das Mittagshochwasser und das folgende Niedrigwasser ein?

Zunächst sind mit den Tafeln 1 a und 3 a die Gezeitenverhältnisse für den 21. 6. 84 zu bestimmen.

Letztes Viertel	21. 6.	1110
Springverspätung	2	2
Nippzeit	23. 6.	1310

Nippverhältnisse vom 21. 6. – 25. 6.

HW St. Malo	1209	8,8
GU	+0021	−0,2
Pl. des Minquiers	1230	8,6

NW St. Malo	1900	4,4
GU	+0004	−0,4
Pl. des Minquiers	1904	4,0

Beachte:

1. Für HW und NW sind verschiedene Zeitunterschiede zu berücksichtigen.
2. Die Bestimmung der Gezeitenverhältnisse vorweg ist erforderlich, da der Höhenunterschied davon abhängt, ob Spring-, Mitt- oder Nippverhältnisse herrschen. Im Fall von Mittzeit muß zwischen den Werten für Springzeit und für Nippzeit gemittelt werden.
3. Die erhaltenen Eintrittszeiten beziehen sich auf MEZ (= UTC + 1 h). Da im Sommer MESZ (Mitteleuropäische Sommerzeit) gilt, muß eine weitere Stunde addiert werden, um MESZ zu erhalten.
4. Die erhaltenen Höhen sind auf das Kartennull beim Plateau des Minquiers bezogen. Bei St. Malo liegt das mittlere Springniedrigwasser 1,50 m über dem Kartennull (vgl. Tafel 1a).

Aufgabe 5

Wie liegen bei Alderney das mittlere SpNW und das mittlere SpHW zum Kartennull?

Aus Tafel 1a entnehmen wir für St. Malo:

MSpHW 12,25 MSpNW 1,50

Hieran bringen wir die Höhenunterschiede zur Springzeit für Alderney an:

MSpHW 12,25 − 6,0 = 6,25 m

MSpNW 1,50 − 0,7 = 0,80 m

Aufgabe 6

Wie hoch ist in Wilhelmshaven am 1.5.1984 gegen 1530 die Wassertiefe an einer Stelle, wo die Karte eine Tiefe von 0,2 m angibt?

1. Ermittlung der Gezeitenverhältnisse:

Letztes Viertel	23.4.	0026
Springverspätung	3	
Nippzeit	26.4.	0026

Nippverhältnisse vom 24.4.–28.4.

Vom 29.4.–1.5. herrschen also Mittverhältnisse.

2. Ermittlung der Höhe der Gezeit H um 1530:

Aus den GT entnehmen wir:

HW Wilhelmshaven 1333 4,1

Gesucht ist als H etwa 2 h nach HW Wilhelmshaven. Der Tidenkurve auf S. 102 entnehmen wir für 2 h nach Hochwasser

SpHW 4,3 − 3,1 = 1,2

NpHW 3,8 − 3,0 = 0,8

Als Mittelwert für die Mittzeit ergibt sich also 1,0 m.

H um 1530 also: 4,1 − 1,0 = 3,1

Es gilt: WT = KT + H

WT = 0,2 + 3,1 = 3,3

Man wird gegen 1530 eine Wassertiefe von 3,3 m haben.

St. Malo 1984

Breite: 48° 38′ N, Länge: 2° 02′ W.

Mai

Tag	Zeit	Höhe m	Tag	Zeit	Höhe m
1	0201	1,8	16	0221	1,0
	0722	11,7		0743	12,3
Di	1417	1,7	Mi	1443	1,2
	1938	11,7		2003	12,2
2	0234	1,7	17	0304	1,3
	0752	11,7		0823	12,0
Mi	1451	1,7	Do	1526	1,7
	2008	11,8		2043	11,9
3	0307	1,7	18	0345	1,8
	0824	11,6		0901	11,4
Do	1524	1,8	Fr	1604	2,3
	2039	11,6		2120	11,3
4	0341	1,9	19	0420	2,4
	0856	11,4		0939	10,6
Fr	1557	2,2	Sa	1636	3,0
	2112	11,3		2157	10,6
5	0412	2,3	20	0452	3,1
	0928	10,9		1016	9,8
Sa	1627	2,7	So	1711	3,7
	2146	10,8		2236	9,8
6	0443	2,8	21	0531	3,8
	1005	10,2		1058	9,0
So	1701	3,3	Mo	1753	4,4
	2226	10,2		2323	9,2

Juni

Tag	Zeit	Höhe m	Tag	Zeit	Höhe m
1	0243	1,8	16	0332	2,1
	0803	11,5		0848	11,0
Fr	1504	2,0	Sa	1551	2,5
	2023	11,7		2107	11,2
2	0325	1,9	17	0408	2,5
	0842	11,3		0925	10,5
Sa	1544	2,2	So	1624	2,9
	2101	11,5		2143	10,8
3	0404	2,2	18	0439	2,9
	0920	11,0		1000	10,0
So	1621	2,5	Mo	1656	3,4
	2141	11,1		2219	10,3
4	0439	2,5	19	0513	3,4
	1002	10,5		1038	9,5
Mo	1659	3,0	Di	1731	3,8
	2224	10,7		2257	9,8
5	0521	2,9	20	0551	3,8
	1049	10,0		1120	9,1
Di	1744	3,3	Mi	1811	4,2
	2316	10,3		2343	9,4
6	0610	3,2	21	0634	4,1
	1145	9,7		1209	8,8
Mi	1839	3,5	Do	1900	4,4

Juli

Tag	Zeit	Höhe m	Tag	Zeit	Höhe m
1	0314	1,7	16	0354	2,3
	0833	11,5		0910	10,8
So	1537	1,9	Mo	1610	2,6
	2055	11,8		2126	11,1
2	0358	1,7	17	0423	2,5
	0916	11,4		0941	10,5
Mo	1617	2,0	Di	1637	2,9
	2137	11,7		2157	10,8
3	0436	1,9	18	0451	2,8
	0958	11,1		1013	10,1
Di	1655	2,2	Mi	1705	3,2
	2219	11,4		2228	10,4
4	0515	2,1	19	0521	3,2
	1042	10,8		1045	9,8
Mi	1736	2,5	Do	1736	3,6
	2305	11,1		2303	10,0
5	0559	2,5	20	0554	3,6
	1130	10,4		1122	9,4
Do	1822	2,8	Fr	1811	3,9
	2357	10,7		2342	9,5
6	0649	2,8	21	0632	4,0
	1227	10,1		1205	9,1
Fr	1919	3,1	Sa	1855	4,2

August

Tag	Zeit	Höhe m	Tag	Zeit	Höhe m
1	0426	1,1	16	0426	2,3
	0946	11,9		0944	10,8
Mi	1643	1,5	Do	1638	2,6
	2206	12,1		2157	11,0
2	0502	1,4	17	0450	2,7
	1026	11,5		1011	10,4
Do	1720	1,9	Fr	1703	3,0
	2246	11,7		2225	10,5
3	0540	2,0	18	0517	3,1
	1107	11,0		1040	10,0
Fr	1759	2,5	Sa	1732	3,5
	2329	11,0		2256	9,9
4	0621	2,7	19	0547	3,7
	1154	10,3		1115	9,4
Sa	1845	3,2	So	1805	4,0
				2336	9,3
5	0023	10,2	20	0627	4,3
	0715	3,4		1200	8,9
So	1257	9,7	Mo	1852	4,5
	1950	3,7			
6	0137	9,6	21	0032	8,8
	0830	3,9		0725	4,7
Mo	1421	9,4	Di	1311	8,7
	2112	4,0		2006	4,7

Nr.	Ort	Geogr. Lage: Breite	Länge	HW	NW	Mittlere Höhen des Bezugsortes			
		° ′	° ′	h min	h min	m	m	m	m
	Bezugsort: ST. MALO (Seite 69-71)					SpHW 12,2	NpHW 9,2	SpNW 1,5	NpNW 4,4
				Zeitunterschiede		Höhenunterschiede			
	U T C + 1 h 00 min	N	W						
	ENGLAND								
	Kanal - Inseln								
982	Alderney, Braye	49 43	2 12	+ 1 02	+ 0 46	-6,0	-4,5	-0,7	-1,8
984	Guernsey, St. Peter Port	49 27	2 31	+ 0 23	- 0 02	-3,3	-2,5	-0,5	-0,9
986	Les Ecréhou	49 17	1 56	+ 0 25	+ 0 16	-1,4	-0,8	-0,2	-0,6
	Jersey								
987	St. Catherine Bay	49 13	2 01	+ 0 22	+ 0 11	-1,2	-1,2	-0,1	-0,3
989	St. Hélier G	49 11	2 07	+ 0 17	+ 0 01	-1,2	-1,1	-0,2	-0,3
991	Plateau des Minquiers	48 57	2 08	+ 0 21	+ 0 04	-0,8	-0,2	-0,1	-0,4
	FRANKREICH								
	Nordküste								
995	Diélette	49 33	1 52	+ 0 37	+ 0 21	-2,6	-1,8	-0,2	-0,8
996	Carteret	49 22	1 47	+ 0 26	+ 0 22	-1,1	-0,8	0,0	-0,4
997	Hâvre de St. Germain - sur - Ay	49 14	1 36	+ 0 06		-0,4			
998	Le Sénéquet	49 05	1 40	+ 0 19	+ 0 25	-0,3	-0,3	-0,1	-0,1
999	Havre de Regnéville	49 01	1 33	+ 0 06		-0,1			

Tafel 2 der Gezeitentafeln

Höhenunterschied gegen NWH

Mit Tafel 2 der GT können wir Wasserhöhen zu beliebigen Zeiten ohne Tidenkurve ermitteln. Eingangswerte sind

- Steigdauer (SD) oder Falldauer (FD) der jeweiligen Gezeit,
- Zeitunterschied (ZU) gegen das nächstliegende Hochwasser,
- Tidenstieg (TS) oder Tidenfall (TF).

Diese Werte erhalten wir, indem wir die Zeiten und Höhen des nächstliegenden Hochwassers und Niedrigwassers aus den GT ermitteln.

Gehen wir mit diesen drei Werten in die Tafel 2 – wobei man meist interpolieren muß –, so erhalten wir den angenäherten Höhenunterschied (HU) gegen die NWH. Die gesuchte Höhe der Gezeit (H) ergibt sich dann aus:

H = NWH + HU

Passieren einer Barre

Soll dagegen ermittelt werden, bis wann nach dem letzten Hochwasser (oder ab wann vor dem nächsten Hochwasser) eine Stelle mit bekannter Kartentiefe passierbar ist, sind die Eingangswerte für Tafel 2

- Steigdauer (SD) oder Falldauer (FD) der Gezeit,
- Tidenstieg (TS) oder Tidenfall (TF),
- der angenäherte Höhenunterschied (HU) gegen die NWH.

Während wir die ersten beiden Werte unmittelbar aus den GT ermitteln können, errechnen wir den HU gegen die NWH aus:

HU = H – NWH
H = WT – KT

also: HU = WT – KT – NWH

Hierbei setzt sich die WT zusammen aus dem Tiefgang der Yacht und der gewünschten Sicherheit unter dem Kiel.

Geht man mit diesen drei Werten in Tafel 2 der GT ein, erhält man den Zeitunterschied gegen das nächstliegende HW. Addieren wir diesen ZU zur HWZ, wissen wir, bis wann nach HW wir die bekannte Stelle passieren können.

Aufgabe 7
Am 1.7.84 werden um 1600 bei der Jadeplate 5 m Wassertiefe gelotet. Wie lautet die Kartentiefe?

Neumond	29.6.	0318
Springverspätung	3	
Springzeit	2.7.	0318

Am 1.7. herrschen Springverhältnisse.

Für Jadeplate ermittelt man über den Bezugsort Wilhelmshaven.

HW	1434	4,4	NW	2050	–0,1
GU	–0105	–1,1	GU	–0043	0,0
HW	13.29	3,3		2007	–0,1

Da für Anschlußorte keine Tidenkurve wiedergegeben ist, arbeitet man mit Tafel 2 der GT. Zunächst ermitteln wir die Tafeleingänge:

Falldauer FD: 2007 – 1329 = 6.38 h
Tidenfall TF: 3,3 – (–0,1) = 3,4 m
ZU gegen HW: 1600 – 1329 = 2.31 h

Geht man mit diesen Werten in Tafel 2 der GT ein, so erhält man als Höhenunterschied gegen NWH etwa 2,3 m. Die Höhe der Gezeit für 1600 beträgt also:

2,3 + (–0,1) = 2,2 m
KT = WT – H
= 5,0 – 2,2 = 2,8 m

Die Kartentiefe an der Lotungsstelle beträgt 2,8 m.

Aufgabe 8
Bis wann kann am 1.7.1984 nachmittags eine Yacht mit 2,0 m Tiefgang eine Stelle an der Blauen Balje passieren, deren Tiefe die Karte mit 0,2 m angibt? Aus Sicherheitsgründen soll stets 1,0 m Wasser unter dem Kiel sein.

Am 1.7.1984 herrschen Springverhältnisse.

Über den Bezugsort Wilhelmshaven erhält man für die Blaue Balje:

HW	1434	4,4	NW	2050	–0,1
GU	–0057	–1,0	GU	–0031	0,0
HW	1337	3,4	NW	2019	–0,1

Eingänge für Tafel 2:

FD: 2019 – 1337 = 642 h
TF: 3,4 – (–0,1) = 3,5 m
HU = (2,0 + 1,0) – 0,2 – (–0,1)
= 3,0 – 0,2 + 0,1 = 2,9

Geht man mit diesen drei Werten in die Tafel 2, erhalten wir als ZU gegen HW etwa 152 h.

Wir können also bis 1337 + 152 = 1529 die Stelle passieren.

Tafel 2 Angenäherter Höhenunterschied gegen die Niedrigwasserhöhe

Zeitunterschied gegen das nächstliegende Hochwasser bei einer Steig-oder Falldauer von					Tidenstieg oder Tidenfall											
h min 04 00	h min 05 00	h min 06 00	h min 07 00	h min 08 00	m 1,0	m 2,0	m 3,0	m 4,0	m 5,0	m 6,0	m 7,0	m 8,0	m 9,0	m 10,0	m 11,0	m 12,0
h min 00 00	h min 00 00	h min 00 00	h min 00 00	h min 00 00	m 1,0	m 2,0	m 3,0	m 4,0	m 5,0	m 6,0	m 7,0	m 8,0	m 9,0	m 10,0	m 11,0	m 12,0
00 07	00 08	00 10	00 12	00 13	1,0	2,0	3,0	4,0	5,0	6,0	7,0	8,0	9,0	10,0	11,0	12,0
00 13	00 17	00 20	00 23	00 27	1,0	2,0	3,0	4,0	5,0	6,0	6,9	7,9	8,9	9,9	10,9	11,9
00 20	00 25	00 30	00 35	00 40	1,0	2,0	2,9	3,9	4,9	5,9	6,9	7,9	8,8	9,8	10,8	11,8
00 27	00 33	00 40	00 47	00 53	1,0	1,9	2,9	3,9	4,8	5,8	6,8	7,8	8,7	9,7	10,7	11,6
00 33	00 42	00 50	00 58	01 07	1,0	1,9	2,9	3,8	4,8	5,7	6,7	7,6	8,6	9,5	10,5	11,4
00 40	00 50	01 00	01 10	01 20	0,9	1,9	2,8	3,7	4,7	5,6	6,5	7,5	8,4	9,3	10,3	11,2
00 47	00 58	01 10	01 22	01 33	0,9	1,8	2,7	3,6	4,5	5,5	6,4	7,3	8,2	9,1	10,0	10,9
00 53	01 07	01 20	01 33	01 47	0,9	1,8	2,6	3,5	4,4	5,3	6,2	7,1	7,9	8,8	9,7	10,6
01 00	01 15	01 30	01 45	02 00	0,9	1,7	2,6	3,4	4,3	5,1	6,0	6,8	7,7	8,5	9,4	10,2
01 07	01 23	01 40	01 57	02 13	0,8	1,6	2,5	3,3	4,1	4,9	5,7	6,6	7,4	8,2	9,0	9,9
01 13	01 32	01 50	02 08	02 27	0,8	1,6	2,4	3,1	3,9	4,7	5,5	6,3	7,1	7,9	8,7	9,4
01 20	01 40	02 00	02 20	02 40	0,8	1,5	2,3	3,0	3,8	4,5	5,3	6,0	6,8	7,5	8,3	9,0
01 27	01 48	02 10	02 32	02 53	0,7	1,4	2,1	2,8	3,6	4,3	5,0	5,7	6,4	7,1	7,8	8,5
01 33	01 57	02 20	02 43	03 07	0,7	1,3	2,0	2,7	3,4	4,0	4,7	5,4	6,0	6,7	7,4	8,1
01 40	02 05	02 30	02 55	03 20	0,6	1,3	1,9	2,5	3,2	3,8	4,4	5,0	5,7	6,3	6,9	7,6
01 47	02 13	02 40	03 07	03 33	0,6	1,2	1,8	2,3	2,9	3,5	4,1	4,7	5,3	5,9	6,5	7,0
01 53	02 22	02 50	03 18	03 47	0,5	1,1	1,6	2,2	2,7	3,3	3,8	4,3	4,9	5,4	6,0	6,5
02 00	02 30	03 00	03 30	04 00	0,5	1,0	1,5	2,0	2,5	3,0	3,5	4,0	4,5	5,0	5,5	6,0
02 07	02 38	03 10	03 42	04 13	0,5	0,9	1,4	1,8	2,3	2,7	3,2	3,7	4,1	4,6	5,0	5,5
02 13	02 47	03 20	03 53	04 27	0,4	0,8	1,2	1,7	2,1	2,5	2,9	3,3	3,7	4,1	4,5	5,0
02 20	02 55	03 30	04 05	04 40	0,4	0,7	1,1	1,5	1,9	2,2	2,6	3,0	3,3	3,7	4,1	4,4
02 27	03 03	03 40	04 17	04 53	0,3	0,7	1,0	1,3	1,6	2,0	2,3	2,6	3,0	3,3	3,6	3,9
02 33	03 12	03 50	04 28	05 07	0,3	0,6	0,9	1,2	1,4	1,7	2,0	2,3	2,6	2,9	3,2	3,5
02 40	03 20	04 00	04 40	05 20	0,3	0,5	0,8	1,0	1,3	1,5	1,8	2,0	2,3	2,5	2,8	3,0
02 47	03 28	04 10	04 52	05 33	0,2	0,4	0,6	0,9	1,1	1,3	1,5	1,7	1,9	2,1	2,3	2,6
02 53	03 37	04 20	05 03	05 47	0,2	0,4	0,5	0,7	0,9	1,1	1,3	1,4	1,6	1,8	2,0	2,1
03 00	03 45	04 30	05 15	06 00	0,1	0,3	0,4	0,6	0,7	0,9	1,0	1,2	1,3	1,5	1,6	1,8
03 07	03 53	04 40	05 27	06 13	0,1	0,2	0,4	0,5	0,6	0,7	0,8	0,9	1,1	1,2	1,3	1,4
03 13	04 02	04 50	05 38	06 27	0,1	0,2	0,3	0,4	0,5	0,5	0,6	0,7	0,8	0,9	1,0	1,1
03 20	04 10	05 00	05 50	06 40	0,1	0,1	0,2	0,3	0,3	0,4	0,5	0,5	0,6	0,7	0,7	0,8
03 27	04 18	05 10	06 02	06 53	0,0	0,1	0,1	0,2	0,2	0,3	0,3	0,4	0,4	0,5	0,5	0,6
03 33	04 27	05 20	06 13	07 07	0,0	0,1	0,1	0,1	0,2	0,2	0,2	0,2	0,3	0,3	0,3	0,4
03 40	04 35	05 30	06 25	07 [illegible]	0,0	0,0	0,1	0,1	0,1	0,1	0,1	0,1	0,2	0,2	0,2	0,2
03 47	04 43	05 40	06 37	07 33	0,0	0,0	0,0	0,0	0,0	0,0	0,1	0,1	0,1	0,1	0,1	0,1
03 53	04 52	05 50	06 48	07 47	0,0	0,0	0,0	0,0	0,0	0,0	0,0	0,0	0,0	0,0	0,0	0,0
h min 04 00	h min 05 00	h min 06 00	h min 07 00	h min 08 00	m 0,0	m 0,0	m 0,0	m 0,0	m 0,0	m 0,0	m 0,0	m 0,0	m 0,0	m 0,0	m 0,0	m 0,0

Nr.	Ort	Geogr. Lage: Breite	Länge	HW	NW	Mittlere Höhen des Bezugsortes			
		° ′	° ′	h min	h min	m	m	m	m
	Bezugsort:					SpHW	NpHW	SpNW	NpNW
	BREMEN (Seite 37-39)					4,2	3,7	-0,3	-0,1
						SpHW	NpHW	SpNW	NpNW
	WILHELMSHAVEN (Seite 41-43)					4,3	3,8	0,0	0,6
	Jadegebiet								
755	Jadeplate	53 50	8 00	- 1 05	- 0 43	-1,1	-1,0	0,0	-0,1
756	Wangerooge Ost	53 46	7 58	- 0 58	- 0 31	-0,9	-0,9	0,0	-0,1
757	Blaue Balje	53 45	7 56	- 0 57	- 0 31	-1,0	-0,9	0,0	-0,1

Theorie und Praxis der Gezeiten

Entstehung der Gezeiten: Der Mond

Die Niveauschwankungen der Meeresoberfläche beruhen im wesentlichen auf der von Mond und Erde aufeinander ausgeübten Massenanziehung. Diese Anziehung wirkt an verschiedenen Punkten der Erde unterschiedlich stark, da jeder Punkt der Erde eine andere Richtung zum Mond einnimmt. Hinzu kommt die tägliche Erddrehung, die die Wasserteilchen auf der Oberfläche ständig in eine neue Stellung zu dem von Mond und Erde gebildeten Kraftfeld bringt. Hieraus ergibt sich als horizontale Bewegungskomponente eine Art Schwingung der Wasserteilchen. Die einzelnen Teilchen beschreiben etwa im Rhythmus der Erdumdrehung langgezogene Bahnen um ihre mittlere Lage. Man erhält sogenannte Gezeitenströme, die wir in Abhängigkeit vom Gezeitenrhythmus auch auf dem Meer vorfinden. Die von uns beobachteten Gezeiten sind also nichts anderes als das Zusammenwirken dieser Ströme, durch die Wassermassen zusammengedrängt oder abgezogen werden.

Etwas vereinfachend kann man sagen, daß auf der Mondseite einer völlig mit Wasser bedeckt gedachten Erdkugel eine Art Hochwasserwelle steht, die immer dem Mond zugewandt bleibt. Der Mond zieht gleichsam diese Flutwelle um den Erdball. Eine weitere Hochwasserwelle ist auf der dem Mond entgegengesetzten Seite der Erdkugel zu beobachten (A).
Sobald also der Mond den Ortsmeridian eines Beobachters passiert, hat man Hochwasser. Dies trifft jedoch auf unserer Erde nicht genau zu, da große Landmassen, die Erdteile, den freien Lauf der Flutwelle hemmen und Verzögerungen verursachen. So ergibt sich zwischen dem Durchgang des Mondes durch den Ortsmeridian und dem darauf folgenden Hochwasser ein Zeitunterschied, das **Hochwasserintervall.**
Der Einfluß des Mondes wird noch in einem anderen Zusammenhang deutlich. Der Mond benötigt für einen vollen Umlauf um die Erde etwas länger als einen Tag, nämlich 24 h 50 min. Deshalb ist eine Tide bei uns auch länger als 12 Stunden, so daß Hoch- und Niedrigwasser nicht immer auf die glei-

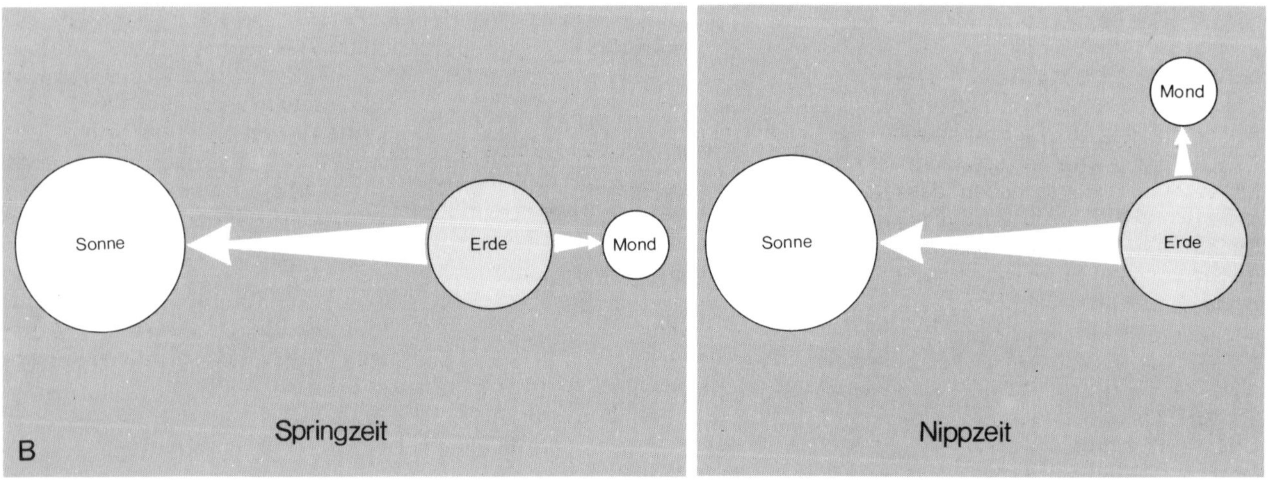

B

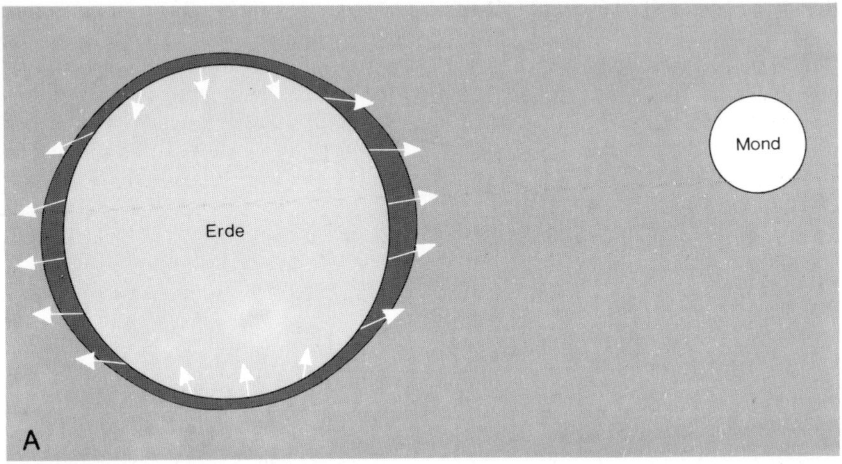

che Tageszeit fallen, sondern sich langsam verschieben.

Die Sonne

Auch die Sonne beeinflußt den Gezeitenablauf, allerdings nur etwa halb so stark wie der Mond. Sie nimmt im Verlauf eines Monats zu der von Mond und Erde gebildeten Achse unterschiedliche Stellungen ein (B). Steht sie auf der Verlängerung dieser Linie, so haben wir Neu- oder Vollmond. Hierbei verstärkt sie den Mondeinfluß, und wir haben Springverhältnisse. Umgekehrt ist es, wenn wir Halbmond haben. Jetzt steht die Sonne etwa senkrecht zu der Achse Mond – Erde und schwächt den Mondeinfluß ab. Wir haben deshalb Nippverhältnisse. Auch der Eintritt von Spring- und Nippverhältnissen verzögert sich durch die den freien Ablauf hindernden Kontinente. Neben der bei uns auftretenden halbtägigen Gezeit mit täglich zwei Hoch- und Niedrigwassern findet man auch andere Gezeitenformen: die eintägige Gezeit am Chinesischen Meer und die gemischte Gezeit im Pazifik, bei der die Höhen der beiden täglich auftretenden HW bzw. NW stark voneinander abweichen (vgl. S. 104).

Windeinfluß

Alle in den Gezeitentafeln zusammengestellten Vorausberechnungen sind natürlich abstrakt, also wetterunabhängig, durchgeführt. Starkwinde können je nach ihrer Richtung die angegebenen Wasserhöhen erheblich verändern, und zwar in Seichtwassergebieten stärker als im Tiefwasser. Daneben können sich auch die vorausberechneten Zeitpunkte verschieben. Treffen auflandige Stürme mit Springverhältnissen zusammen, so treten die stärksten Erhöhungen auf. Man spricht dann von **Sturmflut.** Ablandige Winde können die Höhen verringern.

Gezeitenströme

In Inselrevieren oder in Flußmündungsgebieten läuft eine Tide unregelmäßiger ab als im offenen Seerevier. Dies gilt vor allem für die auftretenden Gezeitenströme. Hat man steigendes Wasser, so entsteht sogenannter **Flutstrom,** hat man fallendes Wasser, spricht man von **Ebbstrom.** Dazwischen tritt für einige Zeit **Stillwasser** ein, ehe der Strom kentert.

In aller Regel kentert der Strom nicht genau zur HWZ oder NWZ, sondern erst einige Zeit nach dem örtlichen Hochwasser oder Niedrigwasser. Im oberen Flußbereich wird dieser Zeitunterschied allerdings immer geringer.

Je weiter flußaufwärts ein Ort liegt, desto mehr verspätet sich der Tidenablauf gegenüber dem Mündungsgebiet, denn die „Flutwelle" läuft gleichsam flußaufwärts. Segelt man deshalb mit auflaufendem Wasser flußaufwärts, wird man lange Strecken mit dem Strom laufen können. Bei seewärtigem Kurs dagegen wird der Strom nur kurze Zeit mitlaufen, da die Yacht der folgenden „Flutwelle" entgegenläuft.

Ein anfangs mit dem Wind, dann aber gegenan laufender Strom kann die Seegangsverhältnisse in kürzester Zeit grundlegend verändern. Hat der Strom zunächst die Höhe der See sogar etwas gedämpft, so schiebt er nun das Wasser dem Wind entgegen. Die See wird kurz, steil und sehr hart.

Daneben kann ein weiterer Effekt auftreten: Der mit dem Wind laufende Strom versetzt die Yacht etwas vom Winde weg. Folglich wird der an Bord spürbare Wind etwas abgeschwächt. Sobald der Strom kentert, schiebt er die Yacht möglicherweise mit der gleichen Stärke gegen den Wind. Der an Bord spürbare und für die Segelführung allein entscheidende Wind wird also in kurzer Zeit verstärkt. Deshalb muß in manchen Situationen rechtzeitig vor dem Kentern des Stromes gerefft werden.

4

Seemannschaft

Ausrüstungs-richtlinien

Für Sportyachten im Küstenbereich und auf hoher See gibt es von zwei verschiedenen Trägern entwickelte Ausrüstungsrichtlinien: die Ausrüstungsvorschriften des *Offshore Rating Councils (ORC),* das für die Verwaltung der internationalen Rennformel für seegehende Yachten (IOR-Formel) zuständig ist, und die Richtlinien für die Mindestausrüstung der *International Yacht Racing Union (IYRU),* dem internationalen Dachverband der nationalen Seglerverbände.

Die **ORC-Ausrüstungsvorschriften** sind in erster Linie für Regatten gedacht, die nach der IOR-Formel gesegelt werden. Sie wurden im Januar 1979 neu gefaßt, vom DSV ins Deutsche übersetzt und in einigen Punkten ergänzt. Ihr Ziel ist es, einheitliches und möglichst sicheres Seesegeln auf der ganzen Welt zu gewährleisten.

Sie legen eingangs fest, daß die **Verantwortung** für die Sicherheit einer Yacht und ihrer Besatzung ausschließlich und bedingungslos in der Hand des Schiffsführers liegt, der alles tun muß, um sicherzustellen, daß die Yacht absolut dicht ist, seetüchtig und mit einer Besatzung bemannt ist, die erfahren und körperlich in der Lage ist, schweres Wetter durchzustehen. Er muß weiterhin von der Stärke des Rumpfes, der Spieren, des Riggs, der Segel sowie des stehenden und laufenden Gutes überzeugt sein. Er muß sicherstellen, daß alle Sicherheitseinrichtungen ordentlich instand gehalten und verstaut sind und daß die Besatzung weiß, wo sie verstaut und wie sie zu bedienen sind. Dieser Punkt ist insbesondere vor Antritt eines Törns mit einer neuen Crew von Bedeutung. Der Schiffsführer muß deshalb dafür sorgen, daß mindestens ein Mitsegler selbständig mit dem Motor umgehen und ein Mann-über-Bord-Manöver ausführen kann.

Um die unterschiedlichen Anforderungen des Sicherheits- und Einrichtungsstandards differenziert behandeln zu können, wurden die verschiedenen Fahrtgebiete in sechs Kategorien eingeteilt, von denen vier auf den Küstenbereich entfallen:

Fahrtgebiet Kategorie 1: Langstreckenfahrt fern von Küsten, während der eine Yacht völlig auf sich allein gestellt für längere Zeiträume in der Lage sein muß, mit schweren Stürmen fertig zu werden, und darauf vorbereitet sein muß, ernste Notsituationen anzutreffen, ohne Hilfe von außen erwarten zu können.

Fahrtgebiet Kategorie 2: Fahrten von längerer Dauer, nicht allzuweit von Küstenlinien entfernt oder in großen ungeschützten Buchten oder Seen, wo ein hohes Maß von Selbständigkeit von Yachten verlangt wird, aber eine berechtigte Wahrscheinlichkeit besteht, daß im Falle von ernsten Notfällen Hilfe von außen herbeigerufen werden kann.

Fahrtgebiet Kategorie 3: Fahrten über offenes Wasser, das aber relativ geschützt oder nahe der Küstenlinie verläuft, einschließlich Regatten für kleine Yachten.

Fahrtgebiet Kategorie 4: Kurze Fahrten in Landnähe in relativ warmen oder geschützten Gewässern, die normalerweise während des Tages befahren werden. In Abhängigkeit von diesen vier Kategorien folgen ausführlich die einzelnen Vorschriften:

Baumerkmale: Rumpf, einschließlich Deck, Kielkasten, Cockpit und dessen Lenzvorrichtungen, Lenzrohrdurchmesser, Schwerwetterblenden für Fenster, Seeventile, Leckpfropfen, Seereling, Bug- und Heckkorb, Ballast.

Wohlichkeitsbestimmungen: Toilette mit Zu- und Abflüssen, Kojen, Kombüse und Kocher, Wassertanks.

Allgemeine Ausrüstung: Feuerlöscher, Bilge-Pumpen, Handpumpe, Anker, Handlampe, Erste-Hilfe-Ausrüstung mit Anleitung, Nebelhorn, Radarreflektor, Signalflaggen, Absperrventile an Brennstofftanks.

Navigationsausrüstung: Steuer- und Reservekompaß, Seekarten und nautische Literatur, Sextant, Funkpeiler, Hand- oder Echolot, Log oder Speedometer, Positionslaternen und Signalkörper.

Seenotausrüstung: Reservepositionslaternen und -Energiequelle, Sturmsegel, die es ermöglichen, daß die Yacht in schwerem Wetter Luv gewinnt, Reserveruder, Werkzeug und Reserveteile, Seefunksender und -empfänger, Radioempfänger.

Sicherheitsausrüstung: Rettungswesten mit Doppeltonpfeife, Sicherheitsgurt, Rettungsfloß, Notproviant und Wasser, 2 Rettungsringe, Notsignale und Signalpistole, schwimmfähige Wurfleine.

Neben diesen ORC-Ausrüstungsvorschriften wurden von der **IYRU Richtlinien für die Mindestausrüstung** entwickelt, da sich herausgestellt hatte, daß die ORC-Vorschriften für reine Fahrtenyachten oft zu streng waren. Auch diese Richtlinien wurden vom DSV übersetzt und zur Beachtung empfohlen.

Das Internationale Signalbuch

Das **Internationale Signalbuch** besteht aus einer Zusammenstellung verschiedener Flaggen-, Funk- und Blinksignale. Zum Signalisieren mit Flaggen enthält es das unten wiedergegebene Buchstaben- und Ziffernalphabet sowie die drei Hilfsstander. Um Nachrichten von Schiff zu Schiff unabhängig von irgendeiner Sprache übermitteln zu können, bedient man sich verschiedener Ein-, Zwei- oder Drei-Buchstaben-Signale, durch die alle wesentlichen Informationen ausgetauscht werden können. Ein-Buchstaben-Signale enthalten wichtige und allgemein gebräuchliche Informationen, Zwei-Buchstaben-Signale beziehen sich auf den allgemeinen Abschnitt, Drei-Buchstaben-Signale – mit M beginnend – auf den ärztlichen Abschnitt des Signalbuches. Die moderne Funktechnik hat natürlich die Flaggensignale weitgehend verdrängt; sie dienen heute allenfalls als zusätzliches Hilfsmittel.

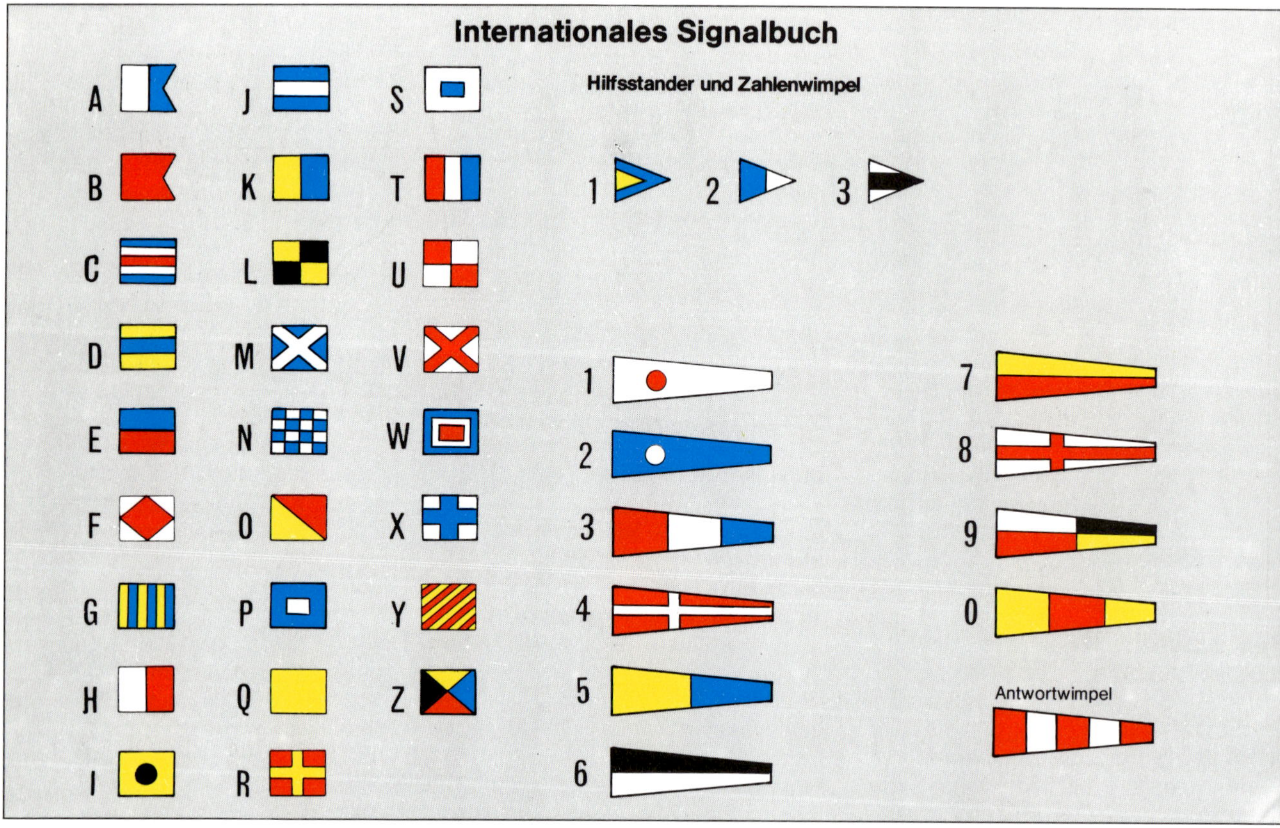

Die wichtigsten Ein-Buchstaben-Signale

A 
Taucher!
Halten Sie bei langsamer Fahrt gut frei von mir!

B 
Gefährliche Güter an Bord!

G 
Erbitte einen Lotsen!

H 
Habe Lotsen an Bord!

L 
Anhalten!

O 
Mann über Bord!

Q 
An Bord alles gesund. Bitte um freie Verkehrserlaubnis!

U 
Achtung! Sie begeben sich in Gefahr.

V 
Ich benötige Hilfe!

W 
Ich benötige ärztliche Hilfe!

Z 
Ich bitte um Schlepphilfe!

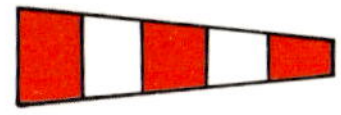
Ich möchte mit Hilfe des ISB signalisieren!

Buchstabe	Internationales Schlüsselwort (betonte Silbe = unterstrichen)	Ziffer	Internationales Schlüsselwort (betonte Silbe = unterstrichen)	Morsezeichen	Merkwort (jede Silbe = ein Zeichen; ein „o“ in der Silbe entspricht einem Strich)
A	Alfa	1	Unaone*	·–	Atom
B	Bravo	2	Bissotwo*	–···	Bohnenstange
C	Charlie	3	Terrathree*	–·–·	Coburggotha
D	Delta	4	Kartefour*	–··	Drogerie
E	Echo	5	Pantafive*	·	Ernst
F	Foxtrott	6	Soxisix*	··–·	Friedrichsroda
G	Golf	7	Setteseven*	––·	Gomorra
H	Hotel	8	Oktoeight*	····	Hipphipphurra
I	India	9	Novenine*	··	Ida
J	Juliett	0	Nadazero*	·–––	Jawohlodol
K	Kilo			–·–	Kommando
L	Lima			·–··	Leonidas
M	Mike			––	Motor
N	November			–·	Note
O	Oscar			–––	Oporto
P	Papa			·––·	Peloponnes
Q	Quebec			––·–	Quoolsdorf bei Porst
R	Romeo			·–·	Revolver
S	Sierra			···	Simserim
T	Tango			–	Ton
U	Uniform			··–	Uniform
V	Victor			···–	Ventilator
W	Wiskey			·––	Windmotor
X	Xray			–··–	XoXBiskuitbox
Y	Yankee			–·––	Yorker Kohlkopf
Z	Zulu			––··	Zorndorfer Schlacht

Signalkunde

Fragen- und Antwortenkatalog für die Prüfung über Seenotsignalmittel

(Sachkundenachweis nach dem Waffengesetz und Voraussetzung für die Befreiung nach dem Sprengstoffgesetz)

im Rahmen einer Prüfung für Wassersportführerscheine

Notsignale

A. Allgemeines

1. Was versteht man unter pyrotechnischen Seenotsignalen?	Notsignale, welche mit Hilfe explosionsgefährlicher Stoffe ausgelöst werden.
2. Welche pyrotechnischen Seenotsignale unterliegen dem Waffengesetz?	Die Signalpistole und die hierfür bestimmte Munition.
3. Welche pyrotechnischen Seenotsignale unterliegen dem Sprengstoffgesetz?	Alle pyrotechnischen Seenotsignale, die nicht aus einer Signalpistole abgeschossen werden, wie Signalraketen, Fallschirmsignalraketen, Handfackeln und Rauchsignale.
4. Welche pyrotechnischen Seenotsignale kennen Sie?	Signalraketen rot Fallschirmsignalraketen rot Handfackeln rot Rauchsignale orange Lichtrauchsignale
5. Welche Farbe haben pyrotechnische Seenotsignale?	Rot mit Ausnahme des Rauchsignals, das orangefarbenen Rauch entwickelt.
6. Wann dürfen pyrotechnische Seenotsignale verwendet werden?	Nur im Seenotfall, d. h., wenn angezeigt werden soll, daß Gefahr für Leib und Leben der Besatzung und daher die Notwendigkeit zur Hilfe besteht.
7. Was ist bei allen steigenden Seenotsignalen unbedingt zu beachten?	1. Auf freies Schußfeld achten, 2. Signal senkrecht in Schußrichtung nach oben halten, 3. beim Handhaben und Abfeuern nicht auf Personen richten und selbst nicht mit Körperteilen vor die Mündung kommen, 4. nicht an Versagern hantieren, sondern diese über Bord werfen.
8. Worin liegt die Gefährlichkeit pyrotechnischer Gegenstände?	Es besteht Explosions-, Feuer- und Verletzungsgefahr.
9. Welche pyrotechnischen Seenotsignale dürfen Sie nur verwenden?	Die Signalpistole Kaliber 4 (26,5 mm) und die von der Physikalisch-Technischen Bundesanstalt (PTB) zugelassenen Signalwaffen einschließlich Munition bzw. die von der Bundesanstalt für Materialprüfung (BAM) zugelassenen sonstigen Notsignale.

10. Was für Vorteile haben Signalraketen bzw. Signalpatronen, die mit Fallschirmen ausgerüstet sind, gegenüber Signalsternen?

Wegen geringerer Sinkgeschwindigkeit (5 m/s) ist eine längere Brenndauer möglich; dadurch haben sie einen höheren Aufmerksamkeitswert.

11. Worüber sollten Sie sich sofort nach dem Erwerb pyrotechnischer Seenotsignale informieren?

Gebrauchsanweisung sorgfältig bis zu Ende lesen, und nicht erst im Notfall.

12. Wie lang ist die Verbrauchsdauer pyrotechnischer Seenotsignale bei sachgemäßer Lagerung?

Soweit auf dem einzelnen Gegenstand nichts anderes vermerkt ist, 2 bzw. 3 Jahre.

13. Woraufhin sind pyrotechnische Seenotsignale ständig zu überwachen, damit die Funktionsfähigkeit gewährleistet ist?

1. Herstellungsdatum bzw. Verbrauchsdauer beachten,
2. auf Korrosion oder Beschädigung achten.

14. Was verkürzt die Verbrauchsdauer pyrotechnischer Seenotsignale bzw. macht sie evtl. gefährlicher?

1. Feuchtigkeit,
2. Korrosion,
3. hohe Lagertemperaturen,
4. mechanische Beschädigung.

15. Wie sind pyrotechnische Seenotsignale während der Fahrt aufzubewahren?

1. Kühl und trocken,
2. leicht zugänglich in unverschlossenen Behältern.

16. Wie sind pyrotechnische Seenotsignale an Bord im Hafen und an Land aufzubewahren?

1. Kühl und trocken,
2. dem Zugriff Unbefugter entzogen.

17. Was machen Sie mit überlagerten pyrotechnischen Seenotsignalen?

Über den Handel zurückgeben oder Delaborierbetrieben übergeben. Keinesfalls als Feuerwerkskörper verwenden.

18. Wem dürfen Seenotsignale überlassen werden?

Nur berechtigten Personen im Sinne des Waffen- und Sprengstoffrechts.

19. Was haben Sie nach dem Erwerb einer erlaubnispflichtigen Signalpistole zu tun?

Innerhalb von 2 Wochen nach dem Erwerb habe ich der zuständigen Behörde den Erwerb schriftlich anzuzeigen und die Waffenbesitzkarte zur Eintragung des Erwerbs vorzulegen.

20. Was müssen Sie tun, wenn Ihnen Signalmittel oder Waffen abhanden kommen?

Den Verlust der zuständigen Ordnungsbehörde unverzüglich anzeigen.

21. Dürfen Sie Seenotsignalmittel in öffentlichen Verkehrsmitteln befördern?

Nein.

B. Zusätzliche Fragen für den Erwerb einer Waffenbesitzkarte nach dem Waffengesetz

22. Für welche Signalwaffe benötigen Sie eine Erlaubnis der zuständigen Behörde?

Für Signalwaffen mit einem Patronenlager von mehr als 12 mm Durchmesser.

23. Welche Signalwaffen können frei erworben und mitgeführt werden?

Signalwaffen mit dem Zulassungszeichen der Physikalisch-Technischen Bundesanstalt (PTB).

24. Wozu berechtigt eine Waffenbesitzkarte?

Zum Erwerb einer Signalpistole, zu ihrer bestimmungsgemäßen Verwendung in einer Notlage, zur Aufbewahrung in der Wohnung und zum Transport einer nicht schußbereiten und nicht zugriffsbereiten Signalpistole von seiner Wohnung zu seinem Sportboot und zurück. Zur Mitnahme und zur Aufbewahrung an Bord berechtigt die Waffenbesitzkarte nicht, wenn das Boot nicht über Einrichtungen verfügt, die ein Wohnen (z. B. einen Aufenthalt zur Freizeitbeschäftigung und ähnlichem) auf ihm gestatten. Verfügt das Boot nicht über solche Einrichtungen, so bedarf es zusätzlich eines Waffenscheines.

25. Worin liegt der wesentliche Unterschied zwischen einem Waffenschein und einer Waffenbesitzkarte?

Ein Waffenschein berechtigt abweichend von der Waffenbesitzkarte zum Führen einer Schußwaffe in der Öffentlichkeit.

26. Bei welcher Behörde ist eine Waffenbesitzkarte zu beantragen?

Bei der zuständigen Ordnungsbehörde.

27. Welche Voraussetzungen müssen gegeben sein, um eine Waffenbesitzkarte erwerben zu können?

Der Bewerber muß
- das 18. Lebensjahr vollendet haben,
- zuverlässig, sachkundig und körperlich geeignet sein,
- und es muß ein Bedürfnis vorliegen.

28. Wie kann ein Wassersportler nachweisen, daß ein Bedürfnis für den Erwerb einer Signalpistole vorliegt?

Durch genaue Angabe des Verwendungszwecks und durch Vorlage von Unterlagen, aus denen der Besitz eines seegängigen Wasserfahrzeugs (Kaufvertrag, Chartervertrag, Versicherungspolice, Standerschein, Internationales Verbandszertifikat usw.) oder die Verwendung für Lehr- und Prüfungszwecke hervorgehen.

29. Welche behördlichen Papiere oder Erlaubnisse berechtigen zum Erwerb von erlaubnispflichtiger pyrotechnischer Munition?

Die Waffenbesitzkarte mit Munitionserwerbsberechtigung oder der Munitionserwerbsschein.

30. Mit welchen Zeichen ist die Signalmunition gekennzeichnet?

1. Bezeichnung der Munition und der Verbrauchsdauer.
2. Bei Seenotsignalen rot durchgehende Rändelung des Patronenbodens und roter Lackverschlußdeckel.

31. Welche Ausweispapiere sind beim Führen einer Signalpistole mitzuführen?

Der Personalausweis, Paß oder Dienstausweis, die Waffenbesitzkarte und erforderlichenfalls der Waffenschein.

32. Wie ist eine Signalpistole an Bord eines Wassersportfahrzeuges aufzubewahren?

Es sind Vorkehrungen zu treffen, um zu verhindern daß die Signalpistole abhanden kommt oder dritte sie unbefugt an sich nehmen.

33. Wie ist pyrotechnische Munition zu lagern?

Möglichst originalverpackt, kühl und trocken und dem Zugriff Unbefugter entzogen.

34. Welche Steighöhe und Leuchtdauer haben Fallschirmsignalpatronen?

Steighöhe mindestens 300 m, Leuchtdauer mindestens 30 s.

35. Wie verhalten Sie sich bei Versagern?

Waffe in Schußrichtung belassen, über Kopf erneut spannen und nochmals abschießen, bei erneutem Versagen die Waffe mit nach oben gerichtetem Lauf außenbords öffnen und den Versager herausgleiten lassen.

36. Erläutern Sie die Handhabung der Signalpistole im Notfall!

Bei abwärts gerichteter Mündung Waffe öffnen, Patrone einführen, Waffe schließen, Waffe über Augenhöhe heben, Hahn spannen – schießen.

C. Zusätzliche Fragen für den Erwerb, die Aufbewahrung und die Verwendung von pyrotechnischen Notsignalen nach dem Sprengstoffgesetz

37. Welche pyrotechnischen Seenotsignale können erlaubnisfrei erworben, aufbewahrt und verwendet werden?	Die der Unterklasse T_1, d. h. Handfackeln rot und bestimmte Rauchsignale von jedem, der das 16. Lebensjahr vollendet hat.
38. Welche erlaubnispflichtigen pyrotechnischen Seenotsignale dürfen Wassersportler mit einem im Führerschein eingedruckten Befreiungsvermerk erwerben?	Die der Unterklasse T_2, d. h. Signalraketen rot, Fallschirmsignalraketen rot und bestimmte Rauchsignale.
39. Woran erkennen Sie an einem pyrotechnischen Seenotsignal, um welche Unterklasse es sich handelt?	Am Zulassungszeichen: BAM-PT_1 . . . oder BAM-PT_2 . . .
40. Wer darf pyrotechnische Seenotsignale der Klasse T verwenden?	Jeder, der damit anzeigen will, daß ein Seenotfall vorliegt, d. h., daß Gefahr für Leib oder Leben der Besatzung und daher die Notwendigkeit zur Hilfe besteht.
41. Wie lang ist die Brenndauer einer Seenot-Handfackel?	Ihre Brenndauer beträgt 30 bis 60 s.
42. Welche Arten von Zündern werden bei Seenot-Handfackeln gewöhnlich verwendet und wie funktionieren sie?	1. Reibkopf-Zündung – funktioniert wie ein Streichholz, das eine Verzögerung oder direkt den Leuchtsatz zündet. 2. Reißzünder – ein Draht im Inneren wird durch einen reibempfindlichen Satz gezogen, Weiterzündung wie 1.
43. Was ist sicherheitstechnisch bei der Verwendung von Seenot-Handfackeln zu beachten?	1. Gebrauchsanweisung beachten. 2. In jedem Fall die brennenden Fackeln grundsätzlich nach Lee waagerecht so halten, daß versprühenden Ascheteile keine Verletzungen (Hand, Augen) verursachen oder das Fahrzeug beschädigen.
44. Beschreiben Sie den allgemeinen Aufbau eines Rauchsignals!	In einem Behälter befindet sich ein Zünder (meist Reißzünder) mit Verzögerung, der mindestens 4 Minuten lang orangefarbenen Rauch abgibt.
45. Was ist bei der Verwendung von Rauchsignalen zu beachten?	Rauchsignale nur am Tage und bei geringen Windstärken gebrauchen. Die Zündung erfolgt durch Reißschnur, die unter einer abschraubbaren Schutzkappe liegt. Nach der Zündung ist das Rauchsignal zur Leeseite außenbords zu werfen.
46. Was wissen Sie über Steighöhe und Brenndauer von Signalraketen?	Steighöhe 100 bis 300 m, Brenndauer mindestens 30 s.
47. Fallschirmsignalraketen und Handfackeln sind bei klarem Wetter unterschiedlich weit zu sehen. Welche Signale verwenden Sie den Umständen entsprechend?	Fallschirmsignalraketen, um ein entferntes Fahrzeug auf eine Notlage aufmerksam zu machen und grob in die Richtung einzuweisen: Handfackeln, um die genaue Position bei größerer Annäherung kenntlich zu machen.
48. Dürfen Sie pyrotechnische Gegenstände selbst herstellen und bearbeiten?	Nein, nur als Inhaber einer Erlaubnis nach dem Sprengstoffgesetz.

Seeunfälle

Havarie

Unter Havarie im weiteren Sinn versteht man jedes, den normalen Reiseablauf unterbrechende Schadensereignis. Im engeren Sinn arbeitet das HGB mit dem Ausdruck Haverei und unterscheidet zwischen **kleiner Haverei** (unvorhergesehene Kosten wie Quarantänegelder, Lotsenkosten, Schlepperkosten, Leichterkosten oder Ausweisungskosten), **besonderer Haverei** (zufällig entstandene Schäden durch beispielsweise Feuer, Kollision, Seeschlag oder Leckage) und **großer Haverei** (alle Schäden, die der Schiffsführer dem Schiff oder der Ladung vorsätzlich zufügt, um Schiff und Ladung aus einer Gefahr zu retten, wie Überbordgeben der Ladung oder Auf-den-Strand-Setzen eines sinkenden Schiffes).

Verklarung

Die Verklarung ist eine vor einer Behörde abgegebene eidesstattliche Erklärung des Schiffsführers über den Hergang einer Havarie. Sie hält lediglich Tatsachen fest, ohne diese rechtlich zu würdigen, und dient der leichteren Beweisführung bei späteren Verfahren. In Deutschland wird die Verklarung vor dem Amtsgericht des nächsten Hafens, im Ausland vor dem deutschen Konsulat abgelegt.

Hilfeleistung und Bergung

Das deutsche Recht unterscheidet zwischen Bergung und Hilfeleistung.
Hilfeleistung oder Bergung setzen eine Seenotlage voraus. Unter **Seenot** versteht man eine der Seeschiffahrt eigentümliche Gefahr für das Schiff, die von der Schiffsbesatzung allein ohne Hilfe Dritter nicht überwunden werden kann. Da Bergung oder Hilfeleistung Seenot voraussetzt, zählt hierzu nicht der Fall des Einschleppens einer in der Flaute liegenden Segelyacht durch ein Motorfahrzeug.
Hilfeleistung liegt vor, wenn ein Schiff oder die an Bord befindlichen Sachen durch Hilfe Außenstehender aus Seenot gerettet werden. Es handelt sich bei der Hilfeleistung also um unterstützende Rettungshandlungen Dritter aus Seenot.
Zum Beispiel: Freischleppen einer festgeratenen Yacht, Abgabe von Geräten (Ersatzsegel oder Feuerlöscher) oder von Hilfskräften, Herbeiholen von Hilfe, Begleitung des Havaristen oder Aufenthalt bei ihm.
Bergung liegt dagegen vor, wenn das Schiff oder zum Schiff gehörende Gegenstände in einer Seenotlage von Dritten in Besitz genommen und in Sicherheit gebracht werden, nachdem die Besatzung die Verfügungsgewalt darüber aufgegeben hat. Der Verlust der Verfügungsgewalt bedeutet jedoch nicht den Verlust des Eigentums.
Beispiele: Einschleppen eines verlassenen oder Heben eines gesunkenen Schiffes.
Bei einer Bergung oder Hilfeleistung entsteht ein Anspruch auf **Berge- oder Hilfslohn.** Seine Höhe richtet sich nach der Intensität der Hilfeleistung, dem Umfang des erzielten Erfolges, dem Grad der Gefahren, die dem Havaristen drohten, dem Wert der geretteten Gegenstände und den Kosten, die den Rettern entstanden sind. Die Höhe des Lohnes darf den Wert der geretteten Gegenstände nicht übersteigen, in der Regel liegt er unter einem Drittel des Wertes.
Gerade weil die Intensität der Mitwirkung für die Höhe des Lohnes mitentscheidend ist, sollten wir in Situationen, in denen wir auf fremde Hilfe angewiesen sind, soweit wie möglich selbst aktiv bleiben. Auf jeden Fall gibt es keinen Lohnanspruch ohne Erfolg.
Um späteren Streitereien über die Höhe des Berge- oder Hilfslohnes aus dem Wege zu gehen, sollte man die Höhe des Lohnes vor der Hilfeleistung vereinbaren. Stellt sich später heraus, daß der vereinbarte Lohn zu hoch war, kann er auch noch nachträglich angepaßt werden.
Geborgene Fahrzeuge oder Gegenstände müssen auf jeden Fall dem Strandamt oder der nächsten Polizeibehörde gemeldet werden.

5 Wetterkunde

Tiefdruck und Hochdruck

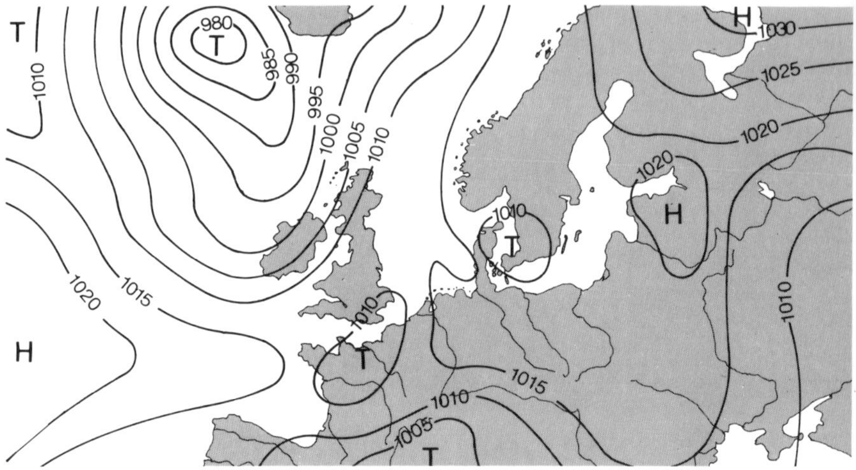

Der Luftdruck

Am Wetter interessiert den Segler vor allem der Wind. Er ist auf unterschiedliche Luftdruckverhältnisse an verschiedenen Orten der Erde zurückzuführen. Beobachten wir in einem Gebiet einen niedrigeren Luftdruck als in der Umgebung, so hat die Luft die Tendenz, diesen Druckunterschied auszugleichen. Sie strömt vom Gebiet höheren Drucks in das Gebiet niedrigeren Luftdruckes ein, was wir als Wind wahrnehmen. Der Wind wird immer in der Richtung angegeben, aus der er weht. Die Stärke des Luftdrucks wird in *Hektopascal (hPa),* früher in *Millibar (mbar)* gemessen. Daneben wurde früher die Millimeterskala der Quecksilbersäule (*mm Hg*) verwendet. Zwischen diesen Maßsystemen besteht folgender Zusammenhang:

1 hPa = *1 mbar* = $^3/_4$ mm Hg
1 mm Hg = $^4/_3$ mbar = $^4/_3$ hPa

Der mittlere Luftdruck auf Meereshöhe beträgt etwa 1013 hPa bzw. 760 mm Hg.
Auf unserem Boot können wir den herrschenden Luftdruck und seine Schwankungen mit einem Barometer oder Barographen messen.

Die Isobaren

Stellt man eine Art Momentaufnahme der Luftdruckverteilung auf der Erdoberfläche her, so kann das Bild verdeutlicht werden, indem man Orte gleichen Luftdruckes miteinander verbindet. Man erhält Linien gleichen Luftdrucks, die sogenannten *Isobaren.* Sie können sich, ähnlich den Tiefen- und Höhenlinien einer Karte, weder berühren noch kreuzen.

In Wetterkarten werden die Isobaren gewöhnlich in einem Abstand von jeweils 5 mbar eingetragen. Aus einer derartigen Isobarenkarte (A) ist die Lage von Hoch- und Tiefdruckgebieten sofort zu erkennen; sie werden mit einem *H* oder *T* deutlich gemacht. Man führt noch detailliertere Bezeichnungen ein und spricht beispielsweise von einem *Teiltief, Tiefausläufer* oder einer *Tiefdruckrinne* bzw. einem *Teilhoch, Hochdruckkeil* oder *Hochrücken.* In Skizze A finden wir eine Tiefdruckrinne nordwestlich von Irland und südlich davon einen Hochdruckkeil eines vom Atlantik übergreifenden Hochdruckgebietes.

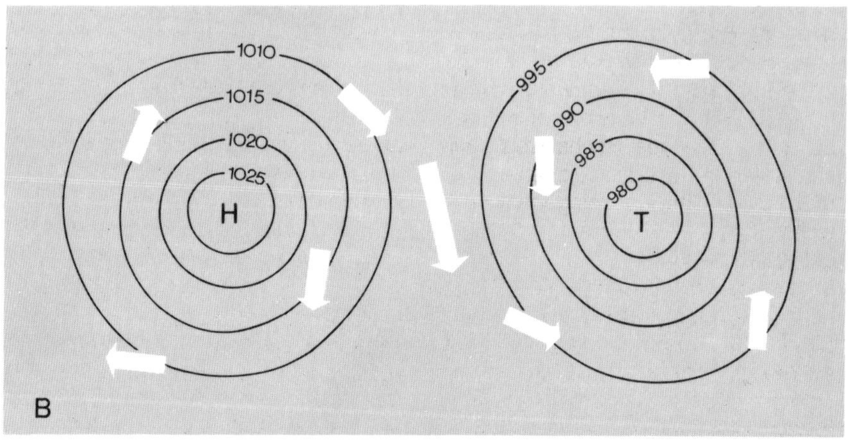

Für die Windstärke ist nicht die absolute Höhe des Luftdrucks entscheidend, sondern das Druckgefälle: Je größer der Druckunterschied zwischen zwei Orten ist, desto stärkeren Wind wird man beobachten.
In der Wetterkarte wird dies an vergleichsweise eng verlaufenden Isobaren erkennbar. Ein Druckgefälle von 5 mbar auf einer Distanz von

100 sm entspricht etwa	7–8 Bft
200 sm	5 Bft
300 sm	3 Bft

Diese Zahlen gelten allerdings nur auf einer geographischen Breite von etwa 50°.

Zyklone und Antizyklone

Es ist keineswegs so, daß die Luftteilchen auf kürzestem Weg vom Hochdruckgebiet ins Tiefdruckgebiet einfließen, sondern sie werden auf ihrem Weg durch die Erddrehung abgelenkt. Auf der Nordhalbkugel gilt, daß der Wind in ein Tief linksherum hineindreht und aus einem Hoch rechtsherum herausdreht (B). Ein Tief wird deshalb auch *Zyklone,* ein Hoch *Antizyklone* genannt. Hierbei nimmt die Windrichtung jeweils einen Winkel von etwa 20° zu den Isobaren ein, und zwar beim Tief 20° zum Kern des Tiefs hin, beim Hoch 20° vom Kern des Hochs weg. Zwischen einem östlich gelegenen Tief und einem westlich gelegenen Hoch weht also der Wind auf der Nordhalbkugel von Nord nach Süd.
Mit Hilfe dieser Gesetzmäßigkeit können wir aus der Windrichtung auf die Lage von hohem und tiefem Druck schließen: Laufen wir mit einer Yacht vor dem Wind, so liegt der tiefe Druck immer etwas vorlicher als Bb querab, der hohe Druck immer etwas achterlicher als Stb querab (C).
Diese Überlegungen gelten, wie gesagt, nur auf der nördlichen Halbkugel der Erde, auf der Südhalbkugel verläuft der Drehsinn genau entgegengesetzt.

Rechtdrehend und rückdrehend

Etwas völlig anderes als der Drehsinn des Windes um ein Tief- oder Hochdruckgebiet herum ist die Richtungsänderung des Windes an einem bestimmten Beobachtungsort. Haben wir beispielsweise morgens N-Wind, mittags NE-Wind und abends E-Wind, so hat der Wind im Laufe des Tages am Beobachtungsort seine Richtung geändert. Er hat nach *rechts gedreht* (D). Betrachten wir nämlich eine Windrose, in der die beobachteten Winde der Reihe nach eingetragen werden, so erkennen wir, daß er sich im Uhrzeigersinn, also rechtsherum gedreht hat. Entsprechend spricht man auch von *linksdrehendem Wind,* also etwa, wenn er zuerst aus N, dann aus NW und schließlich aus W weht (Skizze E).
Statt von rechtsdrehendem spricht man auch von *recht*drehendem Wind; erfolgt diese Drehung sehr schnell, sagt man, der Wind *schießt aus.* Dreht der Wind nach links, so spricht man vom *Krimpen* oder *Rückdrehen.* Befinden wir uns an der Südseite eines von West nach Ost ziehenden Tiefs, so herrscht zunächst Wind aus SE, dann aus S, SW, W und schließlich aus NW vor. An der Nordseite des Tiefs dagegen, die man auch auf die Zugrichtung bezogen linke Seite nennt, dreht der Wind von SE über E, NE und N auf NW, also linksherum. Beim Durchzug eines Hochs beobachtet man ebenfalls an der rechten Seite rechtsdrehenden, an der linken Seite linksdrehenden Wind, wenn es von West nach Ost zieht.

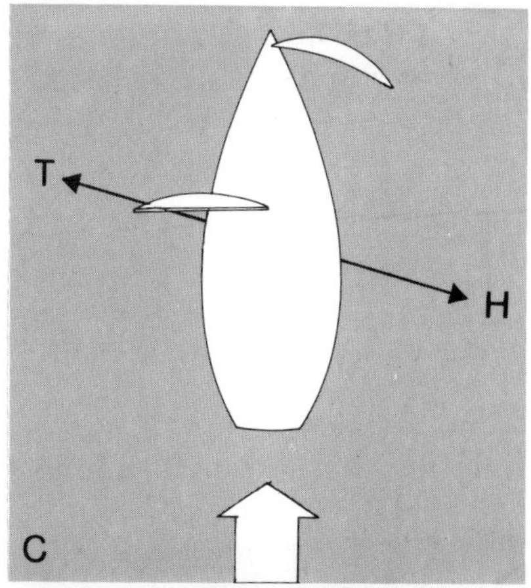

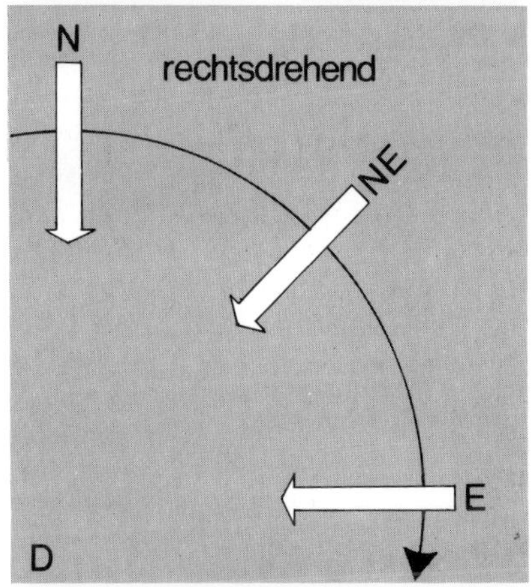

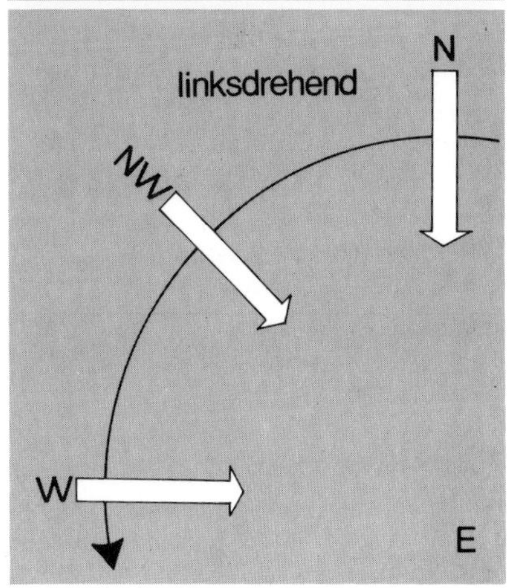

Die Fronten

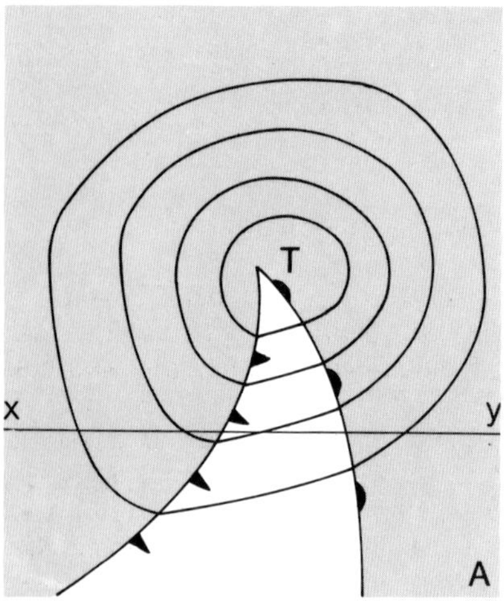

Meteorologisch gesehen leben wir im Einflußbereich polarer Kaltluft, die tendenziell nach Westen strömt, und südlicher Warmluft, die nach Osten strömt. An der Grenze beider Luftmassen bilden sich Turbulenzen, in deren Verlauf es zum Aufgleiten warmer Luft auf kalte Luft und zu Kaltlufteinbrüchen in Warmluftbereiche kommt. Hierbei entstehen die Warmfront und die Kaltfront, die immer in Verbindung mit einem Tief auftreten. Sie grenzen meist eine Art Warmluftkeil ab, der von Süden zum Kern des Tiefs reicht (A). Die östliche Seite dieses Keils nennt man *Warmfront,* hinter der wärmere maritim-tropische Luft vordringt; die westliche Begrenzung nennt man *Kaltfront,* da sie maritim-polare Kaltluft mitbringt.

Gehen wir davon aus, wie es im Sommer im nördlichen Mitteleuropa meist der Fall ist, daß ein Tief nördlich von uns nach Nordost vorbeizieht. Was geschieht dann beim Durchzug der Fronten? Wir legen also einen Querschnitt (in Skizze A: x-y) südlich des Tiefkerns. In Skizze B sind zugleich die durchschnittlichen Zeiten und Entfernungen angegeben (Abkürzungen s. S. 134).

Die Warmfront

Das Herannahen der Warmfront ist an der Wolkenbildung bereits lange vorher erkennbar (vgl. Wolken S. 134). Zunächst verschleiert sich der Himmel mit hohen Federwolken (*Cirrus),* die sich langsam verdichten (*Cirrostratus)* und durch mittelhohe Schichtwolken *(Altostratus)* ergänzt werden. Wir beobachten also eine doppelschichtige Bewölkung. Die Wolkendecke sinkt schließlich immer tiefer *(Nimbostratus),* bis es zu Niederschlägen kommt, zunächst als Nieselregen, dann als Regen. Während der Luftdruck fällt und sich die Sicht eventuell bis zum Nebel verschlechtert, hat der Wind langsam nach rechts gedreht, und zwar von SE über S auf SW.

Nach dem Durchzug der Warmfront reißt die Bewölkung etwas auf, und die Niederschläge lassen nach. Doch herrschen noch immer tiefe Haufen- und Schichtwolken vor (*Stratocumulus).* Die Sicht bleibt mäßig, und die Temperatur steigt an, da sich die tropisch-maritime Warmluft bemerkbar macht. Häufig ist es etwas schwül, verbunden

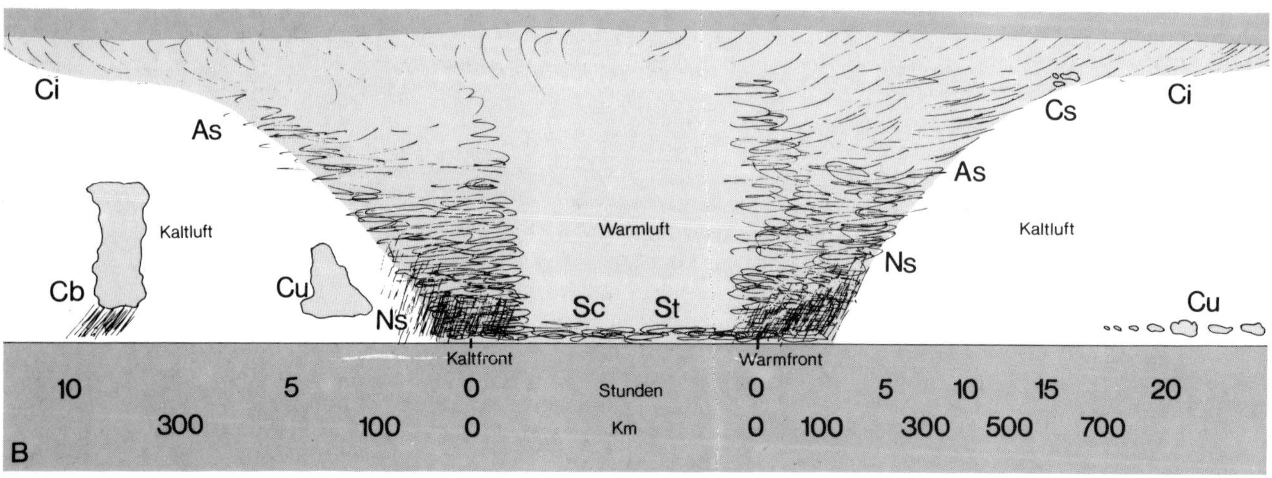

mit vereinzeltem Niesel- oder Stauregen. Bei gleichmäßig wehenden Winden bleibt der Luftdruck konstant. Dieses Wetter kann länger anhalten, erst der Durchzug der Kaltfront führt zur Änderung.

Die Kaltfront

Eine Kaltfront zieht in etwa zwei Stunden durch, also wesentlich schneller als eine Warmfront. Sie wird begleitet von heftigen, schauerartigen Regenfällen, die oft mit Gewittern und starken Böen verbunden sind. Die Temperatur sinkt ab, der Luftdruck steigt kräftig an, und die Sicht verbessert sich. Später reißt die Bewölkung stärker auf. Der Wind ändert in kurzer Zeit seine Richtung auf NW und nimmt oft um zwei bis drei Windstärken zu, er schießt also aus. Deshalb müssen wir das Herannahen der Kaltfront rechtzeitig erkennen, um vorher zu reffen.

Die Okklusionsfront

Kalte Fronten bewegen sich schneller vorwärts als warme, so daß die Warmfront von der Kaltfront eingeholt werden kann. Der Warmluftkeil wird dabei von der nachfolgenden Kaltluft unterlaufen und vom Boden abgehoben. Es zieht dann keine Warmfront mehr durch, sondern eine sogenannte *Okklusionsfront.* Sie tritt hauptsächlich in gealterten Tiefs auf, wie sie sehr häufig zu uns kommen. Die Okklusionsfront weist im wesentlichen die Merkmale der Kaltfront auf. Beim Herannahen nehmen Bewölkung und Wind zu, zugleich fällt der Druck. Während des Durchzuges verschlechtert sich die Sicht, und es beginnt zu regnen. Anschließend beobachtet man rechtdrehende Winde, Druckanstieg und Sichtverbesserung.

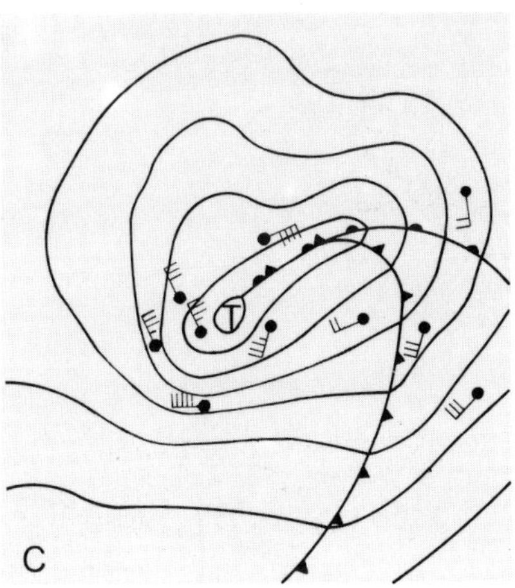

C

Die Troglage

Dreht der Wind beim Durchzug der Kaltfront nicht nach rechts, sondern eher nach links und flaut zugleich etwas ab, so müssen wir mit bald auftretenden, sturmstarken Winden rechnen. Wir haben eine Troglage vor uns, bei der die Fronten dem Tief etwas vorausgeeilt sind (C). Der übliche Ausschießer erfolgt deshalb erst etwas später, dann aber um so heftiger.

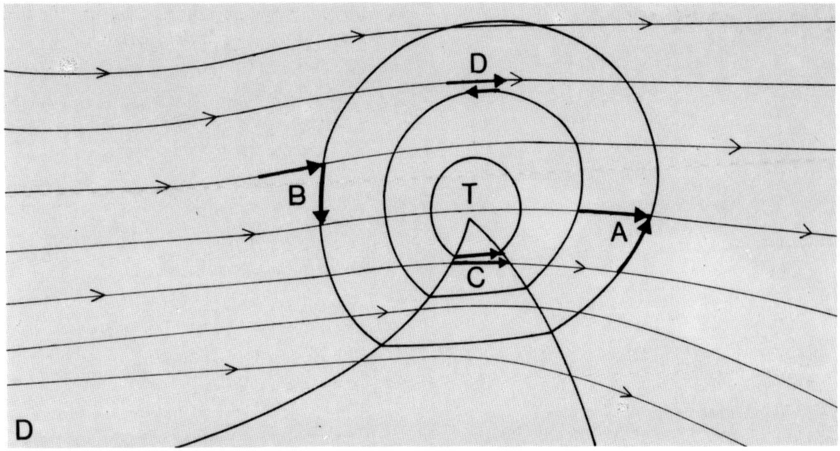

D

Die Querwindregeln

Die Zugrichtung der Tiefs – bei uns im Sommer meist von SW nach NE – wird vom meist westlichen *Höhenwind* bestimmt. Er unterscheidet sich in der Richtung vom zyklonalen *Bodenwind,* der ja dem Drehsinn des Tiefs folgt. Den Höhenwind erkennen wir an der Zugrichtung hoher Wolken, den Bodenwind spüren wir unmittelbar. Aus der unterschiedlichen Richtung beider Winde leitet man die *Querwindregeln ab.* In Skizze D erkennt man:

1. Wenden wir den Rücken gegen den Bodenwind, so wird sich das Wetter verschlechtern, wenn der Höhenwind von links kommt (Punkt A).
2. Wenden wir den Rücken gegen den Bodenwind, so wird sich das Wetter verbessern, wenn der Höhenwind von rechts kommt (Punkt B).
3. Wehen Boden- und Höhenwind parallel, befinden wir uns im Warmluftsektor. Das Wetter wird sich in nächster Zeit wenig ändern (Punkt C).
4. Wehen Boden- und Höhenwind genau entgegen, so stehen wir nördlich des Tiefs. Das Wetter wird sich in nächster Zeit nicht verschlechtern (Punkt D).

Lokale Winde

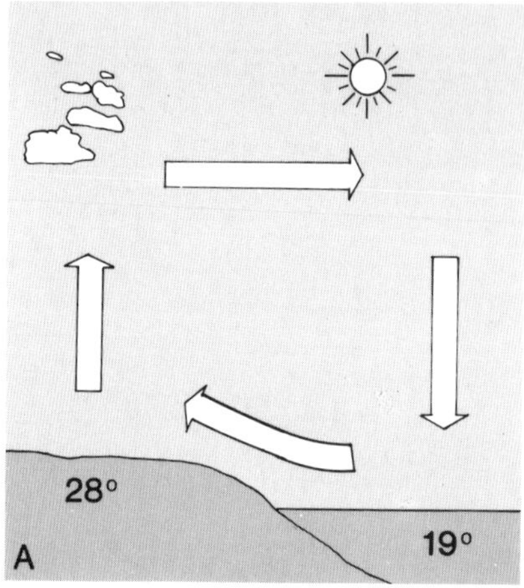

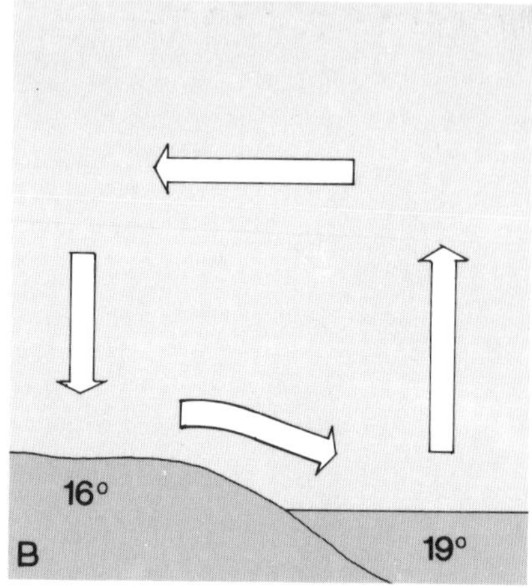

Land- und Seewind

Im näheren Küstenbereich kann man bei ruhiger Großwetterlage deutlich den Wechsel von Land- und Seewind beobachten. Er entsteht dadurch, daß Land und Wasser Wärme in unterschiedlichem Maße speichern.
Unter starkem Sonneneinfluß erwärmt sich das Land schneller und stärker als das angrenzende Meer. Ebenso erwärmt sich die über dem Land liegende Luft, sie dehnt sich aus und steigt nach oben auf, da sie spezifisch leichter wird. Man erkennt dies deutlich an der Bildung sommerlicher Haufenwolken über dem Land. Hierbei fällt der Luftdruck. Es bildet sich über dem Land ein *thermisches Tief,* das die über dem Meer stehende kühlere Luft ansaugt, den *Seewind (A).*
Nachts ist der umgekehrte Vorgang zu beobachten: Die Luft über dem Wasser ist etwas wärmer als über dem Land. Das thermische Tief liegt diesmal also über dem Meer. Von dem über dem Land stehenden *thermischen Hoch* strömt Luft zum Meer hin, der *Landwind* (B).
Merke: Bei einer sommerlichen Schönwetterlage herrschen am Tage Seewinde, nachts Landwinde vor.

Kapeffekt und Düseneffekt

Der Wind hat allgemein die Tendenz, seine Richtung dem Verlauf einer hohen Küste etwas anzugleichen. Ein schräg auf eine Küste einfallender Wind wird deshalb immer versuchen, der Uferformation zu folgen. Er nimmt also im Küstenbereich oft eine andere Richtung an als weiter draußen. Ebenso verhält sich der Wind an einem nicht allzu flachen Kap. Er paßt sich dessen Formen nicht nur vor und hinter der Huk an, sondern verstärkt sich zugleich, was man *Kapeffekt* nennt (Skizze C).
Einen anderen Effekt kann man an Einschnitten in die Bodenformation beobachten. Wird der Wind gezwungen, beispielsweise durch zwei hohe und dicht nebeneinander liegende Inseln zu wehen, so nimmt er an Stärke zu (D). Den gleichen *Düseneffekt* kann man unter einer steilen Küste segelnd erleben, die von einigen querlaufenden Tälern stark eingeschnitten ist. Vor den Talausläufen frischt ein ablandig wehender Wind meist etwas auf.
Die Wirkung von Kapeffekt und Düseneffekt bei härterem Wetter sollte nicht unterschätzt werden.

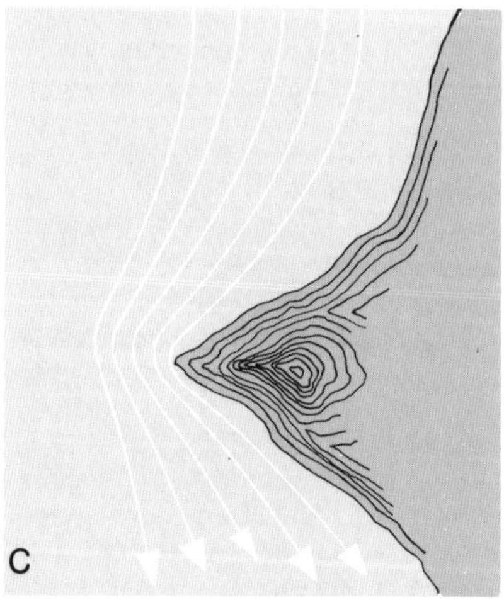

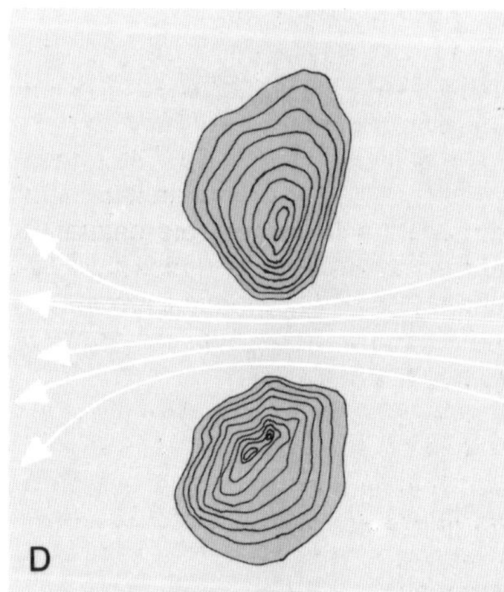

Mittelmeerwinde

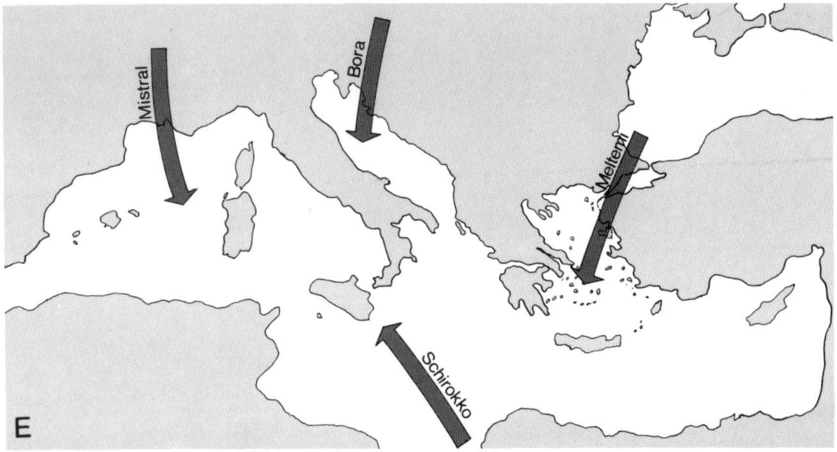

Das Mittelmeerbecken

Im Mittelmeerbecken dominiert in den Wintermonaten ähnlich wie im nördlichen Europa die Westwindlage, doch im Sommer unterscheidet sich das Wetter erheblich von Nord- oder Ostsee. Während das Wettergeschehen bei uns auch im Sommer vom Westwindeinfluß diktiert wird, so ist das Mittelmeer durch die Bodenformation vor dem Zufluß polarer Kaltluft geschützt. Das gesamte Mittelmeerbecken ist gegen Norden von hohen Gebirgen umgeben, die von der schweren Kaltluft nicht überstiegen werden können.
Doch gibt es drei große Öffnungen, durch die Kaltluft vordringen kann: das Rhônetal nach Norden, die dalmatinische Küste gegen das südosteuropäische Hinterland sowie die Dardanellen und der Bosporus gegen das Schwarze Meer. Durch diese Einschnitte dringt der *Mistral* ins westliche Mittelmeer, die *Bora* in die Adria und der *Meltemi* nach Griechenland. Hinzu kommen der von Nordafrika wehende *Schirokko* und – im westlichen Mittelmeer – der aus SW wehende *Libeccio.*

Fallwinde

Bei den von N ins Mittelmeerbecken eindringenden Winden handelt es sich meist um Fallwinde. Ihre Stärke ergibt sich deshalb nicht nur aus vorhandenen Luftdruckunterschieden, sondern auch daraus, daß die Polarluft von großer Höhe eindringt. Sie wird nämlich zusätzlich beschleunigt, da die in der Höhe trockenere Luft schwerer ist als feuchte Meeresluft. So fällt beispielsweise die Bora von der bis nahezu 2000 m hoch aufsteigenden Küste Dalmatiens herab.
Der gleiche Fallwindeffekt tritt mit sturmstarken Böen auf der ablandigen Seite hoher Inseln auf, wie wir sie oft im Mittelmeer finden. Eine Luvküste bietet deshalb oft nicht die sonst gewohnte Abdeckung. Auch hieran muß bei der Wahl eines Ankerplatzes gedacht werden.

Mistral, Bora und Schirokko

– *Mistral*gefahr besteht immer dann, wenn sich über dem westlichen Mittelmeer, etwa Korsika, ein Tief bildet und zugleich über Spanien oder Portugal ein starkes Hoch steht. Kann dann noch Kaltluft durch das *Rhonetal* einströmen, entwickelt sich der Mistral in kürzester Zeit und baut eine kurze, steile See auf. Am stärksten weht der Mistral im *Golfe du Lion,* doch kann er auch bis zur tunesischen Küste vordringen. Östlich des Rhonedeltas begleitet die *Tramontana* den Mistral.
– Die *Bora* tritt in antizyklonaler und zyklonaler Form auf. Im ersten Fall befindet sich ein Hoch über dem europäischen Festland, während über der Adria Normaldruck herrscht. Im zweiten Fall, der hauptsächlich im Sommer auftritt, steht ein Tief südlich der Adria, der Druck über Mitteleuropa ist normal. Die Sommerbora hält meist nicht sehr lange an. Sie weht im gesamten Adriabereich und ist häufig mit Regenfällen und schlechter Sicht verbunden.
– Der *Schirokko* ist ein im gesamten Mittelmeer zu beobachtender feuchter und warmer Süd- bis Südostwind. Er entsteht meist an der Vorderseite eines über dem Mittelmeer ostwärts ziehenden Tiefs. Auf Grund seines langen Anlaufes baut er eine lange grobe See auf.

Die Wetterkarte

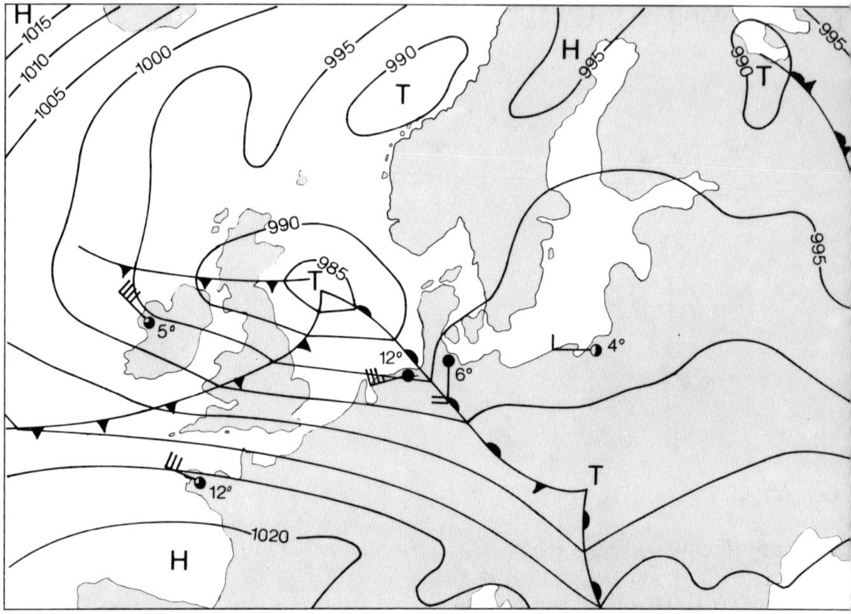

Der *Deutsche Wetterdienst* gibt fünfmal wöchentlich Wetterkarten heraus. Aus ihnen geht der Verlauf der Fronten hervor, die nicht mit den Isobaren verwechselt werden dürfen. Eine Warmfront wird durch runde, der Frontlinie entlanglaufende Kuppen verdeutlicht, eine Kaltfront durch kleine spitze Dreiecke. Wechseln beide Zeichen an einer Front einander ab, so liegt eine Okklusionsfront vor. Die vom *Seewetteramt* in Hamburg herausgegebenen *Seewetterkarten* enthalten außerdem eine Reihe von Stationsmeldungen. Das für eine Stationsmeldung verwendete Symbol enthält drei wichtige Informationen:

– Den **Grad der Bewölkung** erkennen wir daran, wieviel Viertel des Stationskreises geschwärzt sind.

– Die **Windrichtung** geht aus der Richtung des angefügten Windfähnchen hervor.

– Die **Windstärke** erkennen wir aus der Anzahl der angehefteten Federn: Eine Feder entspricht 2 Windstärken, eine halbe Feder einer Windstärke. Herrscht Flaute, so wird ein weiterer Kreis um den Stationskreis gezogen. Hinzu tritt oft noch die Lufttemperatur. Die übrigen Symbole betreffen die Sichtigkeit und die Art der Niederschläge.

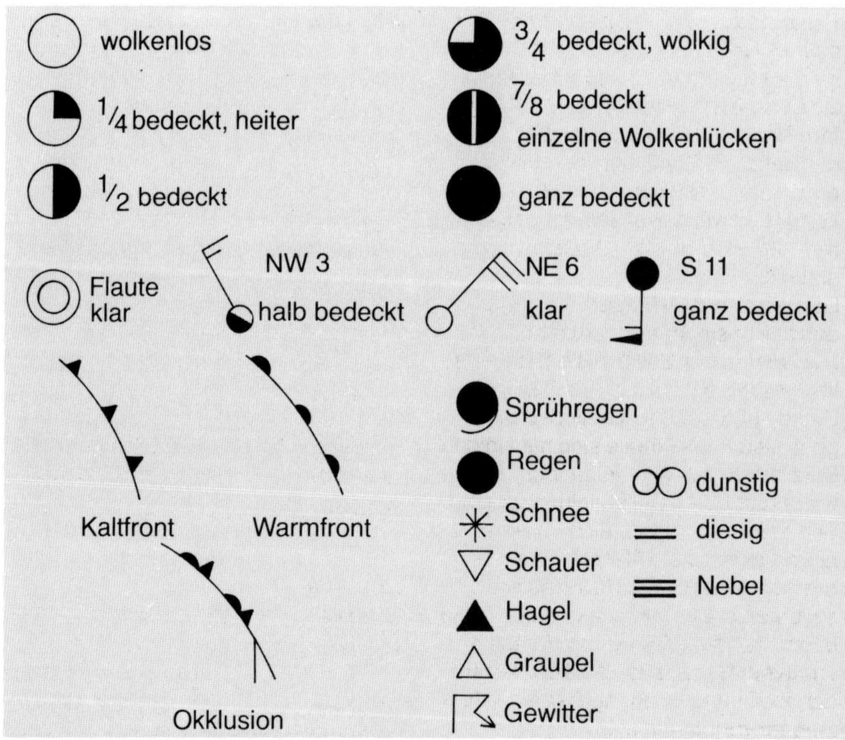

Die Beaufort-Skala

Die See

Man unterscheidet zwischen **Dünung** und **Windsee.** Dünung entspricht nicht den herrschenden Windverhältnissen. Sie kann einen nahenden Sturm anzeigen oder einem bereits abgeflauten Starkwind noch nachlaufen.
Die Höhe des Seegangs allein ist nicht für seine Schwere und Gefährlichkeit entscheidend. Ebenso wichtig ist seine Wellenlänge. Eine kurze, steile See, deren Höhe nicht 6 m übersteigt, trifft man oft in abgeschlossenen Revieren an. Sie kann weitaus gefährlicher sein als eine hohe, aber lang auslaufende See, wie sie etwa im Atlantik auftritt.
Ist die Luft kälter als das Wasser, baut sich meist eine höhere See auf als bei wärmerer Luft. Ebenso ist die Wassertiefe für die Stärke des Seegangs von Bedeutung. Läuft die See von tieferem Wasser über flache Stellen, bildet sich eine gefährliche und steile *Grundsee,* die sich brandungsartig entwickeln kann. Schließlich gibt es noch eine Reihe von Faktoren, die den Seegang beeinflussen, wie die Böigkeit, Anlaufstrecke (fetch) und Dauer des Windes.

Der Wind

Windstärken werden in der international gebräuchlichen *Beaufort-Skala* angegeben. Sie genügt in den meisten Fällen, doch kann die Stärke des Windes durch seine Geschwindigkeit in m/s, in km/h oder in Knoten besser präzisiert werden. Beachte, daß die Beaufort-Skala nicht linear aufgebaut ist! In den unteren Bereichen der Skala genügt eine geringere Zunahme der Windgeschwindigkeit als in den oberen, um eine Stärke Bft mehr zu registrieren.
Der Wind beeinflußt den Seegang, so daß aus bestimmten charakteristischen Merkmalen der See auf die Stärke des Windes geschlossen werden kann. Diese ebenfalls der Beaufort-Skala angehörenden Merkmale sind mit einigen Beispielen auf den folgenden Seiten wiedergegeben. Die absolute Höhe der See spielt hierbei nur eine untergeordnete Rolle, die Charakteristika sind auch bei einer flachen, aber steilen See zu beobachten. Man lasse sich nicht durch die beeindruckende Perspektive von einer Yacht aus verleiten, falsche, das heißt meist übertriebene, Schätzungen vorzunehmen.

Windstärken- und Seegangskala

Windstärke Beaufort	m/s	km/h	kn	Seegang Petersen	Bezeichnung des Seeganges
0 = still	0 – 0,2	<1	<1	0	glatte See
1 = sehr leicht	0,3– 1,5	1– 5	1– 3	1	sehr ruhige See
2 = leicht	1,6– 3,3	6– 11	4– 6	2	ruhige See
3 = schwach	3,4– 5,4	12– 19	7–10		
4 = mäßig	5,5– 7,9	20– 28	11–15	3	leicht bewegte See
5 = frisch	8,0–10,7	29– 38	16–21	4	mäßig bewegte See
6 = stark	10,8–13,8	39– 49	22–27	5	ziemlich grobe See
7 = steif	13,9–17,1	50– 61	28–33	6	grobe See
8 = stürmisch	17,2–20,7	62– 74	34–40	7	hohe See
9 = Sturm	20,8–24,4	75– 88	41–47		
10 = schwerer Sturm	24,5–28,4	89–102	48–55	8	sehr hohe See
11 = orkanartiger Sturm	28,5–32,6	103–117	56–63	9	äußerst schwere See
12 = Orkan	>32,6	>117	>63		

Wind und Seegang

Windstärke 0
Spiegelglatte See.

Windstärke 1
Schuppenförmige *Riffelung,* aber ohne Schaumkämme. Auf dem Bild noch Reste niedriger Dünung. →

Windstärke 2
Kleine Wellen, noch kurz, aber ausgeprägter. Die Kämme sehen glasig aus und brechen nicht.

Windstärke 3
Die Kämme beginnen zu brechen. Schaum überwiegend glasig. Ganz vereinzelt können weiße Schaumköpfe auftreten. →

Windstärke 4
Die kleinen Wellen werden länger. Weiße Schaumköpfe treten ziemlich verbreitet auf.

Windstärke 5
Mäßige Wellen, die eine ausgeprägte längere Form annehmen. Überall treten weiße Schaumkämme auf. →

Windstärke 6
Lange Wellen beginnen sich zu bilden. Die Kämme brechen und hinterlassen größere weiße Schaumflächen. Etwas Gischt.
←

Windstärke 7
Seegang türmt sich auf. Der beim Brechen entstehende weiße Schaum beginnt sich streifenförmig in Windrichtung zu legen.
←

Windstärke 8
Mäßig hohe Wellenberge mit Kämmen von beträchtlicher Länge. Von den Kanten der Kämme beginnt Gischt abzuwehen. Der Schaum legt sich in gut ausgeprägten Streifen in Windrichtung.
←

Windstärke 9
Hohe Wellenberge; dichte Schaumstreifen in Windrichtung. Die See beginnt zu *rollen.* Gischt kann die Sicht behindern.

Windstärke 10
Sehr hohe Wellenberge mit langen überbrechenden Kämmen. See weiß durch Schaum. See rollt schwer und stoßartig. Sicht durch Gischt behindert.

Die Wolken

Cumuluswolke (Cu), Schönwettertyp
Die großen weißen Wolkenberge sind typische Haufenwolken, wie die Cumuli auch genannt werden. Solange sie nicht kräftig zu wachsen beginnen, bleibt das Wetter schön.
Bei den kleinen weißen Haufenwolken über den Cu handelt es sich um Altocumuluswolken. Im unteren Bereich der Cumuli, knapp über dem Horizont, sind Stratocumuluswolken als graue und flache Zonen zu erkennen.
Ganz oben verschiedene Cirrusformationen.

Cirrocumulus (Cc)
und Cirrostratus (Cs)
Über den ganzen Himmel zieht ein dünner Cirrocumulus-Schirm auf, der sich langsam verdichtet. Die einzelnen Wolkenhaufen wachsen zusammen und werden eine diffuse Schicht; dies ist der Cirrostratus. Wenn die Sonne nur noch zu ahnen ist, werden die Wolken grau, und es setzt bald Regen ein. Am Horizont ist diese Entwicklung bereits zu sehen.

Altocumulus (Ac) und Altostratus (As)
Eine Cumuluswolke, die sich in etwa 3–5 km Höhe entwickelt, heißt Altocumulus. Wenn sich diese Wolken verdichten und großflächig ohne Lücken erscheinen, dann heißen sie Altostratus.
Über den Hügeln sind mehrere Ansätze zu erkennen. Hier heißt es, wachsam zu sein: Verdichtet sich der Ac nicht weiter, bleibt das Wetter erhalten – wächst er zu, wird das Wetter schlechter.

Stratus (St), Schlechtwettertyp
Stratus ist eine strukturlose Wolke, die große Teile des Himmels oder sogar den ganzen Himmel bedeckt. Unter der geschlossenen Stratusdecke sind noch einige dunkle Cumulusfetzen zu sehen, ein Zeichen, daß das schlechte Wetter mit Regen direkt bevorsteht. Wenn aus der Stratuswolke Regen fällt, heißt sie Nimbostratus. Der Regen fällt gleichmäßig und länger anhaltend.

Stratocumulus (Sc), Schönwettertyp
Wie eine Decke aus kleinen flauschigen Kissen liegen diese grauen bis weißen Wolken über dem Meer. Im Gegensatz zu den beiden leuchtend weißen Cumuluswolken sind die Stratocumuluswolken immer flach.

Cumulonimbuswolke (Cb)
Eine Cumuluswolke, aus der Regenschauer und Gewitter kommen. Meistens sind sie direkt hinter Kaltfronten und an Trögen zu finden. Der linke Cb ist im vollen Reifestadium, er zeigt deutlich eine amboßartige Entwicklung im oberen Teil. Der rechte, viel größere Cb ist noch im Reifestadium, es fehlt noch der Amboß.
Gefahren für Boote: Sturmböen, Temperatursturz, Sichtrückgang bis Null durch heftige Schauer und/oder Hagelschauer, Gewitter!

Der Wetterfunk

Seewetterbericht

Segeln wir im Küstenbereich, so sollten wir täglich mindestens zweimal den Wetterbericht abhören, da Tiefdruckgebiete mit einer Geschwindigkeit bis zu 50 kn heranziehen und in kurzer Zeit das Wettergeschehen verändern können. Ein Radioempfänger gehört deshalb unbedingt zur Ausrüstung einer seegehenden Yacht.
Die üblichen von Rundfunkstationen ausgestrahlten Wetterberichte können zwar über die allgemeine Wetterlage Auskunft geben, doch gibt ein Seewetterbericht für unsere Zwecke geeignetere Informationen, wie z. B. Stationsmeldungen und Windstärkenangaben. Außerdem wird er so langsam durchgegeben, daß wir ihn mitschreiben und anschließend in einem Wetterkartenvordruck zeichnerisch auswerten können. In deutschen Hafenstädten kann ein Küstenwetterbericht auch telefonisch abgehört werden.

Küstenfunkstellen

Der Seewetterbericht wird üblicherweise über die eigens für die Schiffahrt eingerichteten *Küstenfunkstellen* ausgestrahlt, doch kann man ihn in Deutschland auch über einige Rundfunkstationen auf UKW und Mittelwelle empfangen. Die Küstenfunkstellen senden nicht im Mittelwellenbereich, sondern auf der **Grenzwelle,** die im Frequenzbereich von etwa 1600 kHz bis 4000 kHz liegt. Hier wird ein Teil des Sprechfunkes für die Küstenschiffahrt abgewickelt. Wir können deshalb die Sendungen des Küstenfunks nicht mit einem gewöhnlichen Empfänger hören, sondern benötigen einen Seefunkempfänger, der im Einseitenband (SSB) über den Mittelwellenbereich hinausreicht.

NF Band III: Wetter- und Eisfunk

Angaben über die Sendezeiten und Frequenzen der von allen Küstenfunkstellen und auch von den Rundfunkanstalten ausgestrahlten Seewetterberichte finden wir im Band III des **Nautischen Funkdienstes** (NF) oder seinen regionalen Auszügen, dem **Sprechfunk für Küstenschiffahrt** und dem **Jachtfunkdienst.** Auch der Aufbau der von den einzelnen Stationen gesendeten Wetterberichte ist dort enthalten: An eine etwaige Sturmwarnung schließt sich meist eine Übersicht über die Wetterlage und ihre Entwicklung an. Dann folgen die Vorhersage für die nächsten 12 Stunden und die weiteren Aussichten für den folgenden Tag. Die Vorhersage ist meist auf kleine Gebiete *(Vorhersagegebiete)* aufgeteilt, deren Abgrenzungen man einer kleinen Kartenskizze im *Nautischen Funkdienst (NF III), Sprechfunk für Küstenschiffahrt* und *Jachtfunkdienst* entnehmen kann.
Wer im Bereich der östlichen Nordsee und der mittleren und westlichen Ostsee nur am Wetterdienst (und nicht auch an den weitergehenden Informationen für die Funknavigation) interessiert ist, kommt mit dem billigen Faltblatt **Wetter- und Warnfunk** des DHI aus.
Beachte: Die in der Literatur wiedergegebenen Zeiten sind oft in UTC *(Universal Time Coordinated)* angegeben, zu der eine Stunde addiert werden muß, um *Mitteleuropäische Zeit* (MEZ), und zwei Stunden, um *Mitteleuropäische Sommerzeit* (MESZ) zu erhalten.

Wetterfunk im Ausland

Auch in ausländischen Revieren, wie Skandinavien oder dem Mittelmeer, können wir den dortigen Seewetterbericht abhören, der jedoch meist nicht in deutscher Sprache gegeben wird. Wir finden deshalb im Nautischen Funkdienst eine Zusammenstellung der wichtigsten und in jedem Seewetterbericht immer wieder auftretenden Ausdrücke in mehrere Fremdsprachen übersetzt. Mit etwas Übung können mit Hilfe dieses Übersetzungsschlüssels auch italienische, französische oder holländische Wetterberichte verstanden werden. Zur Urlaubszeit senden manche Länder auch in englischer oder deutscher Sprache einen verkürzten Seewetterbericht, wie z. B. Jugoslawien oder Griechenland. Die genaueren Angaben hierüber können meistens den einschlägigen Handbüchern entnommen werden.

Vorhersagegebiete des Seewetterdienstes in der Nord- und Ostsee

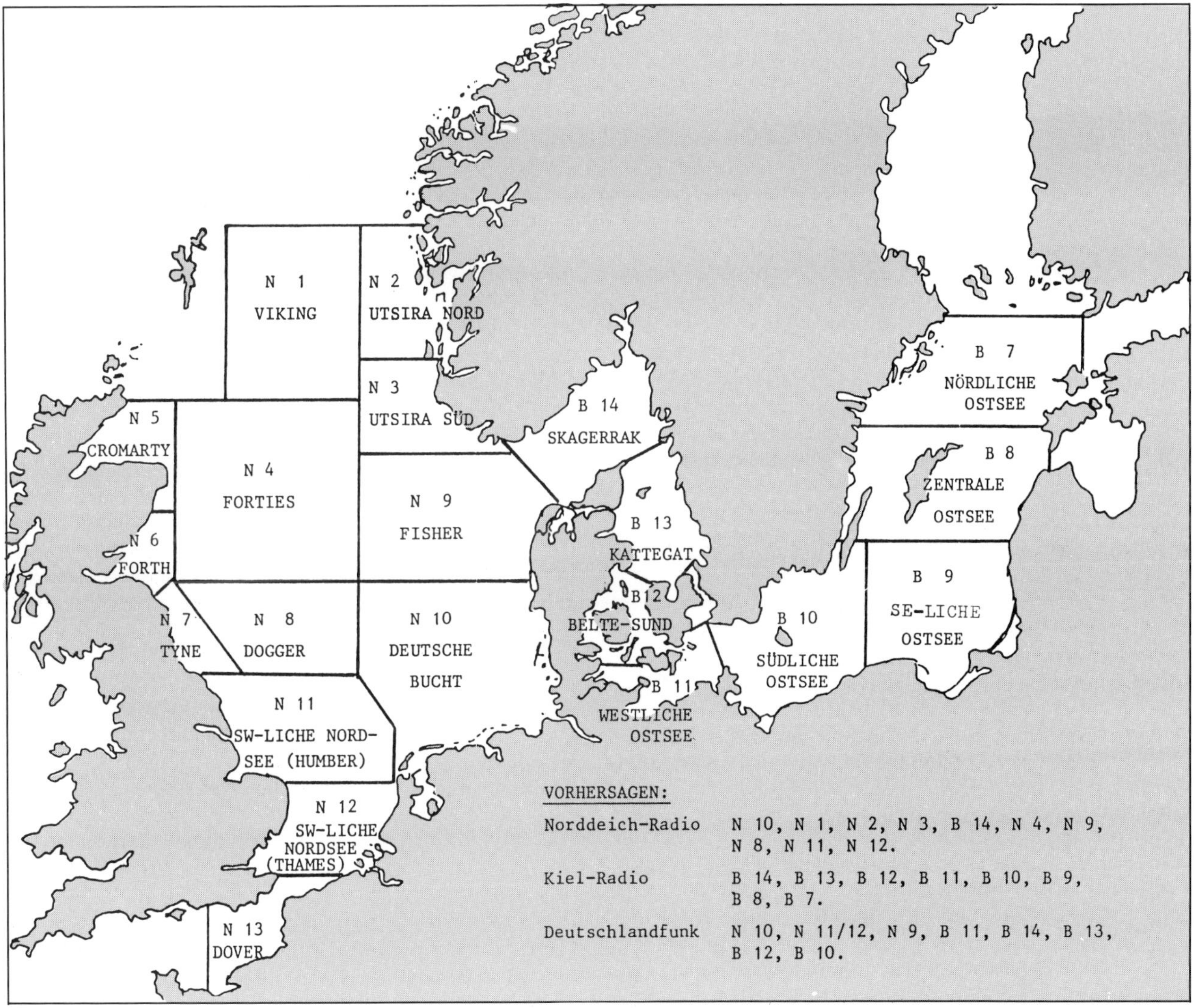

Zeichnen einer Bordwetterkarte

Aus dem Seewetterbericht und den Stationsmeldungen läßt sich mit etwas Übung eine Bordwetterkarte zeichnen, aus der wir ein umfassenderes Bild der Wetterlage und der voraussichtlichen Wetterentwicklung gewinnen können. Hierbei sind einige grundsätzliche Regeln zu beachten:

– Am besten verwenden wir einen Kartenvordruck, der die Vorhersagegebiete abdeckt und die Wetterstationen angibt. Für den nordeuropäischen Bereich gibt es solche Vordrucke im Handel. In diesem Vordruck arbeiten wir mit einem weichen Bleistift, um Korrekturen leichter ausführen zu können.

– Wir beginnen mit der Eintragung von Ort, Datum und Uhrzeit und zeichnen zunächst die vom Seewetterbericht erwähnten Hoch- und Tiefdruckgebiete ein. Danach erfolgt die Eintragung der Stationsmeldungen mit den allgemein verwendeten Symbolen, aus denen Windrichtung und -stärke, Bedeckungsgrad, Temperatur und Luftdruck ablesbar sind.

– Als nächstes werden die 5-hPa-Isobaren eingetragen. In diesem Zusammenhang sei an die Grundregeln des Isobarenverlaufs erinnert: Isobaren sind in sich geschlossene Linien, die sich nicht berühren, schneiden, kreuzen oder gabeln können. Sie verlaufen um so dichter, je stärker der Wind weht.

– Anschließend wird mit Hilfe der Wind- und Temperaturangaben der Stationsmeldungen der Verlauf der Fronten festgelegt.

Konstruktion der Isobaren

Die Isobarenkonstruktion erfordert einige Erfahrung. Zunächst konstruieren wir ausgehend von den Luftdruckangaben in den Stationsmeldungen durch Interpolation Punkte in Sprüngen von jeweils 5 hPa. Diese Interpolation kann in Gebieten flacher Druckverteilung linear erfolgen. In der Regel sollten wir aber von einer Gradientenkurve ausgehen, da eine rein lineare Konstruktion zu gleichen Isobarenabständen führen würde, was nicht der Realität entspricht. Denn die Isobaren verlaufen im mittleren Bereich zwischen Tief und Hoch enger, um das Tief und das Hoch herum dagegen weiter.

Oft können wir aus den so konstruierten Punkten den Verlauf der Isobaren nicht eindeutig festlegen. So erkennen wir zum Beispiel in der Abbildung unten links, wie aus den Stationsmeldungen die mit x gekennzeichneten Punkte in 5-hPa-Abständen konstruiert wurden. Doch ist allein aus der Druckverteilung sowohl die in Blau als auch die in Grau wiedergegebene Isobarenführung in der Abbildung unten rechts denkbar. Der richtige Verlauf der Isobaren ergibt sich allein aus der in den Stationsmeldungen angegebenen Windrichtung.

Bei der Isobarenkonstruktion sollten wir wissen, daß es nur sehr selten kreisförmig verlaufende Isobaren um Kerndruckgebiete herum gibt. Meistens haben sie eine ovale oder gestreckte Form, die sich mit etwas Übung aus den Windrichtungsangaben in den Stationsmeldungen erkennen läßt. Denn bekanntlich bilden Windrichtung und Isobaren einen Winkel von etwa 15°.

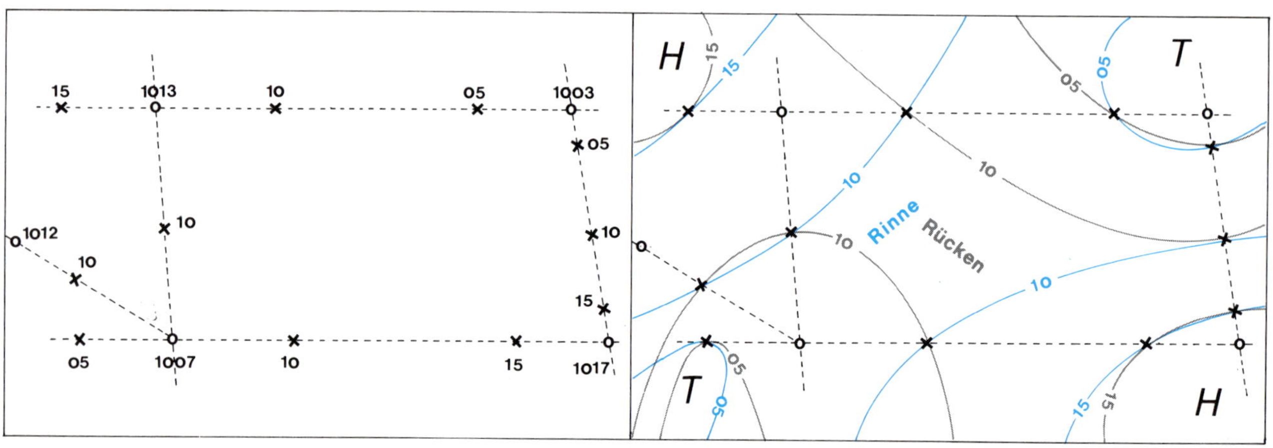

6
Gesetze

SeeStrO/SeeSchStrO Allgemeines

SeeStrO und SeeSchStrO

Im deutschen Küstenbereich kommen zwei Verkehrsordnungen nebeneinander zur Anwendung:

- Die **Seestraßenordnung** (SeeStrO) hat internationalen Charakter. Sie gilt auf hoher See und den mit dieser zusammenhängenden, von Seeschiffen befahrbaren Gewässern. Sie wird ergänzt durch die deutsche Verordnung zur SeeStrO **(VSeeStrO).**
- Die **Seeschiffahrtstraßen-Ordnung** (SeeSchStrO) ist eine nationale Vorschrift. Sie gilt nur auf den Seeschiffahrtstraßen der Bundesrepublik Deutschland, also innerhalb der deutschen Hoheitsgewässer, deren seewärtige Grenze in einigen Seekarten eingetragen ist, z. B. in der D 50.

Darüber hinaus müssen in manchen Häfen noch **örtliche Hafenvorschriften** berücksichtigt werden.

Die SeeSchStrO ist eine ergänzende Vorschrift zur SeeStrO; ebenso ergänzen die örtlichen Hafenvorschriften die SeeSchStrO, indem sie die besonderen Gegebenheiten der Häfen berücksichtigen. Deshalb gelten grundsätzlich alle diese Verordnungen nebeneinander. Erst wenn Vorschriften einander widersprechen, ist allein die speziellere Regelung anzuwenden: also Hafenvorschriften vor der SeeSchStrO und die SeeSchStrO vor der SeeStrO.

Allgemeine Definitionen

Die SeeStrO und die SeeSchStrO enthalten einige für uns wichtige Begriffsbestimmungen:

- Der Ausdruck **Maschinenfahrzeug** bezeichnet ein Fahrzeug mit Maschinenkraft.
- Der Ausdruck **Segelfahrzeug** bezeichnet ein Fahrzeug unter Segel, dessen Maschinenantrieb, falls vorhanden, nicht benutzt wird. Ein Segelfahrzeug, dessen Maschinenantrieb benutzt wird, gilt also als Maschinenfahrzeug und muß dann die Vorschriften für Maschinenfahrzeuge befolgen.
- Ein Fahrzeug befindet sich **in Fahrt**, wenn es weder vor Anker liegt noch an Land festgemacht ist noch auf Grund sitzt; man sagt auch, wenn es nicht landfest ist.
- Unter **verminderter Sicht** versteht man jeden Zustand, bei dem die Sicht durch Nebel, dickes Wetter, Schneefall, heftige Regengüsse, Sandstürme oder ähnliche Ursachen eingeschränkt ist.
- Zwei Fahrzeuge haben einander **in Sicht,** wenn jedes vom anderen optisch wahrgenommen werden kann.
- **Am Tage** bezeichnet den Zeitraum zwischen Sonnenaufgang und Sonnenuntergang.
- **Bei Nacht** bezeichnet den Zeitraum zwischen Sonnenuntergang und Sonnenaufgang.
- Ein **kurzer Ton** hat eine Dauer von etwa einer Sekunde.
- Ein **langer Ton** hat eine Dauer von 4 bis 6 Sekunden.

Signalkörper

Sie sind schwarz und tagsüber zu führen. Man unterscheidet (Abb. A):

- Ball
- Kegel
- Zylinder
- Rhombus
- Stundenglas (Doppelkegel)

Ihr Durchmesser und ihre Höhe sollen nicht kleiner als 60 cm sein, die Höhe des Zylinders und des Rhombus nicht kleiner als 1,20 m. Doch dürfen Fahrzeuge unter 20 m Länge kleinere, der

Die weißen Flächen geben die Seeschiffahrtstraßen wieder, wo die SeeStrO und die SeeSchStrO gelten. Außerhalb davon gilt allein die SeeStrO.

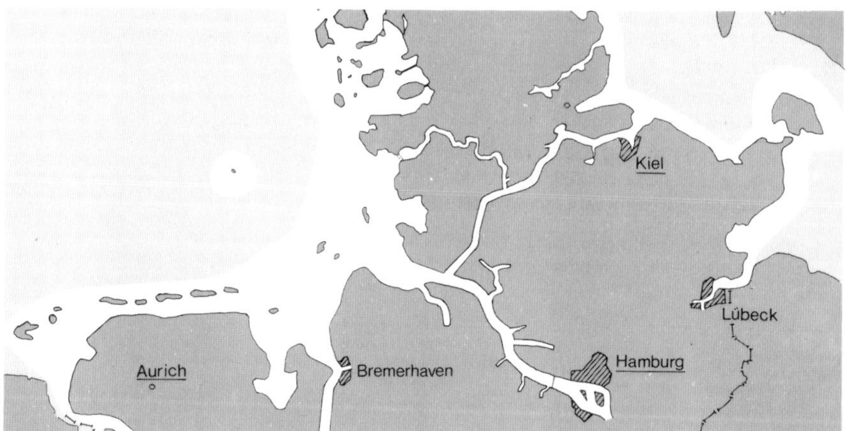

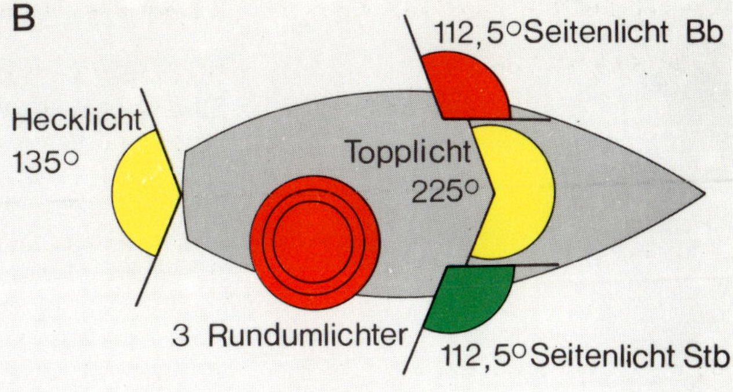

Fahrzeuggröße entsprechende Signalkörper verwenden.

Lichter

Die vorgeschriebenen Lichter sind nachts zu führen und bei verminderter Sicht auch tagsüber. Man unterscheidet (Abb. B):

- **Rundumlicht**
  Es ist über den ganzen Horizontbogen sichtbar, d. h. es überstrahlt einen Vollkreis von 360°.
- **Topplicht**
  Es scheint über einen Horizontbogen von 225°, und zwar nach jeder Seite von recht voraus bis 22,5° achterlicher als querab.
  Es ist immer weiß.
- **Seitenlichter**
  Sie strahlen über einen Horizontbogen von jeweils 112,5°, und zwar entweder nach Stb oder nach Bb von recht voraus bis 22,5° achterlicher als querab. Beide Seitenlichter überstrahlen also gemeinsam den Sektor des Topplichtes.
  Das Stb-Seitenlicht ist immer grün, das Bb-Seitenlicht immer rot.
- **Hecklicht**
  Das in Hecknähe angebrachte weiße Hecklicht scheint über einen Horizontbogen von 135°, und zwar 67,5° von recht achteraus nach jeder Seite. Topplicht und Hecklicht überstrahlen also gemeinsam einen Vollkreis von 360°.
- **Schlepplicht**
  Das Schlepplicht entspricht dem Hecklicht, doch ist es immer gelb.
- **Funkellicht**
  Dies ist ein Licht mit 120 oder mehr regelmäßigen Lichterscheinungen in der Minute, die über den ganzen Horizontbogen sichtbar sind.

Bei der Benutzung von Laternen, Leuchten und Scheinwerfern ist darauf zu achten, daß sie nicht mit den vorgeschriebenen Lichtern verwechselt werden können.
Die Mindesttragweite der vorgeschriebenen Lichter auf Fahrzeugen unter 12 m Länge beträgt 2 sm. Auf Fahrzeugen zwischen 12 und 20 m Länge muß das Topplicht 3 sm weit tragen und auf Fahrzeugen zwischen 20 und 50 m Länge 5 sm weit.

Schallsignale

Man unterscheidet Schallsignale für Fahrzeuge in Sicht und bei verminderter Sicht. Sie werden mit der Pfeife gegeben; in der SeeStrO verwenden nur Ankerlieger und Grundsitzer Glocken- und Gongsignale.
Jedes Fahrzeug muß deshalb mit einer Pfeife und einer Glocke ausgerüstet sein; doch dürfen Fahrzeuge unter 12 m Länge andere Instrumente verwenden, die kräftige Schallsignale geben können.
Bei verminderter Sicht muß die Fahrgeschwindigkeit den Sichtverhältnissen angepaßt werden. Außerdem sind die vorgeschriebenen Lichter zu führen und Nebelsignale zu geben. Hören wir Nebelsignale anderer Fahrzeuge vorlicher als querab, so müssen wir eventuell unsere Fahrgeschwindigkeit so weit verringern, daß unser Boot gerade noch steuerfähig bleibt.

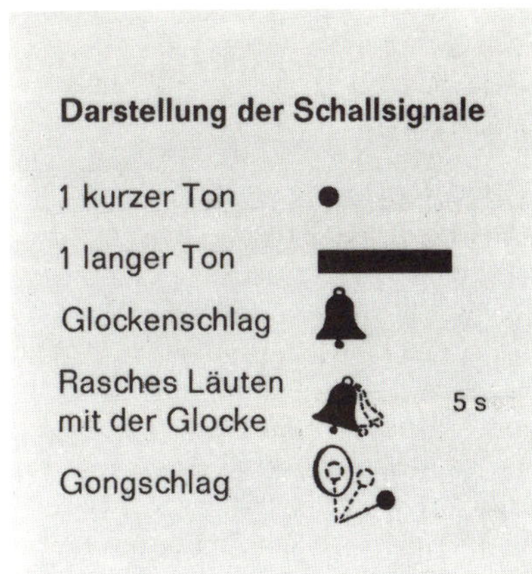

Maschinenfahrzeug

Maschinenfahrzeug < 50 m

Maschinenfahrzeug ≥ 50 m

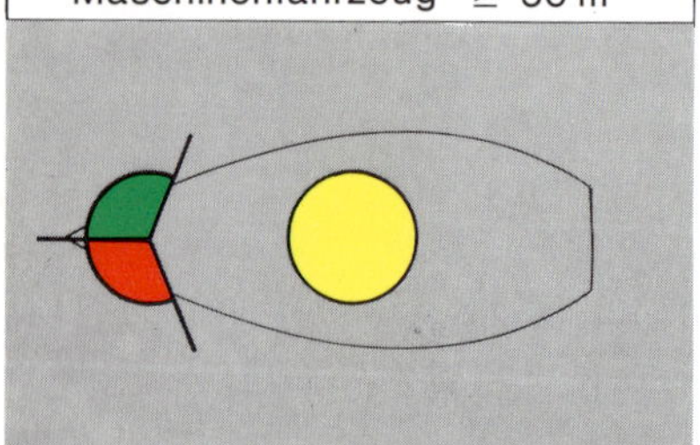

Maschinenfahrzeug < 12 m

Ein Maschinenfahrzeug in Fahrt führt

- ein Topplicht (weiß/225°) im vorderen Teil,
- ein zweites Topplicht (weiß/225°) achterlicher und höher als das vordere (ein Fahrzeug von weniger als 50 m Länge braucht dieses Licht nicht zu führen),
- Seitenlichter (rot, grün/112,5°),
- ein Hecklicht (weiß/135°).

Beachte: Der waagerechte Abstand zwischen beiden Topplichtern entspricht mindestens der halben Fahrzeuglänge.

Auf einem **Maschinenfahrzeug unter 20 m, jedoch von wenigstens 12 m Länge** muß

- das Topplicht mindestens 2,50 m über dem Schandeck (= oberste und äußerste durchgehende Decksplanke) angebracht sein.

Außerdem dürfen Fahrzeuge unter 20 m Länge

- die Seitenlichter in einer Zweifarbenlaterne führen.

Ein **Maschinenfahrzeug unter 12 m Länge** darf anstelle der vorgeschriebenen Lichter

- Seitenlichter (rot, grün/112,5°) in einer Zweifarbenlaterne,
- ein weißes Rundumlicht führen.

Das Topplicht darf tiefer als vorgeschrieben, muß aber mindestens 1 m über den Seitenlichtern geführt werden.

Ein **Maschinenfahrzeug unter 7 m Länge,** dessen Höchstgeschwindigkeit 7 kn nicht übersteigt, darf anstelle der vorgeschriebenen Lichter

- ein weißes Rundumlicht führen, und muß, wenn möglich, außerdem führen
- Seitenlichter (rot, grün/112,5°).

Ergänzung durch die SeeSchStrO
Kann ein Maschinenfahrzeug unter 7 m Länge mit einer Höchstgeschwindigkeit bis zu 7 kn im Bereich der SeeSchStrO auch dieses weiße Rundumlicht nicht führen, so darf es nachts und bei verminderter Sicht nicht fahren – es sei denn, es liegt ein Notstand vor.
Für diesen Fall ist eine elektrische Leuchte oder eine Laterne mit weißem Licht ständig mitzuführen; sie ist bei einem Notstand gebrauchsfertig zur Hand zu halten und rechtzeitig zu zeigen, um einen Zusammenstoß zu verhüten.

Ein **Luftkissenfahrzeug** führt zusätzlich zu den Lichtern eines Maschinenfahrzeuges

- ein gelbes Funkellicht über dem Topplicht.

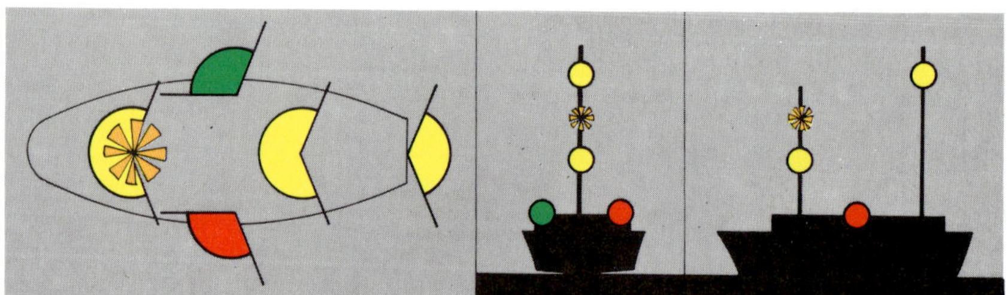

Luftkissenfahrzeug

Schleppverband

Mit einem Anhang bis zu 200 m Länge führt der Schlepper

- 2 Topplichter übereinander (weiß/225°),
- Seitenlichter (rot, grün/112,5°),
- ein Hecklicht (weiß/135°),
- senkrecht darüber ein Schlepplicht (gelb/135°).

Die geschleppten Fahrzeuge führen

- Seitenlichter (rot, grün/112,5°),
- ein Hecklicht (weiß/135°).

Tagsüber keine Tagzeichen!

Mit einem Anhang von mehr als 200 m Länge führt der Schlepper

- 3 Topplichter übereinander (weiß/225°),
- Seitenlichter (rot, grün/112,5°),
- ein Hecklicht (weiß/135°),
- senkrecht darüber ein Schlepplicht (gelb/135°).

Die geschleppten Fahrzeuge führen

- Seitenlichter (rot, grün/112,5°),
- ein Hecklicht (weiß/135°).

Ist der Anhang länger als 200 m, so führen **tagsüber** der Schlepper und jedes geschleppte Fahrzeug

- einen Rhombus.

Sind das schleppende Fahrzeug und sein Anhang **erheblich behindert, vom Kurs abzuweichen,** so führt der Schlepper **zusätzlich** drei Rundumlichter übereinander, das obere und untere rot, das mittlere weiß.

Schleppanhang ≤ 200 m

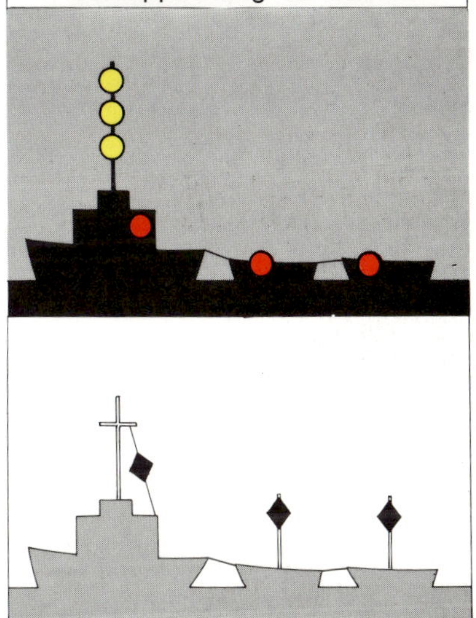

Schleppanhang > 200 m

Beachte:
Die Länge des Schleppanhanges wird vom Heck des schleppenden Fahrzeuges bis zum äußersten Ende des Schleppverbandes gemessen.

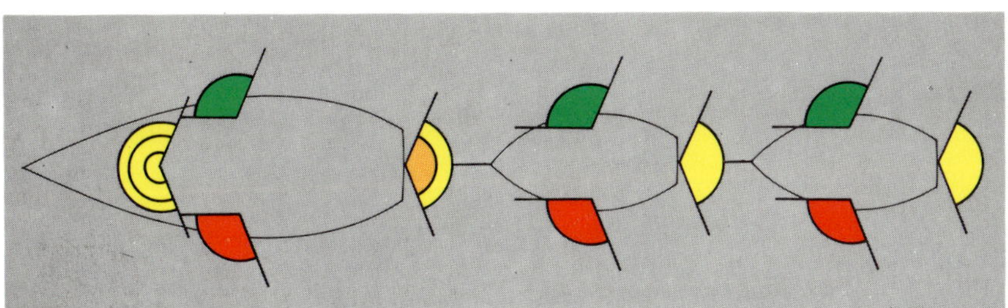

Schleppanhang > 200 m

Segelfahrzeug

oder

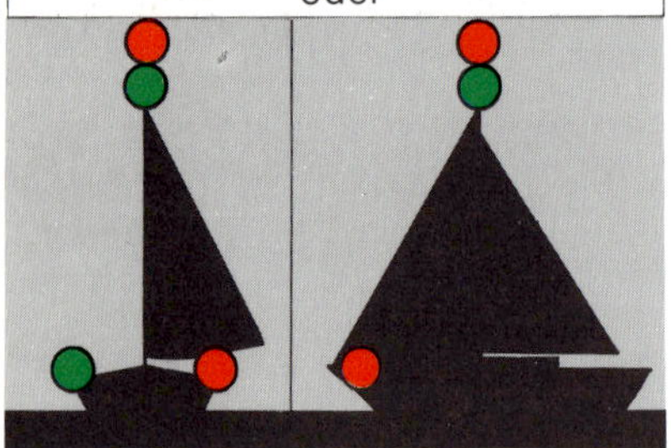

Segelfahrzeug

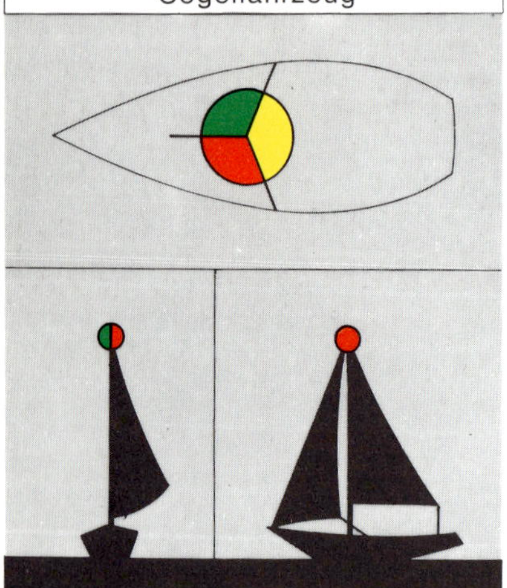

Segelfahrzeug < 20 m

Ein Segelfahrzeug führt nachts
- Seitenlichter (rot, grün/112,5°),
- ein Hecklicht (weiß/135°).

Fahrzeuge unter 20 m Länge dürfen
- die Seitenlichter in einer Zweifarbenlaterne führen.

Es darf freiwillig
- zusätzlich zwei Rundumlichter übereinander, das obere rot und das untere grün, führen.

Ein Segelfahrzeug unter 20 m Länge darf an Stelle der Seitenlichter und des Hecklichtes
- eine Dreifarbenlaterne im Topp führen.

Ein Segelfahrzeug, das gleichzeitig mit Maschinenkraft fährt, gilt als Maschinenfahrzeug. Es hat dann zu führen
- tags: einen Kegel – Spitze unten – auf dem Vorschiff,
- nachts: ein Topplicht, Seitenlichter und ein Hecklicht.

Ein Segelfahrzeug unter 7 m Länge sowie ein Ruderfahrzeug sollen möglichst die für Segelfahrzeuge vorgeschriebenen Lichter führen. Ist dies nicht möglich, müssen sie
- eine elektrische Lampe oder eine angezündete Laterne mit weißem Licht gebrauchsfertig zur Hand halten.

Ergänzung durch die SeeSchStrO

Segelfahrzeuge unter 12 m Länge sowie Ruderfahrzeuge, die im Bereich der SeeSchStrO die von der SeeStrO vorgeschriebenen Lichter auf Grund ihrer Bauart nicht führen können, müssen
- ein festes weißes Rundumlicht im Topp führen.

Können sie auch dieses weiße Rundumlicht nicht führen, so dürfen sie nachts und bei verminderter Sicht nicht fahren – es sei denn, es liegt ein Notstand vor.
Für diesen Fall ist eine elektrische Leuchte oder eine Laterne mit weißem Licht ständig mitzuführen; sie ist bei einem Notstand gebrauchsfertig zur Hand zu halten und rechtzeitig zu zeigen, um einen Zusammenstoß zu verhüten.

Ruderboot oder Segelfahrzeug < 7m

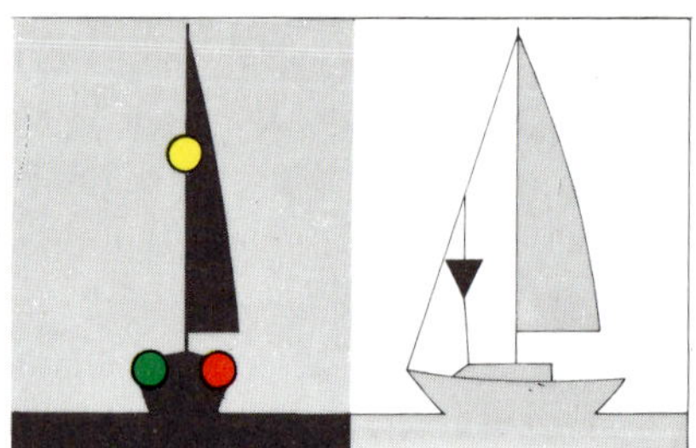

Segelfahrzeug unter Motor

Trawlender Fischer

Trawler sind Fahrzeuge, die mit einem Schleppnetz oder einem anderen geschleppten Fanggerät fischen.

Er führt nachts

- zwei Rundumlichter übereinander, das obere grün und das untere weiß,
- freiwillig ein Topplicht (weiß/225°) achterlicher und höher als das grüne Rundumlicht. Bei 50 m Länge und mehr muß das Topplicht geführt werden.

Bei Fahrt durchs Wasser führt er zusätzlich

- Seitenlichter (rot, grün/112,5°),
- ein Hecklicht (weiß/135°).

Er führt tags

- ein schwarzes Stundenglas. Ist das Fahrzeug kürzer als 20 m, so kann es statt dessen auch einen vorgeheißten Korb zeigen.

Nichttrawlender Fischer

Ein nicht trawlender Fischer fischt mit Treibnetzen oder Ringwaden.

Er führt nachts

- zwei Rundumlichter übereinander, das obere rot und das untere weiß,
- falls ein Fanggerät weiter als 150 m waagerecht ins Wasser ausgebracht ist, in Richtung dieses Gerätes ein weißes Rundumlicht.

Bei Fahrt durchs Wasser führt er zusätzlich

- Seitenlichter (rot, grün/112,5°),
- ein Hecklicht (weiß/135°).

Er führt tags

- ein schwarzes Stundenglas. Ist das Fahrzeug kürzer als 20 m, so kann es statt dessen auch einen vorgeheißten Korb zeigen,
- falls ein Fanggerät weiter als 150 m waagerecht ins Wasser ausgebracht ist, in Richtung dieses Gerätes einen schwarzen Kegel (Spitze nach oben).

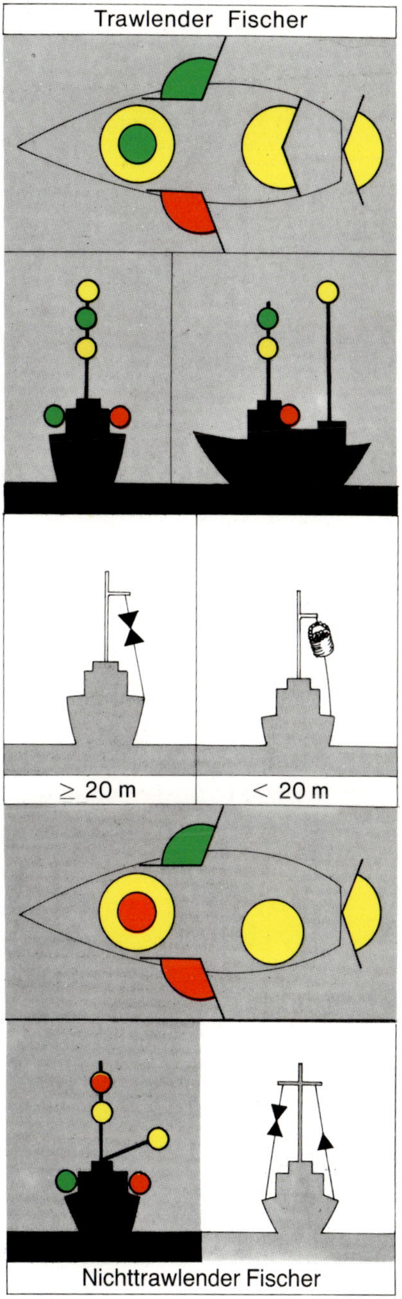

Manövrierunfähig und -behindert

Manövrierunfähiges Fahrzeug

Manövrierbehindertes Fahrzeug

Manövrierunfähiges Fahrzeug

Ein manövrier**unfähiges** Fahrzeug kann wegen außergewöhnlicher Umstände (z. B. wegen einer Havarie) die Fahr- und Ausweichregeln nicht befolgen. Maschinen- und Segelfahrzeuge müssen ihm deshalb **stets ausweichen.**

Es führt nachts

- zwei rote Rundumlichter übereinander.

Bei Fahrt durchs Wasser führt es zusätzlich

- Seitenlichter (rot, grün/112,5°),
- ein Hecklicht (weiß/135°).

Es führt tags

- zwei schwarze Bälle oder ähnliche Signalkörper übereinander.

Beachte: Fahrzeuge unter 12 m Länge brauchen die Rundumlichter und Bälle auf den Seeschiffahrtstraßen nicht zu führen.

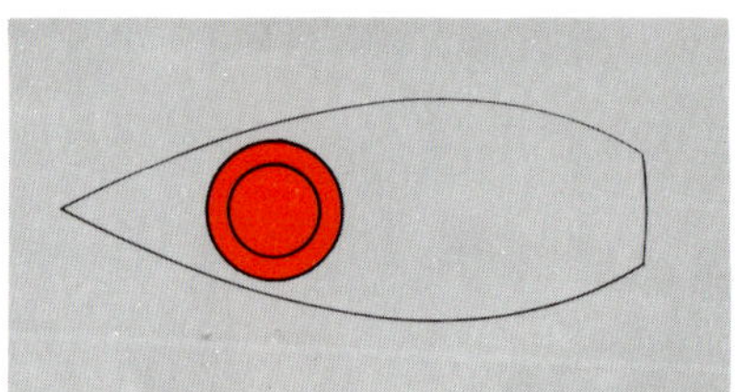

ohne FdW

Manövrierbehindertes Fahrzeug

Ein manövrier**behindertes** Fahrzeug ist durch die Art seines Einsatzes behindert, die Fahr- und Ausweichregeln zu befolgen. Wir müssen ihm deshalb **stets ausweichen.**

Manövrierbehindert sind u. a. Kabelleger, Bagger, Vermessungs- und Seezeichenfahrzeuge sowie Fahrzeuge, die Unterwasserarbeiten ausüben.

Es führt nachts

- drei Rundumlichter übereinander; das obere und untere sind rot, das mittlere ist weiß.

Bei Fahrt durchs Wasser führt es zusätzlich

- ein Topplicht (weiß/225°) bzw. zwei Topplichter bei 50 m Länge und mehr,
- Seitenlichter (rot, grün/112,5°),
- ein Hecklicht (weiß/135°).

Es führt tags

- drei schwarze Signalkörper übereinander; der obere und untere sind Bälle, der mittlere ist ein Rhombus.

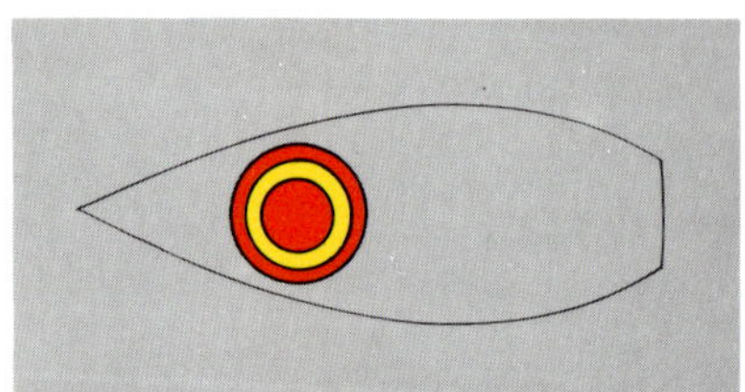

ohne FdW

Bagger etc.

Ein manövrierbehindertes Fahrzeug, das **baggert oder Unterwasserarbeiten ausführt,** führt bei Behinderung nachts

- drei Rundumlichter übereinander; das obere und untere sind rot, das mittlere ist weiß;
- zwei rote Rundumlichter übereinander, die die Seite der Behinderung anzeigen,
- zwei grüne Rundumlichter übereinander, die die Passierseite für andere Fahrzeuge anzeigen.

Bei Fahrt durchs Wasser führt es zusätzlich Topplichter, Seitenlichter und ein Hecklicht.

Tagsüber führt es

- drei Signalkörper übereinander, der obere und untere sind Bälle, der mittlere ist ein Rhombus,
- zwei Bälle übereinander, die die Seite der Behinderung anzeigen,
- zwei Rhomben übereinander, die die Passierseite für andere Fahrzeuge anzeigen.

Taucharbeiten

Ein kleines Fahrzeug bei Taucharbeiten führt nachts

- drei Rundumlichter übereinander; das obere und untere sind rot, das mittlere ist weiß.

Tagsüber führt es

- die Flagge „A“ des Internationalen Signalbuches. Sie bedeutet: „Ich habe Taucher unten. Halten Sie bei langsamer Fahrt gut frei von mir!“

Fahrzeug beim Minenräumen

Ein Minenräumer führt zusätzlich zu den Lichtern eines Maschinenfahrzeugs nachts

- drei grüne Rundumlichter, eins davon am Vormasttopp, die beiden anderen am Ende der vorderen Rah.

Tagsüber führt er

- an Stelle der grünen Rundumlichter je einen Ball.

Diese Lichter oder Signalkörper zeigen an, daß es gefährlich ist, sich dem Fahrzeug mehr als 1000 m von achtern oder mehr als 500 m von den Seiten zu nähern.

Bagger etc. ohne FdW

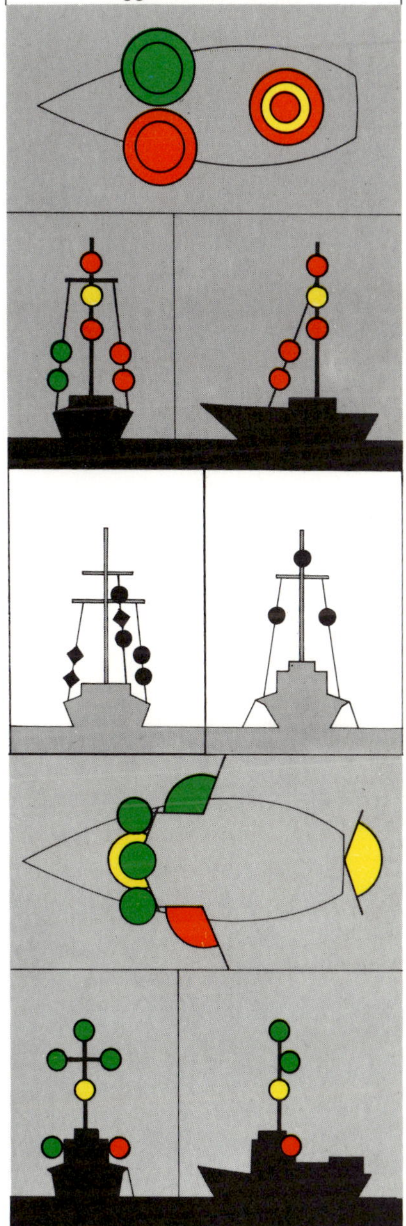

Minenräumer

Tiefgangbehindert, Lotsenfahrzeug

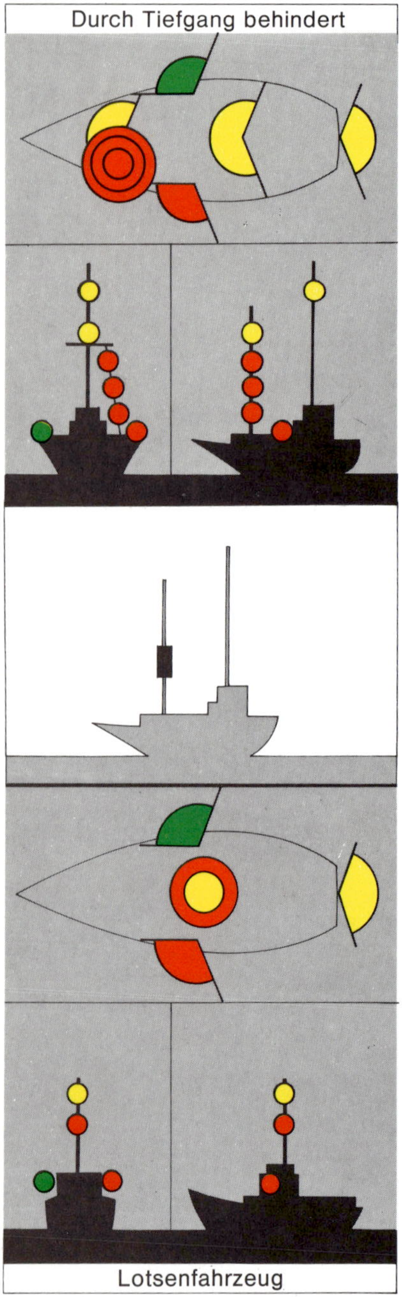

Ein tiefgangbehindertes Fahrzeug ist durch seinen Tiefgang im Verhältnis zur vorhandenen Wassertiefe erheblich behindert, von seinem Kurs abzuweichen.
Wir dürfen deshalb die sichere Durchfahrt eines tiefgangbehinderten Fahrzeuges nicht behindern.

Es führt nachts

- ein Topplicht (weiß/225°) bzw. zwei Topplichter bei 50 m Länge und mehr,
- drei rote Rundumlichter senkrecht übereinander,
- Seitenlichter (rot, grün/112,5°),
- ein Hecklicht (weiß/135°).

Tagsüber führt es

- einen schwarzen Zylinder.

Ein Lotsenfahrzeug im Dienst führt nachts

- zwei Rundumlichter übereinander, das obere weiß, das untere rot.

In Fahrt führt es zusätzlich

- Seitenlichter (rot, grün/112,5°),
- ein Hecklicht (weiß/135°).

Vor Anker führt es zusätzlich zu den Rundumlichtern die Ankerlichter oder den Ankerball.

Ankerlieger und Grundsitzer

Nachts führt ein vor Anker liegendes Fahrzeug unter 50 m Länge:

- ein weißes Rundumlicht im vorderen Teil;

von 50 m Länge oder mehr:

- zusätzlich ein zweites weißes Rundumlicht in der Nähe des Hecks, aber niedriger als das erste Licht.

Ist der Ankerlieger mindestens 100 m lang, muß er zusätzlich die **Deckslichter** einschalten; unter 100 m Länge darf er sie einschalten.

Tags führt ein vor Anker liegendes Fahrzeug:

- einen schwarzen Ball im vorderen Teil.

Nachts führt ein auf Grund sitzendes Fahrzeug unter 50 m Länge:

- ein weißes Rundumlicht im vorderen Teil,
- zwei rote Rundumlichter senkrecht übereinander;

von 50 m Länge oder mehr:

- zusätzlich ein zweites weißes Rundumlicht in der Nähe des Hecks, aber niedriger als das erste Licht.

Tags führt ein auf Grund sitzendes Fahrzeug:

- drei schwarze Bälle senkrecht übereinander.

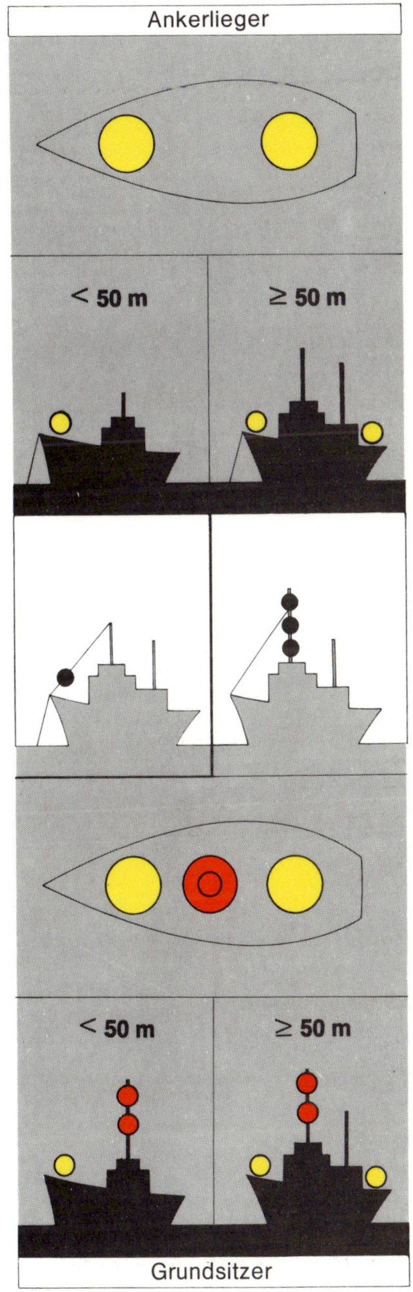

SeeStrO Fahrregeln

Fahrgeschwindigkeit

Wir müssen jederzeit mit einer sicheren Geschwindigkeit fahren, so daß wir rechtzeitig zum Stehen kommen können, um einen Zusammenstoß zu vermeiden. Bei verminderter Sicht müssen wir also unsere Geschwindigkeit entsprechend verringern. Unter Umständen (wenn wir Nebelsignale anderer Fahrzeuge vorlicher als querab hören) dürfen wir nur so schnell laufen, daß unser Fahrzeug gerade noch steuerfähig ist.

Enge Fahrwasser

In engen Fahrwassern gelten besondere Regeln. Wir dürfen dort nicht ankern.

Der Kartenausschnitt unten zeigt, wie ein Verkehrstrennungsgebiet in der Seekarte dargestellt wird. Wir können genau die Trennzone und die allgemeinen Verkehrsrichtungen erkennen.

Das Überholen ist nur erlaubt, wenn das zu überholende Fahrzeug durch Abgabe der vorgeschriebenen Schallsignale mitwirkt (vgl. S. 154). Beim Queren eines engen Fahrwassers dürfen wir kein auf die Fahrrinne angewiesenes Fahrzeug behindern.
Allgemein gilt, daß **Fahrzeuge unter 20 m Länge und alle Segelfahrzeuge** die Durchfahrt von Fahrzeugen, die nur innerhalb des engen Fahrwassers sicher fahren können, nicht behindern dürfen.
Beachte, daß alle Fahrwasser der deutschen Seeschiffahrtstraßen (vgl. S. 157) als enge Fahrwasser im Sinne dieser Vorschrift gelten.

Verkehrstrennungsgebiete

In sehr dicht befahrenen Gewässern werden oft Verkehrstrennungsgebiete festgelegt. Dies sind zwei durch eine Trennzone oder Trennlinie geteilte Schiffahrtswege, auf denen der Hauptverkehr autobahnähnlich abläuft: Jedes Fahrzeug, das das Verkehrstrennungsgebiet benutzt, darf auf dem jeweiligen Einbahnweg nur rechts der Trennlinie oder Trennzone möglichst weit außen fahren. Die Trennzone darf von den Benutzern des Verkehrstrennungsgebietes nicht überfahren werden.
Fahrzeuge, die das Verkehrstrennungsgebiet nicht benutzen, müssen sich von diesem in möglichst großem Abstand halten. Das Queren von festgelegten Einbahnwegen muß soweit wie möglich vermieden werden. Sind wir jedoch zum Queren gezwungen, so muß dies möglichst im rechten Winkel zur allgemeinen Verkehrsrichtung geschehen. Auf jeden Fall darf ein Fahrzeug unter 20 m Länge oder ein Segelfahrzeug die sichere Durchfahrt eines Maschinenfahrzeuges auf dem Einbahnweg nicht behindern.
Der Kartenausschnitt unten zeigt, wie ein Verkehrstrennungsgebiet in der Seekarte dargestellt wird. Wir können genau die Trennzone und die allgemeinen Verkehrsrichtungen erkennen.
Unter **Küstenverkehrszone** versteht man die zwischen einem Verkehrstrennungsgebiet und der Küstenlinie liegende Wasserfläche. Sie ist nicht für den Durchgangsverkehr freigegeben – abgesehen von Fahrzeugen unter 20 m Länge.

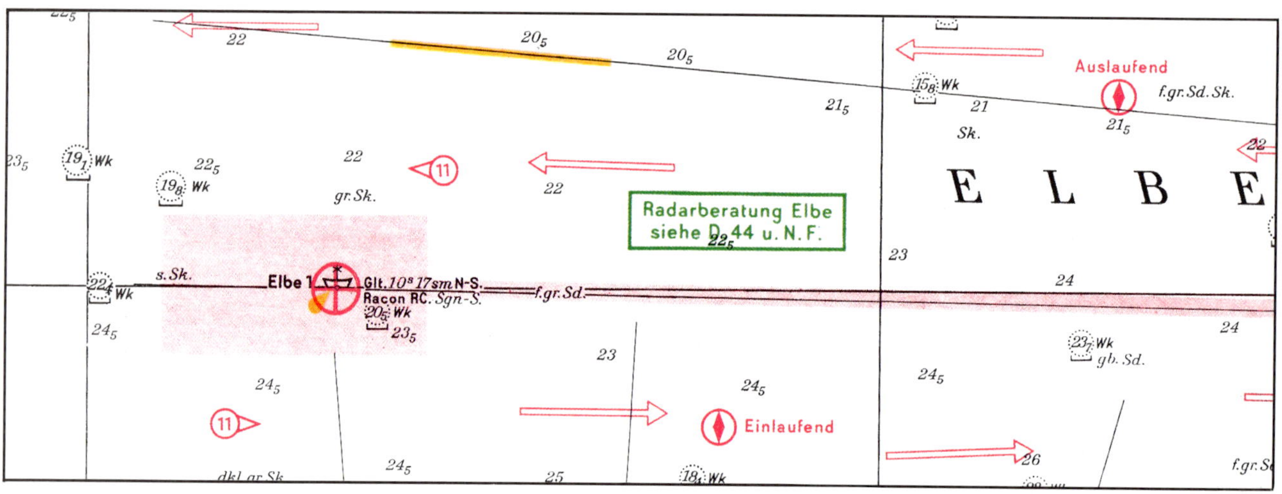

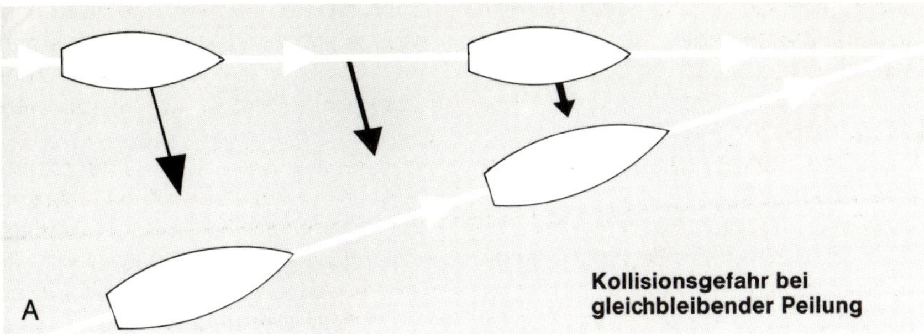

Kollisionsgefahr bei gleichbleibender Peilung

Gefahr eines Zusammenstoßes

Nähern sich zwei Fahrzeuge so, daß die Möglichkeit der Gefahr eines Zusammenstoßes besteht, so müssen sie die Fahr- und Ausweichregeln befolgen. Die Gefahr eines Zusammenstoßes besteht insbesondere dann, wenn sich ein Fahrzeug so nähert, daß wir es immer unter dem gleichen Winkel peilen, wenn also die „Peilung steht" (Abb. A).
Alle Ausweichmanöver müssen entschlossen, rechtzeitig und so ausgeführt werden, wie gute Seemannschaft es erfordert.

Ausweichpflicht

Wir unterscheiden zwischen Ausweichpflicht und Kurshaltepflicht. Das ausweichpflichtige Fahrzeug muß frühzeitig und entschlossen seine Ausweichmanöver einleiten; eine Folge nur geringer Kurs- oder Geschwindigkeitsänderungen ist also zu vermeiden. Beim Ausweichen sollte nicht der Bug des anderen Fahrzeuges gekreuzt, sondern dessen Heck passiert werden.

Kurshaltepflicht

Sind wir nicht ausweichpflichtig, so müssen wir Kurs und Geschwindigkeit beibehalten, um den Ausweichpflichtigen nicht zu irritieren. Glauben wir, daß der Kollisionsgegner seiner Ausweichpflicht nicht nachkommen wird, so können wir ihn durch mindestens 5 kurze, rasch aufeinanderfolgende Pfeifentöne *(„Ich mache auf Ihre Ausweichpflicht aufmerksam!")* auf seine Ausweichpflicht hinweisen.
Sobald uns jedoch klar wird, daß das andere Fahrzeug seiner Ausweichpflicht nicht nachkommt, dürfen wir durch eigene Manöver einen Zusammenstoß vermeiden.

Manöver des letzten Augenblicks

Kommt trotz allem das andere Fahrzeug so nahe, daß es allein durch eigene Manöver einen Zusammenstoß nicht mehr vermeiden kann, muß der Kurshalter das *Manöver des letzten Augenblicks* ausführen und mit allen Mitteln einen Zusammenstoß zu verhindern suchen. Hierbei drehen wir am besten immer in Fahrtrichtung des Kollisionsgegners ab, um einen Zusammenstoß im letzten Moment noch zu vermeiden.

Manöver des letzten Augenblicks

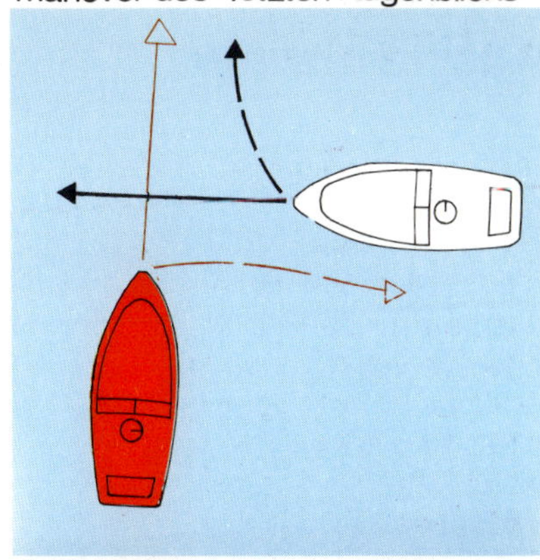

A. Motorfahrzeuge untereinander

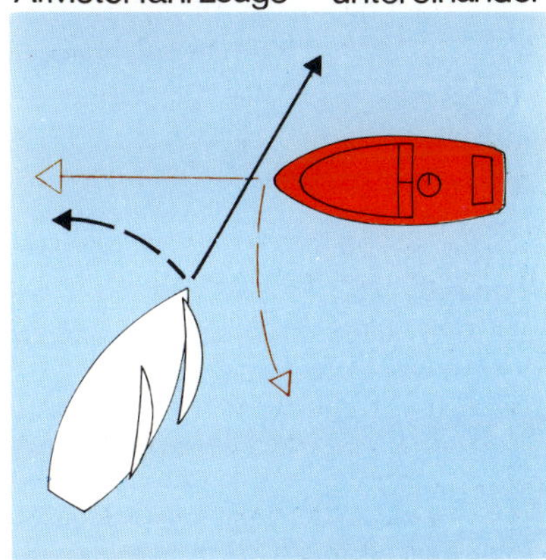

B. Segler und Motorfahrzeug

Das Manöver des letzten Augenblicks soll so ausgeführt werden, daß es selbst dann nicht zur Kollision kommen kann, wenn der Ausweichpflichtige im letzten Moment doch noch ausweichen sollte. Dies geschieht bei Maschinenfahrzeugen untereinander durch Stb-Ruder (Abb. A).
Auf Segelfahrzeuge ist diese Regel jedoch nicht ohne weiteres übertragbar, da für sie andere Ausweichregeln gelten. So kann es für eine Segelyacht durchaus sinnvoll sein, ihren Kurs nach Bb zu ändern (Abb. B).

Grundregel: Drehe immer in Fahrtrichtung des Kollisionsgegners ab!

SeeStrO Ausweichregeln

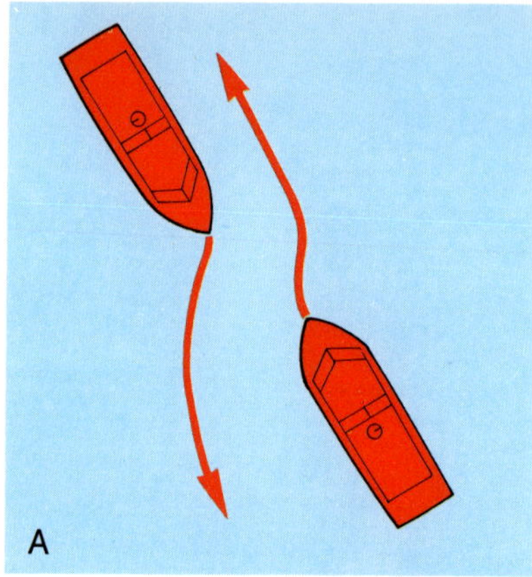

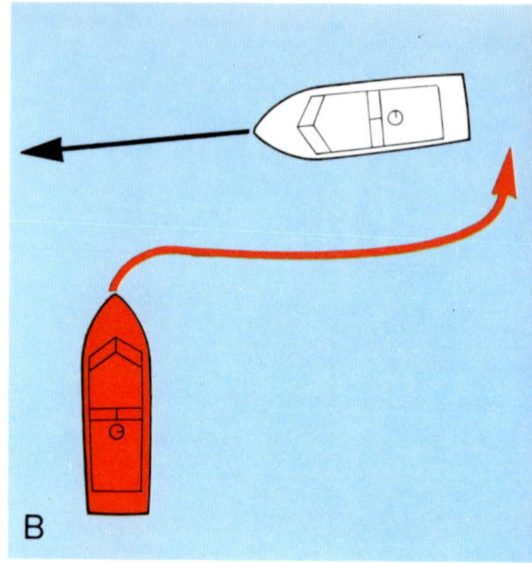

Die Ausweichregeln der SeeStrO unterscheiden nach der Antriebsart der Fahrzeuge. Maschinenfahrzeuge untereinander weichen deshalb nach anderen Regeln aus als Segelfahrzeuge untereinander.

Beachte: Die Ausweichregeln der SeeStrO gelten auf hoher See und außerhalb der Fahrwasser. Innerhalb der Fahrwasser werden sie durch die Vorfahrtregeln der SeeSchStrO ergänzt, vgl. S. 165.

Maschinenfahrzeuge untereinander

- **Zwangsruderregel** (Abb. A): Nähern sich zwei Maschinenfahrzeuge auf (fast) entgegengesetzten Kursen so, daß Kollisionsgefahr besteht (etwa wenn beide Seitenlichter des entgegenkommenden Fahrzeuges sichtbar sind), muß jedes Fahrzeug seinen Kurs so nach Stb ändern, daß sie einander an Bb passieren.

- **Kreuzende Kurse** (Abb. B): Kreuzen sich die Kurse zweier Maschinenfahrzeuge so, daß Kollisionsgefahr besteht, muß dasjenige ausweichen, welches das andere an seiner Stb-Seite hat (= „rechts vor links").

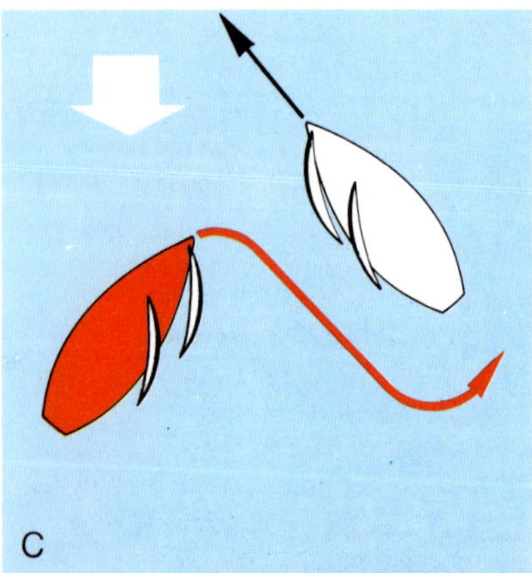

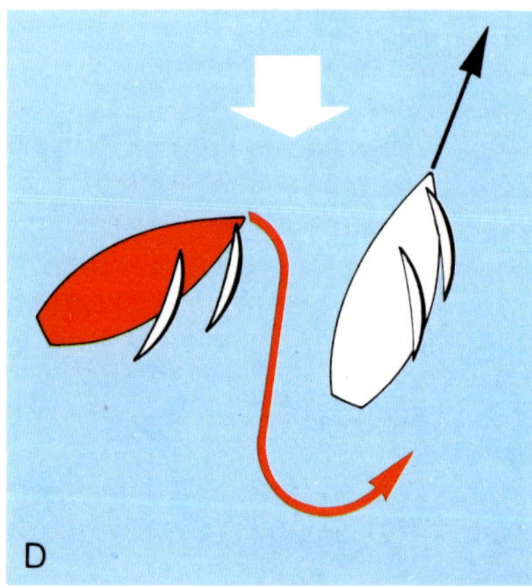

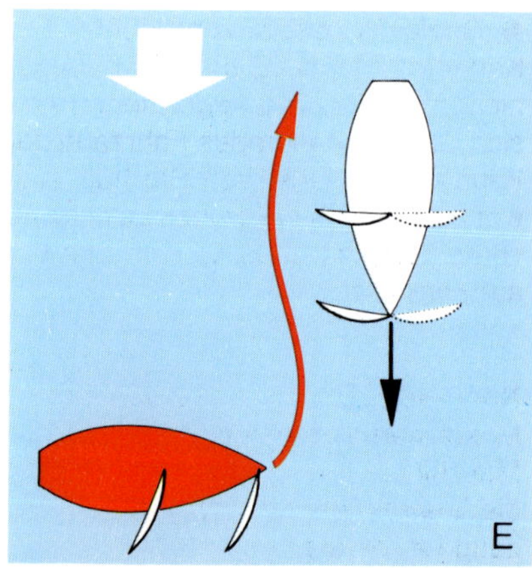

Segelfahrzeuge untereinander

● **Bb-Bug vor Stb-Bug** (Abb. C):
Haben zwei Segelfahrzeuge den Wind nicht von derselben Seite, so muß das Fahrzeug, das den Wind von Bb hat, dem anderen ausweichen.

● **Lee vor Luv** (Abb. D):
Haben zwei Segelfahrzeuge den Wind von derselben Seite, so muß das luvwärtige dem leewärtigen ausweichen. Hierbei ist „Luv" die dem gesetzten Großsegel gegenüberliegende Seite und „Lee" die Seite, auf der das Großsegel gefahren wird.

● **Segler in Bb-Luv voraus** (Abb. E):
Kann ein Fahrzeug mit Wind von Bb nicht mit Sicherheit feststellen, ob ein sich von Luv näherndes Fahrzeug den Wind von Bb oder von Stb hat (etwa wenn es nachts ein grünes Licht an Bb voraus sichtet), muß es dem anderen ausweichen.

Nochmals: Ein Segelfahrzeug, dessen Maschinenantrieb benutzt wird, gilt als Maschinenfahrzeug und hat deshalb die Ausweichregeln für Maschinenfahrzeuge zu befolgen!

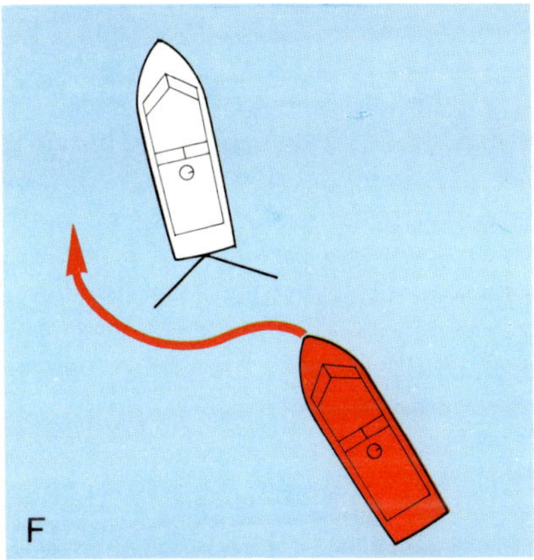

Überholregel (Abb. F)

Unabhängig von der Antriebsart muß jedes überholende Fahrzeug ausweichen. Als Überholer gilt, wer sich einem anderen Fahrzeug beim ersten Sichtkontakt aus dessen Hecklichtsektor nähert.
Dies gilt auch tagsüber. Doch ist es dann oft schwierig zu erkennen, ob es sich um einen Überholvorgang oder um bloßes Begegnen auf kreuzenden Kursen handelt. Deshalb hat man im Zweifel davon auszugehen, daß man überholendes Fahrzeug ist und ausweichen muß.

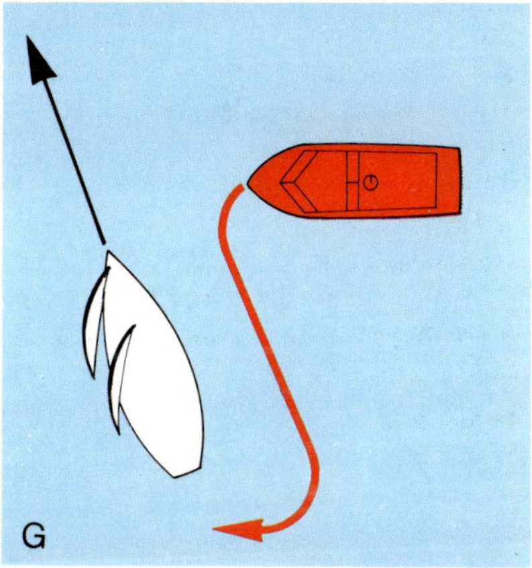

Verschiedene Fahrzeuge untereinander

Ein **Maschinenfahrzeug** muß ausweichen
- manövrierunfähigen und -behinderten Fahrzeugen,
- fischenden Fahrzeugen,
- Segelfahrzeugen (Abb. G).

Ein **Segelfahrzeug** muß ausweichen
- manövrierunfähigen und -behinderten Fahrzeugen,
- fischenden Fahrzeugen.

Außerdem dürfen sie die sichere Durchfahrt eines tiefgangbehinderten Fahrzeuges nicht behindern.

Schallsignale

Maschinenfahrzeug (alle 2 min):

▬ mit FdW

▬ ▬ ohne FdW

Fischer, Schlepper, Segler, manövrierunfähige und -behinderte Fahrzeuge

▬ ● ● alle 2 min

Geschlepptes Fahrzeug:

▬ ● ● ● alle 2 min

Ankerlieger (jede min):

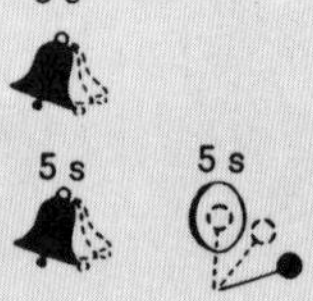

< 100 m Länge

≥ 100 m Länge

● ▬ ● Warnsignal bei Annäherung

Grundsitzer (jede min):

< 100 m Länge

≥ 100 m Länge

Lotse

● ● ● ● zusätzlich

Man unterscheidet Schallsignale für Fahrzeuge in Sicht und bei verminderter Sicht. Sie werden mit der Pfeife gegeben; nur Ankerlieger und Grundsitzer verwenden Glocken- und Gongsignale.

Jedes Fahrzeug muß deshalb mit einer Pfeife und einer Glocke ausgerüstet sein; doch dürfen Fahrzeuge unter 12 m Länge andere Instrumente verwenden, die kräftige Schallsignale geben können.

Die Schallsignale **bei verminderter Sicht** (Nebel, Schneefall, heftige Regengüsse) sind links dargestellt. Fahrzeuge unter 12 m Länge brauchen diese Signale nicht zu geben, müssen dann aber mindestens alle 2 Minuten ein anderes kräftiges Schallsignal geben, das nicht mit den vorgeschriebenen verwechselt werden kann.

Die rechts dargestellten **Kursänderungssignale** brauchen nur dann gegeben zu werden, wenn manövriert wird, um die Ausweichregeln zu befolgen, nicht aber, wenn ein Manöver aus navigatorischen Gründen eingeleitet wird.

Darstellung der Schallsignale

1 kurzer Ton ●

1 langer Ton ▬

Glockenschlag 

Rasches Läuten mit der Glocke  5 s

Gongschlag 

●
Kursänderung nach Stb

● ●
Kursänderung nach Bb

● ● ●
Maschine geht rückwärts

Überholen im engen Fahrwasser

▬ ▬ ●
„Ich will Sie an Stb überholen!"

▬ ▬ ● ●
„Ich will Sie an Bb überholen!"

▬ ● ▬ ●
„Ich bin einverstanden!"

Kurshaltersignal:

● ● ● ● ●
„Ich mache auf Ihre Ausweichpflicht aufmerksam!"

Vor Fahrwasserkrümmungen:

▬
„Achtung!"

Notsignale

Die nebenstehenden internationalen Seenotsignale sind in der SeeStrO aufgeführt. Sie dürfen nur gegeben werden,

- wenn Not und Notwendigkeit zur Hilfe vorliegt.

In anderen Fällen dürfen diese oder ähnliche Signale nicht gegeben werden, um unnötige und kostspielige Rettungsaktionen zu vermeiden.

Vor der Anwendung der einzelnen Signale sollten wir uns Gedanken über ihre Wirksamkeit machen: Das Flaggensignal NC dürfte kaum über weite Entfernungen erkannt werden. Für unsere Zwecke kommen vor allem die Feuerwerksignale in Frage. Leuchtkugeln und Handfackeln tragen tagsüber etwa 3 sm weit, nachts dagegen bereits 10 sm. Am günstigsten sind Fallschirmraketen, da sie höher steigen und langsamer fallen. Bei günstigen Bedingungen kann man sie bis zu 25 sm weit erkennen.

Überlege immer, ob du überhaupt gesehen werden kannst – bevor du deine Signale sinnlos abfeuerst!

Schieße zwei Signale kurz hintereinander ab, damit ein möglicher Beobachter jede Täuschung ausschließt!

Die einzelnen Signale

Kanonenschüsse oder andere Knallsignale in Zwischenräumen von ungefähr einer Minute.

Anhaltendes Ertönen eines Nebelsignalgerätes.

Raketen oder Leuchtkugeln mit roten Sternen einzeln in kurzen Zwischenräumen.

Das durch Telegraphiefunk oder eine andere Signalart gegebene Morsesignal *SOS* sowie das dazugehörige Alarmzeichen.

Das Sprechfunksignal aus dem Wort *Mayday* sowie das dazugehörige Alarmzeichen.

Das Notzeichen *NC* des Internationalen Signalbuches.

Ein Signal aus einer viereckigen Flagge, darüber oder darunter ein Ball oder etwas, das einem Ball ähnlich sieht.

Flammensignale auf dem Fahrzeug, z. B. brennende Teer- oder Öltonnen.

Rote Fallschirmleuchtraketen oder rote Handfackeln.

Ein Rauchsignal mit orangefarbenem Rauch.

Langsames und wiederholtes Heben und Senken der nach beiden Seiten ausgestreckten Arme.

Signale einer Seenotfunkboje.

Seewasserfärber.

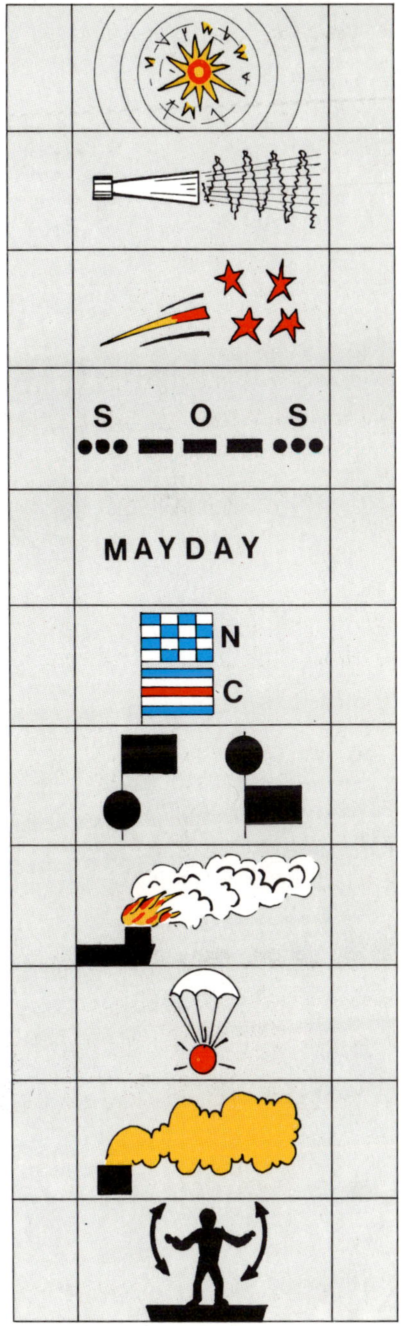

Seeschiffahrtstraßen-Ordnung (SeeSchStrO)

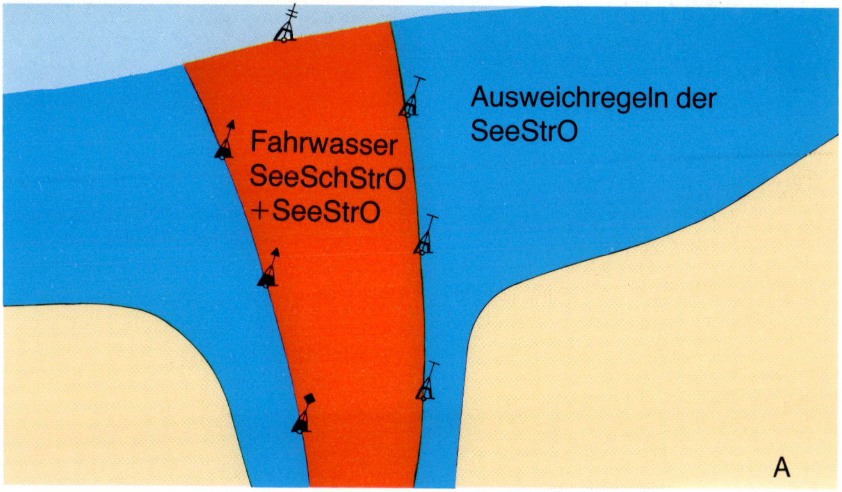

Geltungsbereich

Die SeeSchStrO ergänzt auf den deutschen Seeschiffahrtstraßen die Vorschriften der SeeStrO. Dort kommen also beide Verkehrsordnungen nebeneinander zur Anwendung. Sollten die Verordnungen sich in einem Punkte widersprechen, so ist die speziellere Regelung der SeeSchStrO anzuwenden.

Zu den **Seeschiffahrtstraßen** gehören die Wasserflächen

- zwischen der Küstenlinie bei mittlerem Hochwasser oder der seewärtigen Begrenzung der Binnenwasserstraßen
- und der seewärtigen Begrenzung des Küstenmeeres.

Außerdem gehören dazu noch einige Teile der angrenzenden Binnenwasserstraßen, die in der SeeSchStrO genau beschrieben sind.

Oft finden wir in der SeeSchStrO nur Regelungen für das Fahrwasser, insbesondere bei den meisten Fahrregeln (vgl. S. 164 f). Dann gelten innerhalb der Fahrwasser die Vorschriften der SeeStrO und der SeeSchStrO nebeneinander und außerhalb der Fahrwasser allein die Regeln der SeeStrO (Abb. A).

Wir müssen also die Grenzen der Fahrwasser genau kennen.

Fahrwasser sind die Teile der Wasserflächen einer Seeschiffahrtstraße, die

- durch Seezeichen gekennzeichnet sind oder
- für die durchgehende Schiffahrt bestimmt sind. Unter durchgehender Schiffahrt versteht man alle Fahrzeuge (Berufs- und Sportschiffahrt), die dem Fahrwasserverlauf folgen.

3 Grundregeln für das Verhalten im Verkehr

- Jeder Verkehrsteilnehmer hat sich so zu verhalten, daß die Sicherheit und Leichtigkeit des Verkehrs gewährleistet ist und daß kein anderer geschädigt, gefährdet oder mehr als nach den Umständen unvermeidbar behindert oder belästigt wird.

Er hat insbesondere die Vorsichtsmaßregeln zu beachten, die Seemannsbrauch oder die besonderen Umstände des Falles erfordern.

- Zur Abwehr einer unmittelbar drohenden Gefahr müssen unter Berücksichtigung der besonderen Umstände auch dann alle erforderlichen Maßnahmen ergriffen werden, wenn diese ein Abweichen von den Vorschriften der SeeSchStrO notwendig machen.
- Wer infolge körperlicher oder geistiger Mängel oder des Genusses alkoholischer Getränke oder anderer berauschender Mittel in der sicheren Führung des Fahrzeuges behindert ist, darf ein Fahrzeug nicht führen.

Verantwortlichkeit des Fahrzeugführers

Der Fahrzeugführer ist dafür verantwortlich, daß die Verkehrsvorschriften befolgt werden und sein Fahrzeug mit den vorgeschriebenen Sichtzeichen ausgerüstet ist.

Anders als beim Kraftfahrzeug muß der Schiffsführer nicht selbst das Ruder bedienen, doch ist er dafür verantwortlich, daß der Rudergänger das Fahrzeug verkehrsgerecht führt.

Sind mehrere Personen zur Führung des Bootes berechtigt, so haben sie vor Antritt der Reise zu bestimmen, wer verantwortlicher Fahrzeugführer ist.

SeeSchStrO Kleinfahrzeuge und Positionslaternen

Kleine Fahrzeuge

Im deutschen Küstenbereich schreibt die SeeSchStrO für Fahrzeuge unter 12 m Länge folgende Abweichungen vor:

- Die **Tragweite** aller Lichter, also *auch der Seitenlichter* für Fahrzeuge unter 12 m Länge, muß *mindestens 2 sm* betragen.
- **Segelfahrzeuge unter 12 m Länge** dürfen im Topp **ein weißes Rundumlicht** führen, wenn sie die vorgeschriebenen Lichter (Seitenlichter und Hecklicht bzw. Dreifarbenlaterne) auf Grund ihrer Bauart nicht führen können.
- **Kann das Segelfahrzeug auch dieses Licht nicht führen, so darf es nachts und bei verminderter Sicht nicht fahren** – es sei denn, es liegt ein Notstand vor. Für diesen Fall ist eine elektrische Leuchte oder eine Laterne mit weißem Licht ständig mitzuführen; sie ist bei einem Notstand gebrauchsfertig zur Hand zu halten und rechtzeitig zu zeigen, um einen Zusammenstoß zu verhüten.

Das gleiche gilt für Maschinenfahrzeuge unter 7 m Länge und mit einer Höchstgeschwindigkeit unter 7 kn, wenn sie das weiße Rundumlicht nicht führen können.

- **Fahrzeuge unter 12 m Länge** brauchen die Lichter und Tagzeichen für *manövrierunfähige und -behinderte* Fahrzeuge sowie für *Grundsitzer* nicht zu führen.

Ebensowenig brauchen sie auf den als Anker- und Liegestellen bekanntgemachten Wasserflächen *Ankerlichter* oder einen *Ankerball* zu führen.

Unter Motor

Segelboote unter 20 m Länge dürfen zwar die energiesparende Dreifarbenlaterne (bzw. weiße Rundumlaterne) führen – doch nur unter Segel und nicht beim Motoren. Denn das Topplicht für Maschinenfahrzeuge muß höher als die Seitenlichter angebracht sein.

Auf einer Segelyacht mit Hilfsmotor unter 20 m Länge müssen also neben der Dreifarbenlaterne noch Seitenlichter, Topplicht und Hecklicht montiert sein, die beim Motoren an Stelle der Dreifarbenlaterne brennen (A). Bei Fahrzeugen unter 12 m Länge können Topplicht und Hecklicht in einem Rundumlicht zusammengefaßt sein.

Einfacher haben es nur Segelfahrzeuge unter 7 m Länge: Für sie genügt ein weißes Rundumlicht beim Segeln und auch beim Motoren.

Positionslaternen

Unter Positionslaternen versteht man alle Laternen, die zur Lichterführung nach der SeeStrO und SeeSchStrO verwendet werden müssen. Alle vorgeschriebenen Lichter sind ständig mitzuführen und während der Zeit, in der sie zu führen sind, fest anzubringen. Es ist auf keinen Fall zulässig, die Positionslaternen bei Nacht oder verminderter Sicht nur zur Hand zu halten und zu zeigen. Als einzige Ausnahme sieht die SeeSchStrO den Fall eines Notstandes

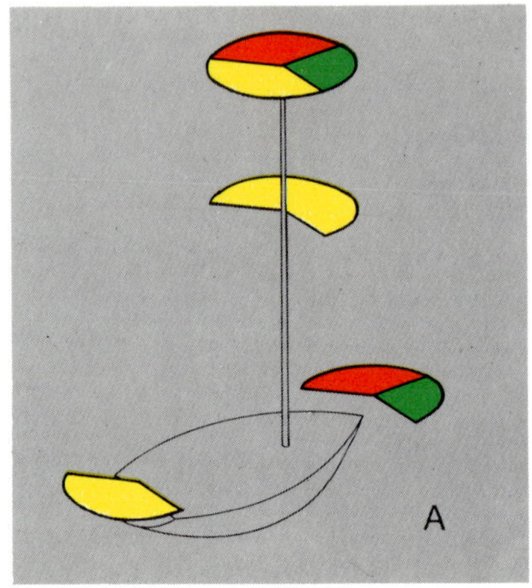

vor. Tagsüber und bei normalen Sichtverhältnissen dürfen die Laternen aus ihrer mechanischen Halterung entfernt werden.

Auf deutschen Sportbooten dürfen nur **baumustergeprüfte** Positionslaternen verwendet werden, die vom DHI für die hohe See und die Seeschiffahrtstraßen zugelassen und mit einer Baumusternummer versehen sind. Eine Wiederholungsprüfung ist für sie nicht mehr nötig.

Schiffsführer und Eigentümer sind dafür verantwortlich, daß die Wirksamkeit und Betriebssicherheit der Positionslaternen jederzeit gewährleistet sind. Ist die Wirksamkeit oder Betriebssicherheit erkennbar beeinträchtigt, so haben sie unverzüglich für die sachgemäße Instandsetzung zu sorgen. Eine Reparatur darf nur in einem vom DHI anerkannten Reparaturbetrieb erfolgen, wo sie auch bescheinigt werden muß.

Wer sein Schiff nicht mit zugelassenen Positionslaternen ausrüstet, sie falsch angebracht oder falsch abgeschirmt führt oder nicht für eine sofortige Instandsetzung in einem anerkannten Reparaturbetrieb sorgt, begeht eine Ordnungswidrigkeit, die mit Geldbuße geahndet werden kann.

Sichtzeichen für Kleinfahrzeuge nach der SeeStrO und SeeSchStrO

	< 20 m	< 12 m	< 7 m
unter Segel	Seitenlichter in Zweifarbenlaterne Hecklicht oder: Dreifarbenlaterne evtl. rotes über grünem Rundumlicht (alle 2 sm)	Seitenlichter in Zweifarbenlaterne (1 sm) (2 sm) Hecklicht (2 sm) oder: Dreifarbenlaterne Falls Laternen nicht fest montierbar: weißes Rundumlicht (2 sm). Falls auch diese Laterne nicht fest montierbar: Fahrverbot bei Nacht und schlechter Sicht. Dann weiße Leuchte ständig an Bord mitführen.	Falls Laternen nicht fest montierbar: weiße Leuchte zur Hand halten.
unter Motor	Topplicht (3 sm), min. 2,50 m über dem Schandeck Seitenlichter in Zweifarbenlaterne (2 sm) Hecklicht (2 sm) Motorkegel, falls zugleich unter Segel	Topplicht (2 sm), min. 1 m über den Seitenlichtern Seitenlichter in Zweifarbenlaterne (1 sm) (2 sm) Hecklicht (2 sm) oder: Rundumlicht (2 sm) anstatt Topplicht und Hecklicht Motorkegel, falls zugleich unter Segel	Rundumlicht (2 sm) evtl. Seitenlichter (1 sm) (2 sm) Motorkegel, falls zugleich unter Segel Falls Lichter nicht fest montierbar: Fahrverbot bei Nacht und schlechter Sicht. Dann weiße Leuchte ständig an Bord mitführen.
manövrierunfähig oder -behindert	Fahrtstörungslichter (2 sm) Fahrtstörungstagzeichen	Keine Fahrtstörungslichter und -tagzeichen nötig. Bei Taucherarbeiten mindestens die Flagge „A" des Internationalen Signalbuchs bzw. rotes über weißem über rotem Rundumlicht. Keine Fahrtstörungslichter und -tagzeichen nötig, auch keine Taucherzeichen.	
vor Anker	Ankerlicht (2 sm) Ankerball	Ankerlicht (2 sm) Ankerball Kein Ankerball und -licht auf bekanntgemachten Anker- und Liegestellen nötig.	Ankerball und -licht nur in engem Fahrwasser nötig.
auf Grund	Grundsitzerlichter (2 sm) Grundsitzerbälle	Grundsitzerlichter und -bälle brauchen nicht geführt zu werden. Grundsitzerlichter und -bälle nur in engem Fahrwasser etc. nötig.	

Der rot gesetzte Text gibt die Abweichungen der SeeSchStrO gegenüber der SeeStrO wieder, die Zahlen in Klammern die Mindesttragweiten der Laternen.

Polizei und Zoll

Polizei im Einsatz

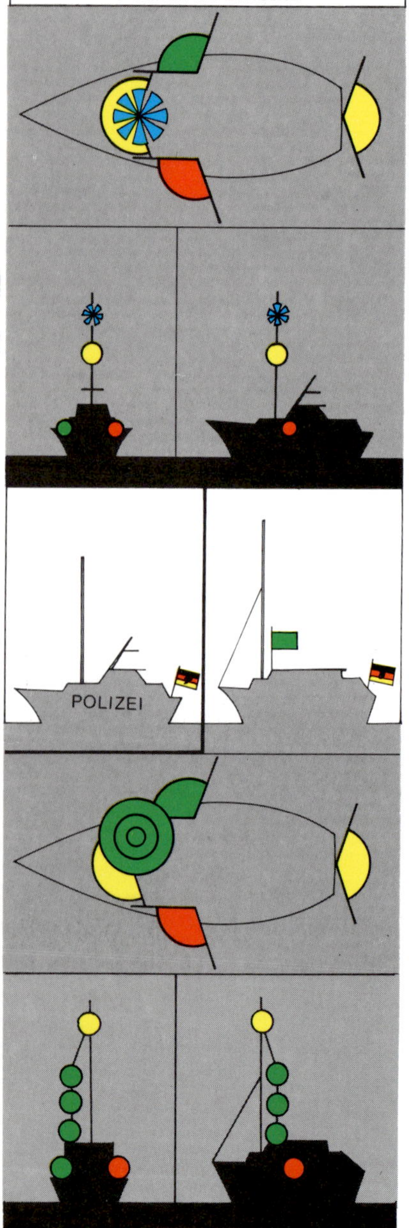

Zollfahrzeug

Ein **Polizeifahrzeug oder ein anderes Fahrzeug des öffentlichen Dienstes im Einsatz** führt nachts

- ein Topplicht (weiß/225°),
- darüber ein *blaues Funkellicht* (360°),
- Seitenlichter (rot, grün/112,5°),
- ein Hecklicht (weiß/135°).

Tagsüber führt es

- die *Dienstflagge.* Außerdem ist das Fahrzeug meistens mit „Polizei" beschriftet.

Ein **Zollfahrzeug** führt nachts

- ein Topplicht (weiß/225°), bei mehr als 50 m Länge zwei Topplichter,
- *drei grüne Rundumlichter übereinander,*
- Seitenlichter (rot, grün/112,5°),
- ein Hecklicht (weiß/135°).

Tagsüber führt es

- eine *grüne Flagge* an beliebiger Stelle.

Aufforderung zum Anhalten

Polizei- und Zollfahrzeuge können ein Fahrzeug anhalten oder zum Anlegen auffordern. In diesem Fall dürfen die Beamten in der Ausübung ihrer hoheitlichen Tätigkeit nicht behindert werden; u. U. ist ihnen sogar das Betreten des Fahrzeuges zu ermöglichen. Fahrzeuge des öffentlichen Dienstes fordern durch das **Licht- oder Schallsignal L** des Morsealphabetes (• — ••) zum Anhalten auf. Tagsüber zeigen sie die **Flagge L** des Internationalen Signalbuches.

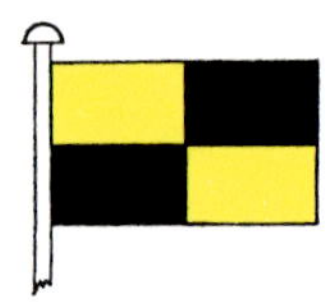

Buchstabe L

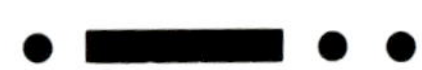

Licht- und Schallsignal L

Ein **Fahrzeug, das bestimmte gefährliche Güter** *transportiert,* oder ein nicht entgastes Tankfahrzeug führt nachts

- ein Topplicht (weiß/225°), bei mehr als 50 m Länge zwei Topplichter,
- *ein rotes Rundumlicht,*
- Seitenlichter (rot, grün/112,5°),
- ein Hecklicht (weiß/135°).

Tagsüber führt es

- einen *roten Doppelstander* (= die Flagge B des Internationalen Signalbuches).

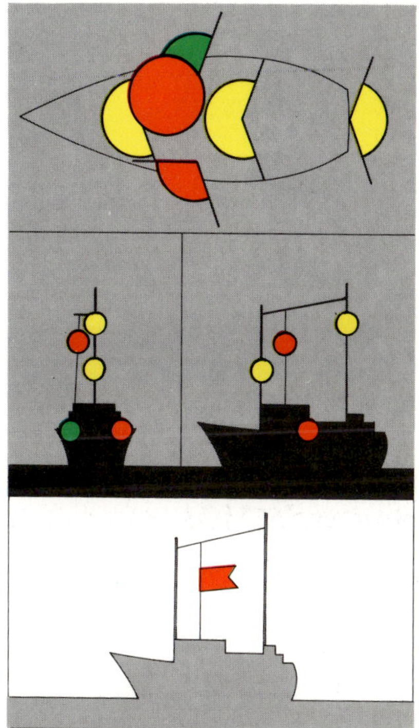

Transportiert gefährliche Güter

Ein *Fahrzeug, das* **schräg oder quer im Fahrwasser** *liegt,* führt nachts

- ein Topplicht (weiß/225°), bei mehr als 50 m Länge zwei Topplichter,
- ein *weißes Licht, das am Heck auf und nieder bewegt wird,*
- Seitenlichter (rot, grün/112,5°),
- ein Hecklicht (weiß/135°).

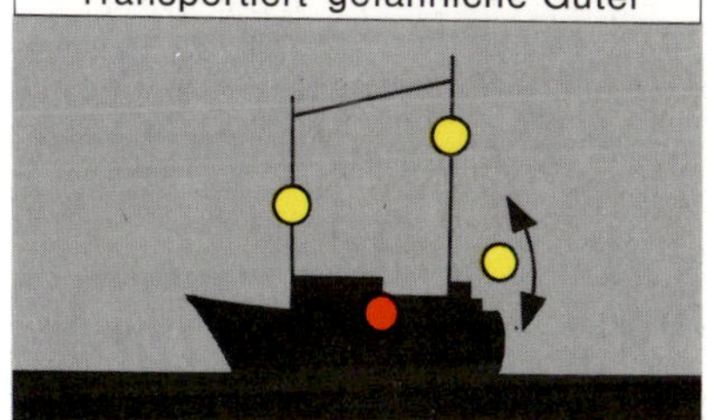

Liegt schräg oder quer im Fahrwasser oder dreht zur Regulierung naut. Instr.

Ein *Fahrzeug, das* **zur Regulierung nautischer Instrumente dreht,** führt nachts

- ein Topplicht (weiß/225°), bei mehr als 50 m Länge zwei Topplichter,
- ein *weißes Licht, das am Heck auf und nieder bewegt wird,*
- Seitenlichter (rot, grün/112,5°),
- ein Hecklicht (weiß/135°).

Tagsüber führt es

- die *Flaggen O über Q* des Internationalen Signalbuches.

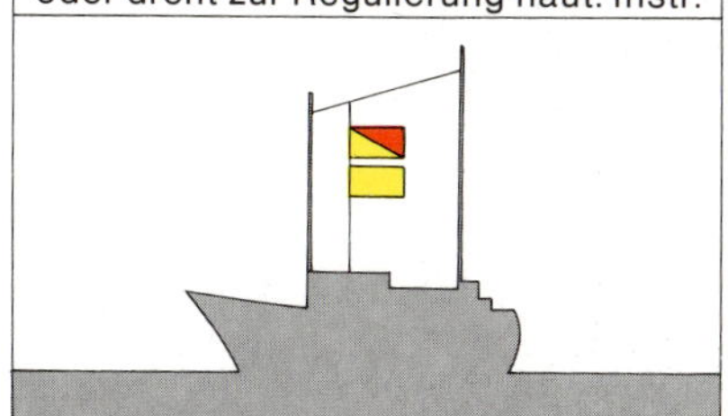

Dreht zur Regulierung naut. Instr.

Fähren und Schwimmkörper

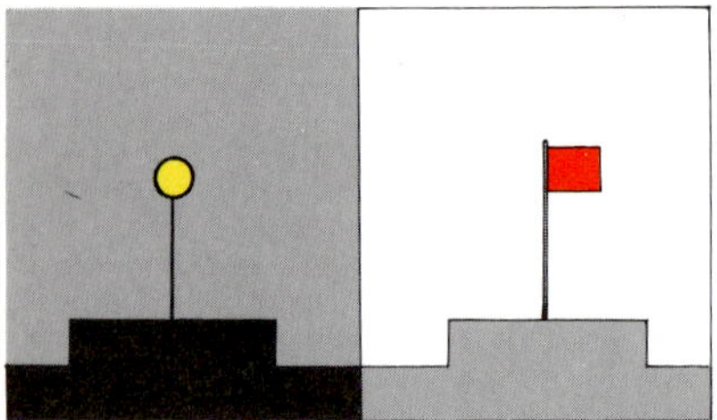

Schwimmendes Zubehör

Schwimmendes Zubehör, das von Fahrzeugen, die baggern oder Unterwasserarbeiten ausführen, bei ihrem Einsatz verwendet wird, führt

- nachts: ein *weißes Rundumlicht,*
- tags: eine *rote Tafel.*

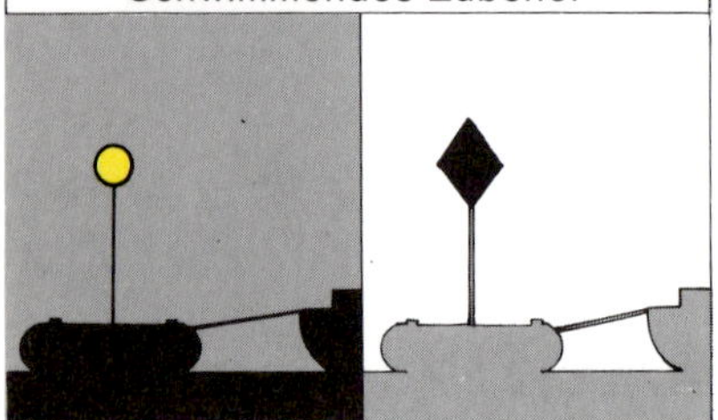

Geschleppte Schwimmkörper

Geschleppte außergewöhnliche Schwimmkörper in Fahrt führen nachts

- Seitenlichter (rot, grün/112,5°),
- ein Hecklicht (weiß/135°),

oder, wenn diese Lichter nicht geführt werden können,

- *irgendeine Beleuchtung,* die den Schwimmkörper erkennbar macht.

Tagsüber führen sie

- einen *schwarzen Rhombus,* und zwar auch dann, wenn der Schleppanhang nur 200 m oder weniger lang ist.

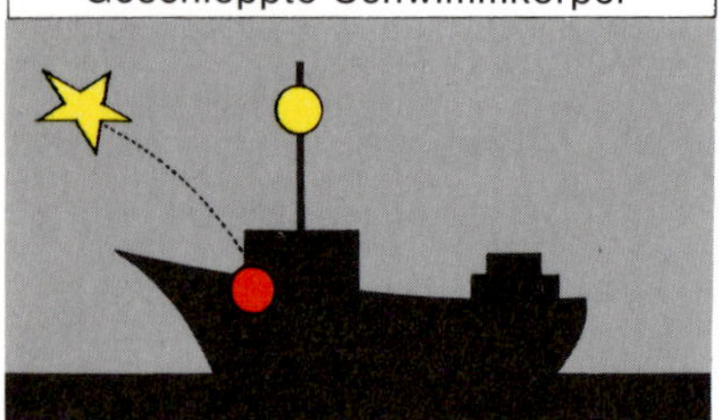

Bundeswehr bei Manövern

Von **Fahrzeugen der Bundeswehr oder des Bundesgrenzschutzes,** die bei Manövern

- Leuchtkugeln mit weißen Sternen schießen und
- zusätzlich einen langen Achtungston (—) geben,

ist ausreichend Abstand zu halten.

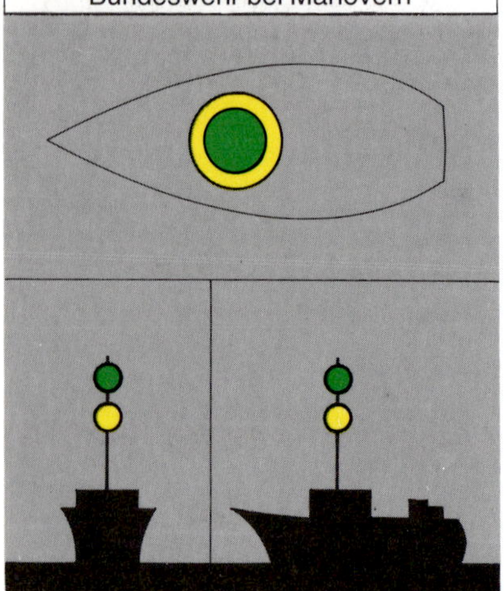

Ketten- oder Seilfähre

Eine **nicht freifahrende Fähre** (Ketten- oder Seilfähre) in Fahrt führt nachts

- ein *grünes Rundumlicht über einem weißen Rundumlicht.*

Fährstelle

nicht freifahrende Fähre | freifahrende Fähre

SeeSchStrO Schallsignale

Das **Achtungssignal** ist zu geben, wenn die Verkehrslage es erfordert, insbesondere

- beim Einlaufen in andere Fahrwasser und Häfen,
- beim Auslaufen aus ihnen und aus Schleusen,
- beim Verlassen von Anker- und Liegeplätzen.

Das **Allgemeine Gefahr- und Warnsignal** ist zu geben, wenn

- ein Fahrzeug ein anderes Fahrzeug gefährdet oder
- durch ein anderes selbst gefährdet wird.

Das **Bleib-weg-Signal** (fortlaufende Folge des Morsebuchstabens A) wird gegeben, wenn bei Unfällen gefährlicher Güter oder radioaktive Stoffe frei zu werden drohen oder Explosionsgefahr besteht.

Achtungssignal

Allgemeines Gefahr- und Warnsignal

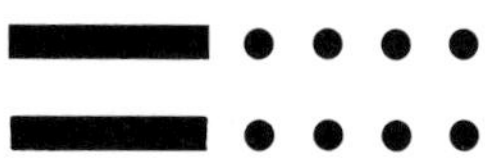

Bleib-weg-Signal

Bei verminderter Sicht

Bei verminderter Sicht (Nebel, Schneefall, heftige Regengüsse etc.) schreibt die SeeSchStrO ergänzende Schallsignale vor. **Fahrzeuge unter 12 m Länge** brauchen diese Signale nicht zu geben, müssen dann aber alle 2 Minuten ein anderes kräftiges Schallsignal geben.

Im Fahrwasser schräg oder quer *vor Anker liegende oder auf Grund sitzende Fahrzeuge* (jede Minute)

- *unter 100 m Länge:* Rasches Läuten der Glocke (5 s) mit darauffolgenden 5 Einzelschlägen.
- *von 100 m Länge oder mehr:* Rasches Läuten der Glocke (5 s) mit darauffolgenden 5 Einzelschlägen und *zusätzlich* am Heck einen Gongschlag.

Fahrzeuge, die an nicht zum *Festmachen bestimmten Stellen oder* **Schifffahrthindernissen liegen,** oder *schwimmende Geräte im Einsatz* (jede Minute)

- *an der Stb-Seite des Fahrwassers:* Rasches Läuten der Glocke (5 s) mit darauffolgenden 2 Gruppen von **3** Einzelschlägen.
- *an der Bb-Seite des Fahrwassers:* Rasches Läuten der Glocke (5 s) mit darauffolgenden 2 Gruppen von **2** Einzelschlägen.
- *in der Fahrwassermitte:* Rasches Läuten der Glocke (5 s) mit darauffolgenden 2 Gruppen von **4** Einzelschlägen.

Fähren während der Überfahrt

- *nicht freifahrend:* dauernde Einzelschläge der Glocke.
- *freifahrend:* kurz-lang-lang.

Bugsierte Maschinenfahrzeuge in Fahrt alle 2 Minuten: lang-kurz-lang-lang.

Nebelsignale

Quer im Fahrwasser liegend
(jede min)

< 100 m Länge

≧ 100 m Länge

Bei Schiffahrthindernissen liegend
(jede min)

An der Stb-Seite des Fahrwassers

An der Bb-Seite des Fahrwassers

In der Fahrwassermitte liegend

Nicht freifahrende Fähre

Freifahrende Fähre

Bugsiertes Maschinenfahrzeug
(alle 2 min)

SeeSchStrO Fahrregeln

Schallsignal geben!
(Hier: einen langen Ton)

Einhalten eines Fahrabstandes vom Ufer (Beispiel: 40 m)

Überholverbote

Alle Fahrzeuge

Schlepp-verbände

Verhalten im Fahrwasser

Die Fahrregeln der SeeSchStrO unterscheiden die Fahrzeuge nicht nach ihrer Antriebsart, so daß Segelfahrzeuge und Maschinenfahrzeuge grundsätzlich gleichgestellt sind. Doch dürfen **Fahrzeuge unter 20 m Länge und Segelfahrzeuge** die Durchfahrt der auf die Fahrrinne angewiesenen Fahrzeuge nicht behindern, vgl. S. 150.
Das Verhalten im Fahrwasser wird im wesentlichen durch folgende Fahrregeln bestimmt:

● **Rechts fahren**
Im Fahrwasser muß so weit wie möglich rechts gefahren werden. Nur beim Überholen darf links gefahren werden. Außerhalb des Fahrwassers ist so zu fahren, daß klar erkennbar ist, daß das Fahrwasser nicht benutzt wird; eine bestimmte Seite oder Fahrtrichtung braucht nicht eingehalten zu werden.
Ein Segelfahrzeug darf vom Rechtsfahrgebot abweichen, wenn es durch die Windrichtung gezwungen ist, möglichst hoch am Wind gegenan zu kreuzen und deshalb einen längeren Schlag auf der linken Fahrwasserseite machen muß. Doch darf die Yacht hierbei die durchgehende Schiffahrt nicht behindern.

● **Links überholen**
Grundsätzlich muß links überholt werden. Soweit die Umstände des Falles es erfordern, darf rechts überholt werden.
Die Umstände auf dichtbefahrenen Wasserstraßen erfordern es vielfach, daß Sportfahrzeuge aus Sicherheitsgründen rechts überholen.
Durch das Überholmanöver darf der Gegenverkehr nicht gefährdet werden. Ist das Überholen nur durch die Mitwirkung des vorausfahrenden Fahrzeuges möglich, so sind die von der SeeStrO vorgeschriebenen Schallsignale (vgl. S. 154) zu geben.

Das Überholen ist verboten
- wenn das vorausfahrende Fahrzeug, das beim Überholen mitwirken muß, nicht das Schallsignal *„Ich bin mit dem Überholen einverstanden!“* (—•—•) gegeben hat,
- in der Nähe von in Fahrt befindlichen, nicht freifahrenden Fähren,
- an engen Stellen und in unübersichtlichen Krümmungen,
- vor und innerhalb von Schleusen sowie innerhalb der Schleusenvorhäfen und Zufahrten des Nord-Ostsee-Kanals mit Ausnahme von schwimmenden Geräten im Einsatz,
- an den durch die Tafel *„Überholverbot“* gekennzeichneten Stellen und Strecken.

● **Nach Stb ausweichen**
Beim Begegnen im Fahrwasser auf entgegengesetzten oder fast entgegengesetzten Kursen ist nach Stb auszuweichen.
Einem *Wegerechtschiff* (= tiefgangbehindertes Fahrzeug i. S. der SeeStrO, das den tiefsten Teil des Fahrwassers in Anspruch nehmen muß) haben alle Fahrzeuge mit Ausnahme von manövrierunfähigen Fahrzeugen auszuweichen.

Schiffsunfälle im Fahrwasser

Wird unser Fahrzeug im Fahrwasser manövrierunfähig, so sind wir verpflichtet, mit allen Mitteln das Fahrwasser zu räumen, damit die Schiffahrt nicht beeinträchtigt wird.
Ebenso müssen wir versuchen, das Fahrwasser möglichst schnell zu räumen, wenn für unser Fahrzeug die Gefahr des Sinkens besteht. Nach einer Kollision muß hierbei auch der Führer eines beteiligten schwimmfähig gebliebenen Fahrzeuges helfen.
Der Platz eines gesunkenen Bootes muß sofort behelfsmäßig gekennzeichnet werden.

SeeSchStrO Vorfahrt- und Ausweichregeln

Die SeeSchStrO enthält keine Ausweich- oder Vorfahrtregeln, die **außerhalb des Fahrwassers** gelten. Dort kommen also allein die bekannten Ausweichregeln der SeeStrO (vgl. S. 152/153) zur Anwendung.

Vorfahrt im Fahrwasser

Doch ergänzt die SeeSchStrO diese Ausweichregeln und gibt den **im Fahrwasser** fahrenden Fahrzeugen **Vorfahrt** gegenüber Fahrzeugen, die
- in das Fahrwasser einlaufen,
- das Fahrwasser queren,
- im Fahrwasser drehen,
- ihre Anker- oder Liegeplätze verlassen.

Außerdem haben im Hauptfahrwasser fahrende Fahrzeuge Vorfahrt gegenüber aus einem einmündenden oder abzweigenden Fahrwasser kommenden Fahrzeugen.
Auch diese Vorfahrtregel gilt unabhängig von der Antriebsart der Fahrzeuge. Also muß beispielsweise ein das Fahrwasser querendes Segelboot die Vorfahrt einer im Fahrwasser laufenden Motoryacht beachten (Abb. A).
Die Vorfahrtregel erfaßt aber nicht alle denkbaren Kollisionsfälle innerhalb des Fahrwassers. So schweigt die SeeSch StrO, wenn zwei das Fahrwasser querende Fahrzeuge sich auf Kollisionskurs begegnen. Deshalb kommen in allen Fällen, die nicht von der obigen Vorfahrtregel der SeeSchStrO erfaßt sind, die Ausweichregeln der SeeStrO zur Anwendung. In der Abb. B muß also die Motoryacht ausweichen.
Wir können allgemein sagen:
- *Außerhalb* des Fahrwassers kommen nur die Ausweichregeln der SeeStrO zur Anwendung.
- *Innerhalb* des Fahrwassers gelten die Ausweichregeln der SeeStrO und die Vorfahrtregeln der SeeSch StrO nebeneinander.

Begegnungsverbot an Engstellen

Vorfahrt an Engstellen

Nähern sich zwei Fahrzeuge einer Engstelle, die nicht mit Sicherheit genügend Raum für die gleichzeitige Durchfahrt gibt, oder einer durch die Tafel *„Begegnungsverbot an Engstellen"* gekennzeichneten Stelle des Fahrwassers, so hat Vorfahrt
- **in Tidengewässern und Gewässern mit Strömung:** das mit dem Strom fahrende Fahrzeug; bei Stromstillstand das Fahrzeug, das vorher gegen den Strom gefahren ist.
- **in tidenfreien Gewässern ohne Strömung:** das Fahrzeug, das grundsätzlich die Stb-Seite des Fahrwassers zu benutzen hat, also in aller Regel das einlaufende Fahrzeug.

A

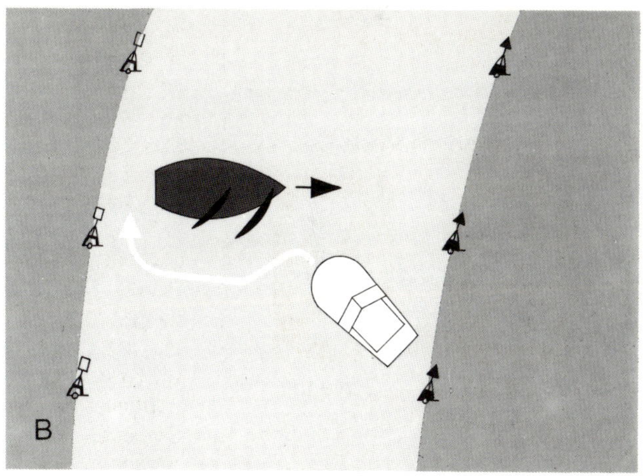

B

SeeSchStrO Sperrung der Seeschiffahrtstraße oder von Wasserflächen

Sperrung einer Seeschiffahrtstraße

Die **dauernde Sperrung** der *gesamten* Seeschiffahrtstraße wird gekennzeichnet

- nachts durch drei feste Lichter übereinander: Rot über Grün über Weiß,
- tags durch drei Signalkörper übereinander, oben ein schwarzer Ball, darunter zwei schwarze Kegel mit den Spitzen zueinander.

Wird nur *eine Teilstrecke* gesperrt, z. B. eine von mehreren Brückenöffnungen, so findet man

- eine rechteckige rote Tafel mit waagerechtem weißem Streifen.

Die **vorübergehende Sperrung** einer Seeschiffahrtstraße wird gekennzeichnet

- durch das Schwenken eines roten Lichtes oder einer roten Flagge; ist die Sperrung beendet, so wird ein grünes Licht bzw. eine grüne Flagge geschwenkt.

Sperrung von Wasserflächen

1. Wegen **Badebetriebs** können bestimmte Wasserflächen für Maschinenfahrzeuge durch weiß-gelbe Seezeichen völlig gesperrt werden.
2. Für militärische oder zivile Zwecke können **Sperrgebiete** festgelegt werden, die von der allgemeinen Schiffahrt überhaupt nicht befahren werden dürfen. Sie sind durch Sperrgebietszeichen abgegrenzt, die nachts evtl. mit einem gelben Blz., Ubr. (2) oder Ubr. (3) befeuert sind.
3. Durch Warngebietszeichen abgegrenzte **Warngebiete** sind für die allgemeine Schiffahrt frei, können aber zeitweise für die gesamte Schiffahrt gesperrt werden. Dann werden außerdem die in der *Schiffahrtpolizeiverordnung über Sicherungsmaßnahmen für militärische Sperr- und Warngebiete* aufgeführten Zeichen gezeigt.

Schallsignal

Sperrung der Seeschiffahrtstraße

4. **Übungsgebiete** sind für die allgemeine Schiffahrt frei; doch kann dort geschossen werden, wenn das Schußfeld frei ist und niemand gefährdet werden kann.
5. **Schießgebiete** sind während der Schießzeiten, die in den benachbarten Häfen bekanntgemacht werden, gesperrt.
6. **Sicherheitszonen** dürfen nicht befahren werden. Das sind Wasserflächen in einem Umkreis von 500 m um Anlagen zur Erforschung oder Ausbeutung von Naturschätzen im Festlandssockelbereich (Bohrinseln).

Dauernde Sperrung

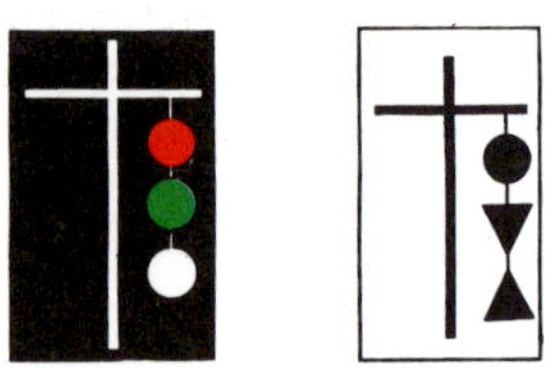

der gesamten Seeschiffahrtstraße

nur einer Teilstrecke

Vorübergehende Sperrung

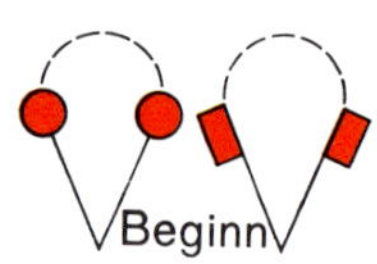

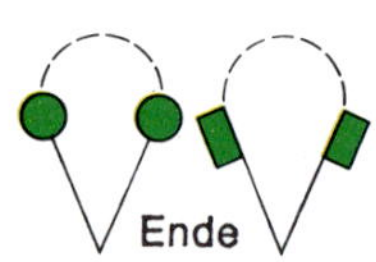

Sperrgebiete

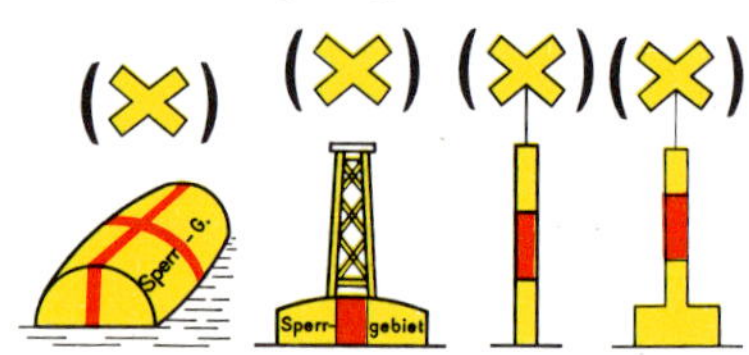

für milit. und zivile Zwecke

für Maschinenfahrzeuge

SeeSchStrO Fahrgeschwindigkeit

Die Fahrgeschwindigkeit ist so einzurichten, daß das Fahrzeug jederzeit der Verkehrslage und der Beschaffenheit der Seeschiffahrtstraße genügt und nötigenfalls **rechtzeitig gestoppt** werden kann.
Wird der Verkehr durch Sichtzeichen und bei verminderter Sicht zusätzlich durch Schallsignale geregelt, so ist die Geschwindigkeit so einzurichten, daß bei einer kurzfristigen Änderung der gezeigten Sichtzeichen oder des gegebenen Schallsignals das Fahrzeug **sofort gestoppt** werden kann.

Geschwindigkeitsverminderung

Die Fahrgeschwindigkeit ist rechtzeitig so weit zu vermindern, daß eine Gefährdung durch Sog oder Wellenschlag vermieden wird, insbesondere beim Vorbeifahren an

- Häfen, Schleusen, Sperrwerken,
- festliegenden Fähren,
- manövrierunfähigen und festgekommenen Fahrzeugen sowie an manövrierbehinderten Fahrzeugen im Sinn der SeeStrO,
- schwimmenden Geräten und Anlagen,
- außergewöhnlichen Schwimmkörpern, die geschleppt werden, und
- an Stellen, die durch die Sichtzeichen *„Geschwindigkeitsbeschränkung wegen Gefährdung durch Sog und Wellenschlag“* oder die Flagge A des Internationalen Signalbuches *(„Ich habe Taucher unten; halten Sie bei langsamer Fahrt gut frei von mir!“)* gekennzeichnet sind.

Geschwindigkeitsbeschränkung

Eine bestimmte Höchstgeschwindigkeit darf nicht überschritten werden

- an den durch die Tafel *„Geschwindigkeitsbeschränkung“* gekennzeichneten Strecken; die angegebene Zahl setzt die zulässige Höchstgeschwindigkeit in km/h fest;
- vor Stellen mit erkennbarem Badebetrieb außerhalb des Fahrwassers in einem Abstand von weniger als 300 m vom Ufer; hier darf eine Höchstgeschwindigkeit von 8 km/h FdW nicht überschritten werden. Diese Strecken sind vielfach durch das Zeichen *„Geschwindigkeitsbeschränkung vor Stellen mit Badebetrieb“* gekennzeichnet.

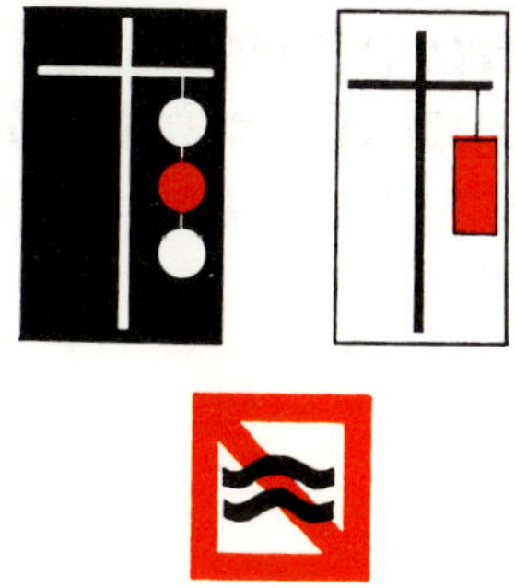

Geschwindigkeit vermindern wegen einer schutzbedürftigen Anlage

Geschwindigkeit vermindern wegen Taucharbeiten

Geschwindigkeitsbeschränkung vor Stellen mit Badebetrieb auf 8 km/h FdW

Geschwindigkeitsbeschränkung auf 12 km/h

SeeSchStrO
Festmachen
Ankern
Schiffahrtbehinderung

Warngebiete und Warnstellen

Festmacheverbot

Liegeverbote

am Ufer

in einem Abstand
vom Ufer
(Beispiel 30 m)

Anlegen und Festmachen

Die Schiffahrt darf durch das Anlegen und Festmachen nicht beeinträchtigt werden. Doch hat die Schiffahrt Rücksicht zu nehmen und vorsichtig zu navigieren, sobald ein Fahrzeug mit dem Anlegemanöver begonnen hat.
Festgemachte Fahrzeuge, die nachts durch andere Lichtquellen nicht ausreichend und dauernd erkennbar sind, müssen

- ein weißes Rundumlicht mittschiffs an der Fahrwasserseite möglichst in Deckshöhe setzen.

Das Anlegen und Festmachen ist verboten

- an Sperrwerken, Strombauwerken, Leitwerken, Pegeln, festen und schwimmenden Schiffahrtzeichen,
- an abbrüchigen Stellen am Ufer,
- an engen Stellen und in unübersichtlichen Krümmungen,
- vor Hafeneinfahrten, an nicht für die Sportschiffahrt bestimmten Anlegestellen von Fahrgastschiffen und Fähren, Schleusen und Sielen sowie in den Zufahrten zum Nord-Ostsee-Kanal,
- innerhalb von Fähr- und Brückenstrecken,
- an Stellen, die durch die Tafel *„Festmacheverbot"* oder die Tafel *„Liegeverbot"* gekennzeichnet sind. Das Liegeverbot gilt vom Ufer aus oder, mit einem Zusatz versehen, erst in einem bestimmten Abstand vom Ufer.

Ankern

Abgesehen von seemannschaftlichen Überlegungen müssen wir den Ankerplatz so wählen, daß die Schiffahrt im Fahrwasser nicht beeinträchtigt wird.

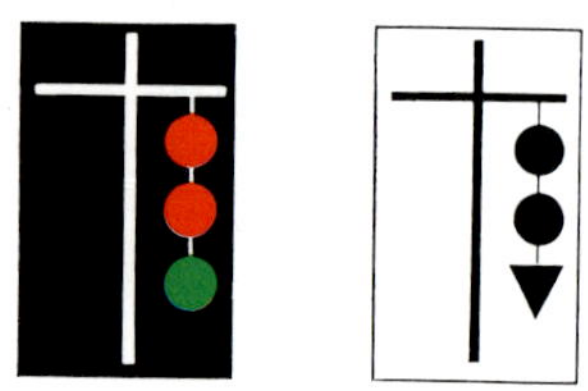

Außergewöhnliche
Schiffahrtbehinderung

Das Ankern ist verboten

- im Fahrwasser, ausgenommen auf Reeden und den von der Strom- und Schiffahrtpolizeibehörde bekanntgemachten Wasserflächen,
- an engen Stellen und in unübersichtlichen Krümmungen,
- in einem Umkreis von 300 m von schwimmenden Geräten, Wracks und sonstigen Schiffahrtshindernissen und Leitungstrassen sowie von Stellen, die durch die Sichtzeichen *„Warnstelle“* oder *„Kabel- und Rohrleitungen“* gekennzeichnet sind (das Zeichen „Warnstelle“ dient der Markierung von Forschungs- und Vermessungsarbeiten, hydrographischen Untersuchungen und ähnlichen Arbeiten bzw. der Markierung militärischer Belange),
- bei verminderter Sicht in einem Abstand von weniger als 300 m von Hochspannungsleitungen,
- in einem Abstand von 100 m vor und hinter Sperrwerken,
- vor Hafeneinfahrten, Anlegestellen, Schleusen und Sielen sowie in den Zufahrten zum Nord-Ostsee-Kanal,
- innerhalb von Fähr- und Brückenstrecken sowie
- an Stellen und auf Wasserflächen, die von der Strom- und Schiffahrtpolizeibehörde bekanntgemacht sind.

Ankerwache

Auf allen Fahrzeugen muß ständig Ankerwache gegangen werden, sofern sie in der Nähe des Fahrwassers oder auf einer Reede vor Anker liegen. Dies gilt nicht für Fahrzeuge unter 12 m Länge auf besonders bezeichneten Anker- und Liegeplätzen.

Schiffahrtbehinderung

Eine außergewöhnliche Behinderung der Schiffahrt kann gekennzeichnet werden

- **nachts** durch drei Lichter übereinander: Rot über Rot über Grün,
- **tags** durch zwei schwarze Bälle übereinander und darunter einen schwarzen Kegel – Spitze unten.

Wasserski und Segelsurfen

- Innerhalb des Fahrwassers ist Wasserskilaufen verboten – es sei denn, eine Fläche ist durch die Tafel *„Ski“* besonders gekennzeichnet.
- Außerhalb des Fahrwassers ist das Wasserskilaufen erlaubt – ausgenommen auf den von der Strom- und Schiffahrtpolizeibehörde bekanntgemachten Wasserflächen.

Wasserskiläufer und ihre Zugboote haben allen anderen Fahrzeugen auszuweichen.

Segelsurfen ist innerhalb und außerhalb des Fahrwassers nur auf den dafür bekanntgemachten Wasserflächen erlaubt.

Grenze zur DDR

In der Lübecker Bucht ist der Grenzverlauf zur DDR durch nebenstehende Seezeichen mit der schwarzen Aufschrift „Grenze“ markiert. Die Verbindungslinie zwischen diesen Tonnen darf auf keinen Fall überfahren werden!

Wasserski erlaubt

Ende einer Gebots- oder Verbotsstrecke

Ankerverbote

Im Uferbereich

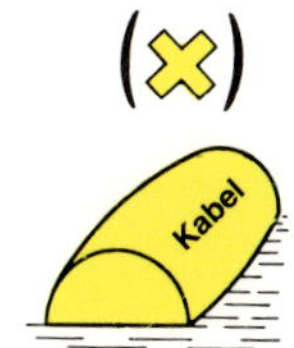

im Bereich von Leitungstrassen

(300 m beiderseits der Verbindungslinie)

Grenze zur DDR

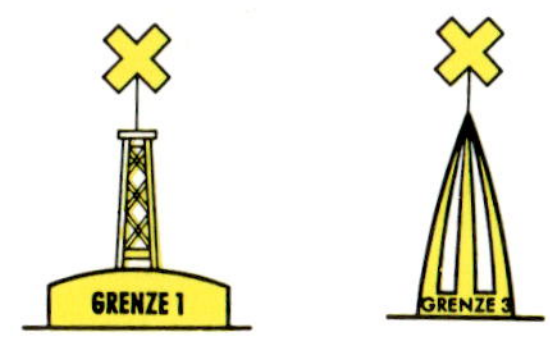

an Land

SeeSchStrO Brücken und Schleusen

Durchfahren von Brücken

Eine quadratische, auf der Spitze stehende **gelbe Tafel** an einer Brücke zeigt uns die für die Schiffahrt **empfohlene Brückendurchfahrt** an. Sind zwei derartige Tafeln nebeneinander angebracht, so brauchen wir in dieser Durchfahrt nicht mit Gegenverkehr zu rechnen, da er gesperrt ist.
Zwei quadratische, auf der Spitze stehende **rot-weiße Tafeln** begrenzen den **erlaubten Durchfahrtraum** innerhalb einer Brückenöffnung. Außerhalb der Tafeln darf diese Durchfahrt also nicht passiert werden, doch verbieten die Tafeln nicht die Durchfahrt anderer Brückenöffnungen. *Diese rot-weißen Tafeln gelten nicht für Fahrzeuge unter 12 m Länge.*

Eine bestimmte Brückendurchfahrt kann durch eine rechteckige rote Tafel mit waagerechtem weißem Streifen **für den gesamten Verkehr gesperrt** werden (vgl. S. 166).
Begegnen und Überholen während der Brückendurchfahrt ist nur gestattet, wenn das Fahrwasser mit Sicherheit genügend Raum für die gleichzeitige Durchfahrt beider Fahrzeuge gibt. Im übrigen müssen wir die Vorfahrtregel an Engstellen (vgl. S. 165) beachten.
Sollte die Brückenhöhe für unser Schiff nicht ausreichen, so müssen wir den Mast legen. Das **Öffnen einer beweglichen Brücke** dürfen wir mit 2 langen Tönen (— —) nur verlangen, wenn das Legen des Mastes unverhältnismäßig schwierig wäre.

Schleusen

Solange die Einfahrt einer Schleuse nicht freigegeben ist, müssen wir in ausreichender Entfernung anhalten. Manchmal finden wir eine quadratische Tafel mit rotem Rand und schwarzem Querstrich, die wir nicht überfahren dürfen. An den Leitwerken und Abweisedalben darf nicht festgemacht werden, an den Festmachedalben nur kurzfristig.

Anhalten vor bewegl. Brücken, Sperrwerken u. Schleusen bis zur Freigabe der Durchfahrt

Die Fahrzeuge laufen in der Reihenfolge ihrer Ankunft in die Schleuse ein, doch sollten Kleinfahrzeuge erst als letzte einfahren. Hierbei und beim Ausfahren sind folgende **Lichtsignale** zu beachten:

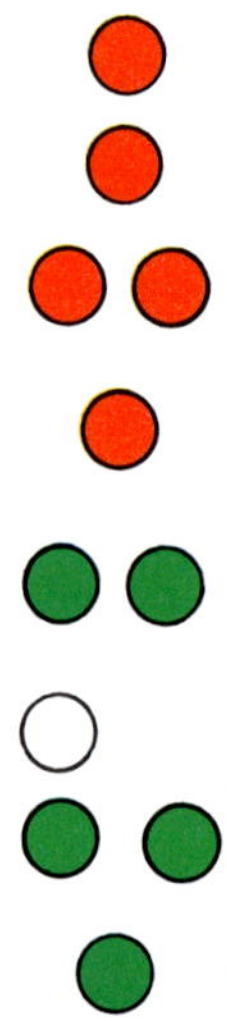

Die Anlage ist für die Schiffahrt dauernd gesperrt!

Anlage geschlossen. Durch- oder Einfahren verboten!

Anhalten! Freigabe wird vorbereitet!

Einfahren! Gegenverkehr ist gesperrt!

Einfahren! Gegenverkehr! Vorfahrt an Engstellen beachten (vgl. S. 165)!

Ausfahren!

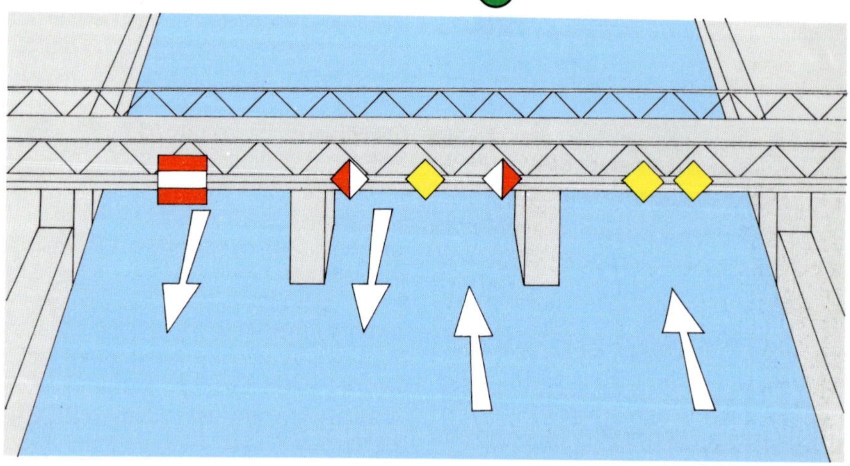

SeeSchStrO Der Nord-Ostsee-Kanal

Auf dem Nord-Ostsee-Kanal (NOK) und seinen Zufahrten gelten auch für Sportfahrzeuge besondere Vorschriften. Sportfahrzeuge in diesem Bereich sind alle Wasserfahrzeuge, die ausschließlich Sport- und Vergnügungszwecken dienen.
Sie dürfen die Zufahrten und den Kanal nur zu Durchfahrtzwecken und ohne Lotsen nur während der Tagfahrzeiten und nicht bei verminderter Sicht benutzen, es sei denn, sie haben ihre Liegeplätze im Zufahrtbereich.

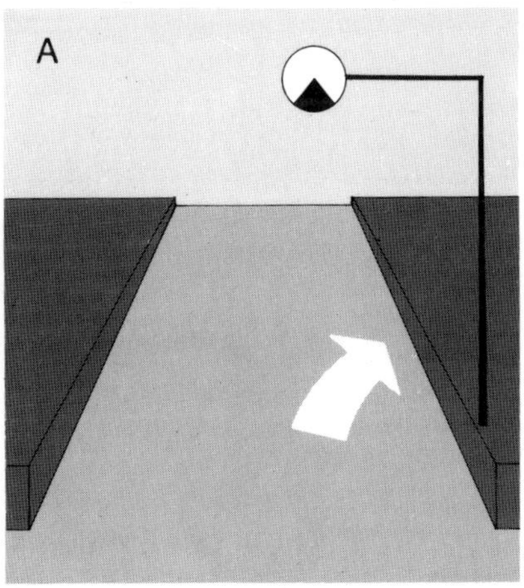

Die Kanalfahrt muß so geplant sein, daß vor Ablauf der Tagfahrzeit eine zugelassene Liegestelle für Sportfahrzeuge erreicht werden kann. Nur wenn sich plötzlich die Sicht so sehr vermindert, daß die Weiterfahrt die Verkehrssicherheit gefährden würde, dürfen Sportfahrzeuge an geeigneter Stelle auf der Kanalstrecke oder in den Weichengebieten hinter den Dalben festmachen.
Das Segeln auf dem Kanal ist verboten, doch dürfen Sportfahrzeuge mit Maschinenantrieb zusätzlich Segel setzen. Die zulässige Höchstgeschwindigkeit beträgt 15 km/h.

Schleusensignale des NOK

In die Zufahrten sowie in die Schleusenvorhäfen und Schleusen des Nord-Ostsee-Kanals dürfen Sportfahrzeuge nur einfahren, wenn der Signalmast

- ein weißes unterbrochenes Licht zeigt (Abb. A).

Dieses Licht wird auf der Seite des Signalmastes gezeigt, auf der die Schleusenkammer liegt, für die die Einfahrt geregelt wird.

Bekanntmachungen der WSD

Die SeeSchStrO ermächtigt die Wasser- und Schiffahrtsdirektionen (WSD) als Strom- und Schiffahrtpolizeibehörde, in bestimmten Fällen örtlich und sachlich begrenzte Gebote und Verbote durch *Bekanntmachungen* zu erlassen. Im Text der SeeSchStrO finden wir dann z. B.: Das Überholen, das Ankern oder das Wasserskilaufen ist verboten an *„Stellen, die von der Strom- und Schiffahrtpolizeibehörde bekanntgemacht sind“.*
Diese Bekanntmachungen sind also Ergänzungen zur SeeSchStrO, die ebenso befolgt werden müssen wie die Vorschriften der SeeSchStrO selbst. Denn Verstöße gegen die Bekanntmachungen können genau wie auch Verstöße gegen die SeeSchStrO als Ordnungswidrigkeiten geahndet werden.
Alle gültigen Bekanntmachungen sind in der Publikation Nr. 2114 vom DHI zusammengefaßt.

Beachte: Diese Bekanntmachungen der WSD dürfen nicht verwechselt werden mit den *Bekanntmachungen für Seefahrer (BfS).*

Schiffspapiere

Soweit die folgenden Schiffspapiere vorgeschrieben sind, müssen sie an Bord mitgeführt werden.

Eigentumsnachweise

Schiffszertifikat

Das Schiffszertifikat wird für Schiffe, die im Schiffsregister eingetragen sind, ausgestellt. Es ist ein amtlich beglaubigter Auszug aus dem **Schiffsregister,** in dem die Eigentumsverhältnisse und Belastungen (Schiffshypotheken) am Fahrzeug – einem Grundbuch ähnlich – festgehalten sind.
Das Schiffszertifikat stellt die völkerrechtliche Legitimation zur Teilnahme am internationalen Seeverkehr dar. Erst nach der Eintragung ins Schiffsregister kann der Eigentümer mit dem Schutz der diplomatischen Vertretungen rechnen. Deshalb empfiehlt sich die Eintragung ins Schiffsregister vor allem dann, wenn die Yacht vorwiegend in ausländischen Gewässern liegt.
Die Eintragung ins Schiffsregister wird vom zuständigen Registergericht, meist dem Amtsgericht des Heimathafens, vorgenommen.
Registerpflichtig sind Seeschiffe, deren Bruttoraumgehalt 50 m^3 übersteigt und deren Eigentümer Deutscher mit Wohnsitz im Geltungsbereich des Grundgesetzes ist. Kleinere Schiffe und Schiffe von Deutschen mit Wohnsitz im Ausland sind registerberechtigt. Vor der Eintragung muß das Schiff vom Bundesamt für Schiffsvermessung vermessen werden, das den Schiffsmeßbrief ausstellt. Diese Vermessung ist meist recht kostspielig.

Internationales Verbandszertifikat für Wassersportfahrzeuge *(International card for pleasure craft)*

Dieses auf Grund einer UNO-Resolution einheitlich in allen europäischen Staaten eingeführte Zertifikat enthält die Identitätsmaße des Schiffes sowie Namen und Anschrift des Eigentümers. Es wird vom DSV beziehungsweise vom DMYV ausgestellt und ist zwei Jahre gültig.
Obwohl dieses Zertifikat keinen offiziellen Eigentumsnachweis darstellt, erleichtert es den grenzüberschreitenden Sportbootverkehr und den Umgang mit Behörden und Hafenämtern im Ausland. Es dürfte sich künftig mehr und mehr für nicht registerpflichtige Sportfahrzeuge durchsetzen.
Auf den Bundeswasserstraßen befreit das Internationale Verbandszertifikat von der amtlichen Kennzeichnungspflicht, wenn der Eigentümer einem Verbandsverein angehört.

Yachtzertifikat

Das von der Kreuzer-Abteilung des DSV herausgegebene siebensprachige Yachtzertifikat enthält ebenfalls die Identitätsmaße des Schiffes und der Ausrüstung sowie Namen und Anschrift des Eigentümers. Es hat sich im Behördenverkehr insbesondere im Mittelmeerbereich bewährt, wird aber langsam vom Internationalen Verbandszertifikat verdrängt.

Standerschein

Der vom Verbandsverein des Yachteigentümers ausgegebene Standerschein berechtigt zum Führen des Vereinsstanders. Da er auch die Identitätsmaße des Schiffes sowie Namen und Anschrift des Eigners enthält, konnte er im grenzüberschreitenden Verkehr und bei Hafenbehörden verwendet werden. In dieser Funktion wird aber auch der Standerschein mehr und mehr durch das Internationale Verbandszertifikat verdrängt.

Flaggenausweis

In Frankreich wird das Internationale Verbandszertifikat für Wassersportfahrzeuge nicht anerkannt, da es von nichtstaatlichen Verbänden ausgestellt wird. Aus diesem Grund stellt das Bundesverkehrsministerium auf Betreiben des DSV oder des DMYV den Flaggenausweis für zur Seefahrt bestimmte Wasserfahrzeuge bis zu einem Bruttoraumgehalt von 50 m^3 aus. Der Flaggenausweis ist sechs Jahre gültig.

Meßbriefe

Internationaler Schiffsmeßbrief

Der internationale Schiffsmeßbrief ist für die Eintragung ins amtliche Seeschiffsregister erforderlich. Er wird vom Bundesamt für Schiffsvermessung in Hamburg ausgestellt. Das international gültige Papier enthält die Hauptabmessungen und die Bruttoraumzahl (BRZ) des Schiffes.

Verbandsmeßbriefe

Der Verbandsmeßbrief des DSV bescheinigt die Vermessung des Fahrzeuges nach bestimmten Vermessungs- oder Rennformeln, wie zum Beispiel der IOR-Formel, und ermöglicht so die Teilnahme einer Yacht an bestimmten Regatten.

Klassenzertifikat

Ein Klassenzertifikat wird von einer Klassifikationsgesellschaft, in Deutschland zum Beispiel vom Germanischen Lloyd (GL), ausgestellt. Es stellt ein Zeugnis für die Güte des Schiffes hinsichtlich Festigkeit und Erhaltungszustand dar. Der Germanische Lloyd erteilt Klassenzertifikate für unter seiner Aufsicht gebaute Schiffe (Einzelzertifikat) oder für in Serie gebaute Schiffe (Serienzertifikat). Im letzten Fall hat sich der GL an einem Exemplar über die Qualität der in Serie gebauten Fahrzeuge vergewissert. Das Klassenzertifikat ist vier Jahre gültig und kann nach einer Inspektion verlängert werden.
Da das Klassenzertifikat ein besonderes Qualitätszeugnis eines Fahrzeuges darstellt, kann es beim Abschluß einer Kaskoversicherung zum Prämiennachlaß führen.
Auf manchen internationalen Seeregatten wird ein entsprechendes Klassenzertifikat vorausgesetzt.

Fahrterlaubnisschein

Der von der Seeberufsgenossenschaft ausgestellte Fahrterlaubnisschein bestätigt die Seetüchtigkeit des Fahrzeuges und ist für Yachten, auf denen bezahlte Leute beschäftigt werden oder die gewerblich zur Personenbeförderung eingesetzt werden, erforderlich.

Atteste

Einzelatteste für Positionslaternen auf Sportfahrzeugen sind nur dann erforderlich, wenn das Fahrzeug den Vorschriften der *Schiffssicherheitsverordnung (SSV)* unterliegt. Dies ist nur für Sportfahrzeuge, auf denen Personen gewerbsmäßig zum Führen von Sportfahrzeugen ausgebildet werden, der Fall. Alle übrigen Sportfahrzeuge dürfen gemäß §9 SeeSchStrO Positionslaternen verwenden, deren Baumuster vom Deutschen Hydrographischen Institut (DHI) zur Verwendung auf Seeschiffahrtstraßen zugelassen sind. Solche **typgeprüften Laternen** entsprechen den vorgeschriebenen Mindesttragweiten, Farbwerten und Sichtwinkeln. Sie tragen das Zeichen der Prüfstelle (zum Beispiel DHI/00/01/77) und dürfen nur von einem vom DHI anerkannten Reparaturbetrieb geändert oder repariert werden.
Im übrigen besteht für Sportfahrzeuge keine Vorschrift, einzelgeprüfte Navigationsgeräte zu verwenden. Soweit aber Kompaß, Sextant, Chronometer oder Barometer vom DHI einzelgeprüft wurden, sollten die jeweiligen Prüfatteste an Bord mitgeführt werden.

Genehmigungen für Funkanlagen

Das Errichten und Betreiben von Funkanlagen an Bord ist genehmigungspflichtig. Für eine Funkempfangsanlage, zum Beispiel ein Grenzwellenempfänger, muß deshalb ein Genehmigungsantrag an das Fernmeldeamt 6 in Hamburg gerichtet werden. Genehmigungsfähig sind nur typenmäßig vom Fernmeldetechnischen Zentralamt der Deutschen Bundespost zugelassene Geräte. Sie tragen eine sogenannte FTZ-Nummer.
Auch für eine an Bord betriebene Seefunkstelle, die die Teilnahme am Sprechfunkverkehr ermöglicht, darf nur ein typenmäßig geprüftes und mit FTZ-Nummer versehenes Gerät verwendet werden. Eine solche Seefunkstelle darf erst dann betrieben werden, wenn sie von der Post überprüft und abgenommen und die Genehmigungsurkunde ausgehändigt worden ist. Zum Betreiben einer Seefunkstelle auf nichtausrüstungspflichtigen Schiffen ist das *Allgemeine Sprechfunkzeugnis für den Seefunkdienst* erforderlich.
Auch für die Teilnahme am *Einseitigen Sprechfunkdienst* ist eine besondere Zulassung durch die Deutsche Bundespost erforderlich. Zugelassene Fahrzeuge können Telegramme, die zu bestimmten Zeiten auf Grenzwelle von den Küstenfunkstellen Norddeich Radio und Kiel Radio gesendet werden, empfangen.
Ortungsfunkanlagen (Peilfunkanlagen, Radargeräte) benötigen ebenfalls eine Genehmigung durch die Deutsche Bundespost.

Schiffahrtsbehörden und -institute

Das Deutsche Hydrographische Institut (DHI)

Das als Bundesoberbehörde in den Geschäftsbereich des Bundesverkehrsministeriums fallende DHI hat folgende, im Seeaufgabengesetz festgelegte Aufgaben:
1. Bearbeitung, Herausgabe und Korrekturdienst aller vom DHI herausgegebenen **nautischen Veröffentlichungen** wie Seekarten, Nachrichten für Seefahrer (NfS), Seehandbücher, Ozeanhandbücher, Monatskarten, Verzeichnis der Leuchtfeuer und Signalstellen, Nautischer Funkdienst, Nautisches Jahrbuch, Gezeitentafeln, Stromatlanten, Mißweisungskarten etc.
2. **Vermessung** der deutschen Küstengewässer.
3. **Wissenschaftliche Tätigkeit** auf dem Gebiet der Meereskunde wie Meeresströmungen, hydrographische Zustandsgrößen, Hydrodynamik und Diffusion, Wechselwirkungen zwischen Meer und Atmosphäre, Chemie und Radioaktivität des Meeres, Geologie und Physik des Meeresbodens, Gezeiten und Gezeitenströme, Navigation, Marinegeophysik, Erdmagnetismus, Zeit- und Breitendienst, Chronometrie sowie Meereis. In diesem Bereich wird eng mit ausländischen hydrographischen Instituten zusammengearbeitet.
4. **Sturmflutwarnungen** und Eisnachrichtendienst im deutschen Küstenbereich sowie die Abgabe von Funkzeichen.
5. Wissenschaftliche und praktische Untersuchungen über die Leistungsfähigkeit von **nautischen Instrumenten,** Ortungsfunkanlagen und Positionslaternen, und damit verbunden Herausgabe von Vorschriften und Richtlinien für Prüfung und Einbau dieser Geräte an Bord. Hierzu gehören auch Kompaßregulierungen.

Das DHI hat seinen Sitz in Hamburg und Dienststellen in Bremen, Bremerhaven, Emden, Kiel-Holtenau und Wilhelmshaven.

Internationale Hydrographische Organisation (IHO)

Die Internationale Hydrographische Organisation hat ihren Sitz in Monaco und ist für die Durchführung der internationalen hydrographischen Konferenzen und die Aufgaben des *Internationalen Hydrographischen Büros (IHB)* in Monaco verantwortlich. Dem IHO gehören alle traditionellen Schiffahrtsländer mit eigenen Flotten beziehungsweise hydrographischen Diensten an. Die Aufgabe erstreckt sich auf
1. die Koordination der Tätigkeiten der nationalen hydrographischen Dienststellen,
2. die möglichst weitgehende Vereinheitlichung der Seekarten und nautischen Veröffentlichungen,
3. die Einführung zuverlässiger und wirksamer Verfahren hydrographischer Vermessungen,
4. die Entwicklung der hydrographischen Wissenschaften und der ozeanographischen Vermessungsmethoden.

International Maritime Organization (IMO)

Die International Maritime Organization (IMO) – Internationale Seeschiffahrts-Organisation – mit Sitz in London ist eine Unterorganisation der UNO und Nachfolgerin der früheren *Inter-Governmental Maritime Consultative Organization (IMCO)* – Zwischenstaatliche Beratende Seeschiffahrts-Organisation. Ihr gehören über 100 Nationen an. Sie hat die Aufgabe der Verbesserung der Schiffssicherheit und der Verhütung der Meeresverschmutzung durch Schiffe. Im Rahmen dieser Aufgabe ist die IMO für Beratungen und Beschlüsse zur Änderung des internationalen Seeverkehrsrechts zuständig, wie zum Beispiel der Seestraßenordnung.

Das Bundesverkehrsministerium (BVM)

Die Abteilung Seeverkehr des Bundesverkehrsministeriums wird aufgrund des Seeaufgabengesetzes *(Gesetz über die Aufgaben des Bundes auf dem Gebiet der Seeschiffart)* tätig. Ihm obliegt die Verwaltung der Bundeswasserstraßen sowie die Überwachung nachgeordneter Behörden und Institutionen wie die Wasser- und Schiffahrtsdirektionen (WSD), das Deutsche Hydrographische Institut und das Bundesamt für Schiffsvermessung.

Bundesamt für Schiffsvermessung

Das Bundesamt für Schiffsvermessung ist als Bundesoberbehörde im Geschäftsbereich des Bundesverkehrsministeriums mit Sitz in Hamburg für die

Vermessung von Seeschiffen zuständig. Es stellt den international gültigen Schiffsmeßbrief aus, der für die Eintragung ins Schiffsregister erforderlich ist.

Seewetteramt

Das zum Deutschen Wetterdienst gehörende Seewetteramt mit Sitz in Hamburg ist für den deutschen Seewetternachrichten- und Seewettervorhersagedienst verantwortlich. Ferner macht es Törnberatungen für die Sportschiffahrt.

Das Seeamt

Die Seeämter untersuchen aufgrund des *See-Unfalluntersuchungsgesetzes (SeeUG)* Ursachen und Umstände von Seeunfällen. Das Seeamt *muß* tätig werden, wenn bei einem Seeunfall ein Fahrzeug gesunken, aufgegeben oder verschollen ist oder jemand den Tod erlitten hat. In anderen Fällen *kann* es tätig werden.
Das Ergebnis der Seeamtsuntersuchung wird im Seeamtsspruch festgehalten. Der Seeamtsspruch stellt fest, ob der Unfall durch Fehler in der Schiffsführung, durch Mängel am Schiff, der Einrichtung oder Bemannung oder durch Mängel von Verkehrseinrichtungen (Betonnungs- oder Befeuerungsfehler) verursacht wurde, beziehungsweise daß die Unfallursache nicht feststellbar ist. Im Zusammenhang der Untersuchung können Beanstandungen und Anregungen gemacht werden, es kann sogar die Gewerbeerlaubnis (Patent) entzogen werden.
Der Seeamtsspruch enthält keine Bestrafung. Doch kann das Untersuchungsergebnis des Seeamtes im Rahmen eines Strafprozesses verwendet werden. Berufungsinstanz gegen den Seeamtsspruch ist das Bundesoberseeamt in Hamburg, gegen dessen Entscheidung der Verwaltungsrechtsweg offensteht.

Seemannsamt

Das Seemannsamt überwacht die Einhaltung des Seemannsgesetzes und anderer arbeitsrechtlicher Vorschriften. Außerdem ist es als Musterungsbehörde zuständig für das Ausstellen der Seefahrtsbücher und Musterrollen sowie das Erteilen von Matrosenbriefen.

Strandamt

Die Strandämter sind für die Verwaltung von Strandungsangelegenheiten zuständig. Der dem Strandhauptmann unterstellte Strandvogt leitet die Bergung oder Hilfeleistung von in Strandnähe in Seenot geratenen Schiffen. Hierbei hat der Strandvogt bestimmte polizeiliche Befugnisse.
Außerdem verwaltet der Strandvogt gleichsam als Fundamt gestrandete Gegenstände. Solche Gegenstände muß der Finder oder Berger beim Strandvogt abgeben, wobei er allerdings einen Anspruch auf Berge- beziehungsweise Finderlohn hat.

Die See-Berufsgenossenschaft

Als bundesunmittelbare Körperschaft des öffentlichen Rechtes mit Sitz in Hamburg ist die See-Berufsgenossenschaft (SeeBG) Träger der Seeunfallversicherung für Seeleute. In diesem Zusammenhang ist sie unter der Fachaufsicht des Bundesarbeitsministeriums für Unfallverhütung und unter der Fachaufsicht des Bundesverkehrsministeriums für die Durchführung und Überwachung der Vorschriften auf dem Gebiet der Schiffssicherheit zuständig. Außerdem werden Untersuchungen der Seediensttauglichkeit gewerblicher Arbeitnehmer in der Seeschiffahrt durchgeführt.

Germanischer Lloyd (GL)

Der Germanische Lloyd (GL) mit Sitz in Hamburg stellt als Klassifikationsgesellschaft Schiffssicherheitszeugnisse (Klassenzertifikate) aus. In diesem Zusammenhang legt der Germanische Lloyd in Bauvorschriften für Schiffe und Antriebsanlagen Mindestanforderungen fest und kontrolliert deren Einhaltung beim Bau. Diese Bauüberwachung kann als Einzelprüfung oder als Serienprüfung erfolgen. Außerdem kontrolliert der GL den Zustand von klassifizierten Schiffen zur Aufrechterhaltung des Zertifikats nach Zeitablauf. Die erteilten Zertifikate haben in der Regel eine Gültigkeitsdauer von vier Jahren.

Wasser- und Schiffahrtsdirektionen

Die dem Bundesverkehrsministerium unterstellten Wasser- und Schiffahrtsdirektionen (WSD) mit Sitz in Kiel und Aurich sind für den Ausbau und die Instandhaltung der Bundeswasserstraßen und die hierbei erforderliche Betonnung und Befeuerung verantwortlich. Darüber hinaus sind sie als Strom- und Schiffahrtpolizeibehörde gemäß SeeSchStrO ermächtigt, in bestimmten Fällen örtlich und sachlich begrenzte Gebote und Verbote durch Bekanntmachung zu erlassen. Hierbei handelt es sich also um ergänzende Vorschriften zur SeeSchStrO, die in der Publikation Nr. 2114 vom DHI zusammengefaßt sind.

Sicherheits-vorschriften (1)

Internationaler Schiffssicherheitsvertrag

Der Internationale Schiffssicherheitsvertrag enthält als Anlage A das **Internationale Übereinkommen zum Schutz des menschlichen Lebens auf See von 1974 (SOLAS 1974).**
Dieses von der Bundesrepublik Deutschland 1975 unterzeichnete Übereinkommen ist seit dem 25. Mai 1980 in Kraft. Es gilt für Sportyachten nur, soweit sie sich auf Auslandsfahrt befinden und dem Handelsverkehr dienen, also gewerblich als Schulfahrzeuge oder als Charterschiffe genutzt werden.
Nach diesem Übereinkommen ist der Schiffsführer verpflichtet, bestimmte Gefahren für die Schiffahrt wie gefährliches Eis, ein gefährliches Wrack oder andere unmittelbare Gefahr zu melden. Wie diese Meldepflicht erfüllt wird, führt die *Verordnung über die Sicherung der Seefahrt* genau aus (siehe unten).
Daneben ist in diesem Übereinkommen die Verpflichtung zur Hilfeleistung in Seenot verankert. Hieraus ergibt sich, daß jeder Schiffsführer verpflichtet ist, mit größter Geschwindigkeit einem in Seenot befindlichen Fahrzeug zu Hilfe zu eilen und ihm nach Möglichkeit hiervon Kenntnis zu geben. Ist er selbst zur Hilfeleistung nicht imstande, so muß er dies unter Angabe der Gründe ins Logbuch eintragen. Die Verpflichtung zur Hilfeleistung in Seenot impliziert die Berechtigung eines in Not befindlichen Schiffes zur Anforderung von Hilfe, die ebenfalls in dem Übereinkommen festgehalten ist.
Außerdem enthält das Übereinkommen ein Verbot des Gebrauches internationaler Seenotzeichen in anderen Fällen als in Seenotlagen. Dies gilt auch für Zeichen, die mit internationalen Seenotzeichen verwechselt werden können.
Schließlich ist das Gebot enthalten, daß sich an Bord aller Schiffe angemessene und auf den neuesten Stand gebrachte nautische Unterlagen befinden müssen.

Die Schiffssicherheitsverordnung

Die *Verordnung über die Sicherheit der Seeschiffe (Schiffssicherheitsverordnung-SchSV)* in der Neufassung vom 15. 8. 1984 (BGBI I S. 1091) enthält nationale Ergänzungs- und Durchführungsbestimmungen zum Internationalen Schiffssicherheitsvertrag. Sie gilt für Sport- und Vergnügungsfahrzeuge nur insoweit, als es sich um Fahrzeuge handelt, auf denen gewerbsmäßig Personen zum Führen von Sport- und Vergnügungsfahrzeugen ausgebildet werden. Außerdem gilt sie für Fahrzeuge unter 50 BRT, auf denen gewerbsmäßig Fahrgäste befördert werden.
Die SchSV enthält Vorschriften über die Bauart und den vorzusehenden Brandschutz sowie über die Ausrüstungspflicht mit Positionslaternen und Schallsignalanlagen, mit meteorologischen und nautischen Instrumenten sowie mit Funkanlagen. (Die Pflicht, Sportfahrzeuge mit Positionslaternen auszurücken, ergibt sich aus § 9 Abs. 1 der SeeSchStrO, die ihrerseits auf die in den §§ 19 und 21 der SchSV festgehaltenen Vorschriften verweist).

Verordnung über die Sicherung der Seefahrt

Die *Verordnung über die Sicherung der Seefahrt* gilt für deutsche Seeschiffe und Binnenschiffe, die die Grenze

Gefahrmeldungen nach der Verordnung über die Sicherung der Seefahrt

Funkmeldungen ist das Sicherheitszeichen TTT, bei Sprechfunk dreimal das französisch ausgesprochene Wort „Sécurité" sowie ein Stichwort über die Gefahr (Eis, Wrack, Mine, Sturm) voranzustellen.

Beispiel 1: Gefahr für die Navigation
Sécurité, Sécurité, Sécurité Navigation. Feuerschiff Alpha nicht auf Station. 1800 UTC. 3. Januar.
Sécurité, Sécurité, Sécurité Navigation. Alpha lightship not on station. 1800 UTC. January 3.

Beispiel 2: Tropischer Wirbelsturm
Sécurité, Sécurité, Sécurité Sturm. 0030 UTC. 18. August. 2204 N, 11354 E. Barometer verbessert 994 Hektopascal, Tendenz fallend 6 Hektopascal. Wind NW, Stärke 9, schwere Böen. Schwere östliche Dünung, Kurs 067,5 Knoten.
Sécurité, Sécurité, Sécurité Storm. 0030 UTC. August 18. 2204 N, 11354 E. Barometer corrected 994 hektopascal, tendency down 6 hektopascal. Wind NW force 9, heavy squalls. Heavy easterly swell. Course 067,5 knots.

Rettungssignale für den Verkehr zwischen Rettungsstationen und in Seenot befindlichen Schiffen (VO Sicherung Seefahrt Anlage 2)

1. Antwort der Rettungsstation auf Notsignale eines Schiffes:

Signal	Bedeutung
Bei Tage: Weißes Rauchsignal Bei Nacht: Weißes Sternsignal	„Wir sehen Sie, Hilfe kommt sobald wie möglich."

2. Landesignale für die Einweisung kleiner Boote mit Schiffbrüchigen:

Signal	Bedeutung
Bei Tage: Auf- und Niederbewegen einer weißen Flagge oder der Arme. Bei Nacht: Auf- und Niederbewegen eines weißen Lichtes oder Flackerfeuers. Eine Landerichtung kann durch ein niedriger angebrachtes, festes weißes Licht oder Flackerfeuer, das sich in einer Linie mit dem Beobachter befindet, angezeigt werden.	„Dies ist der beste Landeplatz."
Bei Tage: Waagerechtes Hin- und Herbewegen einer weißen Flagge oder der Arme. Bei Nacht: Waagerechtes Hin- und Herbewegen eines weißen Lichtes oder Flackerfeuers.	„Hier ist das Landen äußerst gefährlich."
Bei Tage: Waagerechtes Hin- und Herbewegen einer weißen Flagge. Anschließend Feststecken der Flagge im Boden und Tragen einer weiteren weißen Flagge in der anzuzeigenden Richtung. Bei Nacht: Waagerechtes Hin- und Herbewegen eines weißen Lichtes oder Flackerfeuers. Anschließend Aufstellen des weißen Lichtes oder Flackerfeuers auf dem Boden und Tragen eines weiteren weißen Lichtes oder Flackerfeuers in der anzuzeigenden Richtung.	„Das Landen ist hier äußerst gefährlich. Eine bessere Landemöglichkeit besteht in der angezeigten Richtung."

3. Signale bei Benutzung von Küstenrettungsgeräten:

Signal	Bedeutung
Bei Tage: Auf- und Niederbewegen einer weißen Flagge oder der Arme. Bei Nacht: Auf- und Niederbewegen eines weißen Lichtes oder Flackerfeuers.	Allgemein: „Bejahend." Im besonderen: „Schießleine wird gehalten." „Steertblock ist fest." „Trosse ist fest." „Ein Mann ist in der Hosenboje." „Hol weg."
Bei Tage: Waagerechtes Hin- und Herbewegen einer weißen Flagge oder der Arme. Bei Nacht: Waagerechtes Hin- und Herbewegen eines weißen Lichtes oder Flackerfeuers.	Allgemein: „Verneinend." Im besonderen: „Fier weg." „Holen fest."

zur Seefahrt überschreiten, also auch für Sportfahrzeuge. Die Verordnung enthält im einzelnen:

1. Die Meldepflicht von auf See beobachteter unmittelbarer Gefahr für die Schiffahrt. Darunter fallen insbesondere die Gefahren Eis, Wrack, Mine, Wirbelsturm oder Windgeschwindigkeiten von 50 kn beziehungsweise von 10 Bft oder mehr. Solche Gefahren sind nach einem vorgegebenen Meldeschema möglichst in englischer Sprache durch Funk oder Sprechfunk weiterzugeben.

2. Die Hilfeleistungspflicht für den Seenotfall. Jeder Schiffsführer hat in Seenot geratenen Menschen mit größter Geschwindigkeit zu Hilfe zu eilen und ihnen hiervon möglichst Kenntnis zu geben. Sieht sich ein Schiffsführer zur Hilfeleistung nicht imstande oder hält er sie für unzweckmäßig oder nicht erforderlich, so muß er dies unter Angabe der Gründe ins Schiffstagebuch eintragen.

3. Vorschriften über das Verhalten nach Zusammenstößen auf See. Hiernach haben die an einer Kollision beteiligten Fahrzeuge einander Beistand zu leisten, soweit dies ohne erhebliche Gefahr für ihr Schiff und die darauf befindlichen Personen möglich ist. Die beteiligten Schiffe haben so lange beieinander zu bleiben, bis Gewißheit darüber besteht, daß weiterer Beistand nicht mehr erforderlich ist. Setzen die Fahrzeuge ihre Fahrt fort, so haben sie miteinander Namen, Unterscheidungszeichen, Heimat-, Abgangs- und Bestimmungshafen auszutauschen. Auch in diesem Fall ist eine Eintragung ins Schiffstagebuch erforderlich, falls ein Schiffsführer diesen Verpflichtungen nicht nachkommen kann.

4. Rettungssignale für den Verkehr zwischen Rettungsstationen und in Seenot befindlichen Schiffen in Anlage 2 zur Verordnung.

Sicherheitsvorschriften (2)

Flaggenrechtsgesetz

Viele Gesetze und Verordnungen im Bereich gesetzlicher Sicherheitsvorschriften auf See definieren ihren Geltungsbereich, indem sie festlegen, daß sie für „Schiffe, die berechtigt sind, die Bundesflagge zu führen" gelten.
Die Berechtigung zum Führen der Bundesflagge ist im *Gesetz über das Flaggenrecht der Seeschiffe und die Flaggenführung der Binnenschiffe (Flaggenrechtsgesetz)* festgelegt.

Hieraus ergibt sich, daß alle Seeschiffe, deren Eigentümer Deutsche mit Wohnsitz im Geltungsbereich des Grundgesetzes sind, berechtigt sind zum Führen der Bundesflagge. Seeschiffe deutscher Eigentümer mit Wohnsitz im Ausland dürfen die Bundesflagge nur führen, wenn ihr Schiff im Schiffsregister eingetragen ist.
Das Flaggenführungsrecht zieht unmittelbar die Flaggenführungspflicht nach sich. Ein Verstoß gegen die Flaggenführungspflicht beim Einlaufen in einen Hafen oder beim Auslaufen kann als Ordnungswidrigkeit geahndet werden.
„Schiffe" im Sinn des Flaggenrechtsgesetzes sind „Schiffe, die zur Seefahrt bestimmt sind". Hierunter fallen auch seegehende Sportboote.

Unfallverhütungsvorschriften der See-Berufsgenossenschaft

Obwohl die Unfallverhütungsvorschriften (UVV) der See-Berufsgenossenschaft (SeeBG) nur dann für privat genutzte Yachten gelten, wenn an Bord Personen gegen Entgelt beschäftigt werden, vermitteln die in den UVV festgehaltenen Vorschriften gewisse, in der Praxis gewonnene Erfahrungen, die auch für die Sportschiffahrt von Bedeutung sind.
Die UVV der SeeBG enthalten im wesentlichen Vorschriften über
– die Besetzung von Ruder und Ausguck,
– schiffbauliche Einrichtungen,
– Ausrüstung (Maschinenanlage, Anker, Ketten, Trossen, Auswahl, Gebrauch und Pflege von Kunstfaserleinen, Rettungsmittel, nautische Ausrüstung),
– Feuerschutzvorschriften (Gebrauch von Flüssiggas an Bord),
– Lichterführung und Signalwesen.
Im Anhang findet sich eine Liste der Grundsätze, Richtlinien und Merkblätter der See-Berufsgenossenschaft über beispielsweise Rettungswesten, Rettungsringe und das Verhalten im Seenotfall.

MARPOL

Das *Internationale Übereinkommen zur Verhütung der Meeresverschmutzung durch Schiffe* (MARPOL) wurde 1973 von der IMCO verabschiedet. Das Übereinkommen enthält auch einige für die Sportschiffahrt gültige Abschnitte, auch wenn die Durchführbarkeit der darin enthaltenen Vorschriften für Sportboote aus technischen Gründen nicht gewährleistet scheint.

Anlage I (Verschmutzung durch Öl) schreibt vor, daß Ölrückstände und ölhaltiges Wasser an Bord gesammelt und in Auffangbehältern an Land abgegeben werden müssen.
Anlage IV (Verschmutzung durch Schiffsabwässer) verlangt, daß Abwasser bis zu 4 sm zum nächstgelegenen Land nicht, in einer Zone von 4–12 sm nur desinfiziert und erst ab 12 sm unbehandelt abgelassen werden dürfen – es sei denn, das Schiff verwendet eine zugelassene Abwasseraufbereitungsanlage.
Anlage V (Verschmutzung durch Schiffsmüll) verbietet das Überbordgeben von Kunststoffgegenständen (auch Kunststoffmülltüten), Holz und schwimmendem Verpackungsmaterial innerhalb einer Zone von 25 sm und von Lebensmittelabfällen und sonstigem Müll innerhalb von 12 sm zum nächstgelegenen Land. Wird dieser Müll auf eine Teilchengröße von 25 mm verkleinert, so verringert sich der Mindestabstand auf 3 sm.

Einklarieren und Zoll

Ausländische Gewässer

Sobald wir fremde nationale Gewässer erreichen, müssen wir auf kürzestem Wege den nächsten Einklarierungshafen anlaufen. In manchen Ländern kann nicht in jedem Hafen einklariert werden, sondern nur in bestimmten größeren Häfen, die wir den Handbüchern entnehmen können.
Für Sportboote gibt es kein internationales Zeichen, das unsere Einklarierungsabsicht verdeutlicht. Im Zweifel sollte die **Flagge Q** des Internationalen Signalbuches *(„An Bord ist alles gesund; ich bitte um freie Verkehrserlaubnis!")* gesetzt werden. In England ist sie auch für Sportboote vorgeschrieben.
Wenn nach längerer Wartezeit im Hafen keine Polizei- oder Zollkontrolle an Bord gekommen ist, wendet sich der Skipper direkt an den Hafenmeister bzw. die Behörden, um Paß- und Zollkontrolle durchführen zu lassen. Oft wird hier ein spezielles Yachtpapier *(Permit of Navigation)* ausgestellt, das neben einer Crewliste die genauen Daten des Schiffes enthält.
In diesem Papier muß der Aufenthalt in den einzelnen angelaufenen Häfen vom Hafenkapitän bestätigt werden.

Deutsche Zollvorschriften

In Deutschland müssen wir insbesondere für die Ein- und Ausfuhr unverzollten Schiffsbedarfs das *Zollgesetz (ZG)* und die *Allgemeine Zollordnung (AZO)* beachten. Für deutsche Wassersportfahrzeuge gilt:

Ausfuhr

Sportfahrzeuge, die nachweislich die deutschen Küstengewässer unmittelbar verlassen, dürfen abgabenfrei (= unverzollt und unversteuert) Lebens-, Genuß- und Zündmittel ausführen. Das gleiche gilt für Yachten, die im Geltungsbereich der AZO beheimatet sind, sofern sie eine Reise von mindestens 72 Stunden Dauer antreten.
Wird im Amtsbereich des auch für den Schiffshändler zuständigen Lagerzollamtes eingekauft, so wird mit den verplombten Waren ein Zollbegleitpapier, die *Abmeldung für Zollagergut,* mitgeliefert.
Mindestens eine Stunde vor dem beabsichtigten Auslauftermin ist das zuständige Lagerzollamt schriftlich unter Angabe des Namens und Liegeplatzes der Yacht und Beifügung der Lagerabmeldung zu verständigen. Es genügt auch, die Unterlagen beim Zollamt unmittelbar abzugeben.
Ist die Stunde verstrichen oder wird auf eine zollamtliche Überprüfung verzichtet, kann die Yacht auslaufen.
Von jetzt ab unterliegen die Yacht und alle auf ihr befindlichen Personen einem zollamtlichen **Verkehrsverbot,** d. h. das Boot darf abgesehen von zwingenden Gründen deutsche Häfen nicht mehr anlaufen. Bis zum Passieren der Seezollgrenze ist das Verkehrsverbot durch das *Zollzeichen 3* (tagsüber der unter der Steuerbordsaling gesetzte **dritte Hilfsstander** des Internationalen Signalbuches, nachts ein unter dem Hecklicht gesetztes *weißes Licht*) deutlich zu machen. Erst wenn die Seezollgrenze passiert ist, darf die ausgeführte Ware verbraucht werden.
Beachte: Die Seezollgrenze ist nicht identisch mit der Hoheitsgrenze.

Einfuhr

Führt man von See her nicht verbrauchtes Zollgut ein, so zeigt man dies wiederum mit dem Zollzeichen 3 an, sobald die Seezollgrenze passiert wird. Auch jetzt gilt wieder das Verkehrsverbot, bis das Zollgut mit einem *Gestellungsverzeichnis* einklariert ist. Dies geschieht durch eine Zollstelle an der Zollstraße.
Bei der Gestellung ist das Zollgut, abgesehen von einer als Reiseverzehr und Mitbringsel festgelegten abgabenfreien Menge, zu verzollen. Beabsichtigt man, in absehbarer Zeit wieder auszulaufen, so kann das Zollgut unter *Zollverschluß* genommen und die Gestellung auf Antrag verschoben werden.

Führerscheine des DSV

Es gibt folgende DSV-Führerscheine:

Führerschein für Binnenfahrt (A)
Er umfaßt alle Binnengewässer außerhalb des Geltungsbereiches der SeeStrO. Mit dem Vermerk „und unter Motor" ist dieser Führerschein zugleich der vom Bundesverkehrsministerium vorgeschriebene Befähigungsnachweis für das Befahren der deutschen Binnenschiffahrtstraßen mit Sportbooten unter Motor mit mehr als 3,68 kW (5 PS).

Führerschein für Revierfahrt (R)
Er umfaßt ortsnahe Bereiche innerhalb des Geltungsbereiches der SeeStrO, das sind Wasserflächen im Küstengebiet, die auf Sicht befahren werden können, wie beispielsweise die Kieler Förde und die Regattabahnen zur Kieler Woche bei üblicher Aufsicht, ferner die Unterelbe bis zur Kugelbake.

Führerschein für Küstenfahrt (BR)
Er umfaßt alle Gewässer im Geltungsbereich der SeeStrO innerhalb eines 12-sm-Bereiches.

Führerschein Große Küstenfahrt (BK)
Er umfaßt alle Gewässer der Ostsee, die Gewässer zwischen Nord- und Ostsee, die Nordsee bis 61° N (Linie *Sognefjord/Shetland-Inseln)* einschließlich der englischen Ostküste und des Kanals bis zur Linie *Lizard Point/Isle d'Ouessant,* das Mittelmeer sowie außerhalb dieser Grenzen alle Küstengewässer innerhalb eines 30-sm-Bereiches.

Führerschein Seefahrt (C)
Er umfaßt alle Gewässer im Geltungsbereich der SeeStrO.

Staatliche Führerscheine

Sportbootführerschein Binnen
Auf den deutschen Binnenschiffahrtstraßen schreibt das Bundesverkehrsministerium für Sportboote, deren (Hilfs-)Motor an der Schraubenwelle mehr als 3,68 kW (5 PS) abgibt, einen Befähigungsnachweis vor. Ein gültiger Nachweis in diesem Sinn ist der A-Schein des Deutschen Segler-Verbandes (DSV) oder des Deutschen Motoryachtverbandes (DMYV). Allerdings muß dann der A-Schein auch „unter Motor" gelten.

Sportbootführerschein Küste
Auf den deutschen Seeschiffahrtstraßen benötigt jeder, der ein Sportboot mit (Hilfs-)Motor führt, den amtlichen Sportbootführerschein, falls die an der Propellerwelle abgegebene Leistung 3,68 kW (5 PS) übersteigt. Dies gilt für Segel- und Motoryachten ohne Rücksicht darauf, ob der an Bord befindliche Motor in Betrieb ist oder nicht.
Mit der Prüfungsabnahme sind der DSV und DMYV gemeinsam beauftragt. Sie haben zu diesem Zweck den *Koordinierungsausschuß (KoA) für den amtlichen Sportbootführerschein* gebildet.

Sportseeschifferzeugnis
Sporthochseeschifferzeugnis
Daneben gibt es das Sportsee- und Sporthochseeschifferzeugnis, das von den staatlichen Fachhochschulen für Seefahrt ausgegeben wird. Die Prüfung umfaßt nur einen theoretischen Teil. Das Sportseeschifferzeugnis entspricht etwa der theoretischen BK-Schein-Prüfung, das Sporthochseeschifferzeugnis etwa der theoretischen C-Schein-Prüfung.

Führerscheinvorschrift des DSV

Im folgenden werden die für den BK-Schein-Kandidaten wesentlichen Bestimmungen der *Führerscheinvorschrift* des DSV vom 1. Mai 1969 in der Fassung vom 4. Februar 1984 und der dazugehörigen *Durchführungsvorschrift* wiedergegeben.

Prüfungsverfahren

Die Prüfung besteht aus einem theoretischen und einem praktischen Teil. Die theoretische Prüfung wird schriftlich und mündlich durchgeführt; die praktische Prüfung ist auf einer geeigneten Yacht bei ausreichenden Windverhält-

nissen im entsprechenden oder vom DSV für geeignet erklärten Fahrtbereich abzuhalten.
Die praktische Prüfung setzt die für die theoretische Prüfung erforderlichen Kenntnisse voraus. Deshalb sollte die praktische Prüfung die zweite Teilprüfung sein, sofern nicht beide Prüfungsteile als Gesamtprüfung zusammenhängend abgelegt werden.
Erfahrungsnachweise ersetzen keine praktische Prüfung.
Die Wiederholung der Prüfung ist sowohl für den theoretischen wie den praktischen Teil frühestens nach einem Monat zulässig.
Sportsee- und Sporthochseeschifferzeugnisse können als theoretische Prüfung angerechnet werden, wenn sie nicht älter als zwei Jahre sind und nicht bereits einmal für eine Anrechnung benutzt wurden.

Voraussetzungen

Für die Erteilung des Führerscheines müssen folgende Bedingungen erfüllt sein:

1. Mindestalter: Der Kandidat muß das 18. Lebensjahr vollendet haben.

2. Tauglichkeit: Durch ein ärztliches Zeugnis (Vordruck des DSV) muß der Kandidat nachweisen, daß seine Sehschärfe sowie sein Hörvermögen ausreichen und daß er farbtüchtig ist. Die Sehschärfe gilt als ausreichend, wenn sie mit oder ohne Augengläser mindestens auf dem einen Auge 0,7 und auf dem anderen Auge 0,5 und die addierte Sehschärfe beider Augen ohne Augengläser 0,15 beträgt. Dabei muß auf dem schlechteren Auge ausreichendes Orientierungsvermögen gegeben sein.

3. Erste Hilfe: Es ist der Nachweis über Kenntnisse in Erster Hilfe zu erbringen, und zwar mindestens im Umfang der *„Sofortmaßnahmen am Unfallort"* unter Berücksichtigung der Verhältnisse in der Sportschiffahrt.

4. Erfahrungsnachweis: Der Bewerber muß mindestens 12 Monate den BR-Schein besitzen und nachweisen, mit ihm weitere 1000 sm außerhalb des Bereiches der Binnenfahrt gesegelt zu sein. Dieser Nachweis kann beispielsweise durch Vorlage von Bestätigungen von DSV-Vereinen und Segelschulen, insbesondere durch Vorlage von Logbuchauszügen erbracht werden.
Das Tauglichkeitszeugnis und die Erste-Hilfe-Bescheinigung, die bereits beim Erwerb des BR-Scheines verwendet wurden, können zum BK-Schein-Erwerb wieder verwendet werden.

Prüfungsfächer

Über die Anforderungen für den BR-Schein hinaus erstreckt sich die Prüfung auf folgende Fächer:

1. Seemannschaft
Seemännische Arbeiten: Spleißen.
Yachtbedienung und Yachtführung: Anlaufen von Häfen, Kenntnisse der Nachrichtenübermittlung, Ausrüstung von Yachten für Fahrten auf See entsprechend den Sicherheitsbestimmungen der Kreuzer-Abteilung des DSV, Durchführung von Sicherheitsbelehrungen.
Zusatzprüfung: Handhabung der Notsignale (diese Prüfung entfällt, sofern anderweitig nachgewiesen).

2. Navigation
Schiffsortbestimmung aus allen gebräuchlichen terrestrischen Standlinien (insbesondere auch aus Versegelungspeilungen, Horizontal- und Vertikalwinkelmessungen, Lotreihen). Stromaufgaben, Ablenkungskontrolle und Aufstellen einer Ablenkungstabelle nach terrestrischen Objekten. Rechnerisches Koppeln.
Funkortung: Schiffsortbestimmung aus Funkstandlinien (Eigenpeilungen, Deccaverfahren – rechnergestützt –, Consolverfahren).
Kontrolle einer Funkbeschickung und Aufstellung einer entsprechenden Tabelle.
Umgang mit Gezeitentafel (Differenzverfahren) und Stromatlanten.

3. Rechtskunde
Schiffspapiere (Meßbrief, Schiffszertifikat, Klassenzertifikat, Fahrterlaubnisschein, Atteste, Genehmigungsurkunden für Funkanlagen).
Sicherheitsvorschriften (Verordnung über die Sicherheit der Seefahrt, Grundkenntnisse der Unfallverhütungsvorschriften der See-Berufsgenossenschaft, Kenntnisse über MARPOL – internationales Übereinkommen zur Verhütung der Meeresverschmutzung durch Schiffe –, Versicherungswesen).
Seeunfälle (Havarie, Bergung und Hilfeleistung, Verklarung, Seeamt, Strandamt).
Kenntnisse der Schiffahrtsbehörden und -institute.

4. Wetterkunde
Grundkenntnisse über das Wettergeschehen an den europäischen Küsten (Wetterentwicklung bei Durchzug eines Tiefs, Land- und Seewind).
Auswertung eigener Wetterbeobachtungen (Wind, Sicht, Bewölkung, Niederschlag, Luftdruck, Temperatur).
Zusammenhang zwischen Wind und Seegang.
Zeichnen einer einfachen Wetterkarte nach dem Seewetterbericht.

Prüfung zum Sportseeschifferzeugnis

Im folgenden werden die für den Erwerb des Sportseeschifferzeugnisses wesentlichen Bestimmungen zusammengefaßt. Die Möglichkeit, die freiwillige Sportsee- oder Sporthochseeschifferprüfung abzulegen, geht auf eine Reichsministerialverordnung vom 6. 6. 1934 zurück. Irgendwelche Gewerbebefugnisse sind mit diesem Zeugnis nicht verbunden; es darf also nicht mit den Befähigungszeugnissen der Handelsschiffahrt und Seefischerei verwechselt werden. Das Sportseeschifferzeugnis ist auch keine Fahrerlaubnis im Sinn der Sportbootführerscheinverordnung und befreit daher genausowenig wie der BR- oder BK-Schein des DSV von der praktischen Prüfung beim Erwerb des amtlichen Sportbootführerscheines.

Prüfungsverfahren

Die Prüfung besteht aus einem schriftlichen und einem mündlichen Teil. Die schriftliche Prüfung umfaßt die Fächer Nautik und Gesetzeskunde, die mündliche Prüfung die Fächer Nautik, Gesetzeskunde und Seemannschaft. Gelegentlich wird in einer praktischen Prüfung der Umgang mit nautischen Instrumenten geprüft.

Bei nicht bestandener Prüfung ist eine Wiederholung frühestens nach zwei Monaten zulässig. Teilwiederholungsprüfungen gibt es nicht. Einer zweiten Wiederholungsprüfung kann auf Antrag nur vom Bundesmininster für Verkehr zugestimmt werden.

Voraussetzungen

Für die Zulassung zur Prüfung sind folgende Nachweise zu erbringen:

1. Mindestalter: Der Kandidat muß das 18. Lebensjahr vollendet haben.

2. Tauglichkeit: Es ist ein ärztliches Zeugnis mit Nachweis über ausreichendes Seh-, Hör- und Farbunterscheidungsvermögen vorzulegen, das nicht älter als ein Jahr sein darf. Bewerber, die bereits im Besitz eines amtlichen Sportbootführerscheines oder eines Führerscheines des Deutschen Segler-Verbandes oder des Deutschen Motoryachtverbandes sind, brauchen kein ärztliches Zeugnis vorzulegen. Augengläser dürfen benutzt werden.

3. Erfahrungsnachweis: Der Bewerber sollte mindestens den Führerschein A eines deutschen Wassersportverbandes (DSV oder DMYV) vorlegen. Andernfalls ist durch die jeweilige Seefahrtschule eine Ausnahmegenehmigung beim Bundesminister für Verkehr unter Vorlage eines Logbuches oder anderer Bescheinigungen, die die geforderte praktische Erfahrung zum selbständigen Führen eines Sportbootes glaubhaft machen, zu beantragen.

4. Staatsangehörigkeitsnachweis: Grundsätzlich ist der Nachweis der deutschen Staatsangehörigkeit durch Vorlage des Personalausweises, Reisepasses oder der Geburtsurkunde erforderlich. Inhaber fremder Staatsangehörigkeiten können jedoch eine ausnahmsweise Zulassung zur Prüfung beantragen, die in der Regel erteilt wird.

Prüfungsfächer

1. Nautik
Einrichtung und Gebrauch von Seekarten. Bezeichnung der Küstengewässer. Wirkungsweise und Gebrauch des Magnetkompasses. Mißweisung und Ablenkung und deren Bestimmung nach terrestrischer Beobachtung. Kurs- und Peilungsrechnung, zeichnerisches Koppeln. Bestimmung des Schiffsortes nach terrestrischen Funkstandlinien (Kreis- und Richtfunkfeuer). Gezeitenrechnung nach dem nonharmonischen Verfahren, Gezeitenströme, Stromnavigation. Bestimmung von Wassertiefe und Geschwindigkeit. Umgang mit Barometer und Thermometer, Lesen von Wetterkarten, Wettervorhersagen, Wind- und Sturmwarnungen.

2. Seemannschaft
Grundkenntnisse über Bau und ggf. Takelung von Sportfahrzeugen und deren Instandhaltung. Anwendung und Durchführung üblicher Manöver, u. a. Ankern, Schleppen und Geschlepptwerden, Mann-über-Bord, Sicherheits- und Rettungswesen, Unfallverhütungsvorschriften, Notsignale.

3. Gesetzeskunde
Seestraßen-, Seeschiffahrtstraßen- und Hafenordnungen- bzw. Gesetze. Verhalten nach einem Zusammenstoß. Aufgaben von See- und Seemannsamt. Schiffspapiere. Das Wichtigste über Havarie, Strandungsordnung, Berge- und Hilfslohn sowie über Zollbestimmungen.

Sachregister

M

N

O

P

Q

R

S

Bücher, die Sie interessieren

Bobby Schenk

Blauwassersegeln

Umfassende Vorschläge und Ratschläge des bekannten Seglers zur Vorbereitung und Durchführung von langen Fahrten über alle Meere.
504 Seiten mit 208 Fotos, 38 Zeichnungen und Karten, Leinen

Dick Kenny

Yachtsegel

Wirkung – Schnitt – Trimm

Kenntnisse über Rigg und Segel, die wichtig und nützlich sind für jeden, der von seinem Boot optimale Vortriebskräfte erwartet.
160 Seiten mit 178 Farbfotos und 90 farbigen Zeichnungen, gebunden

Dieter Karnetzki

Das Wetter von morgen

Praxis für den Yachtsport

Eine Anleitung, alle Hilfsmittel der Wettervorhersage auszunutzen und richtig zu deuten, mit meteorologischer Revierkunde für Nordsee, Ostsee und Mittelmeer.
186 Seiten mit 60 Fotos und 133 Zeichnungen, meist farbig, gebunden

K. Adlard Coles

Schwerwettersegeln

In diesem Buch beschreibt der Autor eigene und anderer Yachten Erlebnisse in wirklich schwerem Wetter und untersucht die getroffenen Maßnahmen auf Zweckmäßigkeit und Erfolg.
328 Seiten mit 30 Fotos sowie 100 Zeichnungen und Karten, Leinen

Hans Donat

Sicherheit und Technik auf Segelyachten

Empfehlungen und praktische Anleitungen, durch richtige Pflege und Wartung aller Technik an Bord die Sicherheit für Boot und Besatzung auf Dauer zu erhalten.
224 Seiten, 197 zweifarbige großformatige Abbildungen mit über 1000 Einzelzeichnungen, gebunden

Joachim Schult

Mayday – Yachten in Seenot

Dieses Buch zeigt, wie klein manchmal der Schritt vom Abenteuer zum Verhängnis ist, und bietet Gelegenheit, aus den geschilderten Tatsachen Schlüsse für das eigene Verhalten zu ziehen.
352 Seiten mit 37 Farb- und 17 S/W-Fotos sowie 21 Zeichnungen, gebunden

Seemannschaft

Handbuch für den Yachtsport

Der zuverlässige Führer und Ratgeber in allen Fragen des Yachtsports ist für jeden Segler von unschätzbarem Wert.
19. völlig neubearbeitete Auflage, 506 Seiten mit 452 z.T. farbigen Zeichnungen, 30 Fotos, 15 Tabellen und 1 Übungskarte, gebunden

Viele andere Bücher beschäftigen sich neben diesen noch mit dem Segeln und auch mit dem Motorbootfahren. Verlangen Sie unser ausführliches Verzeichnis über Ihre Buchhandlung oder direkt vom Verlag (Postfach 4809, 4800 Bielefeld 1).

Delius Klasing Verlag